想像力をときはなつ

アートと教育が社会を変える

マキシン・グリーン［著］
上野正道［監訳］
桐田敬介・近藤真子・
園部友里恵［訳］

勁草書房

想像力をときはなつ——アートと教育が社会を変える／目　次

序文　つくり途中のナラティブ……1
第Ⅰ部　可能性を創り出す
第一章　文脈を探し求めて……16
第二章　想像力と未来への扉……36
第三章　想像力・コミュニティ・学校……66
第四章　ある教育学の発見……87
第五章　社会のビジョンと生の躍動……119
第六章　思い起こされる幼少期のかたち……140
第Ⅱ部　照らし出すことと現れ出ること
第七章　カリキュラムのための継続的な探求……168

第八章　学ぶために書くということ……199
第九章　開かれるために教えるということ……208
第十章　アートと想像力……233
第十一章　テキストと余白……255

第Ⅲ部　つくり途中のコミュニティ

第十二章　複数主義の情熱……290
第十三章　スタンダード・コモンラーニング・多様性……318
第十四章　多元的な声と多元的な現実性……343

訳者解説　声と教育――マキシン・グリーンの教育哲学……365
一　周縁化されたもの――グリーンの著作・論考の文脈をなすもの……365
二　グリーンの主要著作・論考の解説……377
三　生活世界に響く声――本書を読むにあたって……396
監訳者あとがき……421
参考文献　*xvi*
事項索引　*x*
人名索引　*iii*

凡例

1. 本書は、Maxine Greene, *Releasing the Imagination: Essays on Education, the Arts, and Social Change*（John Wiley & Sons, Inc., 1995）の翻訳である。
2. 傍点の箇所は、著者が原文でイタリック体を使用して強調している箇所である。
3. ［　］のなかは、著者による補足である。
4. 本書の注は、すべて訳者による訳注である。
5. 著者による引用文献で、邦訳が出版されている文献については、部分的にそれらの訳文、訳語を参照したが、必ずしも同一とは限らず、本書の統一性の観点から全体を訳し直している。そのうえで、「参考文献」欄に文献の邦訳書名を掲載した。

序文　つくり途中のナラティヴ

もし私たちが個人として、善（the good）についての何らかの考え方と自分との関係を見極めようとするなら、「自分の人生をナラティヴというかたちの『追求』として理解することは避けられない」（Taylor, 1989, p.52）と言われている。分断化と相対主義化が拡がる現代であるにもかかわらず、いやそうした時代だからこそ、この人生を方向づけていく善の構想を求めて努力していかなければならないように、私にも思われる。[(1)] したがって、この『想像力をときはなつ』に収められたエッセイは、一つのつくり途中のナラティヴ（a narrative in the making）として読むことができるかもしれない。教師である私たちは自分の教えている人々にとって、また私たち全員が分かち持っている世界にとってのよりよい物事、よりよい状態へと向かっていくこの追求のことを念頭に置いていなかったなら、事務員や末端の役人のような人生に自分を順応させていかなければならなかったことだろう。あるがままの物事を再生産するのでは、まったくもって不十分なのだ。かつてセーレン・キルケゴール（Kierkegaard, S.）が「人生行路の諸段階」（Kierkegaard, 1940）とたとえていたように、いまという人生の渦中にあるこの私自身の書きものを、私は一つの追求のなかで訪れてきたいくつもの「段階＝舞台（stages）」からできあがったものとして捉えている。その追求には女性として、教師として、母として、市民として、ニューヨーカーとして、アートの愛好家として、アクティビストとして、哲学者として、白人中流階級のアメリカ人としての私が深く巻き込まれている。だから私の自己（my self）も私のナラティブも、たった一本の糸で通すことなどできないものなのだ。あまりにも多くの社会的、文化的な力が行き交う交差点のうえに私は立っているのだし、かたちはどうあれ、永遠にこの道のりが続くのだから。確かに私は、人間的でまともな暮らしができる公正なあり方とは何だろうかという何らかの整合的な観念に向かって尽力してきたけれど、それでも私のアイデンティティは多元的なものとして認識されていなければならない。と同時に、この多元性（multiplicity）の只中で生まれてきた私の人生のプロジェクトが、教えるということを、学ぶということを、そしてじつに多くの教育のモデルを理解しようとすることへと向かってきたものなのだということも。このプロジェクトという、世界のなかで世界と私を連動させて動かしていく一つのあり方を手段に、私は一つの自己を創り上げ、かつ創り続けてきたのだと。このプロジェクトこそが、この『想像力をときはなつ』に結実していった努力を決定的にかたちづくってきたもの、そのものなのだ。

私のもっとも関心を抱いてきた教育の一つの側面は、教師教育にある。リベラル・アーツに心を傾け社会的な活動にも熱心に取り組んできたということが、そうした関心の背景をかたちづくっている。一九六〇年代の公民権運動とその後の十年間の平和運動の価値観とそのビジョンは、いまも私の追求にしっかりと沁み透っている。第二次世界大戦でレジスタンスとして戦った闘士のヒロイズムを主張するわけではないけれども、それでも私はフランスの詩人ルネ・シャール（Char, R.）[2]が、自分のようなレジスタンスの闘士は「自分以外には何もない私生活の『悲しい不透明さ』」に立ち戻ったとき、「宝物を失ったのだ」（Arendt, 1961, p.4）という見解をここで引用しておきたい。シャールが喪失感を覚えたのは戦争や暴力に憧れたからではなくて、人々が創始（initiative）を引き受け[3]、挑戦者となり、新たな始まりへと乗り出した時代を思い出していたからだ。私たちの世界も同じように年月をかけて変化し、一層複雑になってきているとはいえ、この国に暮らす多くの人々にとって一九六〇年代から一九七〇年代初頭にかけて存在していたものはそれに匹敵する宝物だったのではないかと、いまも私は信じている。今日の教育の領域でも人々が、いまや公教育をことごとく蝕んでいる思慮のなさ、凡庸さ、技術的合理性、無頓着さ、そして「野蛮な不平等」（Kozol, 1991）にも抵抗する道のりを選ぶことはできるはずだという確信を、私は持っている。

『想像力をときはなつ』では、事務員や管理職であることに、そして私生活以外何も中心に存在しない悲しい不透明さに、うんざりしている他の教師や教師教育者の努力と、私自身が続けてきた探求（seeking）とを結びつけていきたいと願っている。読者が自分自身の置かれた状況や、その人生のさまざまな実情に目を向けていくことで、自身の語るべき何ものかを発見していくようなある種の無言の会話を活気づけていきたいと願っている。そうすることで、背景と視点の多様性を意識していきたいのだ。コモン（common）と思われているものだけでなく、その差異にも注意を払いながらそれを表現してゆきたい。私たちの周囲にあるものがいわば「ごちゃごちゃした博物館」(Smithson, 1979, p.67) に似通ったものであるということを、私は認めていたいのだ。[4] ただ一方で、ポストモダンの思想家たちが「ブリコラージュ」あるいは「コラージュ」と表現している古い神話や対立軸、ヒエラルキーが覆されつつある現代にふさわしいと思われがちなコミュニケーションのスタイルにも私は深い不満を感じている (Schrift, 1990, p.110)。教師にとって、またその他の多くの人々にとってのコモンの世界を構成していくことに着手しうる話し方をこれまで探してきたけれど、[5] 私が望ましいコモンの世界と指名するものを構築し、それを読者に自分のものにしてもらうよう求めるつもりはない。その代わり読者の想像力を喚び起こしていくことによって「幻想的なバベルたち (……) 意味の奇妙な交差、奇妙な歴史の通路、予期せぬ反響、未知のユーモア」(Smithson, 1979, p.67) を超え、私たちをコミュニティにともに結びつけている何らかの名づけ (naming)、[6] 何らかの意味がわかること (sense-making) へと私たち全員が手を伸ばせるようになることを、私は自分に課しているのである。

私たちがこうした努力を自身に課していかない限り、教育とは何を意味するべきなのかをめぐる決断は非常に困難なものとなるだろう。これまで私たちは教育とは単純な伝達であり、コミュニケーションであり、イニシエーションであり、「コモンの世界を刷新する仕事のために」若者を準備することだと考えてきた (Arendt, 1961, p.196)。必要な成果や望ましい目標についての官僚的な定義があるにもかかわらず、いまや否定され破壊された多くの伝統的なナラティブと、コモンの世界のあるべき姿について数多の新しい、論争的な見解とともに取り残されている私たちにとっては、価値があると感じられるもの、有用なもの、教えられるべきものをめぐる一つの合意が保たれることすら期待できないのだから。

整合的な世界へと物事を集め、まとめて、組み上げていく手段として想像力（imagination）に私が注目するようになった一つの理由には、何よりも想像力が共感（empathy）を可能にしてくれるものだったからということがある。それは、長年にわたって教師が「他者（other）」と呼んできた人々と私たち自身とのあいだにある、何もない空間を越えることを可能にしてくれる。もしその他者が手がかりを与えてくれるなら、私たちは見知らぬ人（strangers）の目を通して世界を見つめることができ、その人々の耳を通して聞くことができるようになる。というのも私たちの認知能力のなかで想像力だけが、オルタナティブな複数の現実性に信頼を与えてくれる、唯一の力だからだ。それは私たちに、当たり前のことだと思われていることを打破させ、慣れ親しんだ区別や定義をいったん脇に置くことを許してくれる。

小さな子どもたちは言葉を話すことを学んだあとですら、自分たちのために意味のある世界を構築しようとしているのだということ、実際に意味をつくること（making meaning）で理解しようとしているのだということを、何世代にもわたる人々がまったく思いつくことすらできていなかったのだということについて、ぜひ思い起こしてほしい。子どもというのはせいぜい自分たちにとって「意味がわかる（make sense）」ことのできない世界をさまよう、不完全な大人だと思われていたのだ。今日、私たちは子どもたちの詩や日記を読んだり、その語る物語に耳を傾けたりすることで、子どもたちの生きている複数の現実性（realities）のなかに、推論する力だけでなく想像する力によって実際に入り込んでいく自分自身のことに気づかされる。同様に、しかしもっと恥ずべきことに、西欧諸国の白人は「黒人」や「アフリカ人」と呼ばれる人々に通常の知性や読み書きの能力のあることを認めることが長らくできていなかった（Gates, 1992, pp.52-62）。女性もまた多くの場合、男性からは軟弱で比較的子どもっぽく、理論的で厳密な思考ができない存在だと思われていた。現代の進歩の一つは、私たちの多くが長らく何らかの理由で（民族、性別、宗教、教育、文化、風俗、地理的な場所、身体的な条件で）他者として分類してきた人々も人間の条件を共有しているということを（時にいやいやながら）認知してきたことにある。私たち一人ひとりが、人間のつくり上げた世界に住みながら死を免れず、死すべき存在であること、生きていくなかでわが身に起きたことについての物語を伝えることができる存在なのだと認めること。そうして一見、私たちとはまったく相容れない世界に見えるかもしれない他人の世界で、いくつかの見方を通してその世界の完全性と整合性に気づいてゆくとき、その人の視点からその人の世界はどのように見えるものなのか、どのように感じられるものなのかを想像力を働かせてその世界を訪れ発見するようにと、私たちは他者から求められていく。それは、私たちがその他者の世界を承認したり評価したりすることを必ずしも意味するのではない。私たちの経験を十分に広げ、その世界を一つの人間の可能性として把握するということなのだ。

いつでもというわけではないけれども、他人の世界をどの程度把握できるかは、想像力を詩的に活用し、作家、画家、彫刻家、フィルム・メイカー、振付師、そして作曲家が創り出す「あたかも（as if)」の世界を実現させ、ずっと昔の時代からはるか先の時代までのアーティストたちの世界に何らかのかたちで参加させてくれる、私たちの存在する力にかかっている。ジョージ・エリオット（Eliot, G.）の『ミドルマーチ』で描かれるイギリスはミッドランドを舞台にした社会の構造やその出来事に入り込むことができるのも、[7]トニ・モリスン（Morrison, T.）の『ジャズ』で南部の田舎町からニューヨークのハーレムの光と音に包まれた私たちの国を旅することができるのも、[8]マーサ・グラハム（Graham, M.）の『アパラチアの春』での身体の動きを通して開拓時代の結婚式を体験することも、[9]ぞくぞくとするようなフリーダ・カーロ（Kahlo, F.）の痛々しい自画像から、[10]ムリーリョ（Murillo, B. M.）の瞑想的な若い聖母に心を動かされるのも、[11]ヴェルディ（Verdi, G.）の『レクイエム』の高らかな旋律構造によって空間に心身が拡がっていくような気分になるのも、[12]詩的な想像力（poetic imagination）の働きそのものだ。これらのアート（the arts）と、文化的な多様性を見つけ出すこと、コミュニティをつくり続けること、世界に対して幅広く目覚めている状態になることとを結びつけている私には、[13]こうした追求の段階＝舞台でのそのような出会いについて話したい、たくさんのことがある。私にとっても他の多くの他者たちにとっても、アートは生きられた世界に対する新たなパースペクティブを与えてくれるものなのだ。私がアートを見つめ、感じ、アート作品との十分に理解ある出会いを果たすことができたとき、日常的なものは驚くほど馴染みのないものになる。たとえば人間の潜在的な可能性、ジェンダーの違い、エコシステム（生態系）、いまでいう「エスニック・アイデンティティ」、コア・カリキュラムなど、常日頃、私が当たり前だと思っていたことが、私の観た一幕の演劇、私の見た一幅の絵画、私の聴いた一曲の木管五重奏によって、思いがけないかたちで明らかになることがよくある。そして時折、境界線を越えた作品に接する場合、たとえばそう、その作品に接するまで私の経験の及ばないところにあった作品に接するようなとき、私はあらゆる種類の再認識と再解釈に突入していく。気づくと私は発見から発見へと動いていて、私の人生の条件を批評し、そしてまたときどき、それらを刷新しているのだ。

そうしたことですら、想像力の働きのすべてを尽くしてはいない。私たちには社会的想像力（social imagination）もある。私たちの暮らす街角や学校で、この欠落した社会がどうあるべきで、どのようにありうるものなのかというビジョンを創り出す能力のことだ。社会的想像力について書くとき、私はジャン＝ポール・サルトル（Sartre, J.-P.）の「私たちの悩みや苦しみに新たな光が射し込み、それらが耐え難いものであると私たちが決断するのは、これまでとは別の状態を思い浮かべることができた、その日のことなのである」（Sartre, 1956, pp.434-435）という宣言のことを思い出す。つまり私たちが状況の厳しさを認められるようになるのは、物事がよりよくなっているもう一つの状態を思い浮かべられているときに限られるということだ。同じようにすべての学習者の存在を認め、学び方を学ぼうと奮闘するその姿勢を支えることができるような、人間的で解放的な教室を思い浮かべたときにはじめて、官僚化された思いやりのない学校の不十分さを認識することができるのかもしれない。そうしてはじめて、私たちは修復することや刷新することを選択する気になるのかもしれない。

私がここで描いているのは、ユートピア的な思考の一つのあり方である。単に言いなりになることを拒否して、より充実した社会秩序のかたちや世界におけるより生き生きとしたあり方へと続いていく、まだ歩まれたことのない道を見据えていく思考。この種の社会秩序のかたちを再びつくり上げていく想像力は、じつにさまざまな種類の対話――異なる文化や異なる生活様式を持つ若者同士の対話、すべての人々にとって解決する価値があると思われる問題を解決するために集まった人々同士の対話、共有する課題に取り組み不正に抗議し、依存症や病気を回避し克服する人々同士の対話を通じて、ときはなつことができるだろう。このような対話が教室で活性化されると、若者でさえも、自分たちの主導権を持って互いに手を差し伸べようとする意欲がかき立てられる。無関心や無気力は、ありうる姿のイメージが生まれるにつれてその道を譲ることになるだろう。

私のこのつくり途中のナラティブが徐々に、そして多様にかたちを為していくにつれ、改革の渦中にある学校でのアクティブ・ラーニングに対する私の関心事も明らかになることだろう。学校教育という枠を超えてあらゆる可能性への開放性（openings）がなければならない[14]、より大きな教育の領域へと踏み込むようなやり方で、私たちの考える手助けをしていきたい。こうした思考を勇気づけるべく、人間の物語を私は幾度となく活用してきた。特に、ヴァージニア・ウルフ（Woolf, V.）の物語のように[15]、「日常生活という温かな真綿」に絡め取られた状態から、「存在の瞬間（moments of being）」（Woolf, 1976, p.72）[16]、つまり気づきを得て強められた意識を持つ瞬間へと心を動かしていくことについて語られている、そうした物語を。たとえばヌトザケ・シャンゲ（Shange, N.）のコレオポエム（舞踏詩）[17]に登場するレイディ・イン・ブラウンが回想する目覚めの瞬間、子どもの読書室から（ルールに反して）大人の読書室に飛び込んだ少女がトゥサン・ルヴェルチュール（L'Ouverture, T.）の物語に出会い[18]、彼女にとっての「現実性の始まり」（Shange, 1977, p.26）[19]に至る瞬間のような子ども時代の記憶と光景を、私たちの前に並べて示してきた。アルベール・カミュが著したように、ルーティーン化した振る舞いの機械的な連鎖から「『なぜ』（why）という疑問が湧き、驚きを伴う倦怠感からすべてが始まる。『始まる』——これが重要だ。倦怠感は機械的な生活の果てに訪れるものだが、同時に意識の衝動の始まりでもある」（Camus, 1955, pp.12-13）というそのとき、そのような瞬間へと心を動かしていくということが何を意味するのか、繰り返し思い起こしてきた。すべては脱却、飛躍、そして問いかけにかかっている。学習とはこのようにして起こるものであり、教育的課題とは若者があらゆる声のトーンで「なぜ？」と問い始める状況をつくり出すことなのだと、私は主張したいのだ。

学校再編が引き起こしていることについての説明から、リテラシーのさまざまなかたちの表現へと心を動かしていくこのつくり途中のナラティブは、人間的な問いかけのプロセス、経験のなかで空白のままにとどまっている空間への応答、無意味さへの抵抗について、繰り返し吟味していく。創発的なカリキュラム、道徳的な生活、公共空間における正義について論じながら、私自身深く関心を寄せている想像力をときはなつということを、多様な道のりを通じてその文脈に位置づけていく。私たちの多くはニューカマーであり、互いに見知らぬ人同士なのだから、複数主義（pluralism）や異質性（hererogeneity）、現在ではよく多文化主義（multiculturalism）と呼ばれているものを特に私は強調する。つねにつくり途中のコミュニティ（a community always in the making）とアートとのつながりのなかで、それらを強調していくことを私は選ぶ——いつの日か民主主義と呼ばれるようになるかもしれない、そのコミュニティのなかで。

注

（1）チャールズ・テイラー（一九三一—）二〇、二一世紀カナダの政治哲学者。マイケル・J・サンデル（Sandel, M. J.）の師であり、多文化主義の中心的理論家。ここで引用されている著作は、自我と善についての考えとの分かち難さにもとづいて、近代的なアイデンティティの形成史について論じた『自我の源泉』（一九八九）。

（2）ルネ・シャール（一九〇七—一九八八）二〇世紀フランスの詩人。二次大戦中、ナチス・ドイツ占領下のフランスでレジスタンス運動を闘う。アルベール・カミュ（Camus, A. 一九一三—一九六〇）、ジョルジュ・バタイユ（Bataille, G. 一八九七—一九六二）、モーリス・ブランショ（Blanchot, J. 一九〇七—二〇〇三）らと親交を深めていた。

（3）創始（initiative）二〇世紀ドイツ、アメリカで活躍した政治理論家ハンナ・アレント（Arendt, H. 一九〇六—一九七五）の用語。子どもはこの世界に誕生するものであると同時に、これまで世界に存在していなかった新しい「始まり」をもたらす（＝創始する）ものであることを意味する。

（4）ロバート・スミッソン（一九三八—一九七三）二〇世紀アメリカの現代美術家。ユタ州のグレートソルト湖に、六六五〇トンの土砂と岩を反時計回りの渦巻き状に構成した『スパイラル・ジェティ』（一九七〇）など、自然環境につくり上げるランド・アートを展開。

（5）構成（constitution）現象学の用語。心理学上の認知的な構成（construction）概念ではなく、現象学上の実存的身体を介した間主観的、志向的な構成（constitution）概念にもとづいている。

(6) 名づけ(naming) フレイレの用語。被抑圧者が自身を搾取している社会経済的な構造、またその構造をつくりだしている行為、活動、帰属意識などを含めた自分の生きる世界を、他者との対話のなかで自覚し、自分の言葉で表現することを意味する。邦訳の訳語としては「命名」がある。

(7) ジョージ・エリオット(一八一九—一八八〇) 一九世紀イギリスの作家。本名はメアリー・アン・エヴァンズ。男性名の筆名であるジョージ・エリオット名義で執筆した。ここで参照されている作品は、架空の国ミッドランドの商業都市ミドルマーチを、複数の家庭の描写から浮かび上がらせた著作『ミドルマーチ』(一八七一—一八七二)。

(8) トニ・モリスン(一九三一—二〇一九) 二〇、二一世紀アメリカの作家、編集者。黒人女性たちの生きる「アメリカの現実性」を明らかにしたことへの貢献から、あらゆる国籍において黒人女性としてはじめてノーベル文学賞を受賞。本書第九章で引用・紹介されている、白人の少女のような青い眼があったなら自分も愛されるのではないかという願望を持っていた少女ピコーラの実父によるレイプと妊娠、狂気に至るまでの過程を描く『青い眼がほしい』(一九七〇)にてデビュー。「愛の三部作」として『ビラヴド』(一九八七)、『ジャズ』(一九九二)、『パラダイス』(一九九八)が知られている。『ビラヴド』については第二章注10を参照。『ジャズ』は、ハーレム・ルネッサンスの主要人物の一人である一九、二〇世紀アメリカの写真家ジェームズ・ヴァン・デル・ジー(Zee, J. V. D. 一八八六—一九八三)の『ハーレムの死者の書』(一九七八)に収められている、棺に入っていた少女の写真にインスピレーションを受けて執筆された、一九二〇年代アメリカでの黒人少女と関係を持った夫と、その妻との関係性について描いた小説。

(9) マーサ・グラハム(一八九四—一九九一) 一九、二〇世紀アメリカの舞踏家、振付家。モダン・ダンスの祖であるイサドラ・ダンカン(一八七七—一九二七)に師事し、アメリカ・モダン・ダンスを展開した一人。ここで参照されている作品は、アメリカ開拓民の生活を活動的に描いた『アパラチアの春』(一九四四)。

(10)　フリーダ・カーロ（一九〇七―一九五四）　二〇世紀メキシコの画家。彼女自身の内面世界をリアリズム的に描く人物画、自画像で知られる。ここで参照されている作品は、十八歳のときのバス事故での背骨、頸椎等の骨折による後遺症に苦しむ自身を描いた『折れた背骨』（一九四四）と思われる。
(11)　バルトロメ・エステバン・ムリーリョ（一六一七―一六八二）　一七世紀スペインの画家。聖母子などの宗教画の主題、また日常を生きる女性や子どもの人物画を多く描いたことで知られる。ここで参照されている作品は往時スペインで数多く描かれた主題である聖母マリアの図像『無原罪の御宿り』（一六六〇―一六六五）と思われる。
(12)　ジョゼッペ・ベルディ（一八一三―一九〇一）　一九世紀イタリアの作曲家。オペラ『マクベス』（一八四七）、『アイーダ』（一八七一）など、革新的なイタリア・オペラを作曲・演出。ここで参照されている作品はベルディが若い頃から敬慕していたイタリアの詩人・小説家のアレッサンドロ・マンゾーニ（Manzoni, A.　一七八五―一八七三）の死去を悼むため作曲され、その一周忌に初演された『レクイエム』（一八七四）。
(13)　幅広く目覚めている（wide-awake）　シュッツ（第二章注4参照）の用語。幅広く目覚めていること（wide-awakenness）とは、労働によって変化する外在的な現実性に充分な注意が向けられ、その労働に関与するさまざまな現実性（異質な文化など）との緊張関係を保っている、日常的な意識状態のこと。この緊張関係が緩むと、空想や想像の世界などの別の現実性へ移行すると考える。
(14)　開放性（opening, openness）　ハイデガーの用語。人間は自身の活動を通じてその周囲の環境を切り拓きながら物事の真実や自分自身の可能性等を開示していく存在（現存在）であることを意味する。邦訳の訳語としては「開示性（Erschlossenheit）」などがあるが、本書では「ときはなつ（releasing）」活動との関連性を重視し、開放性と訳出した。
(15)　ヴァージニア・ウルフ（一八八二―一九四一）　一九、二〇世紀イギリスの小説家、評論家。語り手の「意識の流れ」に焦点を当てたもっとも重要なモダニズム作家の一人であり、自身の言葉で自身のことを語る女性の権利を主張した。本書で引用されている著作は、彼女の死後に刊行された彼女自身による回想録『存在の瞬間』（一九七二）に収められた「過去のスケッチ」（一九三九—一九四〇）、一次大戦の足音が近づくなか、灯台のある島の別荘へと向かうイギリス人教授の家庭と、その様子を描き出す若い女性画家の姿を辿る『灯台へ』（一九二七）、男性が自身の感情を紡ぐために編み出した言葉でない自分の言葉で女性が語るためには、お金と自分ひとりきりのための部屋が必要であることを訴えた『自分ひとりの部屋』（一九二九）、教育機関や職場での直接・間接の女性差別が戦争と通底する暴力行為であることを伝え、戦争のない世界のためにできることを三ギニーの寄付行為になぞらえて訴えた晩年の講演録『三ギニー』（一九三八）。

(16) 真綿（cotton wool）、存在の瞬間（moments of being）食事、掃除、移動など、日常生活の背後にある衝撃的で深刻な現実性に気付かされる瞬間（「存在の瞬間」）をも取り囲む、記憶に残らない温かで些細な現実性（非存在）の比喩として、「真綿」のイメージが用いられている。

(17) ヌトザケ・シャンゲ（一九四八—二〇一八）二〇、二一世紀アメリカの詩人、劇作家。ブラック・フェミニストとして、ブラック・パワーを主題にした詩、歌、音楽、ダンスを結合させたコレオポエム（舞踏詩）で知られる。ここで引用されている作品は人種差別・性差別社会で七人の女性たちの被ってきた抑圧を描くオビー賞受賞作品、『死ぬことを考えた黒い女たちのために』（一九七五）。

(18) トゥサン・ルヴェルチュール（一七四三—一八〇三）一八、一九世紀ハイチの独立運動指導者。フランス革命による奴隷制撤廃を受けて勃発したフランス領ハイチの独立をめぐるイギリス、フランスとの紛争を率いた。

(19) 原文は beginnin uv reality. uv は of の黒人英語表現に当たる。

第Ⅰ部　可能性を創り出す

第一章　文脈を探し求めて

スタンダード（標準的なカリキュラム）、アセスメント（実態把握・評価）、アウトカム（教育・学業成果）、アチーブメント（学力・学業成績）。これらの概念が今日の教育論議の主流だ。十六歳の若者たちは彼らが誰であろうと、どこに暮らしていようと、何を知ることを期待されるべきか。どうすれば、この国の学業成績を世界最高水準に引き上げることができるか。このポスト工業化時代で国家の優位性を保つには、いったい何が必要か。多様な若者たちを社会化するには、相対主義と無知に同時に対抗できるような「文化的リテラシー」(Hirsh, 1987) を身につけさせるには、どうすればよいか(1)。どのようなカリキュラムが、多文化的な要求による「アメリカの分裂」(Schlesinger, 1992) に歯止めをかけることができるか(2)。

こうした問いをめぐる言説が、現代の教育の現実性と一般に思われているものを生み出してきた。私たちの会話のなかでは、いわゆる「野蛮な不平等」(Kozol, 1991)(3)、たとえば家庭の崩壊、近所付き合いの衰退、交流機会の減少などについて、頻度は低くなっているけれど語られているし、人種差別主義や、失業状態、さまざまな依存症、根無し草の状況になってしまうことなどについても語られている。しかし学校を訪れてみると支配的な声は依然として、ある種の知識の客観的な価値を前提とし、学校の主な使命は国家の経済的、技術的なニーズに応える学校教育にあることを当たり前のこととして受け取っている官僚的な声なのだ。そうした教育を効率的に実現する方法に関して伝統的な考え方をとると、あらかじめ決められた目標を達成するために外部から学校を操作することができるという主張にまでつながってしまう。その主張の意味するところは大抵、教師たちもその生徒たちも、外部の人々の利益のために従順で奉仕的であるべきということでしかない。教師たちはどう介入することができるだろう、そして物事はどうあるべきかを、教師たちが語るにはどうすればよいのだろう。再編に対する変化を実際に起こしていくために、教師たちにはどんなことができるだろう。教師たちが自分たちの教室を変えるため、どんなことができるだろう。

物事を見つめるパースペクティブを変えていくなかで、さまざまな見方を獲得していくことに興味のある私は、トーマス・マン（Mann, T.）の小説『詐欺師フェーリクス・クルルの告白』を読み返すたび、自分のことを深く理解することができる。(4) 冒頭、若きフェーリクスはこう自分に問いかけている。世界を小さく見るのか大きく見るのか、どちらがよりよい世界の見方だろうと。彼曰く、一方では偉大な男たちや偉大な国家指導者たち、優れた軍の司令官たちは離れたところから物事を小さく見ていなければならないという。そうでなければ数多くの生きものの生と死を扱うことなどできないだろうと。しかし他方でフェーリクスは、物事を大きく見るとは「世界と人類とのなかに、熱意と献身の努力に値する、偉大で素晴らしい、価値のあることを見」ることとなのだとも考えている（Mann, 1955, pp.12-13）。なぜなら物事や人々を小さく見るということは、個人が不特定の切り離された視点から、いわばシステムの観点からそれらの振る舞いをまなざし、日常生活での志向性や具体性よりも社会の傾向や趨勢を重視するということだからだ。つまり物事や人々を大きく見るためには、他の人間たちを単なる物やチェスの駒として見ることに抗って、むしろ人々の完全性と特殊性（integrity and particularity）とを見つめなければいけない。いま起きている出来事のプロセスに参加している人間の視点から、人々がつくり上げていく計画、率先して引き受けていくさまざまな創始、それによって直面していくさまざまな不確実性を自分が知ることができているかどうか、見つめていかなければいけない。

学校教育に当てはめてみると、物事を大きく捉える視野は統計や測りうるものに還元することのできない、さまざまな細部や特殊性と密接に触れ合う視点を私たちにもたらしてくれる。都市部には使い古された、混雑した教室がある。対照的に、郊外にはきれいな空間のあちこちに子どもたちの絵や率直な詩が散りばめられ、掲示板には先生からのお知らせとインストラクションのための掲示物がぎゅうぎゅうに貼られているような教室がある。都市の学校には落書き、チラシの切り抜きがあり、制服を着た人たちがいる。学校関係者のさまざまな声が、そのまわりやその内側で起きていることをぼやかそうとしている。けれどアーティストが訪れると突然煌めき出し、日誌に日々の出来事を書いて、たくさんの物語に耳を傾ける若者たちの輪が生まれる。前日の夜の出来事を語り合い、いくつかの喪失や失踪について語り合い、互いに手を取り合う家族のグループもいる。がちゃがちゃと音を立てている廊下はまるで古代都市の裏通りのようで、仲間や友人たちを見つけると互いの身体を独特に抱擁しながら複数の言語を話す民衆たちで埋め尽くされている。いくつもの叫び声に、挨拶、脅し合い、ラップ・ミュージックのずんずんと響く低音、金色の鎖、花柄のレオタード、色とりどりの髪。コンピューターの画面を食い入るように見つめる若者たちが、学校の実験室でガラスと金属的なものがぶつかり合うがしゃんという音を耳にして、何が起きたのかと思い困惑したような瞳で見つめる。欠点だらけの教科書と、きちんと並べられた学習机があるけれど、たまに丸テーブルが設置されていて、そのうえには生徒が選ぶことのできる文庫本が置かれている。物事を大きく見るひとにとっては、すべての行為を「新たな始まり、不明確な表現に対する襲撃／みすぼらしい装備は質が低下するばかり／不正確な感性、訓練を欠いた情緒の分隊はいたるところで混乱する」（Eliot, [1943]1958, p.128）ものとみなす教師たちの存在が、ときどきその視野のなかに入ってくる。生徒たちの姿がエイリアンのように映っているためか、その声すら聞きたがらず沈黙を押しつけてくる教師や、エージェンシー（行為主体性）の感覚のない教師といった別種の教師の存在も、同じように。それでも、そうした場所に熱心な教師は現れてくるのだ。しかも繰り返し現れてくる。自身の問いを投げかけ、自らを教え、自分のペースで進みながら自分たちの生きる複数の世界を名づけるよう学習者を駆り立てていく教師が。若い学習者は自分たちの存在を認められなければいけないし、対等な立場で相談を受けることができなければならないし、根拠や理由について問うことができなければいけないのだと。こうしたことはようやく次第に実現されつつある。

かたや物事を小さく見る視点はシステムというレンズ――権力や既存のイデオロギーを見つめるのに有益な視点――を通して、主に技術的な観点から学校教育を見つめていく。近頃は慈悲深い政策づくりのレンズを使うことが多いようだけれど、その根底にあるものは学校改革が進歩的な社会変化をもたらすという確信だ。これまで述べてきたように、こうした視点は国家経済的な関心事と学校とを結びつけるため、あるいはそうした関心事との結びつきを覆い隠すために使われている。その有益な視点が正確にはどんなものであろうと、学校教育を小さなものとして見つめるということは実際の生きた人格たちの、一人ひとりの個人の顔や姿を都合よく選び抜いておきながら、そのじつテストの点数、「タイム・オン・タスク（実学習時間）」[5]、マネジメントの手順、民族・人種の割合、アカウンタビリティ（説明責任）の尺度に夢中になっていることの証拠なのだ。そして実際、一般的な見方をしている多くの人々には、複数の名前や歴史を意識せずに調査や分析を行う方がより教育として公平であるように思われている。そうした人々は社会的利益というものを、自分たちの行っていることの価値と同一のものだと考えている節すらある。

教師はこうした外部からの見方にどう対処すればいいのだろう。チェスの駒や歯車のように、あるいはある種の外部との共犯者のようにさえ自分たちのことを感じてしまわないようにするには、どうすればいいのだろう。そうした挑戦はもしかしたら、遠い場所と近い場所を行ったり来たりする方法を学ぶということ、つまり政策や長期計画の領域を理解する一方で、一人ひとりの子どもたちの細部や、何らかの状況で生まれてくる特殊な仕事、測定不能なもの、ユニークなものの方へと近づいていくことによって、前進させることができるかもしれない。確かにそうした挑戦の少なくとも一部には、周囲の環境から学校を人為的に切り離すということへの拒否、すなわち事実を歪めるような脱文脈化（decontextualization）への拒否が含まれている。この拒否の結果として教師は人々との、また出来事同士のいつもきれいに定義することなどできないつながりについて説明しようとすることへと、きっと心が動いていくことだろう。街路での生活——その多元性、危険性、神秘のすべてに入り込んでいくということに。また気楽さと不安のなかで営まれている一人ひとりの生徒の家庭での生活を、多少なりとも意識するということに。それはいわば、若者のいくつもの人生を変えていく地域の公園や、家の玄関先の階段、また大病院の緊急救命室や診察室、また社会福祉法人の事務所やその事務所が運営しているシェルター、そのほか社会福祉機関の設備で展開されている、生徒たちのドラマに意識的になるということをも意味する。警察署や交番、教会、麻薬の密売人のたむろする区画、近くの公園の木陰、いつも点滅しているテレビの光——これらすべてが、拡大して見えてくる教育的な現実性のほんの一部なのだ。

「ヘテログロシア（異言語混交）」、社会生活の異質さ、あるいは日常のなかにある多元的な談話（discourse）と呼ばれてきたものに立ち会うだけの想像力を持っている教師には（Bakhtin, 1981, p.273）[(6)]、よりよい教え方だけでなく、よりよい生き方への道を開いていこうとする強い衝動がある。かつてジョン・デューイ（Dewey, J.）がそうであったように、自分の活動に方向性を与えてくれるめあて

(aims) の種類を見定めることによって、そのめあてが現実にどのような方向性を与えてくれるものなのか、より明確に知ろうとする努力をしているのだろう (Dewey, 1916, p.119)。[7] 今日、教師たちが物事を大きく見るか、小さく見るかを自分で選択することなど必要ないとする、現場への影響の甚大な学校再編の動きがある。その動きのなかでは、自分は条件づけられ制限させられた行動にだけ関心を持つ人間なのか、あるいは新たな始まりを意味する意識的な活動にのみ関心を持つ人間なのかを、教師が自覚する必要などないとまで考えられている。けれどもひとたび、複雑な文脈のなかで自らの実践を振り返る力が与えられるなら、教師は自分自身の状況のなかから自分なりの選択を決断し、教育的な現実性の全体像について書かれたものへと、自分たちを開いていくことができるはずだ。

この新たに生まれてきた動きのなかで、教師同士はもちろん、保護者、そしてさまざまな種類の教師集団との協働の場が開かれている。デモクラティック・スクール[8]、再起してきたプログレッシブ・スクール[9]、コーリション・スクール[10]、刷新に取り組むマグネット・スクール[11]などのネットワークが出現している (Darling-Hammond, 1992; Elmore, 1990; Sizer, 1992; Wigginton, 1972)。そうした動きに自身も深くかかわっている教育関係者のあいだでは、「ケアのコミュニティ (caring communities)」と同じくらい大切な、複数のコミュニティを創り出さなければならないということについて、広く意見が一致している。ハーバード大学のプロジェクト・ゼロのハワード・ガードナー (Gardner, H.)、セオドア・サイザー (Sizer, T.)、そしてその他の人々による提案によれば、「カリキュラムとは、知識にもとづいた学際的なものでありつつ、生徒とともにカリキュラムを編成できるものでなければならないという、きわめて現実的な関心事に応えるエビデンスがある」(Beyer and Liston, 1992, p.391)。ケア(care)[12]、いくつもの違反行為への終止符、人々同士のつながりあっている実感、そして道徳的なものへのコミットメント(commitment)──これらのことについては、ますます深いところで語られるようになってきている(Noddings, 1992; Martin, 1992)[13]。

この新しい改革の取り組みには、全体像を把握しようとする相当の感受性がある。もし若者たちが有意義な就労機会を得ようとするなら、およそ門前払いされてしまうような今日の社会のなかで、じつに幅の広い心の習慣(habits of mind)と、多くの複雑なスキルを獲得しなければならないだろうということが、明らかな事実として認められている。いくつもの大災害や大恐慌、大惨事や破局に対処するために必要な能力を、若者は自ら養わなければならないのだと。エコシステムに生じるいくつもの災害・災難、洪水、汚染、未曾有の暴風雨に対処しなければならなくなるかもしれないし、化学療法や生命維持装置で延命するかどうかの決定にも、対処しなければならない日がいつか来るかもしれない。煽動家、視聴者参加型の番組、謎めいた広告、さらに多様なエンターテインメントの色合いが混じったニュース番組に対して、批判的かつ知的に対処するためには、複数のメディアに対するリテラシーが必要になるだろう。物事を小さく見つめる方法についての、相当量の組織的な思考法と知識を必要とする適切なプランニング能力もまた、求められるかもしれない。

しかしその教育的な現実性の全体像のもう一つの側面では、教師が生徒を潜在的なアクティブ・ラーナーとして扱うことが求められてもいる。つまり生徒たちは、実際に行われている現実の仕事に出会い、職人気質で誠実な、理想的な人間たちを実際に発見したときにもっともよく学ぶことができる存在なのだと。そうして教師が学習者を、際立った特徴を持つ、問いを抱くことのできる個人(persons)——自らを定義するプロセスにある個人——としてかかわることができたときに、はじめて「オーセンティック・アセスメント(真正の評価)」(Darling-Hammond and Ancess, 1993)と呼ばれる、(14)新しいカリキュラムの構築につながるような評価方法を展開することができるようになる。外部から提供される多肢選択式のテストを拒否して、生徒たちと出会ったとき、しっかり物事を大きく見続けていこうとすることによって、その人格的な存在たちにとっての適切な、今日私たちが探究(inquiry)と呼んでいるものへの多彩な入口を開いていく、いくつもの教え方のありよう(modes of teaching)を考案することができる。ドナルド・ショーン(Schön, D.)がかつて述べていたように、省察的な教師は生徒の声に耳を澄ますものだ。「彼女は自問する。たとえば、彼はこのことをどう考えているんだろうか。彼が陥っている、わからなさの背景にはどんな意味があるのだろう。彼がすでにやり方を知っていることは何だろう。もし彼女が本当に生徒の話に耳を傾けているのであれば、彼女は授業計画を超えるような行動のアイデアを思いつく」(Shön, 1983, p.332)。ショーンはまた、「学びや教えに関する経験やパフォーマンスについて、独立した良質な判断やナラティブの記述を生み出そうとしている」(pp.333-334)教師によるアカウンタビリティやエバリュエーション(評価・評定を含む価値判断)、スーパービジョン(助言・監督指導)に与えられた、新しい意味について書き表している。このような教師は、いまいる場所で制限されている自分のあり方を超えよう、違う存在になろうと試みている生徒たちの、伝えようとしていること、考えようとしていることについて生徒自身に記述してもらうよう尋ねるポートフォリオや展示によって、生徒を評価しているのだ。

どのように学ぶかを学ぼうとしている実際の人間たちとの出会いは、どんなときも教師の側に想像力を必要とする――そして教師たちが教えようとしている人々の側にも。私は学校や大学で会ってきた学生たちについて考えを巡らせているとき、追求の多様性について思いを馳せている。たとえばウォーカー・パーシー（Percy, W.）の小説『映画狂時代』に出てくる「探求（the search）」のように、その探求は「もし人が自分の人生の日常ってやつに沈んでいなけりゃ、誰だってすることさ。（……）その探求の可能性に気づくってことは、何かを求めてるってことだ。何かを求めていないってことは、絶望のなかにいることなんだ」（Percy, 1979, p.13）[15]。本書で何度でも繰り返すつもりだけれど、探求が可能だと気づくことができるためには想像力が必要なのであって、そしてここにも、私たちの鼓舞していきたい学びへのアナロジーがある。日常的な分類＝階層分け（classification）を打ち破り、実際の生きた若者たちときちんと接するためには、移り変わっていく生きた状況のなかで想像力を発揮することが求められるし、若者たちの側でも自分の動き出せる開放性を実際に見つめて、聴き、触れるために想像力が必要になってくる。

教えるということ、学ぶということには、障壁を打ち破っていくことが多くの点で重要になる――期待や退屈、あらかじめ定義されたものによって築かれた壁を打ち破るということが。教えるということは、少なくともある一面において、その人自身が自分を教えるために必要なコツやノウハウを手渡ししていくということだ。実際、バスケットボールで遊んだり、詩を書いたり、化学実験室で金属を使った実験をしたりすることについて、やんちゃな若者たちに単純に講義することのできる教師などいないし、そうした活動で彼あるいは彼女が念頭に置いている学習の要件や基準にすぐ達することを若者たちに期待するような教師もいない。教師は学習者がバスケットのゲームに参加したり、ソネットをつくったり、化学的なテストを考え出したりするために必要なことを、学習者自身が自分たちなりのやり方で実践に落とし込むことができるよう、いわゆる豊富な「開放する能力（open capacity）」（Passmore, 1980, p.42）を用いて、そうした活動の進め方やルールと規範の守り方についてコミュニケーションをとっていかなければならないのだ。[16]パスモア（Passmore, J.）によれば、この能力によって生徒が教師の教えたことのない一歩を踏み出したとき、「他の子どもたちはこれまでそんなことをしていなかった（……）という理由からではなく、子どもたちにそんな一歩を正確に踏み出すことなど教えたこともなければ、その一歩が教師の教えた原理の応用に必ずしも沿っているわけでもないという理由で、いくらか講師たちを驚かせる」ことがあるという。「言い換えるなら子どもたちは発明的になったのであり、能力を発揮するようになったのだ」（p.42）。私たちの予想できることよりもいつもはるかに勝る経験が、そこにあるのだということに気づかせてくれる方法としての想像力について、メアリー・ウォーノック（Warnock, M.）がこんなふうに語っていたのも思い出される（Warnock, 1978, p.202）。[17]子どもたちが自分たちの知覚したことの価値を感じ始めたとき、どれほど子どもたちが「その価値についてあれこれ解釈し翻訳しようとする」ことか。彼女の説得的な言葉によれば、「子どもたちの経験に意味を与えてくれるのは、もしその子たちが教わったことに傾倒していった場合に引き出されるかもしれない、たくさんの学説や教義ではなくて」、どんなふうに「物事の無限性や言い尽くしがたさについての情感的な感覚」を味わったか、なのだ（p.206）。私にはまた、ウォレス・スティーヴンズ（Stevens, W.）の「青いギターを持つ男」のこと、想像力を象徴するあのギターのことが思い出される[18]。このギタリストは「照明や定義」を捨て去ることについて語り、聴く者に「暗闇のなかで君に何が見えているか、さあ言ってごらん」と試す（Stevens, [1937] 1964, p.183）。しかしその聴衆たちは「物事のあるがままに弾いてくれ」とギタリストに乞い続けていた。なぜなら物事を他でもありえたものとして見つめるということは、とても破壊的なことだから。そこには見つめることをめぐる緊張関係（tension）があり、しばらくのあいだ続く、空白の抵抗がある。しかし、そうした抗うこと、想像すること、開放する能力を用いること、創り上げること、そして驚くことのあいだに何らかの結びつきがあるということは、次第に顕になってきている。

こうしたやり方で教えること、学ぶことに取り組むということは、行動（behavior）にではなく活動（action）に関心を持つということだ。活動するということは、自分が創始を引き受けるということを含意するものであり、アクター（活動者）、あるいはエージェント（行為主体）としての視点から見据えることのできる未来へと動き出すということを意味する。現在、学校再編に携わっている人々がアクティブ・ラーニングというときに意味しているのは、このことなのだ。そうした人々の関心は始まりにあるのであって、終わりにあるのではない。つまりシステムやあらかじめ決められたもの、はるか遠くから押しつけられる評価とは対立しているのである。思い出しておいてほしいのだけれど、デューイは知性的であるための方法として、私たちのいままさに取り組んでいることに方向性を与えるための方法として、めあてという言葉を説明している。彼は保証できることなどないということをよく知っていた。彼は私が試みているように、開放性、可能性について語っていたのであり、追求と実行のために動き続けるということについて語っていたのだ。

私がそうであるように、探求されるべき不完全なものが魅せるルアー、つまりあらゆる冒険と切り離すことのできないその前途の兆しに、デューイも惹かれていたのかもしれない。『白鯨』の（あらゆるシステム、あらゆる分類＝階層分けに懐疑的な）イシュメールが言うように、「もとより完璧を約束するものではない。人のなす事において完璧はありえないので、まさしくその理由によって、私がすることは間違いなく間違うことだろう」(Melville, [1851]1981, p.135)[19]。空席はつねにある。通われたことのない道、認識されたことのない展望はつねにある。探求は継続的になされなければならず、その終わりを知ることは完全にはできない。

これからの章では、教えることと学ぶことにかかわりの深いさまざまな種類の探求と、教師がその途上で直面することになるかもしれない、予期せぬいくつもの発見について述べていくつもりだ。女性たちと社会から周縁化された人々の沈黙を、教室のなかで乗り越えていかなければいけない。あまりに多くの生徒が無視されたままでいることを、どうにかして打破していかなければいけない。私たちの学校のなかで、全員が見知らぬ人として存在しなければならないはずはないし、私たちの生きている新しい多面的な世界を解釈し合うべく、懸命になることはできるはずだ。そう希望を持ち続けている私たち自身が追求していくべき地形と風景（geographies and landscapes）とが、そこにはいまだ広がっているのだ。[20]

ライナー・マリア・リルケ（Rilke, R. M.）のこの詩の数節は、私自身が探索していきたいと思っている、他者を知ろうとする力のありようを、うまく捉えてくれていると思う。[21] その力は、私たちがどのように物事を見ようとするかを選択することに宿るものだ。

どんなものも私にとって小さすぎるということはなく、
どんなに小さくとも私は愛する。
そしてその愛するものを金色の背景に大きく描いて、
また高くかかげると、それが私の知らない誰かの
たましいを解放する……（Rilke, [1905] 1977, p.3）

私の解釈も、一時的なもの、仮のものだ。すべての問題、すべての不確実なものを解決できるほど、包摂的で合理的な枠組みなど存在しないとする拒否と、私はともに歩いてきた。私たちにできることは、何ものも同じままでいられないこの世界のなかで、多元的な見方と多元的な対話を育んでいくことだと、私は信じている。そうした世界のなかで、読者がその教え子とともに潜り抜けていく道をつ

くり、見事渡り終えたあかつきには、そのかけがえのない足跡を残していけるよう促すことが、私にできるすべてのことなのだ。ある著述家はかつて、私たちの「根本的不安（fundamental anxiety）」（Schutz, 1967, p.247）とは、何のしるしも残すことなくこの世界を去ることだと語った[22]。その不安こそが、私たちに自分たち自身のためのプロジェクトを考案させ、仲間たちのなかで生きるとともに、手を差し伸べさせ、自分の置かれた立場からその人生を解釈させるのであり――いつも何度でも――人生に挑戦させ、それを始めさせるものなのだ。ある意味『想像力をときはなつ』を書いたのは、そのような不安を癒すためなのである。物事を小さく見るという無関心さに、役立つものとしての地位を与えると同時に、物事を間近で大きく見ようとする情熱に道を開き、その情熱を妥当なものとして位置づけていく。この情熱こそが、想像力の扉に通じる道なのである。あたかも他でもありえたかのように物事を見る可能性が、ここにある。私にとっては、この可能性こそ学校再編の意味しうるものである。物事を大きく見ることこそ、私たちを学校改革へ向かわせようとするものなのだ。

注

（1）エリック・D・ハーシュ ジュニア（一九二八―）二〇、二一世紀のアメリカの教育者、文芸批評家、教育理論家。「アメリカ人」として生きるにあたって必須の単語や概念を列挙し、アメリカ文化への標準的な理解ができる教育を謳いスタンダード運動を促した『文化的リテラシー』（一九八七）で著名。

（2）アーサー・M・シュレシンジャー Jr.（一九一七―二〇〇七）二〇、二一世紀アメリカの歴史学者、社会批評家、知識人。ジョン・F・ケネディ（Kenedy, J. F. 一九一七―一九六三）のブレーンでもあった。『アメリカの分裂』（一九九一）では、民族中心主義かつ分離主義の多文化主義がアメリカの統合を分裂させると批判した。
（3）ジョナサン・コゾル（一九三六―）二〇世紀アメリカの作家、活動家。黒人詩人、活動家のラングストン・ヒューズ（Hughes, L. 一九〇一―一九六七）の詩を校内で扱ったことで解雇された経験からアメリカの公教育での人種差別を描いた、全米図書賞を受賞した著作『幼年期の死』（一九六七）で知られる。『野蛮な不平等』（一九九一）はアメリカ公教育で維持されている人種・階級による差別・不平等を主要都市の学校へのフィールドワークを通じて明らかにした、全米図書賞候補作。
（4）トーマス・マン（一八七五―一九五五）一九、二〇世紀ドイツの小説家、評論家。ナチスの台頭によりスイス、アメリカへ亡命し、ナチスへの抵抗をドイツ国民に訴えたことでも知られる。本書では市民気質とアーティスト気質のあいだの葛藤を描いた中編『トーニオ・クルーガー』（一九〇三）、自己パロディの側面も持つ悪漢小説であり彼の死によって中断された未完の長編『詐欺師フェーリクス・クルルの告白』（一九二二、一九三七、一九五四）が引用されている。
（5）タイム・オン・タスク（実学習時間）二〇、二一世紀アメリカの心理学者ジョン・B・キャロル（Carrol, J. B. 一九一六―二〇〇三）によって提唱された、学習とは具体的な学習課題に費やした時間の関数であるとする仮説のこと。
（6）ヘテログロシア（heteroglossia）一九、二〇世紀ロシアの哲学者、文芸批評家ミハイル・バフチン（一八九五―一九七五）の用語。あらゆる発話の前提に互いに異質な社会的状況が存在しているため、同じ言語共同体でも異質なイデオロギーがつねに併存しうることを示している。
（7）めあて（aim）一九、二〇世紀アメリカの哲学者ジョン・デューイ（一八五九―一九五二）の用語。目的とは現実の状況のなかにいる人々から立ち上がるものであり、状況の外部から与えられてはならないという目的の性質を示している。

（8）　デモクラティック・スクール（democratic school）　民主的自治と学習の自由を重視した学校の総称。オルタナティブ学校としてはA・S・ニイル（Neil, A. S.　一八八三―一九七三）によって設立されたサマーヒル・スクールや、ダニエル・グリーンバーグ（Greenberg, D.　一九三四―二〇一一）らによって設立されたサドベリー・バレー・スクール、また公立学校の事例としてはデボラ・マイヤー（一九三一―）が主導し、生徒による真正の評価（第一章注14参照）を軸に政策的評価をも刷新したセントラル・パーク・イースト中等学校が著名。

（9）　プログレッシブ・スクール（progressive school）　一八、九世紀に古典的な教科を教授する教師による講義形式を遵守する伝統主義への批判として生起した、同時代的な生活や先進的な実験等を通じて子どもの経験を育む進歩主義（progressivism）にもとづく学校の総称。

（10）　コーリション・スクール（coalition school）　二〇、二一世紀アメリカの教育学者セオドア・サイザー（一九三二―二〇〇九）がアメリカ中等教育の現状、またその改革にあたっての共通原則について研究した「ハイスクール研究」の成果から導き出した九つの共同原則にもとづいて運営される中等教育改革組織、エッセンシャル・スクール連盟（Coalition of Essential School）に加盟した学校のこと。教育において求められている結果を構成する永続的な理解と本質的な問い、そしてその結果を承認できる証拠から逆算してデザインする、「逆向き設計（backward design）」の開発などでも知られる。

（11）　マグネット・スクール（magnet school）　学区によって通学先の決まるネイバーフッド・スクール（neighborhood school）とは異なり、魅力あるカリキュラムを設け、児童生徒が自主的に学区を横断して通学できるようにした実験的な公立学校の総称。主に学区横断の目的は二種類あり、第一にギフテッドあるいは才能ある生徒を集めるために、第二に人種隔離の是正のために生徒たちによる学区横断を促している。

（12）　ネル・ノディングズ（Noddings, N.　一九二九―二〇二二）　二〇、二一世紀アメリカの教育者、教育哲学者。ケアするものとケアされるものとのあいだに築かれるフェミニズム的、関係論的倫理について考察した『ケアリング――倫理、道徳教育への女性的アプローチ』（一九八四）で著名。ここで引用されている著作は人間、社会、環境へのケアを中心に組織されるカリキュラム編成論を構築した『学校におけるケアの挑戦――オルタナティブな教育を求めて』（一九九二）。

(13)　ジェーン・ローランド・マーティン（Martinn, J. R.　一九二九―）　二〇、二一世紀アメリカの教育哲学者。分析哲学の手法を女性と教育の問題に応用し、カリキュラム原理や理想理念に内在するジェンダー偏向、セクシズムについて明らかにした『会話の返還請求――教育された女性の理想』（一九八五）で著名。ここで引用されている著作は両親が働きに出るあいだに残される子どもたちをめぐる教育問題を追求した『スクールホーム――変わりゆく家族のための学校再考』（一九九四）。

(14)　真正の評価（authentic assessment）　学術的な知識やスキルの熟達にあたって、教師が成人の生きる現実の世界（real world）あるいは学習者の生きる現実にある素材を教材に学習することを促し、その学習プロセスを現実の世界での評価基準や、ポートフォリオなどをもとに生徒自身の視点を含めた多角的な視点から行う評価法の総称。なお本書ではauthenticを訳すにあたり、マルティン・ハイデガー（Heidegger, M.　一八八九―一九七六）の実存分析におけるEigentlichkeit（自己を選択し、獲得すること）の文脈にあるものは「本来的」と訳し、チャールズ・テイラー（序文注1）の『真正性の倫理』（一九九二）をはじめとした現実世界との対応性（correspondence）を意味する文脈にあるものは「真正的」と訳出した。

(15)　ウォーカー・パーシー（一九一六―一九九六）　二〇世紀アメリカの作家。実存主義や記号論を応用した作風で著名。ここで引用されている作品は、朝鮮戦争からの帰還兵である黒人のビンクスが、死のある現実を映画のように虚構的に見つめることで生を保つさまを描く『映画狂時代』（一九六二）。

(16)　ジョン・パスモア（一九一四―二〇〇四）　二〇、二一世紀オーストラリアの哲学者。分析哲学と大陸の哲学（たとえばミシェル・フーコー（Foucault, M.　一九二六―一九八四）、ジャック・デリダ

(Derrida, J.　一九三〇―二〇〇四）など）との関係性を示した哲学の教科書として名高い『哲学の百年』（一九五七、一九六八）で著名。ここで引用されている著作は『教えることの哲学』（一九八〇）。

(17)　メアリー・ウォーノック（一九二四―二〇一四）　二〇、二一世紀イギリスの哲学者。実存主義、道徳哲学、教育哲学の著作を著し、ヒトの生殖治療やヒト胚を用いた実験を倫理的に規制するヒト受精・胚学法（ＨＦＥ法）の基礎となった報告書や、イギリスでの特別支援教育の制度改善を促した報告書の作成で著名。ここで引用されている著作は欧米の想像力論の系譜を辿った『想像力』（一九七八）。

(18)　ウォレス・スティーヴンズ（一八七九―一九五五）　二〇世紀アメリカの詩人、実業家。保険会社の弁護士、また副社長として実業家の道を歩みつつ、生涯にわたって独自の想像力論、虚構論に裏打ちされた詩作を行う。彼の「青いギターを持つ男」（一九三七）はグリーンにとって著作のタイトルにもなったほど重要な作品。

(19)　ハーマン・メルヴィル（一八一九―一八九一）　一九世紀アメリカの作家。本書で繰り返し引用されている作品は、語り手である放浪の水夫イシュメールが、巨大な白いマッコウクジラに片足をもがれたことへの復讐を誓う船長エイハブによって巻き込まれたクルーたちのいる捕鯨船ピークォド号に乗り込み、鯨への復讐の顛末を語る『白鯨』（一八五一）。

(20)　地形と風景　グリーンは典拠を明示していないが、アメリカの教育現象学者ヴァンデンバーグ(Vandenberg, D.）がその主著『存在と教育』（一九七一）で展開した、人間がその両極のあいだを行き来して生きるとされる物理的に規定される客観的な「地形」(geographies）と、主観的な生きられた「風景」(landscapes）の概念に拠っていると思われる。

(21)　ライナー・マリア・リルケ（一八七五―一九二六）　一九、二〇世紀オーストリアの詩人。パリに住むデンマーク出身の若い詩人の孤立的な都市生活を描き出した散文詩『マルテの手記』（一九一〇）で著名。ここで引用されている作品は初期の詩集の一つである『時禱集』（一九〇五）。

(22)　ここで引用されている著述家は現象学的社会学者のアルフレッド・シュッツ（第二章注4参照）。引用は彼の代表論文の一つである、現実というものが客観的な対象の存在論的構造によってそれ自体で成立するものではなく、労働、宗教、夢、演劇、狂気の世界など、何らかの衝撃によって異なる意味の領域に飛躍する多元的な経験の一貫性から構成されるものとした「多元的現実性について」（一九四五）。自身がなんの痕跡も残さずにこの現実性を去ることの根本的な不安が、自身の指紋が残る（日本風に言えば足跡が残る）プロジェクトを生み出す動機となることについて語っている。本書では四章、七章においてこの論文が頻繁に引用され、第十四章においては主題ともなっている。

第二章　想像力と未来への扉

変容、開放性、可能性。教師や教師教育に携わる者たちは、これらのテーマをつねに意識しておかなくてはならないだろう。それは「ゴール二〇〇〇――アメリカ教育法（Goals 2000: The Educate America Act）」（全米教育目標）が協議され、それに関連する目標の実現可能性が評価されるからだ。この法律は、連邦法として立法化され、五年以内に達成することを意図された全米の教育目標である。そのうちの五つ――すべての子どもたちは就学時に学校に通う準備ができていなければならない、高校卒業率を九〇パーセントに引き上げる、すべてのアメリカ国民が読み書きできるようにする、教師の育成に十分力を注ぐべきである、そして親たちは子どもたちの学習にかかわるべきであるというのは、一般的で、もはや議論の余地はなさそうである。しかし、より問題なのは最後の二つ、すべての生徒が、学問分野で世界トップクラスの学力水準を満たし、かつ「科学と数学の成績で世界一」にランキングされること。そのために「難易度の高い教科内容（subject matter）」において、生徒の習熟度を測定することができるナショナル・アセスメント（全国的な評価基準）を設けるべきだというものである。これらの目標は教育に関する新たな国家の課題として提示されているもので、しかも貧困や不平等を考慮しても実現可能であるという前提に立っているものなのである。まず問題の一つは、スタンダードやテストを簡単に押しつけることができるという含みに関する点であり、もう一つは、今日のアメリカの若者たちが潜在的に持っている多様な能力、いまだ明らかにされていない隠れた才能やエネルギーとその表現方法の違いが十分に考慮されていないという点にある。これまで親しんできたパラダイムが依然として使用されているように思われる。経済や人口動態の変化に直面しながらも、オルタナティブな必要性は抑圧されたり、または無視されたりしている。

この章では、私たちそして私たちと生徒たちが、人生を狭くしたり、進むべき道が袋小路となってしまったりすることなく、開放性への探求のために想像力をどのように活用していくことができるのかについて説明する。また、そのなかでも特にアートが、いかに私たちの想像力をときはなち、新しいパースペクティブを開放し、オルタナティブを見つける鍵となるのかについても考え始めてみよう。開かれうる展望や、つくられうるつながりというものは経験的な現象であって、私たちを取り巻く世界との出会いは、新たな知識をもたらすものだ。その経験は世の中を見るための、そして人類とその文化を活かし続ける教育的な行為のあり方を解釈するための新たなレンズを与えてくれる。

多くの点で、学校を再編するということは、確かに従来の量的モデルからの脱却を意味するものだ。しかし、その脱却に対する不安が、逆に人々をジョン・デューイが「確実性の探求」(Dewey, 1929)と呼んだものへと駆り立てているのである。今日の経済的な不確実性は、この不安と深く関係しており、また、伝統的な権威に対する現行の挑戦とも関係している。学校の変化に対応して、多くの親たちは、予測可能なだけでなく、かつて子どもたちが基礎を習得したことに付随して起きていた安心感をも切望しているのである。これまで未開拓だった可能性を拓き、未踏のオルタナティブを探ろうという話は、遠い昔の単純な世界を取り戻したいと願う人々の不安を煽る。同時に、保護者や教育者は、科学技術やコミュニケーションの変化が、その訓練や教育に関して前例のないほどの需要を生み出していることをますます認識するようになってきている。公式のスポークスパーソンから、物質的な成功が保証されるのは斬新で見慣れないスキルを一通り習得できる人だけなのだと告げられているのだ。『ディックとジェーン』のような初歩的な基礎読本に描かれた架空の世界に戻ることができないように、もはや、初歩的なリテラシーの習得だけが基本的な目標になっていた時代には戻ることはできないということが、示唆されているのである。(1) 学校がすべきこととして言われていることと、親が理解する教育のあり方とのあいだには矛盾が増え続けている。特に自分たちの生活に貧困や変化が押し寄せ、無力感を感じている家庭にとってはなおさらである。

一部の学生が、この国の社会的不平等ゆえに、恐ろしい障壁に直面していることは疑いようのない事実である。人種、階級、民族のメンバーシップに関する事実は、広範囲にわたる社会・経済の再編の必要性とともに考慮していく必要があるだろう。これまで私たちの多くが学んできたように、考慮すべき、客観的および主観的な複数の現実性がある。失業、ホームレス、父親の不在、病気といった社会問題が消え去ることをただ単に空想するだけでは不十分なのである。しかしおそらく、物事のよりよい秩序を想像できないことが、変化をもたらすための行為を人々から奪い、それを妨げる諦めを生み出すことがある。個人および共同体の効力性に対する感覚の衰退に伴い、人々は抗議や不満を受け入れてもらえないと感じる状況に陥り、ただ与えられたもののなかに沈み込んでしまう可能性がある。想像力を求めるということは、あたかも物事には別のあり方もありえたかのように見ることのできる能力のため尽力するということだ。より深い理解を求めることは、解釈された経験として一人ひとりの現実を理解しなければならないということ——そしてその解釈の仕方は、彼あるいは彼女が置かれている状況や世界のなかでの位置によって左右されていると理解することである。それはまた、個人が取ることのできる、あるいは取ることができるようになるパースペクティブの数、つまり偶発的な世界の（それ自体で実在するのではない）多元的な側面を明らかにする視点の数にも依存する。想像力を目覚めさせるということは、固定され、完成され、客観的かつ独立した現実であるはずのものから離れることができるようになるということなのだ。それは想像する者が、普通の、あるいは「常識的」と考えていた枠組みを超えて見るということであり、経験のなかに新たな秩序を切り開くことである。そうすることで人は、あるかもしれないことを垣間見たり、そこに何があるべきで、まだないものは何かについての考えを形成する自由を得られるかもしれない。そして、同時にその人は、おそらくそうだろうと思われることに対してもつながりを保ち続けることだろう。

　ここで、ウォレス・スティーヴンズの「青いギターを持つ男」のことをもう一度思い出してみてほしい。

彼らは言った、「君は青いギターを持っているね、
物事のあるがままを弾いていない」。
そして男は答えた、「あるがままのものが
青いギターで弾くと変わるのさ」。
すると彼らは言った、「だが弾いてくれ、君はそうするべきだ」、
私たちを超えた先にあっても、私たちそのものであるような、
青いギターの響きにのせて。
物事が、絶対に、あるがままであるように。（Stevens, [1937] 1964, p.165）

青いギターで弾くということは想像力をもって弾くということであり、その音は聴衆に相反する感情を抱かせる。多くの人は、いつものありふれた心地よい音楽を好む（実際には好まない人もいるかもしれないが）。ギタリストは「あるがままの狂詩曲」を演奏すべきか否かについて長い詩的な対話をしたのち、聴衆に問いかける。

照明を落として、定義も放り投げて、
暗闇のなかで君に何が見えているか、さあ言ってごらん

それはこれだとか、あれだとかね、
ただし、朽ちた言葉は使わないように。

ギタリストは、自分自身の目で見て、自分自身の声を聞き、官僚的な他者によって考え出された公式に縛られないようにと聴衆たちに呼びかける。

君は君として存在しているって？　君は君自身なんだ。
青いギターが君を驚かせてくれる。（p.183）

他人が、「絶対に」君は「君として存在している」と決めつけ、固定された名前で呼ぶ。君自身であるということは、一つの自己と自身のアイデンティティを創り上げているプロセスにいるということなのだ。もしそれがプロセスでないのであれば、きっと何の驚きもないことだろう。なぜなら驚きは、異なる自分になるときに起こるからである――つまり、心に思い描いた可能性に向けて自ら行為する方法を見つけ、意識的に異なる存在になろうとするプロセスで起こるのだ。これまでと違う言葉や音楽をきいたり、慣れない視点から物事を見たりすることで、ある一つの場所から見えた世界が唯一の世界ではないのだと気づくことによって、驚きはもたらされる。

さらに言えば、学ぶことや教えることには、古いものを手放しつつ新しいものに手を伸ばそうとする意識が必要となる。そしてこの種の意識は必ず想像力と関連している。たとえばジョン・デューイの考えによると、想像力とは、過去の経験から得た意味を現在のなかに見出すための「門扉(gateway)」であり、それは「新しいものと旧いものとのあいだでの、意識的な調整」(Dewey, 1934, p.272) なのである。これまで経験してきたことを超えていく人生の物語や、現在進行中の追求を、省察的に把握していくことは、私たちが過去の出来事をどれくらい覚えているかにかかってくる。その記憶のなかにある事柄と、それらの経験から生まれた豊かな意味を背景として、私たちはいま自分の周りで何が起こっているのかを摑みとり、理解するのである。確かに、たとえば女性が仕事や政治上の文脈を理解する方法は、男性のそれとは異なるだろう。特に公の世界にかかわることが女性らしくない、なぜか女性にはふさわしくないと思われていた時代に育った場合にはなおさらである。バレリーナになろうとする若者が、ダンスで身をたてようとする人生をどのように捉えているかも、彼あるいは彼女の幼少期に身近な大人たちから、価値あるものだとみなされていたか、実用的でないロマンチックな選択だとみなされていたか、何かそぐわないと思われていたかに影響される。いずれにしても、私たちが現在生きて経験していることと、過去から持ち込んだものとのあいだにはつねにずれ(gap) がある。「このずれがあるがゆえに、意識的な知覚にはつねにリスクが伴うのであるが、それこそが未知への冒険である。そこで現在は過去に同化され、過去の経験は何かしらのかたちに再構築される」(Dewey, 1934, p.272)。私たちの多くが幼少期に経験した、飛び地のように小さなコミュニティでの考え方や、その考えに見られる独特で奇妙な偏狭さについて思い出すのではないだろうか。おそらく、私たちは普通の人、いわゆる「いい人」は、自分たちとまったく同じような生活を送り、同様の儀式を守り、物事に同じような反応をするものだと信じていた。しかし時が経つにつれ、世界中には非常にバラエティに富んだ人間の生き方があり、多種多様な信仰や信じ方があり、風習は素晴らしく多様であることを知る——それらを受け入れることができるようになる。こうした新しい現実と向き合うことはつねにリスクを伴うが、多くの大人たちはそのリスクを取ることをためらい、また自分の子どもたちにはそのリスクを取らせたくないと感じてもいるものである。しかし、もしその子どもたちが想像力を持って、故郷となる家から遠ざかり、徐々に新しい間主観的な世界(intersubjective world)を見つけ、それに適応していくようになればどうだろう。[2] 自分たちの幼い頃の経験を再び解釈し直し、おそらく自分の人生の道筋を、必然的なことだからということではなく、(数ある可能性のなかから)可能なことを自ら遂行するものだと考えるようになるに違いない。

この種の気づきこそが、経験そのものを意識的かつ自覚的なものにするとデューイは信じていた。このような気づきがなければ「経験は単なる繰り返しと完全な画一性にとどまり、結果として得られる経験はルーティーン的で機械的なものになる」のである。意識にはつねに想像的な側面があり、この想像力こそが他のどの能力よりも「習慣の惰性」(Dewey, 1934, p.272)を打ち破るのである。

このような惰性を打ち破るものが何もない場合、反復性と画一性という感覚と結びつき、アクティブ・ラーニングへの意欲を失わせることになる。新しい始まりというのは起こりにくいものだが、それでも、人が自分自身をその意図していることや行っていることの創始者、あるいはその作者であると感じるのは、その始まりを経験するからなのである。ハンナ・アレント（Arendt, H.）は「始まりの本質とは、それまで起きてきたことからは予想もつかないような新しい何かが始まることである。この驚くような予想外という性質は、すべての始まりに内在している」（Arendt, 1961, p.169）と記している。彼女の言葉はスティーヴンズの言う驚きや、デューイのいう未知への冒険を想起させる。彼女はさらに続ける、新しいものは常に「統計法則とその確率という圧倒的な不確実性のなかで起こる。それは、実用的かつ日常的な目的においては確実性と等価である。だからこそ、新しいことはいつも奇跡のように立ち現れる」、まさに、予想もできないことなのだ。そして実際、私たちの古い枠組みからそれを眺めると、新しいことはつねにありえないことのように見える。というのも官僚制的な立場や、あるいはその他の距離のある立場からの視点は、私たちをトレンド、傾向、理論的に予測可能な出来事という観点から物事を見るようにさせるからだ。学区内やシステム全体で起こっていることについての報告書や統計を見せてもらうと、このことは明らかになる。それはまるで自動装置が働いているかのようだ。あたかも別のあり方もありえたかのように物事を見ることが不可能のように思えてくる。

しかし、物事の真っ只中に自分自身を置くことを選び、初心者、学習者、探索者として、新しいものが生まれてくることを思い描く想像力を持つとき、より多くの可能性が現実のものとして見え始める。それは、エミリー・ディキンソン（Dickinson, E.）が「可能性がゆっくりと点火されるのは／想像力によって」（Dickinson, [1914] 1960, pp.688-689）と言うように。(3) デューイ、スティーヴンズ、アレントと同様に、彼女もまた物事の違うありようを想像することが、それを変えることができるという信念にもとづいて活動を起こす第一歩となり得ることを知っていたのだ。そして学びの場においても、違う自分になるということが実際に起こるためには同様の想像力が要求される。可能性に光をあて自ら選択する人の前に、自由の空間（space of freedom）が開かれる。彼女あるいは彼は、他の人たちのなかに存在しながらも、自ら選択する力を持つ創始者であり、エージェントであることの意味を感じ取っているのである。

メアリー・ウォーノックも、すでに述べたように、この世界に対する私たちの経験には「振り返ることのない眼では捉えることができない」より多くの経験がそこには存在しているのであって、「私たちの経験というものは私たちにとって重要であり、それを理解しようとする試みそのものに価値があること」（Warnock, 1978, p.202）を信じる重要性を強調する際に、同じような表現を用いている。この信念を私は、たとえば、長年自分の意見を否定され続けてきた女性たちが、今では自分の経験は男性のそれと同じくらい重要であると主張していることに関連づけている。想像力が経験に生命を吹き込む仕組みについて引き続き焦点を当てながら、ウォーノックは、私たちの想像力の直観についてこう語っている。「経験することにはつねに予測できること以上のものがあり、私たちが経験することにもそれ以上のものが含まれている。そのような感覚がなければ、たとえ人間的なレベルで深く興味をそそる何かがあったとしても、人間の生活が実際には無駄でも無為なものでもないかもしれないのに、あたかもそうであるように経験されることになる。つまり、つまらないものになってしまう」。

ウォーノックにとって、教育の第一の目的とは、人が退屈を感じたり、「無力感に屈したり、あるいは、自分にはもう何の価値もないと思い込んだりする」（pp.202-203）機会をことごとくなくすことにある。つまり、ウォーノックにとっても、想像力こそが――混沌から秩序を生み出し、経験を神秘的で見知らぬものへと開く力とともに――私たちを追求へと駆り立て、いまだ訪れたことのない場所へと旅立たせるのである。

私の考えでは、思慮深さと批判的意識をもっとも刺激する教室の状況とは、教師と学習者がそれぞれ自身の生活環境のなかから、ある種の協働的な探求（collaborative search）を行っている状況である。その探求は、ヴァージニア・ウルフが繰り返しと凡庸さの象徴であると考えた、「何の変哲もない」ありふれた日常生活の「真綿」から、意図的に抜け出そうとする試みから始まるものかもしれない。私たちはそれぞれ独自の方法で日常生活の特徴を捉えているのだけれど、ウルフの方法はそうした生活のうち「意識的に生きられていない」活動に焦点を当てることにあった――「人は歩き、食べ、ものを見、なすべきことに対処する。壊れた掃除機、夕食の注文、メイベルへの注文書の作成、洗濯、夕食の支度、本の製本」（Woolf, 1976, p.70）。彼女はこれらすべてを「非存在（non-being）」と捉えた。他の人は、こうした活動を習慣的なもの、当たり前とされているもの、疑問をもたないものと関連づけるかもしれない。若者は窮屈でちらかった寝室、ホールに響くジャラジャラした鍵の音、公共機関や診療所の行列、混雑したプール、日没前に閉館する図書館といった言葉で、自分の毎日の様子を表現するかもしれない。あるいは何の疑問も抱かずに過ごす一日は、ファストフードのカウンター、衣料品店、造花植物、スケートリンク、ビデオゲーム、ＭＴＶなど、ショッピングモール文化の人工的なきらめきのなかにあるかもしれない。ここで重要なのは、無意識に過ごす非存在の不道徳性を措定することでも、無意識に生きることが間違っていると指摘することでもない。私が言いたいのは、世界をあらかじめ設定され、与えられた、単にそこにあるものとして扱うことと、自分自身が生きる世界へ、自ら働きかけ、世の中を構築しようと意識的にかかわることとは、まったく別物であり、異なるということである。つまり、習慣がすべてを覆い尽くしてしまうと、同じような毎日が続き、可能性を開くためのどんな兆しも予測可能性が飲み込んでしまう。与えられたものや当たり前と思われているものに疑問を持ち、それに対してあらゆる角度から、時には見慣れないパースペクティブからもそれらを見ることによって、はじめて、私たちはそれが何であるのか（what it is）を見ることができるのだ――順応性や吟味されていない常識によって統一されたものであって、（もしそうであっても）多くの解釈、多くの視点に対しては偶発的であるものなのだと。ひとたび、与えられたもの、あるいは当たり前のこととして受け取っているものが偶発的なもの（contingencies）だとみなすことができれば、私たちの前にオルタナティブな生き方や価値観が広がり、そこから選択する機会を得ることができるだろう。

アルベール・カミュが「舞台装置が崩壊する」ということが何を意味するのかについて書いたとき、ほぼ同じことを念頭に置いていた。つまり、私たちが日常生活について当然のこととして考えていたことが突然疑わしいものになるという状況である。「ある日『なぜ』という疑問が湧き、驚きを伴う倦怠感からすべてが始まる。『始まる』――これが重要だ。倦怠感は機械的な生活の果てに訪れるものだが、同時に意識の衝動の始まりでもある」(Camus, 1955, p.13)。もし倦怠から始まりが生まれることがあれば――そしてその結果として、学ぶことを選択した人たちにのみアクティブ・ラーニングが始まるのであれば――そこには審問があるはずだ。そこには、一つのなぜがなければならない。そして、そのなぜを探求するために、まだないものを想像する力が必要だということを付け加えておきたい。

似たような雰囲気をもつ作品に、ウォーカー・パーシーの小説『映画狂時代』がある。語り手は、途方に暮れるほど退屈し、日常に溺れていたが、「もし人が人生の日常ってやつに沈んでいなけりゃ、誰だってする」探求のアイデアを思いつく。私が述べたように、彼はそれを「まるで見知らぬ島でわれに返ったような気分だ」と表現している。「いったいそんな漂流者はまず、何をするかって？　そう、そこらじゅう歩き回って、隅々まで見逃さないようにするよな。その探求の可能性に気づくっていうことは、何かを求めてるってことだ。何かを求めていないってことは、絶望のなかにいることなんだ」と(Percy, 1979, p.13)。見知らぬ島にいる自分を見つけるということは、まさに、別の空間にいて、見慣れない世界を見ている自分を想像しているということだ。その世界を見回すことは、その世界を探求し、注意を払い、それについて考えることなのである。

教師にとって難しい仕事は、若者たちが習慣や日常から一歩踏み出し、意識的に探求を始めるような状況をつくり出すことである。

私たちは近頃、読み書きできないがために、自分の道を切り開くこともままならない人々の話を耳にする。パウロ・フレイレ（Freire, P.）の言う「抑圧された（oppressed）」（Freire, 1970）人々には、人生というものはかたちがなく、空白のように映るのだ。彼らには、現実がどのように構築されているかについての意識を呼び起こさせる必要があり、自ら生きている世界を「名づける」ことに挑み、その名づけを通して、その世界を変容させるという挑戦を引き受ける必要がある（p.78）。また、フレイレは、「絶え間ない探求に向かう――その探求は他者との交わりのなかでしか行うことができない」個人の不完全性についても語っている。彼は「絶望とは沈黙の一形態であり、世界を否定し、そこから逃避することである。（……）しかし、希望とは腕組みをして待つことではない。戦い続ける限り、私は希望によって駆り立てられる。そして、その希望を持って戦うのであれば、私は待つことができる」（p.80）ということを知っている。対話は、つまり、絶望的な状況のなかでは続けられないのだ。人々はより人間らしくあろうとするとき、批判的思考に取り組むだけでなく、希望から何かが生まれることを想像できなければならない。その沈黙は、探求することによって乗り越えられなければならない。

いうまでもなく、リテラシーには多くの種類がある。しかし、希望と願望の対象として、どのようなリテラシーであっても、シュッツ（Schutz, A.）が言ったように、何かしらの意味を理解し、世界にその指紋を残したいという切望と関連づけることができるだろう。(4) 読み書きができるようになることで、新たな空間が開かれ、沈潜が終わり、自分にも、なぜ、と問う権利があることを意識するとき、想像力は、つねに発揮されるはずだ。私は、アリス・ウォーカー（Walker, A.）の小説『カラーパープル』のなかで、ミス・セリーが、たどたどしく、神様に宛ててためらいがちに、どうしようもなくて書いていた手紙のことを思い出す。(5)「神様、私は十四歳なの。いつもいい子にしてるのよ。だから、私に何が起こっているのかわかるようなしるしを、くださらないかしら」と彼女は訴える（Walker, 1982, p.11）。彼女の理解を求める叫びには哀愁があり、「私は」と言えない彼女の悲惨な側面がある。しかし生活を通して、また、ブルース歌手のシュグ・エイブリーという姉のような存在を見つけ、セリーはついに自分が使える言葉（おそらく彼女自身の「しるし」）を見つけ始める。彼女は自分の見たものを解釈し、審問し、想像することができるようになってくる。シュグが、すべてのもの――木も花も人々も――は、愛されたいと願っていると彼女に告げると、セリーは「まあ……私たちは神様についてよく話したりするけど、私はまだよくわかんないわ。あの年老いた白人をどうにか頭から追い出そうとしてるの。私はそのことばかり考えていて、神様がお造りになったものにまったく気づかなかったわ。とうもろこしの葉っぱのことも（どうやってそんな風にはえるの？）、紫色のことも（どこから来るの？）、小さな野の花のことも。何もかも。いま、私の目は開いたわ。なんだバカみたい」（p.179）と言う。自分が知らなかったこと、疑問にさえ思っていなかったことに気づいたセリーに、シュグは「花や風や水、大きな岩を思い浮かべてごらん」と想像することを勧める。しかし、じつはそのようにものを思い浮かべる想像は、葛藤でもある。なぜならそれは、単にそれ自体を想像することではなく、過去の抑圧によっても部分的にかたちづくられているからである。セリーは「私、岩を思い浮かべるたびに、それを投げてるわ」と報告している。だが、彼女は想像力を見出すことによって、抑圧から抜け出す方法を見つけたのだ。彼女は自分の目で見るようになり、（自分の声で）自分の生きる世界を名づけ始めたのだ。

学習スキルや学問の基礎を習得する意義、つまり教育の秘訣は、私たちの見ることと名づけることに貢献できるようにすることにある。そうして、人間的なつながりを感じながら、そう、教師は生徒たちの思考や判断、そして何より想像力に働きかけることができるのである。人の意識（*consciousness*）とは、彼あるいは彼女が世界に向かって突き進む方法なのである。それは脳内のなかにある気づきの領域といった内面的なものではない。むしろ、それは、手を伸ばし、意図し、把握しようとする外向きの動きとして理解すべきである。それには、知覚、認識、直観、そして感情など、さまざまな種類の行為が関与している。たとえば、知覚的な行為は、人が聞こえてくる世界や現れてくる世界の物事の側面を捉えることを可能にする。知覚者は、その世界に入り込み、耳を傾け、見つめることによって、それ自体としてそこに現れるものを構造化する。モーリス・メルロ＝ポンティ（Merleau-Ponty, M.）が言うように、知覚とは、抽象的な概念の根底にある「そこにあるもの」への回帰を含み、「対象一般」あるいは「私たちの生活や身体にとっての、感覚的で開かれた世界の土壌である場所」（Merleau-Ponty, 1964b, p.160）に立ち戻ることを意味する。私たちの生活や身体の状態では、物事の全体的なありようを把握することはできず、物事の部分的な見方しか許してはくれない。それは、もし私たちが神のような存在で、空から見下ろして得られるような全体像ではない。私たちは状況づけられた存在としてのみ知ることができる。私たちは皆、周りのものや人々の側面を見ているのであって、フレイレが指摘したような不完全性のなかで生きているのである。(6) だからこそ、私たちには、見るべきものがつねにあるのだ。

ここでもまた、想像力が重要になってくる。裏庭が終わる境界や、道が狭まり視界から消える先を見渡す可能性を感じるときだ。並行して、コンスタブル（Constable, J.）やシャルダン（Chardin, J. S.）の風景画に描かれた小道や車道が、見る者の想像力をかきたてる方法を考えてみよう。(7) これらの道は、たとえば鉛筆を動かし続けたり、ワープロのキーをうち続けたり、努力次第で到達できるかもしれない場所を約束するものだ。意識とは、つねにそれ自体を超えて、決して到達することのできない完全さや完結さを求めようとする方法によって、部分的に定義されるものであると私は考える。もしそれが達成されたとしたら、停止し、石化してしまうだろう。追求の必要はなくなる。

もし教えることが他者の意識への働きかけであると考えるならば、それは一人の不完全な人間が、他の不完全な人々にむけて統合性（the wholeness）を目指そうと呼びかけることなのかもしれない。それは、問いを投げかけたり、説明を求めたり、理由を探したり、意味を構築したりする挑戦なのかもしれない。それは、教室空間での次のような対話を促すことなのかもしれない――ハイチがなぜこれほど長いあいだ全体主義的な支配下にあったのか、その根拠を探るためには何をすべきなのか。月の満ち欠けを時間をかけて記録するためには、どんなことができるだろうか。今日の移民危機を一九〇〇年の危機と比較して理解するためにはどのような研究が必要だろうか。一人称の証言の妥当性をどのように判断できるのだろうか。『緋文字』のような小説を読みながら、個人的な意味を把握し、それに現代的な意味をもたせるにはどのようにすればよいのだろうか。伝統的な音楽や絵画を敬うように育てられた私たちは、どうシリアル・ミュージックを聴いたり(8)、抽象絵画を見たりできるようになるのだろうか(9)。

ヴァージニア・ウルフは自分の人生において、恐怖や、特に心を揺さぶられる現象に対する説明が見つけられないときに無力感を感じたと書いている。彼女が何らかの理由を見つけ、「その感覚に対処できるようになると、無力ではなくなった。いずれ説明しなければならないと、遠まわしにではあるが、意識していた」（Woolf, 1976, p.72）。ウルフはまた、「年齢を重ねるにつれ、人は理性によって説明をする力が強くなるもので（……）」、この説明が、人生において避けられない精神的な不幸の「打撃の強さを和らげてくれる」ということもわかっている。しかし彼女はこうした「突然の衝撃（sudden shocks）」にも価値を見出している。なぜなら「衝撃は私の場合、すぐにそれを説明したいという欲求へと続くものだからだ。私は打撃を受けたと感じるが、ただしそれは、子どもの頃に考えていたような、日常生活の温かい真綿の向こう側に隠れている敵からの単なる一撃ではない。（……）それは外見の背後にある何らかの現実のしるしであり、私はそれを言葉に訳し入れることによってのみ、それを実在するものにすることができる。そして、この統合性は、それに私を傷つける力を失わせ、私に（……）断ち切られた部分を再びつなぎ合わせるという大きな喜びを与える」。想像力がなければ、ウルフは打撃の背後にあるものを現実のものとする喜びを追い求めることはなかっただろう。

代わりに、多くの人がそうであるように、自分に降りかかった打撃の力に屈していたかもしれない。

若者たちが、自分たちのプロジェクトを立ち上げたり、独自の声を見つけるために奮起するよう動機づけるのは難しいと認めつつも、後ほど詳しく論じるが、アートとの出会い（enconters with the arts）が想像力をときはなつ独特な力をもっているからこそ、アートを学校のカリキュラムの中心に据えるべきであると私は信じている。物語、詩、ダンス・パフォーマンス、コンサート、絵画、映画、演劇——すべては、それに向かって歩み寄り、それらと深くかかわりたいと望む人々に大きな喜びをもたらす可能性を秘めている。しかし、その悦楽さは、アートを単に、認知的に厳密で、分析的で、合理的で、深刻なものとみなされるものとの「バランスをとる」ために利用されるべきであるということを意味するものではない。また、アートを動機づけとして使うべきでもない。一つには、特定の作品のなかに参加していく出会い（participatory encounter）には、感情的な反応と同じくらいの認知的な厳密さと分析を必要とする場合があるからだ。もう一つには、アート作品が必ずしも慈悲深く慰めとなる、あるいは啓発的な効果を持つとは限らないからである。魂を凍らせるような事例は数多くある。私たちは皆、『オイディプス王』、日本映画『乱』、トニ・モリスンの『ビラヴド』[10]、戯曲『マラー／サド』を思い出すことができる[11]。スルバラン（Zurbarán, F.）、ベラスケス（Velázquez, D.）、ゴヤ（De Goya, F.）、ジェリコー（Géricault, T.）、ピカソ（Picasso, P.）の絵画の記憶を呼び起こせば、恐怖と歪みのイメージがいまなお浮かび上がってくる[12]。『イーリアス』における非情な暴力の例から、『リチャード三世』における小公子たちの殺害[13]、ロック（Locke, J.）やニュートン（Newton, I.）に対する

（実際には、測定可能なものや「道徳的」なものすべてに向けられた）ブレイク（Blake, W.）の挑発的なエネルギー(14)、そして現代の作家であるキャシー・アッカー（Acker, K.）の洗練された猥褻な表現に至るまで(15)、アートは、正しいことや善いことだけを描くことに重点を置いてきたわけではない。想像力を呼び覚まし、私たちの身体を動かし、感情を刺激し、知覚の扉と呼ばれるものを開いてきた。確かに、咲き誇る水仙や子どもたちの笑い声、水面のきらめきによって彩られた素敵な瞬間はあり、そして、完結の瞬間、最後の和音が解決する瞬間には、これまでも、そしてこれからも、センス・オブ・ワンダーが訪れることだろう。しかし、想像力の役割は、解決することでも、道を示すことでも、改善することでもない。目覚めさせること、通常は見えないもの、聞こえないもの、予想外のものを明らかにすることにあるのだ。デニス・ドノヒュー（Donoghue, D.）が言うように(16)、アートは余白（margin）にある。「余白とは、日常生活では居場所がなく、そのほとんどが抑圧されているような感情や直感のための場所である。アートを通して、人々は自分たちのための空間をつくり、そこを自由と存在への予感で満たすことができる」（Donoghue, 1983, p.129）。

もし本当に、アートが順応主義的なもの、尊敬されるもの、道徳的なもの、また制約されたものとの関係において余白を占めているのだとしたら、そしてその余白が肯定されるのだとしたら、多文化主義が提起する問題は別のかたちをとるかもしれない。主流のアート形式であっても、私たちがその表層を潜り抜け、自分たちの自由と存在の予感にもとづいて行為するようになれば、権力を持つ男性たちからのメッセージの伝達、あるいは多数派の規範とは異なるものとみなされるかもしれない。他の文化からのアート――南インドのダンス、マヤの創世神話、チッペワ族の織物、バリの人形など――も、個人が自分自身の経験のなかで徐々にこのアートを生かすことができるようになり、徐々に自由に想像力を働かせることができるようになれば、余白で名誉ある場所を与えられるかもしれない。やがて、私たちの多くが知っているように、これらのアート作品は私たちがそれぞれに生きる世界を通して放たれ、暗闇と明るい場所、傷や傷跡、治った箇所、空っぽの容器とあふれる容器、通常は群衆のなかで見失われがちな顔を露わにするだろう。

想像力によって、私たちは物事を具体的に見たり聞いたりすることができる。皆それぞれ自分の好みがあるという事例にはそれこそたくさんのものがある。ここに私のお気に入りの一つ、デニーズ・レヴァトフ（Levertov, D.）の詩「ニュージャージーの荒地を横切りながら、視線はリオネル・ファイニンガーに敬礼する」（Levertov, 1984, p.8）を紹介しよう。[17] ファインニンガー（Feininger, L.）は何にも増して、市内とニュージャージーの荒地に同時に架けられている、ニューヨーク市のさまざまな橋を描く素晴らしいアーティストであった。[18] これらの荒れ地は長いあいだ、沼地が広がり、ゴミが積み重なり、機械が放置されていた場所だった。彼女の詩のなかで、レヴァトフの現実の橋と荒れ地を見つめる眺めは、ファインニンガーの絵画に関する彼女の知識によって彩られている。[19]

荒涼としたなかにある繊細さ――
汚染されたオリーブグリーン

芝や藻が生い茂り、小さな
池や沼地はスモークガラスのような
暗闇に包まれていて、
その灰色の空気に、錆びた赤い垂直線が
切れ目なく立っているのは、
クレーン、あるいはデリックか[20]
そして水平線上では、
それ以外は不明瞭ながら、
高架橋とアーチ橋の乱雑な定義が、
淡くもはっきりと銀筆で描かれている

荒れ地は荒れ地のままであって、言葉や時折使われる比喩を除けば、いかなる意味でも改善されることはない。しかし、この詩を読むと、どのような状況に置かれようと、私たちは荒涼さや自然、そして人間の創造について、何か新しいものを見つけ、きっと新しい何かを感じることだろう。レヴァトフの言葉は、ジョセフ・ステラ（Stella, J.）、エドワード・ホッパー（Hopper, E.）、さらには（時代を遡れば）ジョージ・ベローズ（Bellows, J.）、ジョン・スローン（Sloan, J.）、ジョージア・オキーフ（O'keefe, J.）など、都市を描いた他の絵画を想起させる。[21]私たち自身はいま、その水平線をさまざまな角度から見ているのかもしれない。そこから直立した垂直線、高架橋、橋を、汚染された地帯から、緑と灰色のなかから浮かび上がってくるものとして見ているのかもしれないし、そのイメージは色と線の音楽やドラマのようになってゆくのかもしれない。想像力は、私たちを惹きつけ、経験のそれぞれの断片のあいだに新たなつながりを見出すことを可能にし、自分たちの思い描いている現実が偶発的なものであることを示唆してくれる。そう、レヴァトフは近代西洋の詩人であり、一人の女性である。彼女はここで都市の詩人としても詩を書いており、遠くから都市を見つめながらも、その街を所有している。この詩を読む人のなかには、ニュージャージー側から自分たちの街を見たことのないニューヨークの住人もいるだろうし、疲れ果てて灰色の空気に包まれた街にやってくる労働者もいるだろう。彼らは目の前のかたちを、帰宅途中の目印としてしか見ていないのだ。さらに、川も橋もない他の都市に住んでいる人々もいるだろうし、打ちひしがれた敗北者の目を通して読む人もきっといるだろう。

教える際には、若い生徒の独自性を理解し、その意識に応えながら、一人ひとりがその地平線に向かって手を伸ばすように、私たちは絶えず人生の無感覚（anaesthetics）と戦い続けるしかない。レヴァトフの詩が若者たちに開かれたものとなるならば、それはハーバート・マルクーゼ（Marcuse, H.）が述べていたように、アートとしての機能を十分に果たすかもしれない[22]――それは「他の経験では到達できない次元を切り開く。その次元では、人間、自然、そして物事はもはや確立された現実の原則の法の下に置かれることはない（……）。アートとの真実の出会いは、日常生活ではもはや、あるいはいまだに知覚されず、言われず、聞かれてないものを知覚できるようにし、見えるように、聞こえるようにする」（Marcuse, 1977, p.72）。確立されたもの、あるいは与えられたものに反論することで、アートは確立されたものを超え、変容をもたらすリスクをいとわない人々を、社会的なビジョンの形成へと導くのだ。

もちろん、こうしたことは自動的に、あるいは自然に起こることではない。デューイは『経験としてのアート』のなかで、人々が主題に没頭し、それに浸ることがいかに重要であるかを語っているが、これはおそらく、他の題材よりもアート作品においてより真実である。私たちが自分たちに提示されたものを知覚するには、それに応答する活動が必要である。私たちは、提示されたものを把握する意識の働きを通して、対象やテキスト、パフォーマンスに働きかけなければならない。歴史的なテキスト、数学的な問題、科学的な探究、そして（偶然ではないが）私たちが周囲の人々とともに構築してきた政治的・社会的現実とのかかわりにおいても、ある現象や出来事にただ単にラベルを貼ったり、カテゴリーに分けたり、認識したりするだけではけっして十分ではない。意識に提示されたものを実現化するには、生き生きとした、意識的で、省察的なやりとりが必要である。

デューイは、アートへのアプローチにおいて「従来賞賛されてきた規範への順応」を放棄するよう求めた。彼は「たとえ本物であったとしても混乱した感情的な興奮」を避けるよう求めた（Dewey, 1934, p.54）。観察者、知覚者、学習者は、自身の生活状況の観点から、つまり独特の視点と関心を持ってアプローチしなければならない。しかし、私たちが異なる視点に共感できるのも、一見自分とは対立する利害関係であっても共感できるのも、想像力のおかげである可能性が高いということを、私は改めて提案したい。想像力は、私たち自身を脱中心化（decentring）させることで、私事主義や自己中心的な考えから抜け出し、他者と直接向き合って「私たちはここにいるよ」と大きな声で言うことのできる空間へと踏み出すための新たな方法なのかもしれない。

注

（1）『ディックとジェーン』　二〇世紀中頃にアメリカで広く使われた初等教育用の基礎読本シリーズ。これらの本は、簡単な言葉と反復を用いて子どもたちに読み書きを教えるためにつくられた。

（2）間主観的な世界（intersubjective world）　間主観性にもとづいて生きられた世界を意味する。間主観性については第四章注27を参照。

（3）エミリー・ディキンソン（一八三〇―一八八六）　一九世紀イギリスの詩人。存命中にはわずかの詩篇しか発表しなかったが、没後に発見され刊行された数多くのタイトルのない詩の集成によってイギリスを代表とする詩人となる。ここで引用されている作品はＦＲ一六八六に分類される、「英雄的な行為のかがやき／そんな奇妙な光景／可能性がゆっくりと点火されるのは／想像力によって」。

（4）アルフレッド・シュッツ（一八九九―一九五六）　二〇世紀オーストリア出身、アメリカで活躍した社会学者、哲学者。二次大戦時にユダヤ系の出自のためアメリカに亡命後、銀行員として勤務しながら研究を行った。現象学的社会学を創始した著作『社会的生活の意味構成』（一九三二）などで著名。ここで引用されている論考は、人々は労働や夢、宗教や狂気など複数の現実性を行き来するなか（第一章注22参照）、自身がなんの痕跡も残さずにこの世を去ることの根本的な不安が、自身の指紋が残る

（日本風に言えば足跡が残る）プロジェクトを生み出す動機となることについて語った「多元的現実性について」（一九四五）。本書では他に「音楽の共同創造過程――社会関係の一研究」（一九六四）などの引用がある。

（5）　アリス・ウォーカー（一九四四―）　二〇、二一世紀アメリカの作家、詩人、社会活動家。公民権運動にも参加し、人種、階級、ジェンダーが交差する抑圧構造に抵抗するフェミニストとしての執筆活動などでも著名。ここで引用されている作品は、アメリカの白人たちによる人種差別主義だけでなく黒人社会の家父長制に対しても闘い続けた黒人女性たちを主題とした『カラーパープル』（一九八二）。

（6）　不完全性（incompleteness）　フレイレの用語。「知る（know）」とは、知性だけでなく感情や身体も伴う、社会的かつ実践的な営みであるため、絶えず変化し発展し続けるものであり、ゆえにつねに不完全性を避けることのできないものであることを意味する。

（7）　ともに、往時伝統的であった歴史的な出来事を理想化されたプロポーションで描く歴史画ではなく、画家自身に身近な場所や習俗を写実的に描く風景画、静物画を興した画家である。ジョン・コンスタブル（一七七六―一八三七）は一九世紀イギリスの画家。ここで紹介されている作品はおそらく『主教の庭から見たソールズベリー大聖堂』（一八二三）。ジャン・シメオン・シャルダン（一六九九―一七七九）は一八世紀フランスの画家。ここで紹介されている作品はおそらく『狩猟犬のいる静物画』（一七三〇）。

（8）　シリアル・ミュージック　一九、二〇世紀ドイツの作曲家アルノルト・シェーンベルク（Schönberg, A.　一八七四―一九五一）の十二音階技法を始めとした、ハ長調、ト短調などの調性音楽で一般的に使用不可となる音階や、メロディと伴奏上の音の強弱の違いが存在する制約を解放し、あらゆる音のピッチ、リズム、強度を使用する作曲の技法（シリアリズム）で構成された楽曲。フランスの作曲家クロード・ドビュッシー（一八六二―一九一八）の全音音階などにもその萌芽がみられ、現在ではジャズやポップス、電子音楽やゲーム音楽などにも一部使用されている。

（9）　抽象絵画　一九世紀ロシア出身で、ドイツ、フランスで活動した画家ワシリー・カンディンスキー（Kandinsky, W.　一八六六―一九四四）によって創始されたとされる、外界に存在する事物が持つ色彩、形態の必然性によってではなく、アーティスト自身の感情や感覚、思考や直観、意識や精神といった内的な必然性にのみ依拠した色彩と形態（点・線・面）で構成された絵画のこと。

（10）　『ビラヴド』（一九八七）　二〇、二一世紀アメリカの作家トニ・モリスン（序文注8参照）による長編小説。逃亡した女性奴隷セテの被った性被害、暴力、差別が、彼女の逃亡中に農場主に捕まることを恐れ自身の手で殺害してしまった長女の墓碑銘（最愛 beloved）と同じ名前の不思議な女性との出会いによって暴かれていく様を描く。

（11）　人間の狂気を描いた作品という共通項が見られる。『オイディプス王』（紀元前四二九）は古代ギリシアの劇作家ソポクレス（Sophocles　紀元前四九七頃―四〇六頃）による代表的な悲劇作品。不穏な預言の通り、そうと知らずに自身の父を殺し母を娶っていたことを知ったオイディプスの悲劇を描く。『乱』（一九八五）は二〇世紀日本の映画監督黒澤明（一九一〇―一九八八）による日仏合作映画作品。架空の戦国武将である一文字秀虎の家督をめぐる三人の息子の壮絶な争いと他国の武将との戦争、殺戮、その最中を生きる女性の狂気を描く。『マラー／サド』（一九六四初演）は二〇世紀ドイツから亡命しスウェーデンで活動した小説家、劇作家、美術作家であるペーター・ヴァイス（Weiss, P.　一九一六―一九八二）による戯曲。原題は『マルキ・ド・サドの演出のもとにシャラントン精神病院患者たちによって演じられたジャン＝ポール・マラーの迫害と暗殺』。ナポレオン統治下のフランスで、患者による演劇療育を実施していたシャラントン精神病院に収監されていたサド侯爵が、フランス革命期の共和主義者ジャン＝ポール・マラーの暗殺を患者たちに演じさせるという史実と虚構が入り混じる内容となっている。

（12）　宗教画、人物画、戦争画など、題材は異なるが、犠牲、早逝、食人、腐敗、戦死など、恐怖の引き起こされるイメージを描いた画家たちである。フランシスコ・デ・スルバラン（一五九八―一六六四）は一七世紀スペインの画家。ここで想起されている作品はおそらく、キリストに準え、生贄のために足を結ばれた子羊を描いた『神の子羊』（一六三五―一六四〇）と思われる。ディエゴ・ベラスケス（一五九九―一六六〇）は一七世紀スペインの画家。ここで想起されている作品はおそらく、妻を亡くし姪との血族婚を行ったフェリペ四世の早逝した子どもたちの一人、その絵が描かれたのちに四歳で亡くなった王子の姿を残した『フェリペ・プロスペロ王子』（一六五九）と思われる。フランシスコ・デ・ゴヤ（一七四六―一八二八）は一八、一九世紀スペインの画家。ここで想起されている作品は、聴力を失った彼の晩年の自宅を飾った連作「黒い絵」の代表作『我が子を喰らうサトゥルヌス』（一八二〇―一八二三）と思われる。テオドール・ジェリコー（一七九一―一八二四）は一九世紀フランスの画家、リトグラフ版画家。ここで想起されている作品は、フランス海軍メデューズ号の座礁、難破による限界状況を、生存者への取材や、病院での患者や死者の腐敗の様子のデッサンから描き起こした『メデューズ号の筏』（一八一八―一八一九）と思われる。パブロ・ピカソ（一八八一―一九七三）は一九、二〇世紀スペイン出身の、パリ等で活躍した画家、美術家。ここで想起されている作品は、スペイン内戦の戦地となったゲルニカでの暴力を描いた『ゲルニカ』（一九三七）と思われる。

(13)　人間の悪性、非合理性、暴力性という共通項が見られる。『イーリアス』（紀元前八世紀？）は古代ギリシアの詩人ホメロス（紀元前八世紀？）の作とされる最古の叙事詩。ここで想起されている場面は、おそらくイーリアスの主人公アキレウスが友パトロクロスの仇ヘクトールを討ち取ったのち、その鎧を引き剝がし戦車の後ろにつなぎ引きまわした場面（第二二、二三歌）かと思われる。『リチャード三世』（一五九二―一五九四）は一六世紀イギリスの劇作家シェイクスピア（Shakespear　?―一六一六）の戯曲。ここで想起されている場面は、おそらくリチャード三世が王位継承権のある甥の十二歳、九歳の王子たちをロンドン塔に幽閉し側近たちに殺害させた場面（Ⅳ 2-3）かと思われる。

(14)　ウィリアム・ブレイク（一七五七―一八二七）一八、一九世紀イギリスの詩人、画家、銅版画家。

ここで参照されている著作は、宗教で前提されている霊肉二元論を否定し、道徳的な理性と対立する悪をも欲する生への欲望、永遠の喜びである身体と生命のエネルギーを讃える『天使と悪魔の結婚』（一七九〇）。

(15)　キャシー・アッカー（一九四七―一九九七）二〇世紀アメリカの詩人、作家、脚本家。ここで触れられている作品は、少女の性と暴力を多様な引用やイラストレーションで示した『血みどろ臓物ハイスクール』（一九八四）と思われる。

(16)　デニス・ドノヒュー（一九二八―二〇二一）二〇世紀アイルランド出身の英米文学者、批評家。本書で引用している著作は、日常生活上では周縁的な（＝社会の余白にある）不要品であるにもかかわらず、自身の思考と感情の抑圧に気付かされる自由を暗示するアート特有の美的経験について講じた、『神秘なきアート』（一九八三）。

(17)　デニーズ・レヴァトフ（一九二三―一九九六）二〇世紀イギリス出身の、アメリカで活動した詩人。ベトナム戦争への応答として著された『悲しみの踊り』（一九六七）で個人的なものと政治的なものを織り合わせたフェミニズムの詩で著名。ここで引用されている作品は、核ホロコーストやジェノサイドなどに直面している世界で、詩人の公共へのアクティビズムと私的な省察をつなぎ合わせた『遠回しの祈り――新しい詩』（一九八四）に所収の一篇。

(18)　リオネル・ファイニンガー（一八七一―一九五六）一九、二〇世紀アメリカの画家、漫画家、風刺画家。ドイツ系のルーツを持ち、欧米の雑誌漫画家としてデビューののち、ドイツにて表現主義グループに参加し画家として活動するも、ナチスの台頭を受けてアメリカに帰国。ドイツ、フランス、アメリカそれぞれで橋の連作を行った。

(19)　ここで比喩的に紹介されているファイニンガーの作品はおそらく、パリの労働者たちの憩う夜の風景をキュビスム的に描き、オリーブグリーンに彩ったアーチ橋が印象的な『緑の橋Ⅱ』（一九一六）に対し、戦後のアメリカで水彩によって描かれた、黒く塗りつぶされた『ブルックリン橋』（一九五三）

と思われる。この対比を「汚染されたオリーブグリーン」と形容したレヴァトフの比喩を受けて、グリーンはこの詩が「ファイニンガーの絵画に関する彼女の知識によって彩られている（colored by her knowledge of Feininger's painting）」と評したのではないかと思われる。

（20）　デリック　船舶での荷物の積み下ろしに用いられる、クレーンの一種。

（21）　主に一九、二〇世紀に活躍した、アメリカの都市の風景や人物、人々の習俗を描いた画家たちである。ジョセフ・ステラ（一八八七―一九四六）はイタリア出身、二〇世紀アメリカで活動した画家。エドワード・ホッパー（一八八二―一九六七）は二〇世紀アメリカの画家。ジョージ・ベローズ（一八八二―一九二五）は一九、二〇世紀アメリカの画家、イラストレーター。ジョン・スローン（一八七一―一九五一）は一九、二〇世紀アメリカの画家。ジョージア・オキーフ（一八八七―一九八六）は、二〇世紀アメリカの画家。

（22）　ハーバート・マルクーゼ（一八九八―一九七九）二〇世紀ドイツ出身の、アメリカで活動した哲学者（姓は英語ではハーバート、ドイツ語ではヘルベルトと読む）。フッサールやハイデガーに師事し、フランクフルト学派の一員となるも、ユダヤ系の出自のためナチスの台頭を受けてアメリカに亡命。ここで引用されている著作は、科学技術によって一元化された社会での人間性の解放をアートのもたらす美的次元に見る『美的次元』（一九七八）。

第三章　想像力・コミュニティ・学校

今日、若者や公立学校に関心を持つ私たちにとって、以前にも増して強く感じることは、学校に対する経済的な要求と、つねに快適とはいえない世界を生き延び、理解しようと努める子どもたちのニーズを両立させることの難しさである。教育に関していえば、私たちは常に「世界水準」に達していないと聞かされる——しかし、これは漠然と理解されているよく使われるフィクションにすぎない。私たちは、この国の科学技術的・軍事的優位性を確保するよう求められた方法で教えてはいないのだが、そう知らされてしまう。世界で「ナンバーワン」であることよりも大切なことなどありうるのだろうか、ということが執拗に暗示されている。（子どもたちが子どもでいること、そしてその世界で実存していく独自の方法を見つけるためにときはなたれているような、子どもたちの幸福と健康とは、大切なことではないとでもいうように。）さらに言えば、改訂された評価方法、増長した厳格さ、変更された権限の構造が、私たち全員の成功を保証するということを、誰があえて否定するだろうか。こうした偏執があるため、特定の子どもたちは、人としてではなく、人的資源としてみなされるようになる。多くの場合、彼ら、あるいは彼女らはあたかも市場の需要にあわせてかたちづくられる原材料であるかのように扱われる。彼らはいわば、構築されたカテゴリーに属するもの――すなわち、他人が定義する用途のために（慈悲深く、かつ効率的に）かたちづくられるべき存在なのだ。しかし、それ以外のカテゴリーもある――「貧困」や「危険」のレッテルを貼られた子どもたち、あるいは主流社会で必要とされている何かが欠けている子どもたちである。もしその子どもたちが使えない場合は脇に置かれ、見えないものとして扱われてしまう。ヴァレリー・ポラコウ（Polakow, V.）が言うように、「貧困についての話は、いつも彼らについての議論だ。（……）彼らの子どもたちに目を向けると、私たちはこの将来の一般市民、つまり、『リスクがある』とされる若い世代の人口が増えていることに不安を感じずにはいられない。それは、彼らへの憤りや同情からというよりも、彼らの状況が私たちの生活の安全や快適さ、自分の子どもたち、学校や近隣地域、その資産価値を脅かすからである」（Polakow, 1993, p.43）。ロバート・ライシュ（Reich, R.）が「慈悲深いコミュニティ」と呼ぶものが、アメリカで侵食されていることをこれほど力強く表した証言はないだろう。「慈悲のための手段」、すなわち「私たちが制定し、資金を提供するプログラムは、貧困層への援助というよりも、比較的ゆとりのある大多数のアメリカ市民への再分配とより関係が深いものになってきている」（Reich, 1987, p.55）。

このような事態に直面したら、「アメリカン・ドリーム」という想像力に富んだ創造物はいったいどうなってしまうのだろうか。『グレート・ギャツビー』では、主人公ジェイ・ギャツビーの夢の解釈はじつに個人主義的で壮大だ――「彼は神の子であった――もしこのフレーズが何かを意味するとすれば、まさにその意味である――そして彼はその〈父なる神の御業〉、つまり莫大で俗悪な見せかけの奉仕に携わらなければならなかったのだ」（Fitzgerald, [1925] 1991, p.104）。そのような父に相応しい人物は誰であれ、物質的な富が人の価値を決めるという考えに傾倒するだろう。彼はギャツビーのような哀れなほどのばか正直さ――お金さえあれば上流階級の一員になれるという信念と、波止場の突き当たりにある「緑の光」を実際に手に入れることができるという自信をもっている（pp.167-168）[1]。もう一つ、それとまったく正反対の極端なイメージもあるかもしれない――彼はきっと「どこにでもいるんだ――おっかあが見るところには。腹を空かせた人たちが、自分が食べられるよう戦ってる場所ならどこでも、おれはいるんだ（……）。おれは怒って叫んでる男たちのなかにもいるだろうし――腹をすかせているときに、夕飯の支度ができたことを知って笑顔になる子たちのなかにもいるんだ」（Steinbeck, 1939, p.572）と、旅立つ際に母親に言う、『怒りの葡萄』のトム・ジョードのイメージである。ジェイ・ギャツビーの場合、夢想家とはロマンチストな一匹狼であって、一度だけ、デイジーが起こした致命的な自動車事故の責任を引き受けるという、まともな行動をした以外はどうみても道徳的な人間ではない。ジョードの場合、夢想家とは「自分の魂を持たず、より大きな魂のかけらを持つ」（Steinbeck, 1939, p.572）人間として描かれている。

　若者が参加する民主的なコミュニティを想像するということは、ジョン・デューイの描く「共同の経験（conjoint experience）」（Dewey, [1927] 1954, p.153）、すなわち、共有された意味や興味に向かって努力するというビジョンを呼び起こすということだ。ギャツビーの自己像が自己中心的であるのとは対照的に、他者との相互のつながりや共同性の意識が、そのようなコミュニティを特徴づけている。トム・ジョードの集団や大衆のなかに埋没する姿勢とは対照的に、個人が知的な自由と表現の自由を探求し続けることは、新たな可能性のあるコミュニティに活力とエネルギーを与える。起こり得ることを想像しながら、教育者は、民主的なコミュニティの一員として成長していく若者たちが、特定のスキルを習得し、さまざまなリテラシーを活用できるようにするために努力せざるをえない。学校関係者は今日、個別のコンピテンシーではなく、成果に重点を置いている。すべての若者が、学びのプロセスにおいて自ら創始を引き受け、批判的かつ自己省察的な学習者となり、最終的には実践者となるための心の習慣を時間をかけて育んでいくことが期待されている。単に消化された情報を受け取る受信者ではなく、アクティブ・ラーナーになることが求められているのだ。彼らは自分たちの物語を語り、自分たちで質問を投げかけ、コモンの世界に——自分たちのパースペクティブから——現前することを、ますます頻繁に求められるようになる。

異なる環境で育った子どもたち（貧困家庭で育った子どもや遠方から来た子ども）が、もし違った方法で物事に取り組んでいたら、物事がどうありえたかについて何か言いたいことがあるのだということに教師が気づくには、想像力に富んだ行為が何度も求められる。今日においてもまた、私たちは遺伝的な決定論、つまり特定の集団に固有の劣性があるという主張に直面している。チャールズ・マレー（Murray, C.）とリチャード・J・ハーンスタイン（Herrnstein, R. J.）による『ベルカーブ』

(Murray & Herrnstein, 1994) という本が発端となって、社会科学を政治的な目的で利用することに対する不適切さが繰り返し指摘されている。しかし、この本はそれが引き起こす恐ろしい宿命論——すなわち、貧しい人々、苦しむ人々、社会的に排除された人々の絶望的な見通し——を反映している一方で、オルタナティブな社会のあり方や、物事が別様でありうる可能性について想像力を働かせることの重要性を明らかにしている。

エルマー・ライス (Rice, E.) の戯曲『計算機』(2)、あるいはチャーリー・チャップリン (Chaplin, C.) の映画『モダン・タイムス』に登場する、人間が機械のように描かれている比喩を思い出すと、現代社会や今後の近い将来に適した新しいイメージを見つけるための手がかりとなるかもしれない。『二〇〇一年宇宙の旅』のハルというコンピューターは、私たちによるサイバネティックな世界の制御を失い続ける危険性とともに、情報のハイウェイへと手招きをしている。一方、『ロボコップ』や『ターミネーター』、さらにパワーレンジャー(3)は、鎧に身を包み、不確かな世界から身を守る人間という新しい自動化されたイメージを示唆している。私たちがこれまで慣れ親しんできたものとの大きな差異がそこにはあり、ある人が儚さと呼ぶようなもの、不安定性が存在しているはずなのだ。個人の生活におけるプロセス、移行、逸脱に一層重点が置かれるようになるだろう。私たちは、安定した規範や存在に頼ることがますます少なくなるだろう。それなのにかえって、より多くの人々が自動化された応答を求められ、自ら行動を起こすエージェンシーの意識が否定される職場に就職することになる。専門職での仕事に就くことを目指している比較的少数の人々は、前例のない変化が起こっていることをすでに認識している。これらの変化について唯一安全に一般化できることとして、今後十年間で学校から巣立っていく女性や男性のなかで、純粋に機械的で、順応的で、ロボットのような生活を送ることを期待する人はいないだろうということだ。現代のイラクサ、沼地、ジャングルを切り開いていくためには、無思慮、受動性、無気力に甘んじてはならない。また、コミュニティづくりの実現をさらに困難にするような、幸運な人々と助けを必要とする悲惨な状況に置かれている人々とを隔てる分離やプライバシーの問題に人々を取り残すこともできない。

繰り返しになるが、想像力の回復こそが、私たちを取り巻く社会的な麻痺を和らげ、まっとうで人道的だという名のもとに何かができるという感覚を取り戻させるかもしれない。私が目指しているのは、倫理的な懸念を前面に押し出した、つくり途中であるべき、また色彩と意義を与える価値のもとにあるべきコミュニティと深くかかわる想像力についての考え方である。私の関心は、幅広い目覚め(wide-awakeness)、つまり、この世界に存在していることへの気づきの重要さに戻る。私は、多くの人々が共有している実存的な経験と、それに付随する、選択するために、その先へと到達するために、傾眠と無関心を克服したいという切望を思い出すと心が動かされる。なかでもメアリー・ウォーノックは、想像力の道徳的な機能について語っている。ウォーノックはワーズワス(Worsworth)やミル(Mill, J. S.)を引き合いに出しながら、「想像的な感情が生まれてくる」(Warnock, 1978, p.207)ようなやり方で、若者に、物事を見たり聞いたりすることを教えることの重要性を説いている。私たちが意識するやいなや、意味というものはいたるところで生まれるものであり、教師たちはその教えている相手が誰であっても、読んだり、見て目にしたものを自分なりに解釈するよう促すことによって、その人々の意識を高めることが教師の義務だということを彼女は思い起こさせてくれる。私たちは概念を物事に適用するときにも想像力を働かせる必要があると彼女は書いている。「これが、私たちが世界を身近なものとし、それによって扱いやすくする方法である。また別のレベルでは、散発的ではあるが、私たちはそれを使って経験を不慣れで神秘的なものにする場合もある。意識レベルの基層では、感覚経験の混沌としたものを整理する働きをしている想像力が、別のレベルでは、いわば再びそれをかき乱すかのように働くこともあるということだ。それは、広大な未踏の領域が存在し、その巨大な空間に私たちは時折畏敬の念を抱くような一瞥を得るにすぎず、経験によって提起される質問に対して、私たちはその答えをためらいながらも推測するほかないのである」(pp.207-208)。

のちほど、パースペクティブを広げ、若者たちに見たり、聞いたりするよう促し、当たり前なことや日常を乗り越えるために、アート経験が秘めている可能性についてより一層重視して取り上げていきたい。しかし、ここでは少し、詩やダンスができること、絵画や詩の創作がもたらす魔法について考えていくことにしたい。たとえばジョン・ケージ (Cage, J.) は私たちに、日常的には音楽として認識されない音や慣習的な沈黙の音の体験を通して、世界を広げることの意味を示してくれた(4)。改めて、いまだに貧しい子どもたちやリスクを抱える子どもたちが、生のダンス公演や美術館の展覧会にふれる機会がいかに少ないかについて考えさせられる。「ホール・ランゲージ(5)」や「カリキュラム横断的なライティング(6)」が叫ばれる今日でさえ、このような子どもたちが実際の文学作品ではなく、基礎読本やフォニックスに限定された学習環境に押し込められていることがいかに多いことか。

リーディングの教授方法を変えようという熱意や宣伝によって、排除や無視といった事実を見落としてしまうことを許してはいけない。想像力が経験を拡大する方法について考えるとき、私たちが貧しい子どもたちのことを思い浮かべることは、あまりに稀である。こうした子どもたちを改善することにばかり目をむけていると、想像力が実際的なものへの扉を開き、新たなパースペクティブを広げ、一種の光を投げかけるということが見落とされてしまう。ヴァージニア・ウルフが「非存在」からときはなたれたときに経験したのと同じ「突然の衝撃」は、問題を抱えている子どもたちや不幸な子どもたちに、可能性を見せてくれるかもしれない。ウルフの場合、私たちがこれまで見てきたように、衝撃を受けたあとにはつねにそれを「説明したいという欲求」が湧いてくることに気づいていた。彼女は、兄が理由もなく彼女に暴行をしたり、家族の友人が自殺したりという理解しがたい出来事に伴う無力感が起こったとき、「時が来たら」そのことを「説明する」ことができると自分自身で意識することで、彼女は無力感から解放された（Woolf, 1976, pp.70-72）。それにしても、リスクがあるとされた人々の無力感を乗り越える手助けをすること以上に、私たちにとって重要なことがあるだろうか。

想像力は、生徒の人生において重要であるのと同じくらい、教師の人生においても重要である。その理由の一つとして、想像力豊かに考えることができない、あるいは文学作品やその他のアート作品との出会いを通して想像力をときはなっていくことができない教師は、おそらく若者たちに想像力を使う意味を伝えていくことができないからである。もし想像力が他人の視点に立って物事を感じる能力を養うものであるなら、教師が想像力に欠けている場合、これらの教師は共感にも欠けたところがあるかもしれない。シンシア・オジック（Ozick, C.）は、比喩の集中（Metaphorical concentration）についてこう書いている(7)。「痛みのない人たち［医師たち］は、痛みで苦しむ人たちを想像することができる。中心にいる人たちは、周縁にいることがどういうことかを想像することができる。強い者は弱い者を想像することができる。輝くような幸せな人生を送る者は、暗闇の人生を想像することができる。黄昏時の詩人たちは、星の輝きの境界線を想像することができる。見知らぬ人同士である私たちは、見知らぬ人たちの親しみのある心を想像することができる」（Ozick, 1989, p.283）。他者の顔のイメージを通じて開示されるように、他者と出会うことを可能にしてくれるのは、想像力ではないだろうか。その顔のイメージというのは、ハリケーンの被災者や貧困に苦しむソマリアの子ども、または街角に座るホームレスの女性だけのものではなく、教室でだまって座っている子どもや、落ち着きがなくうろうろしている子ども、希望をなくした子ども、それが女の子であれ男の子であれ、そうした子どもたちの顔のイメージでもあるのではないだろうか。

想像力は、ジェンダーを含む多くの境界線をも越えることができる。クラレンス・トーマス（Thomas, C.）が連邦最高裁判事に任命された上院承認公聴会の席で、アニタ・ヒル（Hill, A.）の証言が取り上げられたとき彼女は「何にもわかっちゃいない！」と叫び、当の男性議員たちは何が起こったのか事態を把握できなかったのだが(8)、このことはおもしろ半分の無関心もさることながら、彼らの想像力の乏しさを示すものであった。教師として、このことから学ぶことは多い。そのとき彼らは、アニタ・ヒルにとってその証言がどういう意味を持っていたのか、あるいは、その議員たちが他者とみなす人々にとってどういう意味を持っていたのかを想像することもできなかったが、その上院議員たちの想像力の欠如が、コミュニティと呼ばれうるものを創り上げたり、ひいてはそこに参加することすらもできない結果をもたらすことを如実に表している。このことは抑圧者（the oppressor）の側だけでなく、特に貧困に苦しむ人々が、多数派であるように見える人々すべてを一つのカテゴリーに押し込める場合に、被抑圧者（the oppressed）の側にも当てはまるかもしれない。もちろん非常に心が痛むのは、周りとは異なる文化を持つ人々の窮状であり、その大多数が長い間「マイノリティ」というカテゴリーのなかに押し込めるよう促されてきたような人々である。ラルフ・エリスン（Ellison, R.）の『見えない人間』の語り手が、彼の姿が見えなくなるのは「ぼくと接する人々の目の、奇妙な性質のせいなんだ。それは、彼らの肉眼とともに現実性を見つめている、内なる目の構築という一つの問題なのだ」（Ellison, 1952, p.7）と述べているが、まったくその通りである[9]。こうした特殊な内なる目は、経済的、社会的な要因、そして単に人種差別的な要因など、さまざまな要因によって構築されていることは否めない。しかしその根底において、そうした要因は想像力の欠如によって構築されているのである——かつて、「動物の模範」であり「塵の精髄」（Hamlet II.ii.307-308）とハムレットの語るような、一人の生きた人間として、他のすべての男たちのような一人の男として、語り手のことを見つめる能力の欠如である。エリスンの語り手のように、見て見ぬふりをされている人々だけが、深刻な悩みを抱えているわけではない。語り手自身が学んだように、見て見ぬふりをしている個人たち自身も、自分たちが存在しているのかどうかを疑うようになる――

あなたは、他人の心のなかでは単なる幻影にすぎないのではないかと思ったりするだろう。その幻影は、眠っている人が悪夢のなかで全力を尽くして破壊しようとする人の姿のようなものなのだと言えるだろう。こんなふうに感じるとき、あなたは憤りから、人々に反発し始める。そして、告白させてもらうと、あなたはたいていいつもそう思っているのだ。現実の世界に自分が存在しているということ、そのすべての音や苦悩の一部なのだということを自分自身に納得させたいという切実な思いに苦しむ。そしてあなたは拳を打ちつけ、呪い、誓って彼らに自分を認識させようとする。ああ、残念だけれど、それがうまくいくことはめったにないのだ。(Ellison, 1952, pp.7-8)

多文化がますます進む教室で、もしすべての教師が、エリスンの文学を通して、見えない人間の持つ意味を想像し、見えない人間も自分たちと同じ人間であることを理解できるようになることが、どんなことを意味しているのかについて、考えてみよう。トニ・モリスンの『ビラヴド』に登場する人物が、ある女性についてどんな感情を抱いているかを描き出すために費やした努力のことを思い出せるとしたら、それはどんなことを意味しうるのかについて、考えてみよう――「彼女は心の友だ。彼女はぼくの心を集めて男にしてくれる。ぼくの散らばった部分を集めて整理し、またぼくに返してくれる。いいもんだよ。自分の心の友である女がいるということは」(Morrison, 1987, pp.272-273)。これは想像することを想像する別の方法だ――誰かの心の友となることであり、その人が統合性の感覚を取り戻す素晴らしい力を持つこと。多くの場合、想像力は断ち切られた部分を一つに結びつけ、正しい順序にまとめ上げ、統合体を創り上げることを可能にするのである。

もし想像力を私たちの可能性の感覚、そして他の人間に応答する能力と結びつけることができるのだとしたら、私たちはそれをコミュニティをつくり上げることとも結びつけることができるだろうか。私たちは、若い人たちが自分たちの経験を、自分たちが集まって名づけた世界のなかで解釈する能力を促進することができるだろうか。G・B・マディソン（Madison, G. B.）は、想像力の中心性についてこう書いている。「私たちがなってしまったもの、ただ存在しているものから、さらに別のものになる自由と可能性を保つプロセスで、創造的かつ想像力豊かに誰かになる（become）ということは、自分たちが誰であり、何であるかを自由につくり上げる、純粋な可能性の領域、つまり想像力を通して可能になるのである」（Madison, 1988, p.191）(10)。私はマディソンが述べているような、なるということ（becoming）は思いやりのあるコミュニティの一員であるかどうかに大きくかかっていると思う。欠陥があるというレッテルを貼られた彼らは、琥珀に閉じ込められたハエのように、そのカテゴリーにしっかりと固定されてしまうため、自分がなってきたもの以上の、それ以外のものになりうると感じる機会はほぼない。周縁化された人々は、（通常はサポートがあることで）自分の「衝撃」を説明してその先に進むことができるようにならない限り、無力感を味わったという経験のまま取り残されてしまう。

他の何かになる機会を与えてくれるようなコミュニティとはどのようなものか、私たちはそれをどのように理解すればいいのだろうか。民主主義とは、つねにつくり途中のコミュニティなのだと私たちは気づいている。創発していく連帯感、特定の信念の共有、そして他者についての対話によって特徴づけられるコミュニティは、長いあいだ脇に追いやられてきたニューカマーにも開かれたものであり続けなければならない。これは、特に生徒たちが自分たちの声やイメージを見つけるように促されたなら、教室というローカルな空間でも起こりうることなのだ。ハンナ・アレントはかつて、多様な異なる背景を持つ人々が「何（what）」であるかではなく「誰（who）」であるかとして互いに語り合い、そうすることで人々のなかに「あいだにあるもの（in-between）」を創り上げることの重要性について述べている（Arendt, 1958, p.182）(11)。背景の異なる人々の「あいだにあるもの」を生み出すことについては後の章で詳しく述べるが、私たちの多くは、子どもたちが自分の考えや感情を日誌に書いて、それを周りの子どもたちに読んでもらったり、子どもたちが喜びや痛みを紙に描き表現したものを、他の人たちにも見れるように掲示したりすることで、「あいだにあるもの」が生まれてくるのを目の当たりにしてきた。

コミュニティについて考えるとき、私たちは――つくる、創り上げる、紡ぐ、言うといったプロセスをあらわす言葉を強調する必要がある。コミュニティは単に合理的な公式化、あるいは命令によって生み出すことはできない。自由と同じようにコミュニティもまた、人々が一緒に認識し、コモンのなかで正しく評価するものを発見する人々の手で達成されなければならないし、その人々は間主観的な感覚をつくり出す方法を見つけ出さなければいけないのだ。繰り返しになるがコミュニティは、そこに巻き込まれている人々が自分自身になること、グループになることのために、オルタナティブな可能性を想像できるような、想像力豊かな気づきに満ちた空間でなければならない。コミュニティとは、個人が参入する上でもっとも納得のいく社会契約はどれだろうかという問いなのではない。それは共有された財の追求にどんな貢献ができるか——つまり、一緒にいるには、相互性を達成するには、コモンの世界に向けて手を伸ばしていくにはどんなことができるかという問いなのだ。

　第二章で述べたように、他者によって定義されたカテゴリーや内なる目によって固定された感覚、トレンドや傾向に巻き込まれる感覚、活動することなく行儀よく振る舞っている感覚に陥らないためには、人は新しい始まりをつねに意識し続ける必要がある。なぜなら活動するということは、創始を引き受けることを意味するからである。マーティン・ルーサー・キング（King Jr., M. L.）牧師が教会で一人ひとりに向かって語りかけ、その多様性のなかでの可能性——個人としての可能性だけでなく、公民権に関心を持つ集まりの一員としての、刷新された可能性を思い描かせたことについて考えてほしい。自分たちではほとんど予測すらできなかったような生きた人生の次元に目覚めたとき、彼らは特定の方法で一緒にいることから生まれる超越（transcendence）の感覚を覚えるようになった。この超越はしばしば深く個人的なものではあったが、それを経験することによって、彼らは再び活気を取り戻したコミュニティのなかで団結した。この意味で、ともに行動すれば何かが起こりうるかもしれないと想像することに心を動かされたことにより、人々は何かを始める者たちのコミュニティとなったのである。その多くは、白人の世界から軽蔑されていた子どもたちであった。思いやり、責任、想像力、そしてそう、価値ある人間として愛する気持ち――これらが彼らを突き動かし、その人生を大きく変えたのである。

公民権運動のなかで、そしてその後の同性愛者の支援運動、あるいはホームレス支援運動などが起きる契機には、それらのコミュニティが生まれる前に、さまざまな異なる人々のあいだで、活動的な互恵性が必要であることを示しているように思える。高校生が、ホームレスの同級生のために古い建物を改修することを決めたり、HIV-AIDS患者を支援したり、庭の植えつけや家庭教師をしたりする例があるが、これらすべて、アレントが書いたように、若者の日常生活の一見平凡で、何の変哲もない、あるいは何か刺激を求める若者たちの日常の「自動的なプロセス」を「中断」させるものである（Arendt, 1961, p.169）。政治的な見解により投獄され、刑務所での耐え難い退屈さと絶望を経験したヴァーツラフ・ハヴェル（Hável, V.）は、それでもなお、妻に宛てた手紙のなかで、人間のコミュニティに対する希望について自分の思いを述べた[12]。彼が妻に書いたように、そのようなコミュニティのよりよい展望は、必ずしも新しいプログラムやプロジェクトにあるのではなく、「基本的な人間関係の復興にある。（……）愛、慈愛、同情心、寛容、自制心、連帯感、友情、帰属意識、身近な人々に対する具体的な責任の受容、これらは私が思うに、新しい間実存性（interexistentiality）の表れであり、それが社会の形成に新たな意味を吹き込むことができ（……）それが世界の運命をかたちづくるものである」（Hável, 1983, p.372）。ハヴェルは、非本来的であること（inauthentic）や功利主義を避け、生命を育むもののために選択をするためには、省察と対話が必要であることを認識していた。「若者の反乱運動、真の平和運動、人権擁護のためのさまざまな活動（……）すなわち、危機的状況にある世界に抵抗し、単にそこから逃げるためではなく、世界の状況に対する責任を引き受け——つねに真の信念に伴う明晰な熟考と謙虚さをもって全力を傾け——本来的な意味を持つコミュニティを創り出そうとする絶え間ない挑戦」（p.372）に想像力を働かせて参加することで生きながらえていた彼は、（ありそうにもないことながら）希望に開かれたままであった。

ここで、人間的なコミュニティが実在していなければ、その実存が危ぶまれてしまう子どもたちのアイデンティティ、そうした子どもたちの状況に対する責任についても付け加えておこう。個人のアイデンティティは、かかわり合いと対話の文脈のなかで形成されるため、私たちは——すべての子どもたちのために——自己存在の価値があるという感覚やエージェンシーの感覚を育むことのできる文脈を創り上げることについて、考えておくべきである。時折「支援」を希望する人々によるまったくの善意から、「障害」「低いＩＱ」「社会経済的に低い階級」といったスティグマがあまりにも頻繁に、「治療」や「訓練」を受ける患者になることを若い人々に強いてしまう。そうした若者たちが、自分自身の視点から知覚された可能性にもとづいて想像し、選択し、行為できる存在者としてみなされることはほとんどない。それどころか、彼らは外部から圧力を受け、操作され、予測される被験者とされてしまう。人々を支える実際の構造は、そのエージェンシーを維持するために使われているのではなく、治療、改善、管理など——差異と、ときはなつこと以外のあらゆるものを正当化するために利用されている。

これが、私たちが教室でのアートの存在を強く主張するべき理由の一つである。ストーリーテリングや、絵を描くことがどんなふうに私たちの助けになるかが、私たちにもわかってきているけれど、学習者の生活に毎日新しい何かが加えられるような状況を創り出すためには、さらに一歩踏み出す必要がある。ポストモダンの考え方では、人間存在の主体はあらかじめ決められたものとしても、最終的に定義されたものとしても考えられてはいない。そうではなくて、人間の主体はプロセスのなかにあるもの、自己自身についての追求であり、望ましくは、自分自身がもつ可能性を追求するものと考える。一部の人々は、巨大な舞台で権力に対抗しようとするのではなく、ローカルな空間で権力に対する限定的な抵抗を耐え抜くことについて話し始めている。いまなら、特定の固定観念や構築されたカテゴリーによる縛りを断ち切って、（言うなれば）特定の子どもたちを自由にすることの意味について考えることができるかもしれない（これは以前には考えられなかったことだ）。このように子どもたちの差異とつながりに入り込むということ、耳を澄ませるということを――子どもの言葉を読み、子どものスケッチを見つめることを――真に求められているのだと感じることで、教師たちは想像力豊かに、そしてある程度倫理的にこれらの子どもたちに応答している自分自身に気づくことだろう。これまでリスクがあるとされたり、簡単に社会から疎外されたりしてきた子どもたちに対して、自ら選択できる存在として応答することは、原理に適っていると私は信じている。このように入り込んでいくことを通じて、私たちは原理によって照らし出された、責任と配慮にもとづくよりよいコミュニティをつくり上げることができるのである。

若い読者たちは本を通じて、自分の人生を投影しながら、自分たちの経験を新しいやり方で広げ、深めることができる。この拡張によって、読者は自分自身の経験のなかに普段見たり感じたりしたことのない側面を発見する。新しい人間関係やコミュニティへの関心がそこに生まれるだけでなく、読者は自己を定義する新たなあり方へと心を動かされ、差異と可能性の両方に気づくことから生まれる新たな始まりへと導かれるかもしれない。読者は、自分自身とピコーラや、鉄道作業員、マンボ奏者などの登場人物とのあいだにつながりを見出すかもしれない。想像力が自由になると、実際的なものへと窓が開き、生きるための、すべての新たなオルタナティブが明瞭になる。確かに、複数性（plurality）と差異の価値を尊重しながら、人々がエージェンシーを感じ、自分たちのために意見を述べることができているコミュニティを築くのは難しい。しかし、ひとたび教室内の多くの声の独特さに注意すれば、共有されたそれぞれの考えを確かめることの重要性が高まってくる。繰り返しになるけれど、こうした信念は、他者の自由、その可能性への思いやりと対話においてのみ創発するものだ。

アートやストーリーテリングに触れられる機会を提供することで、教師は自分自身の生きてきた歴史と、教える生徒たちの歴史とのあいだのつながりを探し続けることができる。生徒が自分の物語を語ったり、ダンスや歌を通して自己を表現したりする時間をどんどん増やすことができる。生徒たちの小さな世界のなかにある永遠に広がり続ける空間のなかで、友人と一緒に見たり動いたりできるメディアに、自分たちの物語を想像力豊かに変換していくことへと誘うことができる。多様性の感覚が拡張していくことを考えると、生徒たちのストーリーテリングで語られたことを繋ぎ合わせるにあたっては——不正義、固定観念、暴行に対する——憤りを介しても、時折より十分な理解を得られるかもしれない。教師と学習者がともに語り、選択する必要があるだけでなく——導火線に火を灯し、可能性を変容させていくとはどんな意味を持ちうるかを探索するために——未踏の可能性に目を向ける必要がある。

教師として、私たちはつくり途中のコモンの世界を予測することはできないし、ある種のコミュニティを別のものよりも正当化することもできない。しかしながら、若者たちが集う場所に温かさをもたらすこと、独白や堅苦しさを脅かす対話と、笑いをもたらすことはできる。そして確実に、正義と自由、人権尊重の信念を中心とする原理を肯定し、再確認することはできるはずだ。それなしには、リスクの有無にかかわらず、すべての人を包摂し、受け入れるという良識を求めることすらできないからだ。より多くの人々が集うなかで、このような原理を体現することを学び、それに従って生き、発言することを選択した場合にのみ、私たちはコミュニティを生み出すことができるだろう。私たちにできることは、できる限り情熱的に、雄弁に他者と語り合うことだ。そして、互いの目を見て、新たな始まりを促すだけである。私たちの教室は、養育的で、思慮深く、公正であるべきであり、よって人間であること、生きているということはどういうことかについての多元的な構想が脈動しているべき場所なのである。つねに発見されるものがあり、語られるべきことがそこにはあるのだから、つねに不完全にとどまる対話を行っている雄弁な若い人々の声でにぎわっているべきなのだ。私たちは、生徒たち一人ひとりが幅広く目覚め、想像力豊かに活動を起こし、そして刷新された可能性への意識を呼び起こすことで、友情を築いていくことを望んでいかなければならないのである。

注

（1）緑の光（green light）　遠くにいる愛する人、デイジーへの憧れや、到達不可能な夢への希望を象徴している。

（2）エルマー・ライス（一八九二―一九六七）　一九、二〇世紀アメリカの脚本家。『街の風景』（一九二九）でピュリッツァー賞受賞。一九二三年の作品『計算機』は人の組織化の発達を風刺した戯曲。

（3）パワーレンジャー（Power Rangers）　一九九三年より放映された、日本の「スーパー戦隊シリーズ」のアメリカ版の名称。

（4）ジョン・ケージ（一九一二―一九九二）　二〇世紀アメリカの作曲家、音楽理論家。モダン・ダンスへの作曲でも知られるが、もっとも著名な作品として楽曲の冒頭から終演まで演奏せず、タイトルにあるだけの時間の持続を演奏し、聴衆のざわめきや咳など、その瞬間に生じた音環境への感受を促す『四分三三秒』（一九五二）が挙げられる。

（5）ホール・ランゲージ（whole language）　実際の言語活動や問題解決のプロセスを重視することで、いわゆる言語の四技能で指導を分けず、また言語以外の教科と言語とを分割せず、言語運用と問題解決とを統合するカリキュラムによる「全体言語」の習得を目指す教育研究、教育運動。

（6）カリキュラム横断的なライティング（writing across the curriculum）　生徒中心学習の枠組みで行われている、分野横断的に教師が生徒の書く文章を指導ツールとして活用することを支援するプログラム、あるいは取り組み。

(7)　比喩の集中（Metaphorical concentration）　二〇世紀アメリカの短編小説家、作家、エッセイストであるシンシア・オジック（一九二八―）の訴えた、直接的な経験を通してではなく、比喩や象徴を通じて他者の立場や状況を理解しようとする心的な努力のこと。

(8)　何にもわかっちゃいない！（They just don't get it!）　一九九一年、判事クラレンス・トーマス（一九四八―）が第四十一代大統領ジョージ・H・W・ブッシュ（Bush, G. H. W.　一九二四―二〇一八）から最高裁判事に推薦された際、彼の部下であった弁護士、法学者のアニタ・ヒル（一九五六―）が、彼からセクシュアル・ハラスメントを受けていたことを糾弾した結果生じた、最高裁判所の判事任命の是非を審議する緊急公聴会でのやりとりと思われる。

(9)　ラルフ・エリスン（一九一三―一九九四）　二〇世紀アメリカの作家、文芸批評家。南部の小さな町で地下に暮らす黒人の若者の語り手が、自身が経験してきた社会的に不可視な状況について語る『見えない人間』（一九五三）で、黒人としてはじめて全米図書賞受賞。

(10)　G・B・マディソン（一九四〇―二〇一六）　二〇、二一世紀カナダの哲学者。マックマスター大学名誉教授であり、現象学、メルロ＝ポンティ、デリダ、ポストモダンに関する著作を多数執筆する。

(11)　あいだにあるもの（in-between）　アレントの用語。異質な主観相互をつなぐ対象、活動、関係性のこと。「介在者」、「介在的関係性」とも訳されるが、本書の文脈から、あいだにある特定のものの意味で訳出した。

(12)　ヴァーツラフ・ハヴェル（一九三六―二〇一一）　二〇、二一世紀チェコの劇作家、チェコスロバキア大統領、チェコ共和国初代大統領。一九八九年、ビロード革命を先導し、チェコの初代大統領に就任する。ここで引用されている著作は、社会主義政権下での反体制運動によって投獄された四年半のあいだに執筆された、妻オリガへ宛てた手紙を釈放後に集成した『プラハ獄中記――妻オルガへの手紙』（一九八九）。

第四章　ある教育学の発見

かつてハンナ・アレントが、（ブレヒト（Brecht, B.）の言葉を借りて）「暗い時代（Dark times）」と呼んだ時代がある。公共の領域から生まれてくるはずの光が「『信頼性の欠如』と『見えない政府』によって、物事を開示することなく絨毯のしたに覆い隠す言論によって、また道徳的なこともそうでないことも古い真実を支持する口実のもとに、すべての真実を無意味で些細なものへと貶める勧告によって消されてしまう」時代のことを、彼女は表そうとしていた（Arendt, 1968, p.viii）。サルトルの『嘔吐』にも同じ状況が描かれていて、そこではあらゆるものが「不透明で無意味で、ただそこにあるものとして存在している」のだと彼女は言う。そして彼女は、ハイデガーの『存在と時間』にも似たような経験の兆候があると指摘する。特に「世間話」について描写されている場面では、本来的なものや現実そのものを打ち倒してしまう世間話の権力が描かれているのだと（Heidegger, 1962）(1)。このような暗黒の時代についての見方は、現代の教育学にとって何を意味するのだろうか。どうすれば本来的なものを守り切ることができるのだろう。どうすれば意味を修繕することができるのだろう。

教師たちと学習者たちが互いの眼前に姿を現し、自分たちが誰であり何ができるかを言論と活動で示すことができるよう、消えた明かりを再び灯すにはどうすればいいのだろうか。

この章で私は、複数のイメージ、可能性についての観念、そして警告を与える言葉とともに、いくつかの答えについて探求することを始める。それらのイメージは想像力豊かな文学作品から得たものだけれど、その大きな理由は、文学が文書資料とは異なり共鳴するものであるからだということによる。つまり、耳を傾けようとする人々に別のイメージや、いくつもの記憶、望まれたもの、失われたもの、完全に把握し理解するようなことがありえないものたちを呼び起こすことによって、その言葉が示す以上の意味をその言葉自身が持つようになるのだ。これらのイメージによって私は、私たちが教えることを選択する必要がある、いまや絶滅の危機に瀕した世界、間主観的な世界に関する見方のことをあなたに思い出してもらいたいと思っている。私たちが何らかのかたちでこの世界を変容しようとするなら、この世界のことを理解しつつ他の人々にもその理解へと誘っていく必要がある。私が最初に提示するイメージは、「有害な雲」についてのイメージだ。この特殊な雲はドン・デリーロ(DeLillo, D.)の小説『ホワイトノイズ』に登場したもので、(2)普段通りの生活を過ごしている中西部のごくふつうの大学都市で、鉄道車両から致死性の化学物質が漏れ出すことによって発生した、目に見えないものだ。若者ハインリッヒはその「雲」を仄めかしながら、「本当の問題は、毎日、ぼくたちを取り囲んでいるような放射エネルギーの方だよ。ラジオとか、テレビとか、電子レンジとか、ドアのすぐ外にある送電線とか、大通りの速度違反摘発のレーダーとかさ。そういうのは少量浴びても危険じゃないって何年も言われてきたけど」(Dellilo, 1985, p.174) と告げる。名もなきもの、無臭のもの、どこにでもあるものと人々はどうかかわるのだろうか。解釈することも理解することもできない重圧のもとで人々は何をするのだろうか。デリーロが想像するように、人々はスーパーマーケットで買い物をしたり、死の恐怖を食い止める薬を探したり、科学技術化され、コンピューター化され、非人間化されたものに没頭したり、ヒトラー学に避難したりしている。[3] そしてこの小説の最後にはこう書かれている。「ここが、その年齢にかかわらず、カートのうえに色鮮やかな商品を積み重ねた状態で、私たちがともに待っている場所なのだ。素晴らしいことに列の進みがゆっくりなので、私たちはラックにあるタブロイド紙におどる言葉を目にできる。超常現象的なものと、地球外生命体についての物語。ミラクルビタミン、癌の治療薬、肥満の治療薬。著名人と死者への熱狂」(p.326)。

そう、その雲を文字通りの意味、科学技術の意味、さらには記号論的な意味で――少なくとも大衆文化とのかかわりのなかで、理解しようとする人々はいる。けれど、ラジオで「ふわつく羽」と表現された有毒な雲のことをどうしたら理解できるというのだろう。「巨大なデータベース記録」によって一人が死んだと判断された (そして、それゆえに一という数はその一人のデータの「全体を足したもの」である) という技術者の説明をどうやって理解するのだろうか、この集計が「少なくとも今日や明日ではないけれど、そのようなことがあなたに」起こらないとは限らないことを意味しているにもかかわらず。[4] マイレックスの防護服に身を包んだ男たち、隙間に潜む有害物質を嗅ぎ分ける訓練を受けたジャーマン・シェパードたちが絶え間なくやってくることを、どうまとめることができるのだろう。

男たちはホースのついたマスクをしていて、こちらからはその顔を見ることも、表情を読むことも、彼らが何を知っているのかを知ることすらもできないのに。

さまざまな方法で隠された知識について考えるということは、また別のイメージを呼び覚ます。それが、ウンベルト・エーコ（Eco, U.）の『薔薇の名前』に登場する迷宮のような図書館のイメージだ（Eco, 1983）。この図書館は中世の修道院の一部なのだけれど、口封じのために修道士たちが殺されていくのだ。その図書館に備えつけられている窓や、収蔵されている写本、また暗号、彫刻、鏡、そして普通の家庭用品までが、自由な心によってのみ解読可能な、記号やシンボルの移り変わる現実性を構成していく。図書館の蔵書とそこに含まれる知識は、所有され、管理され、秘密にされている。その「学びの宝庫」（Eco, 1983, p.195）が、どこかの他人によって自由に使われることはない。表向き、さまざまな犯罪を解決するために派遣されたイギリス人の修道士ウィリアムは、図書館の迷宮の守護者たちを特徴づける「知識欲」（p.395）を見出し、その欲望を彼は自慰行為に結びつけている（p.396）。なぜなら、その知識は知識それ自体のためだけに捜索されているからだ。しかしこの修道士たちの自分勝手な知識の守護欲を、いまなお続いている神秘化（mystification）の比喩と見ることもできるだろう。今日の公的機関には、六角形の部屋も、彫刻の施された扉も、ステンドグラスに描かれた封印された書物や神話の怪物も、おそらく存在しない。けれど、ユルゲン・ハーバーマス（Habermas, J.）が文脈のないコミュニケーションの「歪み」と呼ぶもの（Herbermas, 1971, p.164）、コストと利益をめぐる言語、そしてさまざまな現象が「説明される」道具的理性（instrumental reason）の言語におい

[5]て、多くの情報提供者のあいだには記号やシンボルの、単に解読不能とまでは言わないまでも欺瞞的な現実が存在している。記号やシンボルが提示する知識は、知識それ自体のための知識ではないが、それにもかかわらず秘密の知識であり、その意味合いにおいてしばしば危険なのである。それを守り所有する者たちはそれなりに欲望にまみれているから、広大な意識を持って読む方法を知らなければ、そうした者たちに挑むことのできる方法すら存在しなくなってしまうのだ。

この、自分たちの支配権を確立している匿名の「そうした者たち」とは一体誰なのだろう。この問いかけは、以前にも触れたことのある別のイメージを指し示す。ジョセフ・コンラッド（Conrad, J.）の『闇の奥』（Conrad, [1902] 1967）の語り部であるマーロウが、名もなき三名の役人（企業の部長、弁護士、会計士）に、「幸いにも――真実が隠されている」場所で、不可解なものの只中で生きるために地球上の「暗黒の地」について、荒野に立ち向かうことがどのようなものであるかについて語っている場面のことだ[6]。マーロウは征服者とはどのようなものかを説明し、貪欲で野蛮な力の魅力、「それができない自己嫌悪、屈服、憎悪」について彼らに理解できることを言おうとしている。ただし彼は役人たちが自分のことを理解する可能性が低いことを悟り、（皮肉にも苦々しく）彼らに言う。「だがね、現在に生きるおれたちはそんな心理状態にはならないだろうな。おれたちを救ってくれるのは効率だ――効率への献身だ」（p.214）。権力構造のなかでそれぞれの役割に没頭し、自然な態度（natural attitudes）で凝り固まっている三人の聴衆は[7]、やはり彼の言っていることを理解することができない。実際、その暗黒の地を征服するもそこに留まったクルツの捜索について、マーロウが語るときも彼らはさまざまな場面で彼を制止しようとする。「君らにはわかるまい」とマーロウは叫ぶ。「だって、そうだろう?　足元には固い舗道が敷かれていて、周囲にはいつでも励ましたり諫めたりしてくれる親切な友人たちがいて、君らといえば肉屋と警官のあいだをただただ慎重に歩いているだけなんだからな」。マーロウは言う。「闇の力」による攻撃に気づかないほど鈍感な人間も、「天上の光景しか目に入らず、天上の声しか耳に入らない」ほど「とてつもなく高潔な」人間もいる。しかし私たちのほとんどにとって「この地上とは生きていくための場所であって、嫌な光景にも、嫌な音にも、場合によっては嫌な臭いにも我慢しなくちゃならないのさ！——言うなれば、死んだカバの臭いを嗅ぎながら、その毒気にあてられないように努めるようなことなんだよ」(p.261)。

マーロウは(「鈍感な人間」と「高潔な人間」が傾けるような)聞き手の態度が見えにくくしているその生きている世界に注意を向けているが、そのような世界は明らかにされなければならないものでありつつも、しかし因果関係の観点からは説明できないものだ。そこで何が起きたのかについて説明しうるような量的な尺度など、存在しないからだ。せいぜいそこに住む人々の視点から、さまざまに、また暫定的に意味を持つようになる程度である。マーロウの生きる世界には、象牙猟師、経営者、川船の水先案内人、黒人の操舵手、「先住民族」の女性、クルツの「きわだった資質——寛大な精神」を永遠に信じる少女、そして「地獄だ！　地獄だ！」と死ぬ前に叫ぶクルツ自身が棲んでいる(p.289)。もちろん、「真実は隠されている」。しかし意味の可能性は残されている——私たちの生きる世界の川を下るときのように、その選択が毒気にあてられる必要はない。

さらに、これらのイメージを——雲、秘密の知識、そして現実を知りたくないという願望を——いまなお続いている状況に当てはめてみよう。私たちが人間科学を——子ども時代についての現象学や、解釈学、記号論、文芸批評を——「行う」とき、目にも見えず臭いもない、一種の動かない雲に脅かされたとある社会的な世界に何らかのかたちで自らをかかわらせていかなければならない。それは所与の雲であり、「自然な」こと、事象を取り巻く日常性にとらわれている人たちが、当たり前のこととして受け取っていること（the taken-for-granted）からなる雲なのだ。そして現代の世界はさまざまな公用語によって組織立てられた、管理された世界であることも念頭に置いておかなければならないと思う。多くの場合そうした言語は支配、資格、権力をめぐる言語になっていて、普通の人間の言論が聞こえるはずの場所にはひどい沈黙、私たちの教育学が何とか修復すべき沈黙がある。現代の世界も同様で、私たちが伝統だと思い込んでいるものが石化され、私的な囲いのなかに置かれたりオーラに包まれたりしていて、私たちの生活をめぐる生きた経験や風景からは遠ざけられた世界になっている。

暗号を解き明かし、自分たちが組み込まれているものを明らかにし、ビジョンやパースペクティブを正当に自分たちのものにすることができている個人はあまりにも少ない。若者のことを理解し、自らの風景を回復しようとする私たちの努力は教育学的な実践の概念と結びつかなければならない。私たちが考案する教育学は、私たちが教える人々のエージェンシーの感覚を高め、人々が自由を追求する力を与え、その人々の生きている世界をある程度変容させるかもしれないものであるべきだと、私たちは皆信じているはずだ。しかしながら、神秘化され絶滅の危機に瀕している世界について解釈し、対処していくための教育を意図的に行いつつ——あるいは子どもたちとともに学びながら——子どもたちのつくり上げるさまざまな意味の完全性や、私たちに共有してくれる直観をどのようにすれば大切にできるのかについて、これまで以上に深く考えなければならないのかもしれない。子どもたちの生活を歪める枠組みから抜け出そうとするまさにそのときに、ある種のラディカルな社会的・政治的見解をとる人々の批判をこそ真剣に受けとめる必要がある。パウロ・フレイレの言う「人間化(humanization)」(Freire, 1970, pp.27ff) やハンナ・アレントの言う「コモンの世界」(Arendt, 1961, p.196) の名において活動することで、秘密の場所と呼ばれてきたものを探索しながら自らの風景を回復させていくことを求めつつ、私たち全員がその秘密の場所を公共空間 (public spaces) へとつないでいかなければならないからだ。

サルトルが示唆しているように、特定の仕方で活動することを決意し、よりよい秩序を選択することで、諸々の価値を実現することが私たちにはできるのだろうか。「私たちの悩みや苦しみに新たな光が射し込み」、「それが耐え難いものであると決断する」助けとなるような考えうる可能性、「これまでとは別の状態」とは一体何だろうか。私たちをいまだないもの (what is not yet) (Sartre, 1956, p.435) へと向かわせるために必要な「教育と省察」を用いて、私たち自身の教育学のためにどんなことを想像し始められるだろう。

よりよい社会、あるいはよりよい学校システムへの具体的な青写真すら存在しない。しかし文学を通じてより多くのイメージを探っていくことによって、私たちの想像するものをかたちづくることはできるかもしれない。読者にはこうしたイメージを私が提示しているとき、実際的なものの向こう側で自分たちのイメージを探しながら、いまだ触れられていない可能性をぜひ試してみてほしい。

最初に思い浮かぶイメージは、アリス・ウォーカーが『カラーパープル』の最後に描いた、陽光降り注ぐ庭にいる男女と子どもたちの姿だ。「どうして七月四日にいつも家族が全員集合するの？　ヘンリエッタは言う。（……）白人たちはイギリスから独立した七月四日を祝うのに忙しいだろ。ハーポが言う。だから黒人たちは働かなくていいんだ。おれたちはその日一日中、互いをねぎらって過ごすんだよ」（Walker, 1982, p.250）。もう一つは以前にも紹介したものだけれど、ヌトザケ・シャンゲの『死ぬことを考えた黒い女たちのために』（Ntozake, 1977）から。これはレイディ・ブラウンが入るはずのなかった成人の読書室に飛び込み、トゥサン・ルヴェルチュールに「出くわした」ときのこと、「私にとっての現実の始まり」（Shange, 1977, p.26）についての回想である。前者は結びつきと家族愛のイメージであり、後者は「開拓者の少女たちと魔法のウサギたちと大都会の白人少年たち」が、自分のことを耐え難い場所に閉じ込めていたのだということを知った子どもによる、彼方へのとある跳躍、超越のイメージである（p.26）。

三番目のイメージもまた、図書館のなかでの出来事だ。それはヴァージニア・ウルフが大英博物館の図書館で女性の本を探し、トレヴェリアン（Trevelyan, G. M.）[8]の『イギリス史』を読んで、彼が女性について何を述べているかを調べたときの描写である。彼女はそれを読み終えて、こう結論づけている。「それどころか、もし女性が男性によって書かれたフィクションの内部にしか存在していないとしたら、人は彼女を第一級の要人であると想像されるかもしれません。多種多様な女性がいます。勇敢な女性も卑小な女性も、華麗な女性も小汚い女性も、途方もなく美しい女性も極端なまでに醜い女性もいます。男性と同じように偉大です。男性よりも偉大だと考える人もいます。しかしそれはフィクションのなかの女性です。実際はトレヴェリアン教授が指摘するように、女性は〈閉じ込められ打ち据えられ、部屋中引きずり回され〉ていたのでした」（Woolf, [1929] 1957, p.45）。ヴァージニア・ウルフがこの現実を耐え難いと判断し、女性は「自分ひとりの部屋」を持つべきだという彼女の求めへと動き出したのは、この瞬間のことではなかっただろうか。彼女は読み、考え、拒否したのだ。サルトルなら、彼女は教育されたと言ったことだろう。

最後、四番目のイメージは、省察的なものであると同時によりあからさまに倫理的なもの、まさに人々が毒気にあてられていく世界のなかで生きている誰かの抵抗について、扱っている。私はアルベール・カミュの小説『ペスト』のなかで、タルーとリウー医師が身体と精神の両方の伝染病との闘いから、友情のために一時間抜け出す場面のことを思い浮かべている。実用的かつ比喩的に、人が「引っきりなしに自分で警戒」していなければならない理由を語るタルーは、ペストを免れている人間などおらず、うっかりした瞬間に誰もが誰かの顔に息を吹きかけてペストを吸わせ、病菌を感染させる可能性があると説明する。「ほとんど誰にも病毒を感染させない」善人とは、「できるだけ気をゆるめない」人のことだ。リウーに自分の半生を語るタルーは、こう告げる。「ほら、ぼくはずいぶんいろんな議論を聞かされただろう。危うく自分の頭を狂わせかけたこともあったけど、ほかの人の頭はもっと狂わせられていて、殺人にすら同意させられてしまっているくらいだった。ただそのおかげで、ぼくは悟ることができた。ぼくたちの問題のすべては、ぼくたちが単純で明瞭な言語を使わなかったことから生じる。だからぼくは、いつも非常に明確に話すこと——そして行為すること——を決心したんだ。それが、ぼく自身をいつも正しい道へと置き直してくれる、唯一のやり方だと思ったから。だから、ぼくは、ただ天災と被害者というものがあるといって、それ以上はなんにもいわないんだ。（……）そういうわけでぼくは、被害を減らすため、どんな苦境のなかでも被害者の味方をすることを決めたんだ」（Camus, 1948, p.230）。「同情心の道（path of sympathy）」を歩むことで、彼は「神なき聖人」になりたいのである。私たちの悩みのほとんどが明瞭に語ることのできなさゆえに生じているというわけではないかもしれないけれど、教義と否定に満ちた世界において、明瞭さを共苦に結びつけることを選択することは、ある種の可能性のビジョンを開くことになる。「ペスト」がとりわけ無関心、抽象性、共犯（殺人することの承認、屈辱を与えることの承認）を意味している場合、それらに対抗するには警戒心が必要なのである。そしてこの警戒心こそ、私たちの教育学がときはなっていくべき警戒心であり——ケアであるはずなのだ。

これらのイメージが示唆する教育学についてのスケッチに移る前に、いくつか警告しておきたい言葉がある。ミシェル・フーコーは、教える立場にある私たちの多くが、西洋の知識人特有の、とある広く行き渡った文化的意識を共有しているため、ある意味で「この権力システムの代理人」

(Foucault, 1977, p.207) にならざるをえないということを思い起こさせてきた。「意識」と言説＝談話に責任を負うという私たちの考えそのものが、このシステムの一部を形成しているのだと。解放的なものに一見映ったとしても、権力は私たちの言語そのものに宿っている。たとえば、批判的思考や想像力豊かな未来志向の教え方に関して、私たちのうちの幾人かが学校でやりたいと願っていることと、保守的な共同体の要求とのあいだの不協和音を見てみよう。フーコーはどのような言説様式も(その多くが小さなものであっても)抵抗を引き起こすに違いないと考えていたけれども、新しい教育学に対する原理主義者やその他の伝統主義者たち(ただ怯えていて、何も知らされていないだけかもしれないが)の抵抗を思うとき、私は当惑へと突き落とされる。この抵抗について教師や教師教育者は立ち向かい、考慮していかなければならないということは明らかだ。

もう一つの警告は、エネルギーの自由な戯れ、幅広く目覚めていること、本来性、道徳的感受性を阻む社会構造についてである。私はせめて、私たち自身の教室のなかをしっかり見つめていたいと思う。不公平、無作法、イデオロギーの圧力を無視したり脇に置いたりすることはできない。知識の不平等な伝達、子どもたちの追跡調査、貧しい人々や移民の経験してきたことの卑下、一面的な改革の提案、これらすべてが既存の社会構造とその傾向が保持している機能であることを無視することもできない。決定論的に、学校はその外の文化で起こっていることを必然的に反映するものなのだと言いたいのではない。むしろ私は、学校と既存の社会－経済的秩序とのあいだの交互作用から生まれてくる意味は、(9) 機会を開くことよりも機会に合わせること、解放することよりも束縛すること、人を自由にすることよりも規定していくことにより深くかかわる傾向があると思っている。官僚機構とその管理の性質を踏まえるなら、教師たちがこうした意味に抵抗できるなどと楽観しているわけではない。これからの時代、出世につながる梯子に関する思いやら「名物教師」の条件について考えるのも気が進まない。いくつものメリトクラシー、ヒエラルキー、梯子に対して当たり前のこととして受け取っていたことへの新たな態度は、新たな種類の批判的解釈、生きている世界を問う新たな方法を要求するものであるが、人間科学の態度がそのような態度に耐えられるほど強いかどうか、これを予測するのは難しい。

私からの最後の警告の言葉は人間の条件そのものに関係するべきもので、もっとも深い実存的な問いが空白の沈黙で満たされるときに私たちが経験する不条理に関係している。それは命の有限性、ランダム性、不在、そして天国・天界の空虚さに関係するものでなければならない。アルフレッド・シュッツが、私たちの人生は本質的に無意味なものかもしれない、私たちはただ地球を横切って歩いていくだけで、生きていた痕跡すら何も残すことがないのかもしれないという感情と結びつけた「根本的不安」について指摘していることを、私は再び思い起こす（Schutz, 1967, p.247）。ただ、そのような不安から、プロジェクトのアイデアや活動のプランが生まれてくる。そのようなプランを立て、どんなことが必要になるかを予測し、それら予測にもとづいて意識的に行動することによって、私たちはその生活状況の最中で自分たちのアイデンティティを創り上げる。サルトルが言うように人間の具体的な行為は、社会的な場からの限定を考慮にいれながらもその場を横断していくものだ。つまりこんな条件が与えられていたにもかかわらず、ということではなく、むしろその与えられた条件を基盤として、その世界をある程度変容させていくものなのだ。したがって私たちの変容的教育学（transformative pedagogies）では、既存の実在する状況と、私たちが存在させようとしている何か、つまりいまの状況を超えた何かとの両方を関係づけなければならない。サルトルが言ったようにこの超えていくこと（going beyond）こそが、一人の人間を根源的に特徴づけるものであり、その人をつくり上げてきたものから自らをつくり上げることに成功するということ、そのものなのである（Sartre, 1963, pp.92-93）。ある意味でこの種の活動は、フロイト（Freud, S.）が「文明とその不満」（Freud, 1953）と呼んだものへの応答だ。「文明化されている」ということは、ある程度「学校教育を受けている」ことだということを、誰が否定できるだろうか。文明化されているということは、ある程度単純な快楽の追求をあきらめ、ある種の欲望を抑圧する一方で他の欲望を昇華させることを意味することを誰が否定できるだろうか。教師たちが共有している関心の一つは、原初的な風景を圧倒する型や図式に代わるものを見出すということにあるはずだ。そしてもう一つは、欲求の勢力、多様なエネルギーの推進力、遊びの活力、変容への意思を許容できる文明を創造するということに。

　教師である私たちはいくつもの限界に対して闘わねばならない、それも意識的に闘わねばならない。オルタナティブは制約のない主観性の再発見や、全体的な決定論の受容のなかには見出されない。ある弁証法的な関係性がすべての人間の状況を特徴づけていて、それは個人とその環境のあいだの関係性でもあり、自己と社会のあいだの、あるいは生きている意識と対象─世界のあいだの関係性でもあることだろう。それぞれのそうした関係性は生きられた状況での、省察的で物質的な次元のあいだにある媒介者、ある緊張の存在を前提に置いている。なぜなら双方の次元は等しく重要なもので、その緊張は主観性あるいは客観性の克服によっては乗り越えられないためである。つまり弁証法的なもの（The dialectic）とは、最終的に解決されえないものなのだ[10]。

そのうえ、そこには過去からの生存者たちがつねに存在していて、つねに緊張があり、生きられた状況が持つある確実な重さが——その周囲の環境、過去のトラウマ、排除、貧困、イデオロギーの衝撃に関する経験のために生まれている重さがある。私たちは自由を、そうした重さや決定性との対決、その部分的な乗り越えを通じて達成する[11]。私たちがこの自由を求めるのは、しかしながら、圧迫してくるもの（あるいはいくつもの条件や限界）が一つの障壁として認識されるときにのみ限られている。抑圧や搾取や汚染や疫病さえもが自然なこととして認識されているところに、自由はありえない。人々がそれに代わるものを挙げることも、よりよい状態を想像することもできないところでは、人々は錨を下ろしたままでいるか、あるいは深く沈み切ってしまって思いを表に出せないままである可能性が高い。

私たち教師が人間的で、解放的な感覚を与えるような教育学を開発しようとするなら、弁証法的な関係性のなかに自分自身が深くかかわっているということを感じていなければならない。子どもたちとのコミュニケーションや心理療法、あるいはアート作品との深いかかわり（engagement）を通して、私たち自身が失ってしまった自発性や自分たち自身の背景への気づきを取り戻していくことができるなら、私たちがいま経験していることに覆い被せられているものを取り払ったり解釈を深めたりすることができる可能性が高まる（この取り戻しについては、第六章でさらに詳しく述べる）。このような深いかかわりは、合理性そのものが合理性以前の、前省察的な何か[12]、おそらくは原初的な知覚された風景に根ざしたものであることを思い起こさせるかもしれない。ワーズワス（Wordsworth, W.）、メルヴィル（Melville, H.）、エリザベス・ビショップ（Bishop, E.）、トニ・モリスンを読むとき、セザンヌ（Cézanne, P.）やゴッホ（van Gogh, V.）の絵画を見るとき、私はこのことが真実であると確信させられる。モーリス・メルロ＝ポンティによれば「知覚とは発生的なロゴス（*logos*）である（……）独断主義にとらわれることなく、客観性そのものの真の条件を教えてくれるもの（……）私たちを知識と活動の課題に呼び集めるものなのだ」（Merleau-Ponty, 1964a, p.25）[13]。もちろん客観性の条件は事象の只中で動き、見、触れ、聞くという、身体化された意識（embodied consciousness）の観点と関係している[14]。メルロ＝ポンティは知識を感覚に還元しようとしているのではなくて、合理性がどのようにして状況づけられた意識のパースペクティブから、つまりコギトがつねに参照する生活経験からいかに始まるものであるかを示すことによって、「合理性の意識」を回復しようとしているのだ。

若者が言語を使う生活へと移行するとき、つまり経験を主題化したり象徴化したりし始めるとき、いくつもの地平が切り開かれ、風景が変容し、経験が明瞭なものになると、メルロ＝ポンティは信じていた。前省察的なもの、つまり私たちが物事について意識する前に知覚しているものこそ、合理性が生まれる場所となるのである。そして実際、私たち自身が自分たちの現在性を受けとめるにも、知覚された世界の完全性と開放性のなかで通じ合いながら、私たちのアイデアが表現せずにはいられない自分たちのコモン文化に向かって意識を開放し続けつつ、その知覚された世界について考えることのできる、私たち自身の受けとめる力に大きく依存している。

たとえば『闇の奥』に登場する三人の役人には、もはやそのような仕方で現在を生きる能力は、（かつてはあったとしても）もはやない。「おれの婚約者、おれの出張所、おれのキャリア、おれの理想」を語り、「偽りの名声、まがいものの栄誉……成功と権力のあらゆる兆候」（Conrad, [1902] 1967, p.282）[15]に貪欲な、軽蔑すべきクルツにも。同様にペストに苦しむ人々にも、知識を所有しそれを完全なものだと思い込んでいる人々にも。私の提示してきた可能性をめぐるイメージたちが色とかたちと動きと深くかかわっていたのは、それらがつながりや共苦、そしてケアについてのさまざまな解釈や描写を与えるものだからなのだ。偽りの終焉性、思想の全体的なシステム、時に「共約可能性（commensurability）」（Rorty, 1979, pp.315ff.）と呼ばれているものを拒否することに加えて[16]、不完全さがとても重要なものに思われるのも[17]、それが理由になっている。

私たちは、子どもに立ち戻るだけでいい。子どもたちの知覚が外界の出来事の経験を配置していく、つまり自己を周囲に方向づけていく私たちの最初の様式であることを、私たちは知っているのだから。想像的なもの（imaginary）（妖精やユニコーンから、まだ見ぬ大人の世界、まだ生きられたことのない冒険まで）を組織化する想像力のように、知覚は知る主体と知られる対象との関係の根底にある原初的な操作なのである。生きている現実を秩序づけるこの最初の様式は、家族やその他の人間関係に関連する感情とともに、子どもの言語学習や経験の知的な精緻化に大いに関係している。この洞察は私たちが子どもたちの物語に耳を澄ませるだけでなく、子どもたちが自分自身の理性の誕生を意味あるものにできるように、子どもたちが自由に自分の物語について話すことの重要性を指摘している。たとえ私たち自身の世界に対する解釈と相容れないように見える物語であっても、それは多様な経験についてその妥当性を肯定するということの大切さを、私たちに思い起こさせうる。

ラディカルな批評家たちは、見知らぬ人々とみなされている子どもたちの生活を排除したり、そのような子どもたちが生き、すでに知っていることを偽るかのような情報を重ね合わせたりしていく雰囲気がもたらす卑下の効果（demeaning effects）について、よく口にしている。実際私たち教師はみな、自分たちの教えていると信じている子どもたちの多くが、私たちの言葉を真似し、私たちの専門用語を暗記することで、ただ私たちに合わせてくれているだけなのではないかという感覚に、痛いほど親しんでいる。子どもたちが自分自身と距離を置いてしまうのは、時にはそう思われるかもしれないが、通常は抵抗しようとしてそうしているのではない。それは多くの場合、子ども時代の疎外感や意識の分裂の表れなのである。このような疎外感に対処することの必要性は、私たちが特定のプロジェクトを展開しその向こう側に進んでいこうと奮闘していくなかで、こうした子どもたちに通常以上に懸命に寄り添う必要がある多くの理由の一つだ。私たちは、すでに子どもたちの言葉に耳を傾け、彼らが書いたものに注意を払うことを学び得た人々から学ぶことができる。自分たちが何を考えているのか、なぜそう考えるのか、何を見て、どのようにそれについて話し、書き、自分たちの世界に意味をもたらしているのか、子どもたち自身が理解することができるような言論や自由な執筆の場面に、意識的にもっと子どもたちを招くことについて学ぶことができる。

メルロ゠ポンティは「生きられた」脱中心化と、生命の秩序のなかでの互恵性の漸進的な達成を、子どもたちが互いに、また周囲の他者との関係に影響を与え、更新し、絶えず修繕することができるプロセスの一部として語った。メルロ゠ポンティにとってこの生命の秩序とは既存の実在する条件にではなく、潜在的な条件に関連して達成される一つの均衡状態なのである(18)。個々人は自分自身にとって適切な場を形成するために、通常受け入れられているいくつかの限界を超えていくことで潜在的な条件を実現させる（Merleau-Ponty, 1967, pp.145-146）。想起されるように、このことこそシャンゲのレイディ・ブラウンが子どもの頃に成人の読書室へと向かったときに体験したことである。そしてメルロ゠ポンティは、個々人は生命の秩序を越えて、新たな条件と構造を生み出すことを伴う「人間の秩序」へと向かっていくと述べている。（多くの教師たちがそうであるように）彼は、生きている人間身体化された意識を規定するものは、「創り上げられた諸々の構造を、他者を創り上げるために超えていく力」（Merleau-Ponty, [1962] 1967, p.175）なのだと信じていた(19)。この力と、コンピューターやタブロイド紙や地球外生命体についての話を超えて、さまざまに変様していく視点を選び、創り上げる力とは大いに深く関係している。それは知覚的な意識と、個々人にとっての記号化された世界、また記号化していく世界とが出現していくことと関係している。

人がその生きている世界のさまざまな様相のなかで自分の存在している場所を知ろうとするにつれ、

子どもを含むすべての人間存在によっていくつもの事象、真理、価値が構成されていくのだと認識することは、私たちが教室で行っていることを基礎づけることにつながる。記号化された世界、記号化していく世界を子どもたちが保持できるようにするということは、人道的で批判的な教育学の重要な関心事の一つである。ロゴスは誕生させられなければならないというメルロ＝ポンティの考え方は、私たちの生徒が（私たちの幼かった頃と同じように）知覚しているものの射影やその不完全さをあちこちで感じながら、つねにパースペクティブや地平が移り変わる世界に生きているのだということを私に示唆してくれる。その道を曲がった先にはどんな道が延びているのか、早朝に父親や母親が行く場所はどんな場所なのか、不明瞭な声たちが本当に伝えたいことはどんなことなのか、あの暗闇は一体何を隠しているのかを想像していくことで、生徒たちは経験のなかにつながりをつくるとはどういうことかを次第に意識するようになる。そうして蓄積していったその意味たちが、自分たちに見出されたものであり、しかも社会的、歴史的に沈澱していくものでもあることに気づくようになる。明滅しながら、いろいろなかたちを帯びていく世界を読む（*read*）ということがどういうことなのか、生徒たちはわかるようになるのだ。そして、そう、その生徒たちの経験もまた弁証法的な経験なのであるから、既成の構造と依存の制約に対し、事実性そのものに抗っている自分のことも感じられるようになるかもしれない(20)。

知覚された風景を理解する個々人のあり方は、もちろん記憶を思い出すこと、また想像的な深いかかわりと省察に限定されるものではない。私たちが自分たちの教育学を発展させていくにあたって、構造的で記号論的なアプローチが私たちに伝えてくれることを排除すべきではない。同様に、ハンス＝ゲオルク・ガダマー（Gadamer, H.-G.）が「科学的方法への、そして科学の匿名的権威への偶像崇拝」を「近代的な意識に特有の虚偽」と表現しているような思考の類を見落とすべきではない。ガダマーは方法への偏執よりもむしろ理解への関心を、そして「市民のもっとも崇高な仕事――専門家にその仕事を譲るのではなく、自らの責任に従った意思決定」を擁護することを求めている（Gadamer, 1975, p.316）。

この擁護は、私たち教師が慣習の枠を打ち破り、教わる側の意識に触れるための努力を強化しなければならないという私の主張に立ち戻らせてくれる。それは有害な目に見えない雲や、隠蔽体質、誤った意識、無力感に対する懸念から芽吹いてきた主張である。それは、ホロコーストの脅威と恐怖に対処する力を若者たちに与え、若者たち自身がその成長するプロセスで重要な選択をするのに十分なことを知り、理解していくことの必要性とも関係している。確実に、若者の批判的な判断や想像力豊かな投企に(21)、やがては若者自身の変容的な活動に世界を開放する様式として、今日の教育は捉えられていなければならない。私たちのなかには、この捉えを成人中心のアプローチとみなして反対し、フーコーの語った権力への欲望が絶望的なまでに浸透してしまっていると考える人々がいる。そうした人々はこのアプローチを抑圧的なものとみなし、時には子どもたちを放っておくことすら選ぶ。ひとたびヘゲモニーの重圧から解き放たれると、束縛されていない「自然」な生き物の持つ何らかの理想的なやり方で行動する能力のことを信じきっているように思える人々と同様、このような思想家たちは若者自身の教えられていない無邪気さと創造性によってのみ、若者というものはよりよい、より新鮮な諸々の世界を構成できると信じているようだ。このような考え方は核の脅威、事故、拷問、不公平といったこの時代の課題や、人間の条件をめぐる現実を無視することで成り立っている。私たちは消費者としてのあり方にもとづいて科学技術化された自分たちの文化の固定性と、その腐敗を認めなければいけない。私たちが学校のなかで多くの誤教育を行っているそのときにこそ、科学技術と暴力の言語を考慮に入れなければいけない。学校は結局のところ、自己の永続化と均衡を内在的に求める、大いに階層的で官僚的な諸制度なのだ。学校はまさにその性質上、開放性のために探求したり、批判的思考を行ったりすることが非常に困難なのである。

けれど私たちは皆、構造のなかにも隙間を見出すことができ、その隙間でコミュニティをつくることができ、そのコミュニティを通じて欲求をときはなつことができると知っている。私たちは多様な若者たちが、持続的に創発していく文化のなかで進行している会話に参加できるようにする方法について学ばなければならないのだ。女性の声、ニューカマーの声、ヒスパニック系、東洋系、アフリカ系、アラブ系、インド系など、この国で長いあいだ沈黙してきた、あるいは聴く耳を持たれなかった人々の声をその会話のなかに包摂していくために、私たちのできることをするべくその会話を更新していく一定の責任が、教育のなかにいる私たちにはあると私は考えている。それは科学や人文科学の仕事を、個々の子どもたちや若者たちにとっての可能性として開くことであり、子どもたち自身と私たちが共有している世界に対する新たなパースペクティブにつながる諸々の発見へと子どもたちを開いていくことなのかもしれない。「文化の再生産（cultural reproduction）」と呼ばれ、ピエール・ブルデュー（Bourdieu, P.）が「経済資本の象徴資本への転換」（Bourdieu, 1977, p.196）と指摘してきた問題に、私たちは皆親しんでいる[22]。文化を伝達していくプロセスが経済と関連する矛盾や否定を選別させ、否認すらさせるために、どの程度利用されるものであるかを知っている。しかしながらこの再生産という問題こそ、階級のさまざまな生徒たち全員が文化的な形式を再利用できるよう、私たちを駆り立てるものであるはずだ――解釈的で批判的なアプローチへの強調、飛び地の突破[23]、あらゆる形式に対して新しい予想外の読みへとアクセスできるようにする継続的な努力を通じて。そうした意味というものは単に与えられたり発掘されたりするようなものではなく、多様に獲得されるものであることを認識したうえで、私たちは世界に関心を向けるいくつものやり方を見越した「意味領域」（Schutz, 1967, p.231）に[24]、若者たちを導く新しい様式を見つけることができるはずである。子どもたち自身がどのように意味を得ようとするものか、（いったん、ほんの少しでも扉が開いてしまえば）従来の限界を超えて整合性や説明を求めていくものなのかを理解することは、押しつけて支配することよりもむしろ、訴えてときはなつことを一層可能にするものなのだ。

若者たちは自分の生きる複数の世界に名をつけ始めると、多元的な現実性を構築する力を持つようになる。そしてそうした名づけは、その文化理解の仕方に特徴的な、複数の概念的ネットワークやシンボル系[25]に関する体験から得た知識の拡大によるものなのだ。若者たちは自分たちの特定の立場が認められ、解釈に開かれた対話が奨励され、疑問符が生かされ続けているなら、自分たちのことを注意深く省察的な名づけ手、話し手であるとみなす力を得ることができる。これまでの慣用に即した理解はつねにありうるけれど、その多元的な現実性の構築は若者たちが属している、あるいは属しているつもりの文化の観点から行われざるをえない。若者たちが余すところなく人間の知性に触れるということ、そして教育学の一環として言葉や数学的な言語だけでなく、数多くの言語を使えるようにそれらを手渡していくことがより一層重要なこととなる。ある子どもはイメージによって、ある子どもは身体の動きによって、またある子どもは楽音によって明瞭な表現を見つけるかもしれない。文化のなかの小さな囲いを越えてコミュニケーションをとるには、さまざまな言語の習得が必要である。というのも多元的な言語なしには、時間をかけて生きられた風景を描き、経験を主題化していくことはきわめて難しいことだからだ。他者と話し、他者と働き、他者と遊び、他者とモノをつくることで、若者たちは自分たちのなかに、そして自分たちのあいだに関係性のネットワークを創り上げようとする。かつて「知性の館」[26]と呼ばれたような場所に、彼らを押し込もうという話をしているのではない。生きられ、共有されている世界から何らかの仕方で切り離された知識人という社会システムに、若者を引き入れようとしているのではない。物理学者、文芸批評家、人類学者といった専門家になる人たちでさえ、自分自身の視点や風景、間主観的に生きている世界との接触を失う必要はないのだから。

同様に、現実は解釈された経験として理解されなければならないという事実や、よく知られた規範に従って与えられているたった一つの文脈のなかでも多元的なパースペクティブや解釈が存在しうるという事実を見過ごす必要もない。このことを認識することによってのみ、「ホワイトノイズ」に支配されていることによるその人々の、そしてしばしば私たちの呆然とさせられた感覚は軽減され、歪ませられたコミュニケーションに幕が引かれるのだと思う。そのためには教師自身が、単に教科に対してだけでなく、子どもたちの、若い人々の生活というテキストに対して、また「海の向こうや回廊の向こうで、他者がどのように自分たちの有意義な世界を組織しているのか」(Geertz, 1983, p.154)を知るなかで若者が獲得するその意味に対して、開かれた解釈的なアプローチを維持していかなければならない。そう考えると私たちは子どもたちのことを、意味を秩序づけながらさらに積み重ねていくこともできる他者なのだと考えるべきなのかもしれない。「ある種の言説からテキストへと、意味はどのように動き始めるのか、あるいは動き出すことなく、合理的にそのままの状態にとどまるのか」について、また間主観性について[27]、別々の個人がどのようにして「合理的に類似した事象」を思い浮かべるようになるのか、あるいはならないのか、「どのように思考の諸々の枠組みは変化するのか」、そして「思考の諸規範が維持され、思考のモデルが習得される」のはどのようにしてなのかについて(p.154)、考えるべきことは多い。意味は主体のためにある。私たちはそのことを知っている。そして、意味はつねに何らかの場において同定される。文化の「異言語混交」(Bakhtin, 1981, p.273)とは、認知的な意味、常識的な意味だけでなく、露店での意味、演劇的な場での意味、親密な場での意味、民話の語られる場、逸話の話される場、その他諸々の場での意味からなるのである。教師や探究者は若者たちの助けを借りて、自分たち自身そして若者たち自身が得ようとしている諸々の意識の多元性を通じて世界を読み進めていくにあたって、このような異言語混交を有効に活用しようとするかもしれない。

個々人の啓蒙と私たち自身の啓蒙のためには、人々の生きた世界を開示できるようにしたり、個々人を解放的にしたりするだけでは十分ではない。生きられている複数の世界そのものが、省察と変容に開かれていなければならないのだ。文化とその伝統もそうした文脈をなす一部分であり、現在の言語と有害な雲たち、ため込まれた書物の群れ、世界をめぐる社会―経済的現象もまたその一部分なのである。多様な生徒と教師とがそれぞれ自分自身の声で話すことのできる力を与えられ、あいだにあるものを生み出そうとするにあたってともに考え合う、より一層広い対話の場が開かれることを私は願う。ハンナ・アレントが「関係の網の目」(Arendt, 1958, p.184) と呼んだものを、(28) 人々が身体化された意識としての自分たち自身のあいだで紡ぐことができるだけではない。ともにその網を編み上げていくことを通じて、持続的であると同時に連続的な更新に開かれた十分に価値あるもの、十分に応答的なものを構成しうるのである。もちろん、このことは学校の教室や校庭、近隣のさまざまなセンターなどの、地域の場所から始めなければならないし、互いの名前を知っているところから始めなければならない。そこから場所を超えて手を伸ばし、より一層多くのコモンの利害関心が表現される、拡張し続ける公共空間へと向かうことはできる。「会話」に情報を提供するため、個々人がコモンのなかでつくり上げているものに対して自らを開いていく力を与えるために、それを放射状に拡げていくことはできる。ひとたび開かれ、情報を得て、さまざまな立場から言論と活動に深くかかわっていくようになれば、人々はよりよい情況を認識し、変容へと向かうことができるはずだ。それが私たちの唯一の希望なのだと、私は信じている。

だから、いつの冒険も
新たな始まり、不明確な表現に対する襲撃、
（……）
幾たびとなく見失ったり見つけたり、また見失って来たものを
取り戻す闘いがあるだけだ。しかもいま、不利と思われる
条件のもとで。しかし、たぶん得失はないだろう。
私たちには、ただやってみることだけが残されている。（Eliot, ［1943］1958, p.128）(29)

やってみること、そう、そして自由と批判的な理解への追求と、（運がよければ）生きられた複数の世界をめぐる、一つの変容だけが残されているのだ。

注

（1）本来的なもの（the authentic）ハイデガーの用語。詳しくは第一章注14参照。
（2）ドン・デリーロ（一九三六―）二〇、二一世紀アメリカの作家、劇作家、脚本家、エッセイスト。本書で繰り返し引用される、全米図書賞を受賞した『ホワイトノイズ』（一九八五）は、現代ポストモ

ダン文学のカノンに位置づけられている。

（3）『ホワイトノイズ』の主人公ジャック・グラドニーは、漠然とした死の恐怖から次第に狂気を帯び、数多の死を生み出したヒトラーを崇拝するようになり、ヒトラー学を立ち上げている。

（4）『ホワイトノイズ』作中に出てくる防護服の名称。

（5）道具的理性（instrumental reason）　フランクフルト学派の第一世代であるアドルノ（Adorno, T. 一九〇三―一九六九）、ホルクハイマー（Horkheimer, M.　一八九五―一九七三）の用語。科学技術の進歩を旨とする啓蒙主義に自然を支配し搾取する論理が内在していたことによって、その進歩が人間を支配し搾取する理性への発展を準備したことを批判した。

（6）ジョゼフ・コンラッド（一八五七―一九二四）　一九世紀ポーランド出身の、イギリスで活動した作家。帝国主義や植民地主義による西欧支配化での人間心理を描いた。本書では作家の想像力について省察した『ナーシサス号の黒人』（一八九七）の序文と、船乗りマーロウが植民地で経験した西欧の闇について語る『闇の奥』（一八九九）が引用されている。

（7）自然な態度（natural attitude）　現象学を創始したエトムント・フッサール（Husserl, E.　一八五九―一九三八）の用語。グリーンでは、身の回りの日常的な現実や、社会文化的、社会経済的な階級間、また地域間で異なる知覚している風景を普遍的な「自然なもの（natural）」として受け取り、疑問を挟まない態度を意味する。

（8）『イギリス史』（一九二六）　イギリスの政治的、経済的変化の背景にある社会の変動を社会史（social history）を通じて描き出した、イギリスの歴史学者G・M・トレヴェリアン（一八七六―一九六二）の著作。Woolf（1957）によると彼は「女性の地位」に関する項目で、かつて「妻を殴ること」が「夫の権利」と捉えられ、婚姻も上流の「騎士道精神」のある家系では特に両親同士の取り決めであり、女性がこれを破ると「閉じ込められ打ち据えられ、部屋中引きずり回されかねなかった」と述べている。そして、多くの著述家が女性には性格がない、道徳的にも劣っている等の記述をしているなか、トレヴェリアンがシェイクスピアや貴族の回顧録に出てくる女性たちは「個性も性格を欠いているとは思えない」と記している（pp.44-46）。

（9）交互作用（transaction）　デューイの用語。広告やニュース、アートなど、同じ環境にいる自己と他者以外の第三者との相互作用を可能にする媒体により、公衆（the public）を構成するコミュニケーションを意味する。

（10）弁証法的なもの（the dialectic）　一八、一九世紀プロイセンの哲学者であるイマニュエル・カント（Kant, I.　一七二四―一八〇四）の超越論的弁証法によって提起された、ポストカント主義（ドイツ観念論）の哲学を特徴づける概念。キルケゴール、サルトルなど実存主義の哲学、またマルクスなどの唯物論哲学においても用いられ、その意味するところはさまざまであるが、グリーンではこの段落に見られるように、自己と社会、主観と客観、意識と物質など、生きられた状況を構成する対立物同士の解決されえない緊張関係――互いに他を否定する対立を通じて、自己であることを確信する媒介となる関係――を意味する。

（11）重さ（weight）　一九世紀チェコスロバキア出身の作家ミラン・クンデラ（Kundela, M.　一九二九―二〇二三）の著作『存在の耐えられない軽さ』（一九八四）で示された、「軽さ」と対になる概念。概略的に述べると、「軽さ」は偶然性、可能性（他でもあり得た Es könnte auch anders sein ――英語に直訳すれば It could also be otherwise. となり、本書を含めしばしばグリーンが用いる表現となる――）を意味し、「重さ」は必然性、不可能性、アイデンティティ（こうでなければならない！ Es muss Sein!）を意味する。本書での用法は第九章、十三章を参照。

（12）前省察的（prereflective）　フッサール、またメルロ＝ポンティの用いた用語。自己意識について意識している省察的な意識とは異なり、物事を知覚している際の意識のこと。

（13）ロゴス（logos）　アリストテレス（Aristotle）が『弁論術』において話者が話をする際に留意するエトス（人柄）、パトス（情熱）と併せて必要なものとして提示した論証のことを意味する。のちにハイデガーはこの概念を、物事の善・悪や正・不正を他者と相互に語り合い、物事を通じて自己を示し合う人間特有の言語能力として洞察し、メルロ＝ポンティはこの能力がすでに知覚に内在しているものであり、知覚から発生するものと洞察した。同じ箇所の引用文については第六章注3参照。

(14)　身体化された意識（embodied consciousness）　メルロ＝ポンティの用語。ルネ・デカルト（Descartes, R.　一五九六―一六五〇）が発見した、自我の抱いている感情や感覚を感じ、形式的な言語を合理的に操作できる自己意識（コギト）も、それがつねに参照する生活世界の知覚から離れたものではありえず、むしろ原初的な知覚（触る、見る、聞く、嗅ぐ、味わう）によって構成され続けるものであることを意味する。

(15)　原文では'My Intended, my ivory, my station, my river, my—'（『おれの婚約者、おれの象牙、おれの出張所、おれの河、おれの――』）。

(16)　共約可能性（commensurability）　リチャード・ローティ（Rorty, R.　一九三一―二〇〇七）の用語。一見異なる数同士を約分できる約分数のように、異なる思想のあいだで共有された信念が存在する可能性を意味する。

(17)　不完全さ（incompleteness）　メルロ＝ポンティの用語。一見自明に思える知覚された物理的対象も、その時々に知覚された射影（profile）を背面や側面、裏面といったように組み合わせ、また過去の様相、未来の様相などを私たちはつねに想像で補っているという点で、対象を完全に認識できているわけではないということを意味する。

(18)　均衡状態（an equilibrium）　メルロ＝ポンティの用語。ピアジェの知能発達理論の中核の一つをなす、身体、思考、感情を含め、心身の不均衡を増大させる出来事があっても、心身ともに均衡を保つことのできる状態を達成していく斬新的均衡を発達と捉える考えをもとにした、生物それぞれが自身の身体で表現している活動の最適な条件とその均衡を実現する適切な方法、スタイル、あるいは世界に対する一般的な態度が達成されている状態のことを意味する。

(19) 他者を創り上げる　タブロイドやワイドショーなど、言語(記号)で創り上げられたさまざまな構造(組織等)からなる記号化された世界を超え、他者とともに生活している生活世界を構成する知覚から、他者の言葉や考えを名づけ記号化していく生活世界での出来事を意味している。

(20) 事実性(facticity)　ハイデガーの用語。ハイデガーでは単なる生の事実を意味する実事性とは異なり、私たち誰もがいま自身の実存している生活世界に気づくと存在しており、このことは主観にも客観にもどちらにもその最終原因や究極目的を帰せられないという被投性のことを意味する。

(21) 投企(projection)　ハイデガー、サルトル、メルロ＝ポンティ、シュッツらの用いた実存主義的現象学の用語。自身の予測しえない将来のことをただ倦怠のなかでやり過ごすのではなく、最終的な実存の可能性である死を目掛けて、自身の実存の可能性を実現していく意識のこと。

(22) 文化の再生産(cultural reproduction)　フランスの社会学者ピエール・ブルデュー(一九三〇―二〇〇二)の用語。社会階層ごとに特徴的な文化――ポピュラー文化、若者文化、伝統文化など――を資本のように蓄積している家庭、社会での教育が、就学・就労機会の不平等を促し、機会の平等による階層の流動性を前提とする資本主義・自由主義経済下での階層上昇や階層の固定化の要因となっていることを指摘している。

(23) シュッツ「多元的現実について」原注19を参照。「限定的な意味領域という概念の意味には(……)さらにほかの意味領域に取り囲まれた意味領域に属している事柄、つまり『飛び地(enclaves)』という問題が存在している。(……)労働の世界の内で企図するということはすべて、それ自体では空想的に想像することであり、さらに加えてそれは、科学的態度になる必要はないまでも、ある種の理論的観照を伴うということだ」(Schutz, 1967, p.233)。

(24) 意味領域(provinces of meaning)　アルフレッド・シュッツの用語。〈現実〉(Real)は単一かつ客体の存在論的構造として成立するものではなく、労働、夢、演劇＝舞台、宗教、狂気といった、それぞれ異質な経験の保持する一貫性(＝意味)の領域から構成されるとする考え。人々はこの領域のあいだを行き来する主観的な「衝撃（shock）」経験によって、それぞれの現実性を多元的に構成する。

(25)　シンボル系（symbol systems）　ネルソン・グッドマン（Goodman, N.　一九〇六―一九九八）の用語。口頭での言語や数学のような形式的な言語だけでなく、音楽、ダンス、絵画もまた独自にシンボルを構成しているシステムなのであり、その解釈や表現はつねに開かれていることを意味する。

(26)『知性の館』（一九五九）　二〇世紀フランス出身の、アメリカに帰化した歴史学者ジャック・バーザン（Barzan, J.　一九〇七―二〇一二）の著作。行政、コミュニケーション、会話、家庭生活、教育、ビジネス、学問などの分野における知性への裏切りと言える事例を通じて、知性が軽蔑されている現代への警鐘を鳴らした。

(27)　間主観性（intersubjectivity）　フッサール、メルロ＝ポンティ、シュッツの用語。グリーンは特にメルロ＝ポンティの用法にもとづいて、幼児期から発達する自己と他者、身体と空間の距離（間）を構成する異質な主観性同士の触覚、視線、表現（微笑みや、身振り、記号、メディアなど）を介した相互作用による、共同で経験する主観的な意味の構成を意味している。相互主観性とも訳される。

(28)　関係の網の目（web of relations）　アレントの用語。異質な主観相互の目に見えない関係性は触れられるものではないにもかかわらず、その関係性ごとに何らかの質感や触感を感じさせるものであり、その関係性を築いている誰かの言論や活動、物語を通じて網のように広がり続けるさまを意味する。

(29)　エリオットの原文はFor us, there is only trying. The rest is not our business.（私たちには、ただやってみることだけが残されている。あとはあずかり知らぬこと。）と続くが、この箇所を意図的に引用していないところにグリーンの意図が推察される。

第五章　社会のビジョンと生の躍動

伝統的な合理性が疑問視される今日、哲学を社会批評の一様式とみなす人々がますます増えている。つまり、哲学は、共有された規範に背く不平等や残虐行為について問題を提起する手段として見られているのである。それには、自然科学に相対して、社会科学において有用な探究の種類を技術化したり混同させたりすることによって、コミュニケーションが歪められている様子の露見も含まれている。しばしば、哲学的な批評では、イデオロギーやそれが思考に及ぼす強制的な影響についての検討が行われている。それは人々を、人工的な構成概念や「対象一般」への没頭がいかに生きられた生やつながり、つまり物事の価値や特殊性から遠ざけているかを考えるように動かすかもしれない。メルロ゠ポンティのエッセイ『眼と精神』が私たちに思い出させるように、重要なのは、私たちが自分自身の状況を通して知っていることを主張し、科学的でサイバネティックな思考の根底にある「そこにある」ということに立ち戻ることである。「私たちの生のなかで、そして私たちの身体のためにあるような、感覚的で開かれた世界の土壌である場所へ——その身体とは、私たちが情報機械として合法的に考えるかもしれない可能的身体ではなく、私が私のものと呼ぶ実際の身体、私の言葉や行為の命令に従って静かに立っている監視員のような身体なのである。さらに、関連する身体も、私の身体とともに公開されていなければならない」（Merleau-Ponty, 1964b, pp.160-161）。

パウロ・フレイレの著書でも同様に、生きられた生におけるパースペクティブの基盤が強調されている（Freire, 1970）。彼は、救いようもないほど限定的で妨害的だと知覚された一定の状況を懸念し、個々人が実際に自分自身を見出す状況について、抽象的な公式化から具体的な表現へと移行させる必要性について述べた。こうしたことが起こるとき、「その現実性がかつての袋小路のようには見えなくなり、その真の側面が――人間が直面しなければならない挑戦が――引き受けられるようになると、個々人は客観的な現実性に対してこれまでとは違うように振る舞い始める」（Freire, 1970, p.96）と彼は書いている。ジョン・デューイが「現実性の実践的な性質」と呼んだものは、ここでも関連している。当時のもっとも活発な傾向に戻ってやり直すことで、「実践的なものと個人的なもの」に広大な道を拓く哲学を求めていたデューイは、知識とは物事自体の、あるいは物事に対する差異をもたらすものであり、知るということは「現実性のなかの変化」なのだとも語った（Dewey, 1931, p.54）。

したがって、こうした視点からすると、社会批評とは、絶対的で静的な現実の見方や、その結果として生じる主客分離を拒否することによって、誤った意識を克服するための継続的な努力を必然的に伴うものとなる。同時に、人間が「名づける」ためだけでなく、自分たちの間主観的な世界を変化・変容させるために一緒に取り組むような、新たな解釈的秩序の創造をも含むものとなる。そして、これらすべてが生じるためには、批評するという行為には真正な自己省察性、つまり日常生活のさまざまな文脈で知るという営みに活気を与える思慮深さが必要である。ひとたびその限界やパースペクティブ、そして斬新な可能性が開かれると、こうした心の態度は、規範的なものの方へ、そしてあるかもしれないものやあるべきものの方へ引っ張られていく。その時点でより人間味があり、より完全に多元主義的で、より公正で、より喜びにあふれたコミュニティの社会のビジョンを探すことになるのだ。

教育に携わる私たちにとって、教育の批評とビジョンの両方が、私たちが自分たちの学習コミュニティだと考えるものの外部ではなく、その内部で展開されることは特に重要であると思われる。当たり前のこととして受け取られている慣習的な生活に沈み込んでいないときには、どういうわけかその人がよりよく、よりはっきりと「見る」ことができるという信念を、私たちの多くはよく知っているはずだ。実際、マルクス主義者、新マルクス主義者、フロイト主義者、フランクフルト学派、あるいはポストモダンの視点に立ったとき、私たちはしばしば、たとえばテレビや大衆文化、福音主義や消費者主義、今日のアメリカ社会の誤った約束や快適さといったヘゲモニーを認識し、より効果的に抵抗できると感じる。タブロイド紙を読んだり、トークショーを熱心に聴いたり、宝くじを買ったりする人々によるこの土地への文化的侵略には気づいているが、それでも私たちは、しばしば考えるように、スキルを向上させるために私たちのところにやってくる人々に「より高い意識」をもたらすことは正当だと感じている。私たちは、彼らが自分の生についてのパースペクティブを広げられることを願っている。

しかしマイケル・ウォルツァー（Walzer, M.）は、アウトサイダーがまさに自らの孤立や周縁性から批判的な権威を引き出す方法について述べているが（Walzer, 1987, p.37）、ある種の孤立した批評家が実践者をごまかしや強制へ追いやるとも指摘している。彼らは、目の前の社会に蔓延しているスタンダードよりも優れている（あるいはより高い）スタンダードに従って、外部から介入するかもしれないし、強要したり、屈辱を与えたりさえするかもしれない。私たちのなかには、（ハイランダー・フォーク・スクールを設立した）マイルズ・ホートン（Horton, M.）や彼のような数少ない人々から、[1] 通常より早く介入するという衝動を防ぐように用心することがいかに必要か（そしてそれがいかに難しいか）を学んだ人もいる。また、私たちのなかには、公民権運動や福祉権運動から、あるいは〈貧困戦争〉の時代のアクティビストによる自発的行動への進出から、同じ教訓を学んだことを覚えている人もいるだろう。したがって、ウォルツァーは、コミュニティの「すでに内部に」いて、徹底的な孤立に何の利点も見出さない批評家たちに注目し、こうした批評家の側に「集団的な省察、内部からの批判」を求めている（Walzer, 1987, p.64）。

私は、この「内部からの批判」が、連帯の文脈、つまり変化する人間のコミュニティの内部で共有される人間の物語という文脈のなかで行われていると考えたい。アンリ・マティス（Matisse, H.）が「ダンス」という絵画で人間の連帯と放下を見事に描いたことを思い出し、[2] 私は共有された文脈のなかで批判するという行為を「生の躍動（dance of life）」と呼ぶ。マティスの作品は、他者や自然界との真正な人間のかかわりを表現しているだけではない。それは、どことなく私たちを踊り手たちの動きに引き込み、私たちが生きている、あるいは私たちが自分の人生を生きるべき、きわめて重要なネットワークを連想させる。ニーチェ（Nietzsche, F.）は、私たちが読んだり聞いたりするものの価値は、作家や作曲家が歩いたり踊ったりできるかどうかに大きく左右されると書いた。なぜなら、もしそれができない場合、彼あるいは彼女はきわめて閉鎖的な状況下で構成＝作曲する（composes）ことになる可能性が高いからである。私たちは、たとえ重々しく動いたとしても、私たち自身の曲に合わせて踊るべきなのだ。「あなたたちが失敗したことに何の問題があるのか？　どれほどまだ可能であることか！　だから自分自身を笑い飛ばすことを学べ！　元気を出すのだ、素晴らしい踊り手たちよ（……）そして素晴らしい笑いを忘れないで」（Nietzsche,［1883-1892］1958, p.407）。笑い、あるいは笑いという理念自体が、マルクーゼの考えた「生物学的に身体化された個人の、満足感と幸福への要求」（Marcuse, 1968, pp.96-97）を含意している。加えて私は、擁護可能な社会のビジョンにおいては、幸福は明瞭さや合意と同じくらい重要であり、愛は（他の人々が言ったように）論理と同じくらい重要であるということに、同意すると言わなければならない。

　人生を吟味するように生の躍動に深くかかわるという考えは、また、批評家バフチンの「カーニバル」（Bakhtin, 1981, p.273）の描写、カーニバルやカーニバルにおける悪者や道化師が私たちの現実性、そして私たちの言語と文学に果たす役割に私を立ち戻らせる。たとえば、バフチンは、中世の二人の人生について次のように述べている――「ある役人は、一枚岩のように、厳粛で堅苦しい雰囲気を帯びている。彼は厳格なヒエラルキーに恩義を受け、恐怖、独断主義、献身、敬虔に満ちている。もう一人は、カーニバルと公共の場において、自由である。両義的な笑い、無礼、神聖なものすべてへの冒瀆、軽蔑、下品なふるまい、あらゆる人々や物事との親密な接触に満ちている」(Bakhtin, 1984, pp.129-130)。カーニバルが大衆文化の表現であるというだけではない。同様に重要なのは、カーニバルは尊大で権威的なものに挑戦すること、つまり、壮大なものを大きさに合わせて縮小させ、空虚な敬虔に穴を開けることなのである。ジェシー・ヘルムズ (Helms, J.) は、写真展で驚愕し、純粋さと公正さの見せかけが挑戦を受けたときに何が起こりうるかということに関する直近の事例を示した。(3)

言うまでもないが、単に踊ったり笑ったりするだけで十分だと言っているわけではない。私が言いたいのは、管理人、世話人、官僚、経営者などに対して――「あらゆる人やものとの親密な接触」を可能にするようなエネルギーをときはなつことが重要であるように思われる、ということである。少なくとも、そのようなエネルギーは、コミュニティ内部に批判の土壌を築くだろう。後で詳述するが、そのようなエネルギーの価値は、私たちの目的が何であれ、教育学のプログラムにアートや人文科学を含めるべきという議論と大いに結びついている。

私は長いあいだ、ときはなつことの実現や解放の経験と哲学の関係に魅了されてきた。多くの人々が哲学的探求に駆り立てられたのは、監禁という考え、エネルギーの抑制、暗闇に閉じ込められ身動きできない生き物たちに非常に憤慨したためであると思われる。驚くことではないが、抑圧、監禁、疎外といったテーマも、人類の歴史のほぼ初期から作家や詩人に非常に深くかかわってきた。プラトン（Plato）の『国家』の、洞窟からときはなたれた囚人が太陽の光のなかへたどたどしく坂を登っていく、あの瞬間を思い出せない人がいるだろうか。ビジョンを覆い隠し理性的な能力を歪める「偶像」に留意するよう読者に喚起しようとするフランシス・ベーコン（Bacon, F.）を。詭弁や空想に対して激怒するデイビッド・ヒューム（Hume, D.）を。私は、カール・マルクス（Marx, K.）が暗い工場のホールで奴隷として働く青ざめた子どもたちを見て容認できなかったことや、労働者が「もっとも悲惨な商品（……）のレベルにまで」沈んでいくことに対する彼の激しい怒りが、彼に政治経済学、最終的には哲学を研究することを促したと確信している。いまでも私は、エネルギーへの賛歌に、そう、「すべての固体を融解させた」ブルジョアのエネルギーへの賛歌に深く感激している。そして私たちは、『共産党宣言』（Marx,［1848］1935, p.26）において、市場価値がエネルギーを吸収し、市場価値のないあらゆるものが抑圧されるにつれて、人間の可能性が抑制されることについて説明した宣言にも出くわす。ウィリアム・ジェイムズ（James, W.）が不変性や決定論を拒み、偶然性と彼が「可能性の海」（James,［1897］1912, p.150）と呼んだものを支持したことを思い出してほしい。自由で知的な文明のビジョンを掲げるW・E・B・デュボイス（Du Bois, W. E. B.）（Du Bois,［1903］1982）(4)。これまで見てきたように、単なる習慣やルーティーンと闘い、不変性を弱めようとしていたデューイ。「心を縛りつける手錠」（Blake,［1793］1958, p.52）の存在を知覚しているウィリアム・ブレイク。この知覚は、少なくとも私たちの多くにとって、今日の強制がより明らかに残忍な時代を特徴づけた鞭や鉄扉や鉄柵には見られないという私たちの知覚の前身である。私たちはむしろ、意識の抑制、思考や感情のゆがみ、距離を置くこと、そして強制的なものとして直接経験することはあまりない私事主義に直面している。

人々は多元的な動機づけによって生涯にわたる学習を始める。生活状況の限界を突破すること、あるいはより一般的に言えば、より大きな満足感を達成することに関係づける人もいる。さらなる達成に向かい、異なるものになり、超えようとする努力を非難する教師はいない。同時に私たちは、今日の公共空間の縮小、コミュニケーションの崩壊、対話の場における沈黙を意識せずにはいられない。スタンダードとして使用される効率性や能力や市場性が、市民性の理想を侵食しているように思える。実際、先述したように、今日の教育に求められているものは、市民のコミュニティを創り上げることよりも、「世界に通用する」技術的な達成の方に大いに関係づけられている。

壁をよじ登る東ドイツの人々、ポーランドでの〈連帯〉の勝利、チェコスロバキアでの「ビロード革命」の光景を見て、他者が民主主義を追い求める熱意に私たちの注意を集中させてからそれほどの時間は経っていない。彼らは多大な犠牲を払い、民主主義のユートピアは命をかけるだけの価値のあるものだと考えた。一方、私たち自身の裕福な国では、不平等や侵害にしばしば愕然としており、私たちの多くはますます冷笑的になっている。いまや軽蔑的にリベラリズムと呼ばれているものに対する希望を失っている。私たちは、民主主義の伝統について、つまり二世紀あまり前のアメリカの経験にその伝統がどのように根ざしていたのかについて、真剣に、あるいは希望をもって考えることにほとんど時間を費やしていない。いま、私たちは、批評、開放的思考、省察的実践、そして重要な変化に必要となる特色ある教育学について熟考しながらも、何が平等や自由において問題なのかについてはあまり考えていないのかもしれない。実際、生徒が獲得しなければならない重要なリテラシーの範囲に没頭しているし、また没頭していなければならないために、民主主義における自由と人間関係、リテラシーと公共的対話、幸福と社会的関心のあいだの結びつきについてもあまり考えていないのかもしれない。

トクヴィル（Tocqueville, A.）の時代から、私たちはこの国において、物質的な成功や平等さえも人間の幸福を保証するものではないことを悟ってきた。トクヴィルは、民主主義の時代に生きる人々の情熱、そしてそうした情熱が、次第に人々を互いに好ましく思うようにさせ、人生に根本的な単調さをもたらす富の追求にどのように向かわせていったのかについて語った（Tocqueville,［1835］1945, pp.48-56）。そのほぼ一世紀後、デューイは「社会の制度や状況への効果的な探究に強く逆らう社会病理」について書いていた。「それは、不平不満の多さ、無力な漂流、安易な気晴らしへの不安定なしがみつき、長い歴史を持つものの理想化、外套のように表面的な楽観を身にまとう安直な楽観主義、物事の『あるがまま』の乱暴な美化、あらゆる反対者に対する脅迫など千通りの方法で——思考をいっそう効果的に抑圧し消散させる方法で現れる。なぜなら、それら病理は捉えにくく無意識に至るところに広がっていくからである」（Dewey,［1927］1954, p.170）。この社会の個々人は、その病理を理解し、それに対処する批評を展開し始めたばかりなのかもしれない。だからこそ、私たち教師は、自分自身の考えについて考え、自分自身の意識について意識的になれるのに充分なほど、人が省察的になることの重要性をより強調しなければならないのだ。人々は、ともに生きるなかで自分たちの現実性を構築する方法——つまり、物事の状況をどのように把握するのか、自分たちの生きられた世界をいつどのように問い直すのか、常識的な世界を理解するために存在する多元的なパースペクティブをどのように認識するのかといったことに気づく必要がある。

ケアなき社会の略奪や侵害に直面している私たち教師は、治療的な教育だけでは充分ではないことを知っている。この国の薬物依存の範囲（そして貧困者のための薬物治療センターの欠如）を熟考すること。ＨＩＶ－ＡＩＤＳの感染拡大、虐待され捨てられた乳児やホームレスの人々の数、人種差別、学校中退、そして暴力——これが私たちの住む社会の一部であると知ること——社会の修復をもたらすために人々が協力的または集団的な行為に深くかかわることを選択するような状況を創り上げる方法を見つけなければならない。おそらく、現在存在しているあらゆる関心事のネットワーク、あるいは正義、人権への配慮、自由、他者の尊重といった規範の合理的な枠組みを構成すると伝統的に考えられてきたスタンダードに由来する規範や原理に照らして、私たちはそれらを行うことができる。これらは、コミュニティのすべての知的な個人が心に留めることが期待されるべきスタンダードであり、あるいは私たちのうちの非常に多くの人が信じているものなのだ。

デューイは、最終的にはけっして達成できない何らかの目的につねに向かっているという意味で、民主主義が究極の理想であることを明らかにした。コミュニティそのものと同様、それはつねにつくられ続けなければならない。デューイによれば、コミュニティには協働的な活動が含まれており、その結果は参加する個人によって善であると評価される。善はそのような方法で実現され、それを維持したいと望む非常に多くの人々に共有される。これが起こるときに、コミュニティというものが生まれる。そして、共同生活の明確な意識が民主主義の理念を構成するのだ（Dewey,［1927］1954, p.148）。

したがって、私たちが民主主義と結びつけている平等、正義、自由などの原理は、それらが重要であるなら、文脈を切り離すことはできないということになる。それらは、コミュニティの生活の交互作用や交流のなかで理解され、実現されなければならない。さらにそれらは、個々人が他者と共有された生に照らして、生きている個々人によって選択されなければならない。したがって、あらゆる教育の重要な局面は、規範に統治された状況、つまり、その感覚は自分自身がケアしたりケアされたりすることに由来するものか、あるいは正義と公平についての直観や概念に由来するものなのか、義務や責任の感覚を経験することがどういうことなのかを生徒たちが発見する状況を意図的に生み出すものでなければならない。

ケアや関心の欠如はどのようなかたちで繰り返されるのか。アメリカ文学には、アメリカの生活のなかで繰り返され、そして繰り返され続けるかたちを示唆するイメージが多くある。たとえば、メルヴィルのエイハブ船長の圧倒的なイメージは、孤独で、恐ろしいほどに自立的で、彼自身の熱狂的な追求、つまり彼の足を引きちぎった白鯨の死という追求を、船一隻分の孤立者たちに強いることに夢中になっているというものである。彼は乗組員たちを欺くことによって、各々が夢見るどんな褒美も目の前にちらつかせることによって、「金だ！　ああ、金だ！」とつぶやくことによって、彼らを抑圧するだろう（Melville, [1851] 1981, p.216）。ヘンリー・ジェイムズ（James, H.）の『ある婦人の肖像』に登場するギルバート・オズモンドは、自身が卑劣とみなす人々にはまったく無関心で生きており、その根本的な関心は、貧しい人々の激しい苦闘を完全に無視し、伝統という空虚な形式に従って生きるのに充分なほど裕福になることにある。(5) 彼の妻イザベルは、このことに気づくと、彼の信念をカビや腐敗と結びつけ、そして発見する――彼女が抱いていたすべての希望、好奇心、自由になることへの目覚めのために、彼が彼女のために「暗闇の家、（……）無言の家、（……）窒息の家」（James, [1881] 1984, p.478）をつくっていたことを。そして、『グレートギャツビー』には、ギャツビーが殺されたあとに恐ろしい描写がある。「すべてが非常に不注意で混乱していた。トムとデイジー、彼らは不注意な人々だった――彼らは物や生き物を大破させ、そして自分たちの金や膨大な不注意さや彼らをつなぎとめていたもののなかへと退いていった。そして、自分たちがつくった混乱を他の人々に処理させた」（Fitzgerald, [1925] 1991, pp.187-188）。

私がこうしたイメージを提示したのは、私たちの生徒たちが皆、何とかして救われなければならないほど、非常に私事主義的で利己的で無関心なのだと示すためではない。私は、アメリカ文化にはつねに影の側面――あまりにも多くの人が自由と結びつけているケアなき分離主義的な側面――があることを示唆するために提示しているのだ。そして、私たちが教育するときや、改革を考えるときには、その影を考慮に入れなければならないと私は信じている。イタリアの小説家イニャツィオ・シローネ（Silone, I.）は、この影の側面と内部批判の必要性の両方について考えていた。(6) 人々が教師から教えられた原理を真剣に受けとめたとき、いかにラディカルな批判が始まることが多いかを分析し、彼は次のように述べている。「これらの原理は現代社会の基盤であると宣言されているが、もし人々がそれらを真剣に受けとめ、そのように組織されているか社会をテストするための基準として用いる場合（……）今日、両者のあいだに根本的な矛盾があることが明らかになっている。私たちの社会は、実際には、これらの原理を無視している（……）。しかし私たちにとって、それらはシリアスで神聖なものであり（……）私たちの精神生活の基盤なのである。社会がそれらを仮面として、そして人々を騙し馬鹿にするための道具として利用して虐殺するというやり方は、私たちに怒りと憤りを溢れさせる」（Silone, 1937, pp.157-158）。再び私たちに、憤りが突きつけられる。それは、多くの哲学が始まる原因となった制限や抑圧に直面した激しい憤りである。しかし今回は、教師が個々人に自分たちの制限を理解させる知識の一部を提供しているのがわかる。私たちは教育を、生徒が自分自身の声で話し、自分自身で創始を引き受けて行為することで、自由、平等、正義、他者への関心といった原理に関連して、自分自身のアイデンティティを持ち、選択できる公共空間を開くものと考えるべきである。もし自分自身が他者の前に現れ、自分自身の声で話し、そしてコモンの世界を存在させるためにそれを行おうとするなら、人はより十分に自分自身になり、世界に開かれるのだという認識を交わし合うことに希望を持つことができる。このコモンの世界は、世界の反対側にも知らせが届いていると思われる、深刻で神聖な規範を現実のものにするかもしれない。一つには、それは物語によってつくられ、また、個人のパースペクティブに声を与え、他者の物語を聞き、同意を求め、それを拡大し、そして共有されるものの指示対象を拡張しようとすることによってつくられるだろう。

私の関心は、ともに話しともにいる人々が、あまりにも当たり前のことと受け取られすぎている価値観を具体化し、その価値に従って行動することが何を意味するのかを発見できるような空間を開くために、私たちに何ができるかを明らかにすることにある。この社会を、〈アメリカン・ドリーム〉の観点から、あるいは生や自由や幸福追求に照らして定義したとしても、この社会の人々がそのような理想にもとづいて行為し、本当にそれらを実現するよう求められていると感じないのであれば何の意味もないということを私たちはよく知っている。私たちは、その行き詰まりと開かれた可能性とを備えた、あらゆる曖昧さのなかにある具体的な世界への注意を増していかねばならない。そして、デューイとフレイレが私たちの理解を助けてくれたように、入り込み（attending）は単に熟考することなのではない。それは、変化をもたらす可能性のある方法を知るようになることなのだ。では、どのような類の変化なのか。ビジョンとは何なのか。私は、まずは「ローカルな知」に照らして考えてみることを提案する。クリフォード・ギアツ（Geertz, C.）が「即時性に対する感覚」（Geertz, 1983, p.167）と呼ぶものを私たちはもっているということ。それは、近所、通りやドアや窓の周り、そして路上の人々といった、私たち自身の制度の即時性を意味する。そこから始めて、私たちと生徒たちは、しばしば確実性と混同される大きな抽象概念のなかで自分を見失ったり、しばしばグローバルな危機を引き起こすグローバルな定義に黙って従ったりする危険を冒さずに、近いものから遠いものへ、特殊なものから一般的なものへと移行することができる。教育に関して言えば、スケールの大きな解決策は、状況に応じた仕事にとってほとんど妥当性を持たない。ローカルな知やローカルな集まりは、特殊なもの、日常的なもの、具体的なものに対する意識的な関心と同様に、抽象化への傾向に対抗すべきである。（文学作品やアート作品を教師教育に導入することで、教師はこの意識的な関心を高めることができる。文学は特殊性を扱い、見て、感じて、想像し、自分の生を別のパースペクティブに委ねるよう人々を引きつける。）

したがって、特殊性からより広範囲の把握へと移行することは、部分的には、より多くの特殊性に目を通し、他者の疑問や理想像のなかに一次元的な把握を超越する方法をより多く発見することの問題でもある。対話が拡張するにつれて、一方ではあいだにあるものが徐々に構成されることが可能になり、他方では、規範に治められたコモンの世界が徐々に生み出されることが可能になる。そしておそらく、その世界が互いに友情を経験し、その関係様式が開かれ、相互の尊重にもとづいている人々によって生きられるのであれば、ますます多くの人々が共有された世界を違った見方で見つめ、自分たち自身の最終的な理解が広がっていくのを感じながらパースペクティブを変えていくことに喜びを見出すだろう。

もちろん、私たちが民主的な空間を定義するものとしてみなすことを選択した原理について疑問が生じるかもしれない。それらは客観的なものだろうか。普遍的なものだろうか。私は、リチャード・ローティを再び参照しながら、私たちができる最善のことは、いくつかの固定された真実に手をのばすのではなく、むしろ私たちの社会においてよく知られている正当化の手順を記述することであると提案する。ローティのプラグマティストと同様に、私たちは真実の理論を探し求めるのではなく、協力的な人間探究の価値についての説明の倫理的基盤を確認することを提案したい。私たちにできることは、私たちが何を信じているのか、そして何を共有しているのかを可能な限り明確に述べるだけなのだ（Rorty, 1991）。

私たちの多くは天安門広場での悲惨な出来事の後、そのような大虐殺は現代の世界では断じて許されず、無条件かつ客観的にそれが誤っていると信じていると述べる自分たち自身に気づいた。しかし、私たちは、機会が与えられれば誤りの信念にもとづいて行動するような人々として自分自身を選んだにもかかわらず、それでもなお、その誤りは結局のところ客観的に与えられたものではないということをある程度知っていた。確かに、中国の年老いた指導者たちは、前任者たちが過去の大虐殺を誤ったことだと認識していなかった以上に、自分たちが行ったことを誤っていると認識していなかった。その絶対的な誤りの感覚は、サルマン・ラシュディ（Rushdie, S.）に死刑判決が言い渡されたときに私たちの一部が感じたこと、あるいは、さらに遡れば、ホロコーストやその後のアドルフ・アイヒマンの裁判で一部の人々（もちろん全員ではないが）が感じたことと大して違わなかった。そう、私たちを超えたところにある〈真実〉や〈善〉と自分自身とを重ねられないのはつらいことなのだ。しかし私たちにできるのは、私たちが共有するものの根源には生きられた生と希望、そして継続的な希望があり、その複数性は拡大でき、より多くの人々が人間の自由に行為する権利を絶対的なものとして選択する意志をもつようになるだろうと肯定し、私たちが共有するものの明確な表現とその基礎づけにとりかかることなのだ。

ハンナ・アレントは、「人間関係の網の目」（Arendt, 1958, p.183）の織り成す美しい説明のなかで、いかに人々の活動や発言がしばしば主に世俗的で客観的な利害関係に関係しているかを述べている。こうした利害関係――会議の計画、ＨＩＶ－ＡＩＤＳ患者のためのケアグループの設立、基本的なリテラシーのプログラムの立ち上げ――は人々のあいだにあるため、人々を関連づけ、結びつけることができる。私たちの活動と言論のほとんどは、この種の「あいだにあるもの」に関連しており、したがってほとんどの言動は、巻き込まれているエージェントの活動と言論の開示に加えて、何らかの世俗的な現実（食料品のリスト、車の修理、ビジネスの損益、大学への入学、観劇体験、共有された宗教的な信仰）についてのものである。アレントはこのエージェントの開示、つまり人々が互いに直接活動したり発言したりするときに生じるこの主観的なあいだにあるものがもっとも客観的な交際に不可欠であるにもかかわらず、その客観的な利害関係を超えてしまうと述べている。こうした主観的なあいだにあるものは有形のものではないが、開催中の会議、高齢者向けのカフェ、ＨＩＶ－ＡＩＤＳ相談センターをそのまま置き去りにするようなことはしない。「その無形性にもかかわらず、こうしたあいだにあるものは、私たちが共通して目に見えるものの世界に劣らず現実的なものである。私たちは、この現実性を『人間関係の網の目』と呼び、比喩によってその無形の性質を示している」（Arendt, 1958, p.183）。

私たちがともに集まるとき、私たちは主体として、ユニークで独特な人として自分自身を開示するというアレントの考えは、私にとってもっとも重要なものであり、私たちがそれを自分たちのコミュニティや協働的な行為に関する考えに統合する方法を見つけなければならないほどには、とても重要なものなのだ。これは、私たちが原理や規範を具体化させることを考えるとき、そしてこれらの原理に従って生きることを選択し、他者にも同じようにするよう説得しようとするときにも欠くことのできない考えである。結局のところ、主体だけが選択できるのだ――特定の種類のアイデンティティや責任、周囲にあるものを大切にし、あるべきものに向かって努力するという特定の様式で、固定されたものから離脱し、自分自身を世界に投げ入れることを決定できる。努力したり想像したりすることは、生の躍動の一部であるべきであり、ダンスに参加したりダンスを見たり、マーラー（Mahler, G.）やモーツァルトやストラヴィンスキーを聴いたり、詩や小説を読んだり、物語に耳を傾けたりするときに、私たちのなかにときはなたれる能力の一部であるべきだ。アートは、私だけのものではないと確信している多くの想像力に富んだ経験を私に与えてくれた。その一つは、トニ・モリスンの『ビラヴド』を読んでいるときに起こった。それは、奴隷制と奴隷制からの脱出、そして子どもたちの喪失についての注目すべき小説である。たとえば、ベビー・サッグスが自分の子どもたちを売り飛ばされたときどのように感じたのかについて読むとき、母であることや母の愛のまったく新しい側面を発見しない、母親になったことのある女性などいないだろう。

［彼は］彼女の最後の子どもだったが、大人になってもけっして変わらない特徴を学ぶのに苦心

の甲斐がなかったため、彼が生まれたとき、彼女はほとんど目を向けなかった。彼女がそれを行ったのは七回——小さな足を押さえつけ、太い指先を自分の手で調べた——彼女が見たことのない指が、母親ならどこでも見覚えのある男性の手や女性の手になるのだ。彼女は今日に至るまで、永久歯がどのようなものであるかを知らなかったし、泣き叫ぶときに彼らがどのように頭を抱えていたかも知らなかった。パティは舌足らずに話すことをしなくなったか。フェイマスの肌は最終的に何色になったのか。あれはジョニーの顎の裂け目だったのか、それとも顎の骨が変化すればすぐに消えるただのえくぼだったのか。女の子は四人いたが、彼女が最後に見たときには脇の下に毛は生えていなかった。アルデリアはいまでもパンの底の焦げた部分が大好きなのだろうか。七人全員がいなくなったか死んでしまった。(Morrison, 1987, p.139)

モリスンが創り上げた世界の細部を把握することで、私たちはよく覚えていて深く大切にしているものから、私たちのほとんどが考えることのできないものへと移行する。私たちは、つねに自然だと考えてきたものが残酷に壊されることに気づく可能性がある。子どもを売り、母親から自分の生んだ七人を奪う責任を、どうして人間が負えるだろうか。また、慣習、行動規範、内面化されたイメージ、そして人々が疑問を持ちたくない当たり前のことを理由にされて、どうして人間が正当化されていると感じるだろうか。子どもたちをあやし、育てることがどのようなものかという思い出は、子どもたちを失うことへの深く抑圧された恐怖の想起とともに込み上がってくる可能性がある。そしてこのときこそ、激しい憤りが押し寄せるかもしれない――過去に遡って奴隷として売られた子どもたちに関して、現在は虐待されたり亡くなったりした子どもたちに関して、真正の激しい憤りが。私たちは、激しい憤りと情熱ののちに、解決と修復への切望をも感じとるかもしれない。

これが、公共空間――ビジョンがかたちになり、ふと自然発生的に、人々が自分自身を生の躍動の一部であると感じる空間に立つ、主体の現れから得られるものの一部なのだ。

注

（1）　マイルズ・ホートン（一九〇五―一九九〇）　二〇世紀アメリカの教育者。戦間期に民衆の学びの場であるハイランダー・フォーク・スクールを創設したことで著名。白人貧困層・黒人労働者をはじめ、民衆の苦悩を解決し、生活を向上させ社会の矛盾の解決へと向かう、インフォーマルな形態での参加学習などを通じて、社会変革のための成人教育を目指した。

（2）　放下（abandonment）　ハイデガーの用語。人間の意志的な主観性による意味づけや価値づけ、道具的な手段化からときはなち、自然を自然として、物を物として、エネルギーをエネルギーとしてあるがままに存在させること。邦訳として「放下（Gelassenheit）」がある。

（3）　ジェシー・ヘルムズ（一九二一―二〇〇八）　アメリカの政治家。米共和党の上院議員、保守派の重鎮として知られる。セラーノ（第十一章注18）やメイプルソープ（第十一章注17）、フィンリー（第九章注1）の展示を全米芸術基金が支援していることを問題視し、法改正を行った。一九九九年にはアメリカは、キリスト教モラルをはじめとした伝統的な価値観をめぐる「文化戦争（culture war）」状態にあると述べた。

（4）W・E・B・デュボイス（一八六八―一九六三）一九、二〇世紀アメリカの作家、社会学者、社会主義者、アクティビスト。黒人としてははじめて博士号を取得し、調査を通じて黒人への人種差別の状況を明らかにするとともに、本書でも触れられている『黒人のたましい』（一九〇三）といったエッセイや抗議活動等を通じて黒人解放と人種統合を訴えた。

（5）『ある婦人の肖像』については、第七章注11参照。

（6）イニャツィオ・シローネ（一九〇〇―一九七八）二〇世紀イタリアの作家、劇作家、政治家。十代で社会主義活動に従事し、イタリア共産党創設に参加。二次大戦時には地下活動を行ったのちスイスに亡命、反ファシズムの文学活動に専念。ここで引用されている作品は、ファシズムの時代、亡命していた主人公が故郷の現実に遭遇する『パンと葡萄酒』（一九三七）。

第六章　思い起こされる幼少期のかたち

私たちはまず、理解しようと努める身体化された存在として世界に投げ込まれる。特定の状況づけられた場所から、私たちは知覚の領域へと自分自身を開く。そうすることで私たちは、かたち、輪郭、構造、色、影といった多様で、つねに不完全で、多元的な宇宙に住み始める(1)。私たちは外部の観察者としてではなく、それらの真ん中にいる意識として存在することになる。したがって私たちは、側面や外形は見るが、けっして全体性を見ることはない。私たちは世界に手を伸ばす――前省察的な風景や原初的な風景から私たちに与えられるものに触れ、耳を傾け、観察する。私たちは、地平、つまりありうるものの地平やかつてあったものの地平に向かって力を尽くす。私たちは自分たちの周りにあるものを構成する能力を持っているため、風景のなかにパターンや構造を存在させる。言語の生活に入る前に、主題化して知る前に、私たちはすでに自身の生きられた経験を知覚的かつ想像的に構造化し始めている。私たちは、のちに合理性の沈殿によって曖昧にされていく活動を用いて、私たちの出会いを豊かにしているのだ(2)。

明らかに私たちは、省察する前の日常の風景に戻ることはできない。それらを省察することによってのみ、それらを存在させることができるのだ。しかしたとえそうであっても、もしそれらについて省察する努力をするなら、私たちは、絡まり合ったオープンエンドな自己をより存分に生きることができる。これに関連して、メルロ＝ポンティは、「知覚の一次性（primacy of perception）」、つまり、知覚に私たちの生活における「一次性」を与えることについて述べている。なぜなら、「知覚とは、物事や真実や価値が私たちに構成される瞬間における、私たちの現れである」ためである。そして、前述したように、彼は知覚を「発生的なロゴス――（……）あらゆる独断主義から離れ、客観性そのものの真の条件を私たちに教えてくれるもの（……）私たちを知識と活動の課題に呼び集めるもの」（Merleau-Ponty, 1964a, p.25）とも考えている。(3) 言い換えれば、私たちの知識や概念化は、ウィリアム・ジェイムズが「現実の重要な要素である生々しさ、あるいは鋭さ」（James,［1890］1950, p.301）と呼んだものにもとづいていると彼は示唆している。

　さらに、知覚は生きられた世界での特定の視点からつねに行われるため――現実性を把握しようとする私たちの努力はつねに不完全なプロジェクトでなければならないため――私たちは、たとえ未完成であっても、パースペクティブを多かれ少なかれ筋の通ったものに結びつけるような創始を引き受けるよう求められていると感じる。私が言いたいのは、不完全性、つまり未解決の問題かもしれないものこそが、私たちを知識と活動の課題に呼び集めるということである。ヴァージニア・ウルフが「統合的なものにする」ために「衝撃」を言葉で表していること（Woolf, 1976, pp.70-71）を思い出してほしい。重要だと思われるのは、気づくこと、つまり、生きられた世界に自分の知覚を積極的に投げ入れていくことである。言葉で説明したり、疫病と闘ったり、ホームレスの人々のための家を探し求めたり、非人道的な学校を再編したりしてはじめて、一つのプロジェクトが生まれる。これを熟考することは、私たちが知っている教育の多くが、忘れやすさに関する教育であると確信するということなのだ。私たち教師は、若者たちに自身の知覚する風景や姿から気をそらさせ、あらかじめ決められた説明の枠組みが与えられているのだと強く言う。私たちは、若者たちと、彼らが巻き込まれてきたもの、イメージ、明確な表現、他の人々とのつながり、つまり「客観性そのものの真の条件」を緩めてしまうのだ。

私は、ベレンキー（Belenky, M.）、クリンチー（Clinchy, M.）、ゴールドバーガー（Goldberger, N.）、タルール（Tarule, J.）（Belenky et al., 1986）のような女性の著者たちから、ナラティブの探求が実際に私の幼少期にかたちを与えるということ、おそらく私がこれまでけっして知らなかったかもしれないある種の価値が私の経験にあることを学んだ。(4) この章では、ライフストーリーを参照し、幼少期のかたちを思い起こすという考えを描く。私は、事実の通りに「私のライフストーリー」を述べることはできない。それは、私が蜘蛛のように、実際には私のジェンダー、きょうだいや母親との関係、政治的、専門的な出来事、そして老化と「私自身」ではなくなっていくことといった文脈を排除できないにもかかわらず、どういうわけか私自身という存在そのものからのみ巣を紡いでいるのだと言うようなものだろう。私は、文脈のかたちづくる影響から自由であると主張できるほど「個人」ではない。

自分自身を――抵抗や批評を通じて――解放しようと試みてきたにもかかわらず、私はそうあろうと試みてきたという意識をもっているものの、私はさまざまなイデオロギーや言説的な実践のなかで生きてきたということを忘れることもできない。私の「感覚的で開かれた世界の土壌である場所」に戻るとき、関連する身体、つまり「単一で、現在、実際の〈存在〉として足繁く通う私とともにある『他者』」（Merleau-Ponty, 1964b, p.168）は私自身とともに公開されなければならない[5]。個人が地に足をつけた根源的な風景、つまりその人の人生が始まった場所には、コモンに開かれた意識という感覚がつねにある。私たちは、物事のさなかにいるとき、対象や他の人々の活動を肉体的かつ具体的に経験する。そして、距離を取ることや象徴化することをのちに経験していくにもかかわらず、私たちが自分の生きられた人生という素材からかたちづくるナラティブは、もし私たちが真に自分自身として生きようとし、若者との真正な関係に加わろうとするなら、何らかのかたちで私たちの元来の風景を考慮に入れなければならない。私の見解では私たちが互いを認識するのは、その原初的な大地のうえであって、その大地のうえで私たちは物事と直接接触し、構成概念と理論という概念的なレンズによってもそれらから切り離されることはない。

ここで先に触れた探求、あるいは追求という概念を、さらに詳しく検討することが適切である。チャールズ・テイラーらと同様、私は、生きられた経験という素材をナラティブにかたちづくる努力そのものが、意味をつくる源泉（source）であると考えている。私たちが自分の物語を語るときには過去を省察しているからこそ、私たちは発生しようとしているロゴス――知覚された生き生きとしたものから生まれ、抽象化され始める直前の私たちの心を取り戻すことができるかもしれない。もし私たちが自分のナラティブをつくり出すときに「善に対する自身の位置を確認する」ほかないのなら、「そしてそれに対する私たちの位置を決定し、それによって私たちの人生の方向を決定する」ほかないのなら、私たちはまた、「自分の人生をナラティブというかたちの『追求』として理解することは避けられない」（Taylor, 1989, pp.51-52）。私たちの人生を追求として見ることで、それをプロセスと可能性の観点からも、つまり「道筋であって、次第に経験それ自体が明確になっていくなかで、次第に経験それ自体が修正され、その経験との、他者との対話によって進むという経験」（Merleau-Ponty, 1964a, p.21）の観点からも見る道が開かれる。フロスト（Frost, R.）は、「私が立っていたところから、道が二つに分かれていた」と書いていたと思う。あなたが思い起こせば、それらは遠くへと消えていく。私たちは、その現実性とは私たちの瞬間的な知覚、つまり道自体が私たちにどのように現れるか次第だと知りながら、そのうちの一つを選ぶのだ。一つの道を選ぶということは、疑いなく、追求に乗り出すということであり——そしておそらく、私たちには「あまりまだ人が分け入っていない」ように思える方の道を選ぶことは、大きな違いを生むかもしれない（あるいは生まないかもしれない）。どちらの道についても客観的に確かなものは何もない。私たちに言えるのは、状況づけられた意識という観点からすればパースペクティブは開かれていて、追憶が現れると眺望が顕になり、かたち、そう、そして影も、見えるようになるということだけだ。これは、たとえ（フロストが私たちに思い出させてくれるように）「後戻り」（Frost,［1916］1972, p.51）はないとしても、私たちが生き続けられることを願う瞬間である。[6]

私たちの人生においてナラティブを創り上げ、そして想像力への理解を生み出すことを可能にしうる省察を始める方法の一つは、人生のなかの多様な時期に意義を持ち続けてきた文学的な経験を取り戻すことによってなされる。文学を読むことは、必ずしも年代順でも、特定の論理的順序でもないが、生きられた意味の構造についてあらゆる種類の理解を育むことができる。想像力は読むことを通してときはなたれる可能性があり、そしてそのとき、過去の経験に由来する意味は、（デューイが見たように）想像力の門扉を通して現在の経験と相互作用する道を見つけることがよくあるのだ。現在の側面に、過去に起こった素材が注ぎ込まれるとき、（いまは豊富になった）新たな経験が意識に浮かび上がってくるのと同時に、つねに過去が再見される。デューイはこの、意識が生まれることを妨げうる習慣の惰性に抵抗する必要性につねに関心を持っていたので、アート的−美的なもの、つまり彼が「経験としてのアート」と呼ぶものについて考え始めた。多様な作品への活動的な深いかかわり、それらを経験の対象として認識しようとする活動的な試みは、美的でないもの、平凡なもの、陳腐なもの、ルーティーンに逆らうものになるかもしれないと彼は考えた。過去の経験と現在の経験の出会いのこととなると、彼は美的経験（aesthetic experience）というかたちづくられた事柄が、想像力が働き始めるときにも呼び起こされる意味を直接表現できる方法を強調した（Dewey, 1934, p.272）。

もちろん、誰もがそうした経験と自分なりの関連性を持っている。私にとって、『白鯨』におけるイシュメールの絶望、彼に海に出る決心をさせた自滅的な悲しみの描写は、「私の魂のなかの湿った、霧雨の降る十一月」(Melville, [1851] 1981, p.2) のようなものであり、私自身の過去の人生における数えきれないほどの十一月と、数えきれないほどの絶望と憂鬱の瞬間を思い出させ、そのいくつかはさまざまな方法で私の現在に送り込まれる。重要なのは、メルヴィルが北半球、そう、西洋の伝統のなかにいる多くの人々が認識できる強力な比喩を発見したということだけではない。彼が個人の特定の記憶をときはなつ方法を発見したということも重要なのだ。たとえば、その比喩的表現によって私をときはなつ意味には、ニューヨーク港の水面の眺め、そこに錨を下ろしている帆船の脈動、水平線へと広がる海、そしてまだ見ぬものに向かって手を伸ばし、その先へ手を伸ばし、努力していく感覚が含まれる。現在の経験が変えられ拡張するにつれて、過去の悲しみも何らかのかたちで変わる。霧雨の降る十一月は始まりとなり、錨との決別、探求、つまり起こりうるものをめぐる選択となる。振り返れば、私は、過去の経験を新たな方法で見ている自分を理解し――そして、数ある人生のうちの一つの可能性を生きてきたことに気づき――加えて今日でもいまだ引き出されていない可能性に開かれていることに気づく。ジャン＝ポール・サルトルが、フィクションに直面したとき、読者は読んでいるさなかに明らかにされるものを創造しなければならないこと――つまりそれに生を与えなければならない (Sartre, 1949) と気づかせたことを思い出してほしい。イシュメールの決断は、結局は私たちの決断であり、私たちは読みながら彼に人生を捧げる。『嵐が丘』のヒースクリフに対するキャシーの情熱は私たちの情熱であり、トニ・モリスンの『ジャズ』のドーカスに対するジョーの殺人的な愛は私たち自身が現れ出ることであり――私たちはそれに味わいと激情とを与える。

作家と読者はともに、読むという行為を通じて生み出される宇宙に対して責任を負う。サルトルにとって、それは、読者の自由と作家の自由――この二つの自由の共同の努力によって支えられた宇宙を意味する。両者とも、平凡なものや不変性を打ち破り、未来を見据え、可能性に直面して選択している。その本は、ある種の贈りものになる。なぜなら、その本は主として人間の自由をその宛先にしているため――本質的に何であるかを超えて、何でありうるかに照らしてアイデンティティを創り上げる能力について、それは書かれているためである（Sartre, 1949, pp.62-63)。このような仕方で読者に宛てて書くなら、読者は――ロラン・バルト（Barthes, R.）が述べたように――読者たる彼あるいは彼女の人生というテキストのなかで、読者自身の読むテキストを書き直すことができる。バルトによれば、私たちもそのようなテキストに照らして、自身の人生を書き直すことができるのだ（Barthes, 1975, p.62)。

ここで私がやろうとしているのは、つくり途中のナラティブと幼少期のかたちの探索のなかで、私にとって重要であったいくつかのテキストを用いて、一つの具体事例として、ある種の書き直しをすることなのだ。これは記憶のゲームではないと、私はそう強調しておきたい。こうした種類の探索は、原初的な、知覚された風景のかたちの可視性を回復させることをその目的としている。そして、私は、文学が（私にとって）水中に沈み込んで見えなくなったものを見えるようにし、失われたビジョンと失われた自発性を回復する可能性を秘めていることを発見してきた(7)。たとえかつて知覚された世界のかたちやその構造が、時間とともに合理的な意味によって覆いをかけられていたとしても、もし私がそのかたちをいま表すことができるなら、私自身の過去が変化した仕方で現れることで、私の生きられた人生が――そして、私が言いたいのは、教えるということが――より地に足のついた、より痛烈なものとなり、そして合理的手段は言うまでもなく論理的な合理化からも影響を一層受けにくいものになっていくはずだと、私は信じている。文学的な経験の記憶が、批判的な判断やその他の認知的な判断（私自身のものと他者のもの）の影響を受けざるをえないということは認識している。それでもなお、私たちが入り込むことでアートがアクセス可能にするような前省察的な経験に到達するまで、そのような判断を括弧に入れ、保留することはできる。そして確実に、その人にとって思い出せるほどの文学的な出会いであっても、他の表現では同じようには開放できないような歩道を、その人の心と経験のなかに開くことができるのだ。

そうしたところに到達しようとしている作品の一例に、エリザベス・ビショップの詩「待合室で」が挙げられる(8)。それは、おばのコンスエロが治療を受けているあいだ、歯医者の待合室で座っている幼いエリザベスに関するものである。彼女は雑誌『ナショナル・ジオグラフィック』を読んで――彼女を当惑させる――アフリカの人々の写真や、「電球の首のようにワイヤーでぐるぐる首を巻かれた女性」の裸の胸の写真をじっと見つめている。彼女はおばの苦痛の叫び声を聞いて、驚いたことに自分も叫び声をあげていたことに気づいた。彼女は、灰色の膝とブーツを履いて待っている人々を見まわし、戦争が続いていること（一九一八年二月であるため）とマサチューセッツ州ウースターの夜と、半解けの雪と冷たさについて考える。

私は、私に言った。あと三日で
あなたは七歳になるの。
まわる、まるい世界から
つめたい、あおぐろい宇宙へと落ちる感覚を
止めるためにそう言った。
けれど、私は感じていた――あなたは一人の私、
あなたは一人のエリザベスなんだ、って（……）。(Bishop, [1975] 1983, p.159)

私にとって、この詩と私との出会いの価値は、同じような半解けの雪の日の待合室を思い出すことにあるのではない。また、歯医者に対する私の恐怖の起源をたどることにあるのでもない。むしろ、私にとって価値あるものは、まわる世界から落ちていく、あるいは落ちそうになっている人の姿というイメージとの共鳴にあるのだ。ある側面では、それは落ちる恐怖であり、他の多くの側面では、エデンの園から、メイポールダンスから、無垢な状態から落ちること、あるいはブレイクの煙突掃除人のように煙突のなかへ、穴のなかへ、空虚なもののなかへと落ちることといった、多くの落ちることに伴って起こる気づきの衝撃なのである。このイメージには、七歳のエリザベスが部屋にいる大人たちのような「あの人たちのうちの一人」になるという両義的な恐怖を抱きながら考えているように、

予想外に悲惨な仕方で傷つきやすくなるという、冷たい辛辣さがある。私がこれを読むとき、想像力によって媒介された何かが、その門扉からやってくる。同時にその門扉を突き破ろうとする他の何かもそこにはあるのかもしれないが、私がいま把握できるのは、山小屋の屋根に落ちる雷の音とともにやってきた誰かと、友人と一緒に立てかけていた紙人形のいた壁から、母親を見つけるために走り出した私のことである。友人はすぐに自分の母親を見つけ、すぐに彼女の赤ん坊の弟と一緒に母親の膝に逃げ込んだ。しかし、私の家族にはもう双子の赤ん坊がいたから、母の膝のうえはいっぱいで、私にはまるで隠れる場所も安全にいられる場所もないように感じられた。まるで母が私を拒絶していて、突然、大人の世界に私をねじ込んだように感じられたのだ。いま、その詩を読み振り返ってみると、あのときの経験が拡張されていく。あおぐろい世界へと落ちる子どもという幼少期のかたちは、雷のとどろき、寝室の壁に立てかけられたもろくて小さな紙人形、赤ん坊を抱いた私の母の腕、恐れと軽蔑に満ちながら母のスカートの裾にしがみつくと同時に、手を放して、自分の力で立ちたいと願う私を、私の記憶に吹き込み始める。

そして私は、私にとってじつに馴染みのある、異なる種類の落ちることをめぐって読み込んできた、他の何かを思い出す。ナタリー・サロート（Sarraute, N.）は、『子ども時代』において、幼い少女の頃に詩を朗読しなければならなかったことを、「私が自分自身をそれに巻き込んでしまった、彼らが私の腕のしたから私を抱き上げ、よく見えるように椅子のうえに立たせたとき、私は抵抗する勇気がなかった」と感じたことに絡めて語っている(9)。彼女は、人々が彼女を見て待っていること、そして彼女自身が身につけていると気づいている、わざとらしい赤ん坊じみた声のトーンについて語っている。「私は押しつけられ、落ちてしまったのだ、この声、このトーンに。私は後退することができない。前に進まなければならない、この赤ん坊の衣装で変装して」。彼女はその出来事に最後まで従い、それを服従、つまり本当の自分を放棄することであると考えている。彼らが彼女を椅子から持ち上げた後、「私は自分から進んで、育ちのよい、いい子のように小さなお辞儀をし、隠れるために走り去った……誰の膝のなかに?……私はそこで何をしていたのだろう……誰が私をそこへ連れていったのだろう……満足げな笑い声、おもしろそうで同情的な感嘆の声、大きな拍手のなかで……」(Sarraute, 1984, p.52）と思い出しながら。

父は、私にまさしくそれをやらせた——立ち上がり（私の場合、ラジエーターカバーのうえに）、朗読せよと（ときどき、ぞっとするが、私自身が書いた詩を）。それは、スモッキングの新しい服を見せびらかすためであると同時に、私を見せびらかし、投資が価値あるものであったことを示すためでもあることを、私は知っていた。私はそれを嫌い、また愛していた。そのことが、いま私が理解している核心なのだ。かたちとイメージのぶつかり、不調和な色彩、不確かな意味のなかで、トーマス・マンの『トーニオ・クレーガー』が蘇ってくる。緑の荷車のイメージが何度も思い浮かぶことにも、まったく驚かない。私の記憶のなかには、父が小さな木製の荷車で私を引っ張っていたことがある。空を背にした父の背がとても高く見える。丘の中腹でみすぼらしく危険な乗り物への私の反対を私自身が抑え込み、喜ばせたい、家に帰りたいと願う自分の声が聞こえる。そう、それはマンの物語とは異なっていたのだ。しかし、その記憶は私が幼かった頃に多大な影響を私に与えており、私はいま、その物語が呼び起こしたものが、子どもの頃に構築してきたパターンや、手を伸ばしていた地平とどれほど関係があったかに気づいているのだ。

トーニオは作家志望で、規律正しく品行方正な父親と、ピアノとマンドリンを弾く黒髪の母親がいる。母親は、息子の気まぐれや学校での失敗にはまったく関心がない。彼はこう考える。「私は私であり、それを変えるつもりもないし、変えることもできないというのは確かに真実である。無頓着で、わがままで、他の誰も考えないようなことに心を奪われている。だから彼らが私を叱り罰するのは当然正しく、キスや音楽ですべてのものを包み隠すのは正しくない。結局のところ、私たちは緑の荷車に住むジプシーではない。私たちは品行方正な人々、クルーガー領事の家族なのだ」（Mann, [1903] 1950, p.9）。しかしトーニオは、自分が彼らとは異なっていること――彼らのなかでは見知らぬ人であることを知っていながらも、型にはまった人々、堅実な多数派を称賛している。のちに彼は金髪で上品なインゲボルグに憧れるが、自分はカドリーユでつねに転ぶ少女としか踊れない運命にあると思っている。私がいまあの荷車――私の荷車／ジプシーの荷車――のかたちを見ると、カドリーユの動きが呼び起こされ、周縁的であること、外側から見て苦しむこと、そして外側にいいいいたいと思うことがどういうことなのかがわかり、私は私自身の物語の素材を弁証法的にかたちづくる。そしていま、私の物語が生まれているときには認識していなかったが、それがどれほどジェンダーへの熟考に影響を受けていたかを私は認識している。従順であるなら、スカートの裾にしがみつくなら、父親のために暗唱するなら、自身の欲望を抑えるなら、同意するなら、あなたはいい少女なのだ。そしてまた、あなたは不幸な少女、不愉快な少女、醜い少女と多くの人が言うだろう。なぜなら、あなたは妹に似ておらず、妹のような服を着ていないからだ。あなたは、温和で上品な妹のイスメーネーというよりむしろ、頑固なアンティゴネーなのだ。『ミドルマーチ』の可愛らしい妹のセリアではなく、ドロシア・ブルックなのだ。いま『アンティゴネー』を振り返ると、私に開かれた場を特徴づける厳正で確固としたかたちと、彼女に応答し、流れ、回り、流れ出す他のかたちのしなやかさのおかげで、どうにかしてそのドラマを認識していると感じる。ドロシアは、聖テレサになりたかったけれど、時代に邪魔され何の創始者にもならなかった。しかし私は、ドロシアによって、入口、曲がりくねった廊下、ネットワーク、質感、そして誰かが手を伸ばし、自由になろうとしているという知覚を再考するよう促される（Eliot,［1871-1872］1964, p.26)。『ミドルマーチ』の結末、ジョージ・エリオットは、ドロシアの人生を決定づける行為は理想的に美しいものではなく、「不完全な社会的地位という状況の渦中で奮闘する若く気高い衝動の入り混じった結果であり、そのような状況では大きな感情はしばしば誤りの様相を呈し、大きな信頼は幻想の様相を呈する」（p.896）と書いている。そして私のナラティブもまた、何かのために奮闘しているように思える――表現のために、より不完全ではない社会的地位のために――そしていま、私はこれら他のものを読むことで、そのナラティブを見つめている。私は、外に出てお辞儀をしたり、大胆に書いたりダンスで転んだり、外で、人生の真っ只中で、インゲボルグのように金髪になりたいと憧れたりする自分を見つめているのだ。

次に私は、ティリー・オルセン（Olsen, T.）の「私はアイロンをかけている」を連想する[10]。それは、ある母親が娘――「彼女と同じ年頃で、絶望と戦争と恐怖を経験した子ども」について釈明することを強いられる物語である。彼女は「すべての少女がふっくらとした金髪のシャーリー・テンプルのレプリカのように見えるはず、あるいは見えるべきだと考えられていた当時、痩せて、肌黒く、外国人のような容姿であった」（Olsen, 1961, p.15）[11]。その物語の最後に、母親は言う――「彼女を放っておきなさい。そうすれば、彼女のなかにあるものすべてが開花することはないだろう――しかし、どれだけ開花するか。生きるにはまだ十分なものが残っている。ただ、彼女が知ることができるように助けて――彼女に知る理由が生まれるように助けて――、彼女がアイロン台のうえの、アイロンの前では無力な存在であるこの服以上の存在なのだということを」（p.21）。私にとって、そのアイロンはまさに決定論の象徴、つまり、重く無感情で、押さえつけ、平らにし、沈黙させる力の象徴になっている。

私は、そのような感情や出来事を、管理人、世話人、警備員、そして（やがて）官僚制、あるいはハンナ・アレントが言うところの「〈無人〉支配（rule by Nobody）」、つまりこれまでに知られているなかで最悪の支配と結びつけていた時期があった（Arendt, 1972, p.137）。その後の私の人生で、第二次世界大戦中および戦後にヨーロッパから漏れ出るニュースには、恐ろしいファシズムの亡霊がつきまとっていた。エリ・ヴィーゼル（Wiesel, E.）の映画『夜』には、有刺鉄線、ブーツ、ベルト、銃、鞭というイメージが頻発していた。私、そして他の多くの人々にとって、これらは私たちの風景のなかの他のイメージ、つまり高圧的な顔、うつろな目、制圧するものと絡み合っていた。「誰でもないこと（nobodyness）」のような言葉や「目に見えないこと（invisibility）」のような比喩は、ジェイムズ・ボールドウィン（Baldwin, J.）やラルフ・エリスンのような黒人作家が、自分たちの実存を描写するために発明されたものである――しばしば、高潔な女性と男性によって前後に動かされている、あのアイロンのしたで、無力で目に見えない存在を。私は同類の苦しみを主張できると提案しているわけではないが、しかし同時に、『見えない人間』『ネイティブ・サン――アメリカの息子』『青い眼がほしい』『カラーパープル』『彼らの目は神を見ていた』『ビラヴド』によって[12]、私自身の過去の震えや恐怖に新たな意味が注ぎ込まれ、権力、暴力、非合理的な敬虔、アイロンとの現在の出会いがどうにかして広がったのであって、そしてそうした出会いは、私の生きられた世界、私の最初の風景、私の「再記憶（rememory）」[13]にもとづいているのである。振り返れば、私は原理だけに注意を払っているのではないし、原理を第一に考えているわけでもない。私は、周囲の他者によって頭から離れられないでいる、地に足のついた私の自己に注意を払っているのだ。ラルフ・エリスンの語り手の、目に見えることや自我の現れに関する言葉が、まるで一つの応答のように思える瞬間もあった――「地下に潜るとき、ぼくは心以外のすべてを鞭打った。心だけを除いて。そして人生という計画について考え続けてきたその心というものは、当の考え出されたパターンに逆らう混沌を、けっして見失ってはならないんだ」（Ellison, 1952, p.502）。私を動かしたのは、パターンという考え、つまり暫定的なパターンではあるけれど、どこからともなくではなくて状況づけられた視点から生まれた、その考えであった。「誰もわからないだろう？」と語り手はのちに尋ねる。「ぼくがあなたのために、話すことがている。

できるかもしれない」。私たちは誰も、全体を見ることも、全体を歌うこともできない。私は幼い子どもだった頃から、あらゆるパースペクティブは偶発的であり、誰の絵も完成していないことを知っている。

異なる種類の朝食があること、人々はダイニングルームのテーブルを囲むときさえも異なって見ていること、オランダ風の前髪をした妹[14]が私とは音楽の好みが異なること――そして自分の音楽が絶対に「最高」だと主張していること――、こうした発見のすべてが、私にとって見るという方法の序論となった。それは私が幼い頃に集めていた言葉と関係があった。そして、それらを物語や詩にまとめる方法を必死に身につけたいと思っていたことと関係があった。そうすれば、私は見せることができる、つまり周りの人々がけっして見ようとしないものの様子を見えるものにし、かたちあるものに記録することができるためである。振り返ってみれば、私は合目的性（finalities）を切望していたのだということに気づかされる[15]。私は、互いに共通の言語で話せるくらい、私のことをとてもよく理解してくれる人々（そして私がとてもよく理解している人々）と、一緒にいたかったのだ。まず、私は『結婚式のメンバー』に登場する少女のように、人々のあいだに所属し、つながっていたいと思ったのだろう[16]。そして、時が経ち、戦争の世界や苦しみと分離の世界についてさらによく聞くことができるようになると、私は一つの大義につながる何ものかの一部になりたくなった。長いあいだ、私はアンドレ・マルロー（Malraux, A.）の小説『人間の条件』に悩まされてきた。この小説は、蔣介石が共産党の同盟者を裏切った一九二七年の上海革命にもとづいている。そのすべて――読者が特定の登場人物を見るよう求められる変化するプリズムから、川にかかる霧、賭博場のちらつく光、レコード店の声の音まで——が、私にとっては概念的というより、視覚的に調和し融合していた。ナラティブに深くかかわり、夢中になった私は、前省察的な世界へと戻っていた。アイロンの圧力に抵抗し、人々を解放し、カミュの『ペスト』で私の頭のなかにこだました、疫病の時代に被害者側に立って治癒者になろうとすることにもとづいて行動したいという、蓄積してきた欲求がマルローの小説を読むとすぐによみがえってきた。この物語では、反逆者の敗北の後、何百人もの負傷者たちが刑務所の小屋で処刑を待っている——彼らは機関車の火室に投げ込まれることになっている。聡明な反体制派の清は、[17]「自分の人生のなかでもっとも深い意味と、もっとも大きな希望を帯びたもののために」戦ったという事実について考えている。「彼は、生きたいと思っていた人々のなかで死にかけていた。彼は自分の人生に意味を与えていたから、そうした一人ひとりの男たちのように、死にかけていた。死ぬことを望まなかった人生の価値とは、何だったのだろうか。一人で死なないのなら、死ぬのは簡単だ。この兄弟の震えが深くしみ込んだ死、大衆が殉教者を認める、敗者の集会」(Malraux, 1936, p.323)。清が熟考して間もなく、ボルシェビキの実存主義者カトフは、まさにいまにも起こりそうな拷問のような状況で自殺できるようにするため、持っていた青酸カリを手放す。彼は、それをより必要としている誰かに与えて、辺り一面の呼吸する音と、彼が行くのを見つめる沈黙した人々のいる広大なホールの暗闇とを通り抜け、処刑場へと歩いていくのである。私は知っている。知っているのだ。それが裕福なブルックリンの若者のナラティブとどう関係があるのか[18]——陳腐さをひどく嫌い、退屈と戦い、本質的に価値のあるものは何もないと信じ、充分に学び充分に知ることができれば、彼女は大衆に語り掛け、革命を導くことができるとでも自信を持っていたのだろうか。壮大な、ロマン主義だったのだろうか。もちろん。しかし今日でさえ、教えることについて熟考し、解放について熟考し、くすみ、汚染された社会的な世界における可能性について熟考するとき、清の独白には私の経験を広げる何かがある。

もちろん、最初に私は、私がそれほどまでに惹かれたのは男性の、あるいは少年の英雄的な夢であり、女性が清やカトフのような尊厳の使徒になることはまったく期待されていないと気づかなければならなかった。マルローの原題は *La Condition Humaine*（『人間の条件』）であり、Man's Fate（『男性の運命』）ではないが、この小説が実際には男性の運命を表していることに気づくまでにしばらく時間がかかった。これは、文学との深いかかわりが、それまで注目されてこなかった経験や知覚を目に見えるようにする方法の一例にすぎない——最初の非省察的な大地では、それらは重要であったに違いない。しかし確かに、過去の経験、たとえば劣等感や性別分業が想像力の門扉を通り抜けられるのなら、現在の経験は新たな認識によって育てられ、そして、そう、新たな可能性はより大きく複雑になる可能性がある。

年を重ねるにつれ、私は、アメリカ人女性として生きているという自分の知覚と、物事を変えていくコミットメントのために私自身を捧げたいという欲求とを、新たに統合しようと奮闘する必要があった。そう、私の世界と文学には新たな可能性があったのだ。男性社会に同化するという考えを拒絶し、公平無私な文化や知的な自由を支持する男性のマニフェストを承認することに反対して「アウトサイダーの社会」について語ったのが、ヴァージニア・ウルフであった。軍事的で男性優位の文化が、どれほど公平無私なものなのか、と彼女は問う。彼女は「知的な不倫を犯さないよう」生き続けるのに十分なほど教育を受けた男性の娘たちに呼びかけているのだ。このような女性たちは「星の向こうの理想的な世界を夢見る」のではなく、現実世界の事実を熟考すべきである（Woolf,［1938］1966, p.93）。これを読み、前後に手を伸ばしながら、私は同化する必要性とアウトサイダーになる必要性の結合について自問する。私はデモ行進を思い浮かべる――公民権デモ、平和デモ、ノーマン・メイラー（Mailer, N.）の『夜の軍隊』(19)、アリス・ウォーカーの『メリディアン』(20)、そして私自身が私自身でありたいという願いと必要性。そして私は、タイプライターやそのほかの道具があれば、女性たちはやっと自分なりのやり方で自分の心を自由に語れるようになると、ウルフが書いているのを見つける。大衆、つまり公共的なものとかかわることで自分たちが卑下されると考える女性たちと向き合い、彼女はこう宣言する。公共的なものは「私たちとよく似ている。部屋に住み、通りを歩けば、ソーセージには飽きたと言われる。チラシを地下室に投げ落とし、屋台に並べ、手押し車に載せて通りを歩き、ほんのわずかな金額で売ったり、ただで渡したりする。公共的なものにアプローチする新しい方法を見つけなさい。身体は大きいが心は弱い一つの怪物にまとめる代わりに、人々を一人ずつに分けるのだ」。彼女は、法に背くアーティストや作家に真実を語ることを、そして自身の意見を実践し、好戦的なものや間違ったものを読んだり見たりするのを拒絶することを、女性たちに義務として課している。やがて、女性たちは「桑の木、つまり知的な淫行という毒の木の周りをぐるぐる踊る」という悪循環を断ち切るかもしれない（Woolf,［1938］1966, p.98）。

それを読み、両方の方法を見つめて、私は一人の女性として自分にできることについての考えが広がったように感じた。しかし、私はまた、自分が「教育を受けた男性の娘たち」という一種のエリートの姉妹関係のように感じられるものにどこか排除されているようにも感じた。さらには、子どもたちについてあまり考慮してはいなかったようにも感じた――ウルフが、戦争に反対する議論に関する分析というよりむしろ、死んだ子どもや破壊された家の写真を使うことを提案したことを除いて。私は、ティリー・オルセンと彼女の幼少期に対する両義的なパースペクティブに戻っていることに気づいた。そして、グレイス・ペイリー（Paley, G.）の小説をもう一度読むと、私の原点の一つに立ち戻ることになって驚いたのだ――落ちる（a fall）、という考えに。(21) ルースとエディという子どもたちの友情に関するペイリーの物語に、私は多くの点で共鳴した。のちに、彼女らが成長し、子どもについて口論になり、もし彼女らが幼い子どもの母親だったらどれほどの拷問に耐えられるだろうかと疑問に思う。ルースの孫のレティが思い出について語り、おばをあてもなく尋ねると、彼女は「ルースの腕からもがき」始める。ルースはレティをしっかりと抱きしめ、レティはこう呼びかける。「ママ、（……）おばあちゃんがぎゅっと抱きしめるんだよ。しかしルースは、もっとしっかり抱きしめた方がいいと思った、なぜなら、誰も気づいていないように見えても――レティは相変わらず赤みがかったピンク色で柔らかな頬のまま、落ちそうだった、すでに落ちていたのだ。世界を創案する言葉という真新しいハンモックから、男性がつくった時代という硬い床に」(Paley, 1986, p.126)。

落ちるという感覚、幼少期の感触や音、それらから公共の世界の存在へと手を伸ばしたいという欲求――これらは私の経験のなかで、私のテキストの相互のつながりや世界における文脈とはほとんど関係のないようにいくぶんか配置されている。奇妙なことに、それらをつかみ、私の経験の対象にすることで、私は意味への冒険を追求しながら、私自身の秩序、私自身の文脈を自分に課してきた。私が旅の途中で出会ったナラティブは、他者のなかでの私の人生が広がるにつれて、存在のパターンを思いつくことを可能にした――私が見てきた以上に他者の目を通して見ること、そして私がなってきた以上の何かになるのを想像することを可能にしてくれたのだ。

注

(1) 多元的な宇宙 (multiple universe) ここでグリーンは、シュッツの多元的現実性概念(第一章注22参照) がウィリアム・ジェイムズの、宇宙全体を単一のものと見ず、科学的な宇宙と同時に、さまざまな下位宇宙 (sub-universe) も成立すると論じた「多宇宙 (multiverse)」の考えから提起されたものであることを受けて、多元的な現実性の総体のことを「宇宙 (universe)」と形容しているものと思われる。

(2) 沈殿 (sediment) フッサールの用語。各人に一度きりの現在のなかで蓄積される過去の習慣を意味する。たとえば何らかの幾何学的な構造を発案した幾何学者の脳裏によぎった思考を書き溜めた文章や記号を介して、その思考が目掛けていた法則性やその法則性を明らかにすることの意味などが、幾世代の人々によって活性化され、新たな意味を付与され蓄積していくプロセスを示す。
(3)　グリーンによるメルロ＝ポンティの『知覚の現象学』からの引用箇所であるが、第四章では「独断主義にとらわれることなく（outside of dogmatism）」となっているところ、この第六章では「あらゆる独断主義から離れ（outside all dogmatism）」とあるため、そのまま訳出した。
(4)　ここで参照されている著者たちは、『女性たちの知る方法――自己、声、心の発達』（一九八六）を著した心理学者たちである。それぞれ、ヴァーモント大学教授のマリー・ベレンキー（一九三三―二〇二〇）、ウェルズリー大学教授のブライス・クリンチー（一九三〇―二〇一四）、ロヨラ大学教授のナンシー・ゴールドバーガー、ヴァーモント大学教授のジル・タルール（一九四三―二〇一九）。ハーバード大学の男子学生を被験者とした教育心理学者ウィリアム・G・ペリー（Perry, W. G.　一九一三―一九九八）の知識の正誤に関する認識論と女性の認知発達が同一視されていた問題を提起するとともに、百三十五名の十六歳から六〇歳の、社会階級、民族、教育歴も多様な被験者への認知実験を通じて、言葉を使うことを禁じられる「沈黙」から始まり、自己と他者と世界との関連性（「声」）を言葉にする過程で知識を構成していく女性の認識論を明らかにした。
(5)　第二章での同箇所の引用とのページ数に相違があるが、原文を尊重しそのままとした。
(6)　ロバート・フロスト（一八七四―一九六三）一九、二〇世紀アメリカの詩人。哲学的、社会的主題について二〇世紀初頭のニューイングランドの農村風景をもとに詠み、ピュリッツァー賞を四度受賞した唯一の詩人として知られる。ここで引用されている作品は『ロバート・フロスト全詩集』より、人々の通らなかった道を選んだことが生み出した大きな違いを回顧する「選ばれざる道」（一九一六）。原文は「黄色い木のたもとで　道は二手に分かれていた（Two roads diverged in a yellow wood）」、「戻ってこれるなどと　思ってはいなかった（I doubted if I should ever come back）」。
(7)　グリーンの用語の一つである「潜水状態（submerging）」からの脱却を示唆しているものと思われる（訳者解説二節を参照）。グリーンは第八、九章でも明らかにしているように、書くことを通じて、いわばそれまで水面下で波風を立てないよう沈み込まされていた自身の女性としての声を発見した。

(8)　エリザベス・ビショップ（一九一一―一九七九）二〇世紀アメリカの詩人、画家。精妙な観察眼と小さきものへのケアに溢れた詩で知られ、ピュリッツァー賞（一九五六）、全米図書賞（一九七〇）、ノイシュタット国際文学賞（一九七六）を受賞している。本書で引用されている「待合室で」「漁師小屋で」「夜の都市」は、すべて『全詩　一九二七―一九七九』（一九八三）所収。

(9)　ナタリー・サロート（一九〇〇―一九九九）二〇世紀フランスの作家、法律家。『黄金の果実』（一九六三）で国際文学賞を受賞。アラン・ロブ＝グリエ（Robbe-Grillet, A.　一九二二―二〇〇八）らとともに、伝統的な物語のモデルを書き換えるヌーヴォー・ロマンの作家として知られる。ここで引用されている作品はサロート自身の回想とも伝記とも異質な反―自伝的作品である『子ども時代』（一九八四）。

(10)　ティリー・オルセン（一九一七―二〇〇四）二〇、二一世紀アメリカの作家、フェミニスト。自身の経験した投獄経験について、貧困層の生活について、また女性作家の沈黙期間についてのルポルタージュと言える作品を著す。ここで引用されている作品は、声をめぐる政治について表した初期の彼女の短編集『なぞなぞを教えて』（一九六一）に所収の「私はここに立ってアイロンを掛け」。

(11)　シャーリー・テンプル（Temple, S.　一九二八―二〇一四）二〇、二一世紀アメリカの俳優、歌手、外交官。短編映画やシリアルなどの広告に登場する子役として活躍し、彼女のために製作された映画『輝く眼』（一九三四）での演技で一九三〇年代を代表する子役となる。一九四九年に俳優業を終えたのち、一九六九年よりガーナ駐在大使など外交官として活動したことで知られる。

(12)　『ネイティブ・サン――アメリカの息子』（一九四〇）は二〇世紀アメリカの詩人、作家リチャード・ライト（Right, W.　一九〇八―一九六〇）の作品。大恐慌の一九三〇年代、シカゴ南部の貧困層の暮らす地区で極貧の生活を送っていた二十歳の黒人青年ビガーの、誤って資本家の白人女性を射殺してしまったことの背景が語られていく。『彼らの目は神を見ていた』（一九三七）は一九、二〇世紀アメリカの作家、民族学者のゾラ・ニール・ハーストン（Hurston, Z. N.　一八九一―一九六〇）の作品。黒人文化の知的再興を促した一九二〇―三〇年代のハーレム・ルネッサンスの古典。祖母ナニーは自身の奴隷主である白人男性によるレイプにより母リーフィーを身ごもり、そしてリーフィーは南北戦争後に学校の教師によるレイプによってジェイニーを身ごもった。そのジェイニーが唯一愛した夫を殺害するに至るまでの経緯を、裁判所から帰ってきた折に友人のフィービーに語る。

(13) 再記憶（rememory）　トニ・モリスンによる造語。言葉にするのも憚られるために語られることのない凄惨な出来事が、そのまま人々に忘れ去られる定めにあることに抗い、その出来事の起きた場で、個人と共同体がともに思い出し、再び記憶するプロセスのこと。

(14) グリーンの幼少期（一九二〇年代）に流行した女性のDutch boy の前髪（Dutch bangs）のことと思われる。Dutch bob, Dutch cut とも。

(15) 合目的性（finality）　カントの用語。ハサミであれ机であれ、人為的につくられた道具には必ずその目的（end）があり、その目的を達成できる状態にまでかたちづくられたときにその道具の製作は完了となることから、物事がその目的にかなっている状態で存在していることを意味する。ここでグリーンは、若い頃の自分自身が社会に求められた目的を完了する合目的的なあり方を切望していたことについて論じていると思われる。

(16)『結婚式のメンバー』（一九四六）　南部ゴシックの作風で知られる二〇世紀アメリカの詩人、作家カーソン・マッカラーズ（一九一七―一九六七）の代表作の一つ。幼い頃から世界から切り離されていると感じていた十二歳のフランキーが、好意を寄せている自身の兄と花嫁の二人を祝う結婚式のメンバーとなることに恋焦がれていくさまを描く。

(17) 清（kyo）　マルローの小説『人間の条件』に登場する日仏混血の主人公、清・ジゾール（Kyoshi[Kyo] Gisores）のこと。

(18) ここでの「裕福なブルックリンの若者（a comfortable Brooklyn adolescent）」とは、父親の工場の成功とともにブルックリンで準富裕層の住む私邸に住み、思春期を送ったグリーン自身のこと。

(19)『夜の軍隊——小説としての歴史、歴史としての小説』（一九六八）　一九六七年十月ベトナム戦争への反戦デモとして行われたアメリカ国防総省（ペンタゴン）への行進を、ニュー・ジャーナリズムの手法で描いた二〇世紀アメリカの作家ノーマン・メイラー（一九二三—二〇〇七）の長編ノンフィクション小説であり、ピュリッツァー賞、全米図書賞を受賞した作品。

(20)『メリディアン』（一九七六）　アリス・ウォーカーの自伝的小説。高校を妊娠で退学したのち、夫と離婚、自宅のなかで赤子も愛せないなかテレビを見ていた一七歳の黒人女性メリディアンが、投票権運動を始めた近隣の住人の住居が跡形もなく爆破されたニュースに衝撃を受け、投票権運動、公民権運動のデモに身を投じ、自身の過去を構成する黒人の歴史を通じて自己探究していくその半生を描く。

(21)　グレイス・ペイリー（一九二二—二〇〇七）　二〇、二一世紀アメリカの作家、詩人、教師、アクティビスト。反戦、反核、フェミニズムにもとづく抗議運動や、ピュリッツァー賞、全米図書賞候補作となった『物語集』（一九九五）で知られる。ここで引用されている作品は黒人とレズビアンの声をめぐる短編を含む『その日の後刻に』（一九八五）より、「ルーシーとエディ」。

第Ⅱ部　照らし出すことと現れ出ること

第七章　カリキュラムのための継続的な探求

コモン・スクールの創設以来カリキュラムの議論は、知識（あるいは、のちに認知スキルと呼ばれるようになるもの）と、「実生活」の文脈における知識の活用に焦点が当てられてきた。(1) 不可避的にカリキュラムの考え方そのものが、文化的、経済的な変化に対応して変化していくことになった。成功や上昇志向にとって必要なスキルはますます複雑化し、工場や単純労働の仕事が減っていくにつれ、貧しい子どもたちや移民の子どもたち、問題を抱えた子どもたちの苦境はますます困難なものになっていった。膨大な数の若者を平等に扱うには、難しい選択を迫られた。カリキュラムの内容もその構造も、もはや固定したままではいられず、改造されなければならなかったのだ。「トップダウン」で教えること、監督することを疑問視し、総合的で学際的なカリキュラムを模索しなければならなかった。そのうえ社会がますます科学技術化され、経済がモノの生産からサービスの提供へと移行し始めるにつれて、カリキュラムと同一視されうる知識、信念、価値観の秩序は、予期しえないことに対して開かれたものでなければならなくなった。拡大する科学技術のために教育を行うと同時に、デューイが

「明晰な公衆」(Dewey, [1927] 1954, p.184) と呼ぶものが現れていくために教育を行うことは、どうすれば可能になるのだろうか。若者が仕事の世界の外に充実感を見出せるようにすることで、多くのサービス業が持つ退屈さや陳腐さに対抗していくということはどうすれば可能になるのだろうか。意味を探求することとしてのカリキュラムは、これからどうなってゆくのだろうか。

長年のあいだほとんどの教育者にとって、カリキュラムは文化の再生産、知識の伝達、そして少なくともある程度は心の生活と関係してきたものであった。そのため、カリキュラムはつねに、若者たちが自分たちの生きてきた人生を理解し、関連づけ、意味を構築できるようにするプロセスを含んでいたのである。不可避的に、カリキュラムはいくつもの曖昧さや関係性に対処しなければならなかったが、変容や予期しえない変化への道をたびたび開いてきたのである。この章では、特にアートがカリキュラムの探究に展望や未開拓の可能性をもたらすことができるという点を指摘したい。私は自分が成長するにつれて、アートのなかに、アートを通じて見出してきた個人的なカリキュラムのことを説明することで、それらを今日のカリキュラムの差し迫った必要性と関連づけ、具体化していきたい。

ウォレス・スティーヴンズの「青いギターを持つ男」についてはすでに触れたけれど、彼は物事をありのまま演奏することを拒んで、固定性をめぐる「かたちの殻」を破壊し、「朽ちた名前」を捨てて、想像力によって新たに物事を見つめることを私たちに求めている (Stevens, [1937] 1964, p.183)。新たに見つめるとき、私たちは知識と理解によってもたらされる視点を共有している。エリザベス・ビショップは「漁師小屋で」のなかで、知識を海の冷たい水の、「石ころのうえで漂う冷たい自由」

にたとえている。

もしあなたがその手を浸したら、
手首がすぐに痛むことだろう、
骨はうずきだし、手のひらは燃えることだろう、
まるで、石を食べ、暗い灰色の炎で燃える、
水は炎の化身のよう。
それを口に入れれば、まず海の苦い味がする、
次に塩辛く、そして確実に舌を焼き尽くす。
それは私たちが想像する知識のようなものだ——
暗くて、しょっぱくて、澄んでいて、動いていて、まったく自由で、
世界の冷たく硬い口のなかに吸い込まれ、
岩石でできた胸から永遠に汲み上げられていく。
私たちの知識が歴史的で、流動的で、そして飛び去っていくものゆえに、
それは流れ続け、吸い込まれていくものなのだ。(Bishop, [1955]1983, pp.65-66)

想像力豊かな文学作品の言語が、世界のあり方や世界についての考え方の選択肢を開示してくれる

ということに、私は人生の早い段階で気づかされた。童話だけでなく、（当初は児童労働者への虐待に憤慨した人物の作品だとは知らなかった）チャールズ・キングズリー（Kingsley, C.）の『水の子どもたち』や、ケネス・グレアム（Grahame, K.）の『たのしい川べ』を読んだ。ルイス・キャロル（Carroll, L.）の『不思議の国のアリス』や『鏡の国のアリス』の世界に入る前、ジェイムズ・バリー（Barrie, J.）の『ピーター・パン』は私にとって最大級の発見だった。開け放たれた窓からネバー・ネバー・ランドへ向かって飛び立つという比喩は、想像力という言葉を知る前に、想像力が何を可能にするのかについてのヒントを与えてくれていた。その頃ウィリアム・ブレイクの『無垢の歌』にも出会い、組織化された権威と権力がその開いた窓を閉め、「こだまする草原」（Blake, [1789] 1958）に影を落とす方法について、何かを疑い始めていたように思う(2)。

しかし他の数多の少女たちと同じように、私はルイザ・メイ・オルコット（Alcott, L. M.）の『若草物語』で、ジョー・マーチにロール・モデルを見出した。彼女は南北戦争中の殺伐とした家族のクリスマスのために、ゴシック調のメロドラマをつくり上げたのだ(3)。ヴィクトリア朝の模範にとらわれず、彼女は自分自身のために開放的な空間をつくり出し、一種の剣呑な言葉遣いさえも生み出した。読者であり作家であること、自由を求める人間であることを自ら選んだ彼女は、忠誠心と愛情にあふれ、周囲の人々に対して勇敢に責任を負いながら、そのすべてをやり遂げたのである。ジョーとの出会いのしばらくあとに知り、それ以来ずっと再発見し続けているのはもちろん、ジョー以上に挑戦的で当惑させられたナサニエル・ホーソーン（Hawthorne, N.）は『緋文字』のヘスター・プリンだった(4)。私が魅了されたのは、ヘスターの姦通でもなければあの贅沢なAの文字でもなく、追放され、町はずれで暮らしていた彼女の解放的な考え方だった。「型破りな考え方を平気でするようになっていた」彼女は、「もう何年も、この疎外された観点から人間社会を」見つめていたし、「宗教家や政治家が社会の基礎として据えたものを見て、何もかもがおかしいと思っていた。牧師が胸に飾りを垂らすのも、裁判官が法衣をまとうのも、晒し台も絞首台も、炉辺も教会も、インディアンが感じうるほどに敬うべきものになっているとは思えない」(Hawthorne, [1850] 1969, p.217)。そして彼女は、同時代の女性の境遇にも疑問を抱くようになった。「どれほど幸福に恵まれていても、女として生きることは価値あることとして、受け入れられるものなのだろうか」と、彼女は自問していた。ホーソーンはもちろん、ひどい孤独のなかで彼女の人生が情熱あるいは感情から、思考へと変化していることを主張していたのだ。最後にニューイングランドに戻り、「傷つき、無駄にされ、貶められ、見込み違いとされた情熱、あるいは道を踏み外す罪深い情熱」(p.275)に苦しむ女性たちを慰め、カウンセリングし、来るべき新しい秩序を告げる女性の預言者は誰かしらと思索する余生を過ごしていたとき、彼女は和解を果たしていたのだと私が理解するのには時間がかかった。次第に、この小説が解決不可能な問題を提示していること、そして作者が「どちらか一方の側」を選んだわけではないことを(知識の「苦い」味を経験しながら)実感するようになっていった。一方で、自由で思慮深く性的に生き生きとした女性には、神権政治の硬直した形式と決別し、年長者が当たり前だと思っているすべてのことに挑戦する必要性があった。他方ではたとえ非人間的なコミュニティであっても、彼女にとってその構成員であることは大事なことだったのである。明確な答えはなく、解決も存在しないと認識したことで、私は文学に深くかかわっていくことが物事の審問につながることを理解し始めた。フィクションの作品を読み、自分自身の経験のなかで意味あるものにしようとしても、問いは永遠に未解決のまま開かれているものであることがわかった。私はけっして、けっして確信することなどできなかった。

その「あたかも」ということ、つまり私の想像的なビジョンが、当時もいまも私をけっして途切れることのない追求へと駆り立てている。私は以前にも紹介した二つの作品のことをいつも思い出している——ウォーカー・パーシーの『映画狂時代』での、語り手が「探求の可能性」に気づくことができないということは、「絶望のなかにいる」ことなのだと発見していたこと（Percy, 1979, p.13）、またメアリー・ウォーノックの、「（……）抱く価値のあるものが終わりを迎えたという信念に屈しないこと」という意味を持つ、「教育の主な目的は、人々に（……）退屈しない機会を与えることである」という主張のこと（Warnock, 1978, p.203）。ウォーカー・パーシーの語り手が語る絶望は、この退屈さと無益さの感覚と確実に結びついている。探求とはいまだないもの、予測できないかもしれないけれどまだ経験できるかもしれないものへの意識を染み込ませていくことで、退屈する機会を奪うものなのだ。

パーシーの語り手もまた、自分自身のことを「見知らぬ島」をうろつく新たな「漂流者」として見つめている。そして見知らぬ人であるというそのイメージは、想像力がどのように喚起されるかを示唆するものでもある。特定の文学作品が私の経験を馴染みのないものにすると気づいたことから、奇妙な視点や慣習的でない視点を取ることによって人は確かに見知らぬ人になり、かつてないほどに「見る」ことができるようになるのだと思うようになった。ハーマン・メルヴィルの『白鯨』におけるイシュメールの航海や、コンラッドの『闇の奥』におけるマーロウの航海を思い浮かべながら、彼らの航海によって私が感じていながら名づけることのできなかった自分の存在のある側面をどのようにして選び出すことができたのかについて、私は考える。『白鯨』における「クジラの白さ」に直面するということは、自分の生きてきた人生という根拠に抗って、数多の姿やかたちを識別できるようになるということだった（Melville, [1851] 1981, chap.42）。結局のところ、「魂」に「湿った、霧雨の降る十一月」（p.2）を感じながら船乗りとして海に出ることを決意した人物と、私とのあいだにはどんな共通点があるのだろうか。また白人であることを「意味が充溢した無言の空白――私たちを怯ませる、色のない、あらゆる色といった無神論」（p.198）と結びつけている人物との共通点には何があるだろう。「理解しがたい」野蛮なもののなかで生きてきたにもかかわらず「効率への献身」（Conrad, [1902] 1967, p.214）によってそこから救われるのだと、感情的になって対話者たちに嘲笑するように告げる人物とのあいだに、私はどんな共通点を持っているのだろう。そして暗闇へと向かう航海で、蒸気船を引き裂くかもしれない川の枯れ木を探さなければならなかったこと、「その手の仕事、ごく表面的な雑用に気をとられていると、過酷な現実が――過酷な現実が、だよ――意識から薄れてしまうんだ。内なる真実が隠されてしまうのさ――幸いにもね。だが、おれはそれを感じていた。ああ、あの神秘的な静けさが、おれの猿芝居めいた仕事ぶりをじっと見守っているのを何度も感じたものさ。

君らがめいめい綱渡りめいた仕事をしているときだって、そいつはちゃんと見守っているんだぜ――君らが一度とんぼ返りをすると報酬はどれくらいだったかな、半クラウンってところか」(pp.244-245)。男性の視点があろうがなかろうが、コンラッドがいまでは有名な序文で、作家の仕事は「書かれた言葉の力によって、あなたに聞かせ、感じさせ、そして何よりも、あなたに見させることである。それ以上のことはない。励まし、慰め、恐れ、魅力――あなたが求めるものすべて――そしておそらく、あなたが求めることを忘れていた真実の片鱗も[5]」と書いたときに説明したような意味で彼らは私に見させたし、さらに作家が人間存在を互いに「目に見える世界に」結びつける「避けることのできない連帯感、たとえば神秘的な起源における連帯感、労苦における連帯感、喜びにおける連帯感、希望における連帯感、不確かな運命における連帯感を見る者の心に呼び覚ましうる」ビジョンをも私に伝えているのかもしれないのである(Conrad, [1898] 1967, pp.ix-x)。

このようなフィクションは、人間の条件における私の利害関係を明らかにしてくれたし、私が自分の存在の根拠へと――それはまた学ぶことの根拠であり、自分がいまいる場所を超えて到達しようとすることの根拠でもある――到達するのを助けてくれた。私自身の乗船を想像していた蒸気船や帆船から、女性であることで私が何らかの次元で排除されていることが何を意味するのか、それを直視するには時間がかかった。ケイト・ショパン(Chopin, K.)の『目覚め』、シャーロット・パーキンス・ギルマン(Gilman, C. P.)の「黄色い壁紙」、そしてヴァージニア・ウルフの『自分ひとりの部屋』から得られた視点が、排除、無関心、軽蔑との具体的な対決に私を駆り立てた[6]。『目覚め』におけるエドナの近視眼的な行動に対する私自身の憤りや、彼女の自殺に対するアンビバレントな憤りが必要だったように、ギルマンの作品に登場する壁紙から忍び出てくる女性たちの幻影が必要だったのである。私は結局のところ、これらの人々に私の人生を貸しているのだ。私は読書を通じて、彼女たちが私の意識のなかに現れるのを許し、そうすることによって社会科学的な説明や心理学的な説明でさえけっしてできないような意識の変容を許している。ティリー・オルセンがそのあとに現れ、マヤ・アンジェロウ（Angelou, M.）、マージ・ピアシー（Peircy, M.）、マーガレット・アトウッド（Atwood, M.）、トニ・モリスンも現れていった(7)。そうして私ははじめて、多くの女性の多彩な目を通してものを見るようになったのである。

できるだけ多くの目を通して、できるだけ多くの角度から見たいと思い、長いあいだ私は意図的に、覗き窓の向こう側から見ることができるようなビジョンを求めていたのだと思う。世界における生きた経験を特徴づける「多元的な現実性（multiple realities）」や「意味領域（provinces of meaning）」を感じ始め(8)、「現実を構成するのは私たちの経験の意味であって、対象の存在論的構造ではない」（Schutz, 1967, p.231）ということを学ぶために。私たちはようやく最近になって、私たち自身のジェンダーや民族の排除によって解釈を狭めてきたことや、「言語が生きて発展する限り」深まるものである、他のどこよりも文学において顕著である対話的な「異言語混交」を否定してきたことについて認識し始めた（Bakhtin, 1981, p.272）。『カラマーゾフの兄弟』の言語、不確定性、開放性に耳を澄ませることは、「現実性の認識と概念化に対する言語のヘゲモニー」（p.369）と決別し、あらゆる変化への道を開くということである。ウィリアム・フォークナー（Faulkner, W.）の『響きと怒り』を読み、ベンジーの重度の知的障害を伴った声から、キャンダス、ジェイソン、クウェンティン、ディルシーの声へと移っていくことは、安定した「客観的な」世界について考察することの不可能性を認識することである。ベンジーは三つのもの、すなわち「牧草地（……）彼女の妹のキャンダス、そして炉火の明かり」（Faulkner, 1946, p.19）を愛していて、そうしたものや妹が彼の身の回りに存在していないとき、一層深く愛しているのである。けれど彼の解釈もまた、笑いながら「カーニバル的」な見方（Bakhtin, 1981, p.273）を取っている人々の解釈と同様、さまざまなかたちで獲得された現実性と呼ばれるものとして考慮されなければいけないものなのだ。(9)

『見えない人間』を読んだとき、ラルフ・エリスンはこのことについての新たな気づきを与えてくれた。しかし私は、語り手を透明人間にしてしまう「（人々の）内なる目の構築」が人種差別社会の機能であり反応であること、そして省察性のための教育がそのような「目の特異な性質」（Ellison, 1952, p.7）を変える一翼を担うかもしれないことを、いつの間にか見抜いていた。こうした変化は、カテゴリーや抽象的な公式化、あるいは何らかの処方箋を強調することによって達成できるものではない。エリスンによって明らかにされた世界の特殊性――公共の場、オフィス、バー、長屋の階段、サンボ人形、電球、ペンキの缶、油で汚れたヤスリ鋼のかけら（「それに包まれている意味の堆積物」(p.336)）、マンホールのふた、橋のアーチ、地下の部屋――は、読者に文脈のない抽象的なものでは読み取れないような解釈を行わせることで、意味を読み取ることのできる文脈を提供しているのだ。

『ニューヨーカー』誌のコラム「トーク・オブ・タウン」(1989) の執筆者は、「曖昧で予測不可能な細部がイデオロギーを掘り崩す」と断言した。

それらには結びつきがある。理念ではけっしてできないような方法で、あなたの興味を惹きつける。あなたが人生のある側面の細部を自分のなかに取り入れると、その側面を自分の望む、必要とするあり方ではなく、現実にあるあり方で認めざるをえなくなる。しかし細部とは不思議なことに、普遍的なものでもある。フィクションがニュースであるとすれば、それは他人の人生の細部についてのニュースであることがほとんどだが、フィクションが人々にとって重要な関心事になっているとすれば、その細部から何らかのかたちで自分自身についてのニュースを得ることができているからなのだ。自分とは違う人生の細部に興味を持つことは、信頼に関する奥深い指標となる。細部に対して抵抗する心情は通常、外国人恐怖症、内気な不安、自分のなかに安全に閉じこもっていたいという気持ちの表れなのである。

他の人々とやりとりしていくときに、抽象化を乗り越えようとしていくのは非常に難しいことだ。恐るべき単純化が支配してしまう。つまりその空白のなかで、私たちは「ロシア」「学生運動」「少数民族」だけを見てしまう。私たちは物事を善か悪か、白人か黒人か、あれかこれか、という観点で図式化しがちだ。マニ教の善と悪の寓話の手先になってしまうのだ。ホロコーストをめぐる経験の記録者であるプリーモ・レーヴィ（Levi, P.）はかつて、一般的な歴史や学校で教えられる歴史が、このマニ教的な傾向に影響されていることを思い起こさせた[10]。それは「中途半端な色合いや複雑性を避けて、人間の出来事の流れを対立に、対立を決闘に還元しがちである――われらとやつら（……）勝者と敗者（……）善いやつらと悪いやつら、めいめい善は必ず勝たなければならない、でなければ世界は破壊されてしまうからだ」（Levi, 1988, pp.36-37）。レーヴィにとって、ホロコーストやその他の人類への蹂躙の責任を負う人々と、まったく異なる倫理のゾーンに存在する人間などいないと、人々がともに認識し合うことがとても重要なことなのである。そうでないと考えることは、曖昧さや逆説を排除することによって歴史に誤った明瞭さを押しつけることになる。しかし子どもたちに見せるために過去を紐解こうとすると、往々にしてこのようなことが行われる。先人たちは貪欲さや権力欲に染まっていないように見え、勝利した将軍たちは戦場での残虐行為や苦しみや裏切りとは無縁のように見え、民主的な代表者たちは偏見や欺瞞によって汚されていないように見える。「私たち」（「私たちの側」にいる人々）は無条件に善なのであり、「彼ら」は善の完全な虚無のなかで悪なのである。

シェイクスピア（Shakespeare, W.）のリアであろうと、ジョージ・エリオットのドロシア・ブルックであろうと、ヘンリー・ジェイムズのイザベル・アーチャーであろうと、シリアスで想像力豊かな文学作品に登場する人物たちに「中途半端な色合いや複雑性」から自由である存在などいないのであって、リアの晩年ですらそうであるように、その内側に争いあっている声の多元性を持ち、それぞれが自身をつくり上げる途上にいるのである[11]。したがって文学は、つねに二元論や還元主義を覆し、抽象的な一般化を疑問視させる可能性を持っている。さらに言えば、最終的な調和や首尾一貫性に対する、読者の期待を挫き続ける能力をも持っているのだ。ヴォルフガング・イーザー（Iser, W.）は『行為としての読書』のなかで、読書に関係する古典的なパラダイムに人々が執着する仕方について、こう語っている――彼らは隠された意味を探し求め、対称的で統一された完全な全体性の啓示を切望するのだと（Iser, 1980, pp.13-15）。そして同時に、伝統的なパラダイムはもはや通用せず、私たちの理念やフィクションが「対応」すべき客観的なシステムなど存在しないことも彼らは認識しているのである。

イーザーをはじめとする「読者受容」理論の支持者たちが、読書が可能にする美的経験について語るとき、彼らはアートとカリキュラムの探究とのあいだにある関係性の一つを明らかにしている。ジャン＝ポール・サルトル（Sartre, 1949, pp.43-45）やジョン・デューイ（Dewey, 1934, pp.52-54）がそうであったように、イーザーやその他の人々はアートの読者や知覚者に要求される探索的で建設的な活動を強調しているのだ。カリキュラムを意味への意識的な探求と継続的な解釈を伴う事業とみなすなら、テキストやアート作品を把握することと、学問によって多角的な視点を獲得することのあいだに多くのつながりのあることが見えてくる。

イーザーにとって読者とは、読書のさまざまな瞬間に、特殊な視点に状況づけられているテキストと深くかかわっていくことによって、テキストを把握する存在なのである。たとえばヴァージニア・ウルフの『灯台へ』というテキストであれば、読者の視点はラムジー夫人の視点とラムジー氏の視点、若いジェイムズの視点とリリー・ブリスコーの視点、学生チャールズ・タンズリーの視点とその背景からの視点とのあいだ、そして第二部「時はゆく」での断片的なビジョンと、この本を読むことを選んだアウトサイダーのビジョンとのあいだをさまようことになる。これらの視点は絶えず互いに挑戦し合い、互いを緩和し合っている。前景と背景とが入れ替わり、連想が積み重なって新たな経験が生まれていく。このような移り変わりのなかで、読者は作品を意味あるものとして、また美的なものとしてたちまちのうちに獲得しようとする。イーザーはデューイ的な様式で、美的経験が過去の経験を何らかのかたちで超越していくように、読者のテキストに対峙する現在と読者自身の習慣的な経験とのあいだでの交互作用を描き出している。読者がパターンをつくり出そうと努力するプロセスで見出す相違は、重要な意味を持つようになる。未婚の女性画家リリー・ブリスコーは海に囲まれたヘブリディーズ諸島の世界を、分析的なラムジー教授とはまったく違った視点で見ている。どちらの視点も、多様な子どもたちや老いた詩人、灯台守の視点とは対立するものだ。登場人物たちが違ったものの見方をしているとき、こうした現象は読者自身がその読書のあいだにつくり出したパターンや解釈の不十分さを意識させるかもしれない。そして読者は自己省察的になるかもしれない。イーザーはこう書いている――

参加のプロセスのなかで自分自身を認識するという能力は、美的経験の本質的な部分だ。観察者は自分自身が奇妙な、中途半端な位置に立っていることに気づいていく――彼は巻き込まれていると同時に、巻き込まれている彼自身を見つめることになる。（……）その結果、経験が再構築され、あるいは蓄積されることで、読者はそうした経験がもたらすものだけでなく、経験が発展していく手段にも気づかされることになる。テキストによって着手されたそうした経験を制御しながら観察していくことによってのみ、読者は自身が再構築しているものについての言及を練り上げることが可能になるのである。ここにこそ美的経験の実践的な意義がある。すなわちその美的経験のもたらす観察が、仮にそれがなかったとしたらコミュニケーションの成就すら覚束なかったはずのコードの代わりを果たすのである。（Iser, 1980, p.134）

この読書へのアプローチは、私たちがカリキュラムや学ぶことそれ自体をどのように考えるべきかについての強い示唆を与えている。このアプローチは主体と客体との分離に挑戦しているのである。解き明かされるべき客観的に存在する世界という前提を持つことなく、ひとたび読者が登場人物の思考や知覚に巻き込まれるやいなや、読者は日常の経験のなかに埋もれていた疑問や懸念を意識している彼自身あるいは彼女自身を見出すようになるのだと。そのとき前景に浮かび上がる何かが、テキストのテーマを追求しその意味を次第に獲得していく背景となる意識を、何らかのかたちで変化させていく。『灯台へ』の核となる有名な晩餐会のシーンを例に取ろう。ラムジー夫人は、秩序、安定性、そして（おそらくは）支配に対する自分の欲求を満たすために、夕食会をアレンジした。会話が続くなか、屋外は薄明かりから暗闇へと変わっていく。

いまやすべての蠟燭に火が灯された、そしてテーブルの両側に並んだ顔が、その明かりのせいで近づいたように感じられて、夕暮れの薄明のなかにいたときとは違い、テーブルを囲む人々のあいだにある種の一体感が生まれていた。というのも夜は、一枚一枚の窓ガラスの向こうへと締め出されているのに、その夜を見せてくれているはずの窓は外の世界の正確な眺めとはかけ離れた、外界をゆらゆらと奇妙に波打たせるような雰囲気を醸し出していたから、まるで部屋のなかには秩序と乾いた大地とがあるのに、一歩外に出ればそこではすべてのものが水の流れのように揺らめいて、たゆたっては消えていくかのように映っていたのだった。

何らかの変化が、みんなのなかに一斉に生じていった。あたかもこの窓の向こうの光景は、本当にいま起きていることなのだとでもいうように、虚無のなかで、小さな孤島のうえにみんなで揃って身を寄せ合い、外界を果てしなく流れ続けるものに抗わなければという共有された目的で結ばれている気持ちになったのだった。(Woolf, [1927]1962, p.114)

私や他の読者、おそらくまた多くの読者にとって、社会的な生活や文明さえも、無に対峙した人間によって創り上げられたものなのだという考えは、私たちの日常世界での経験のなかに埋もれてしまっていて、これまで直面することすらなかったかもしれない。田舎で開かれるイギリスの教養ある家庭の晩餐会の描写のなかでこうした考えに対峙するということは、予測しえない何かに出会うということであると同時に、それらから締め出されるということでもあるのだ(12)。この小説の文脈のなかで「時はゆく」と題されたその中間的な一部において、第二次世界大戦の時代、子どもの誕生のなかでの死の時代、戦場での死の時代、そして「夜の混沌や騒乱に劣らず、どこか不気味な気配があったのだった。木々も花々もそこに立って一斉に前を見つめて、空を見上げているというのに、そのじつ虚無を抱き続けていて、眼を欠いたその姿には底知れぬ恐ろしさがあった」(p.156) 時代が、そうした出会いを準備している。私はまったく新しいことをともに学んだというわけではなく、特に見たくもなかったものを見させられたのだった。しかしひとたび目にすると、意味を創り上げ、つながりに働きかけ、一時的にせよ――存在に何らかの重要な秩序をもたらすために、かつてないほどのエネルギーを呼び起こすように私を動かしたのである。それはモーリス・メルロ＝ポンティの、「私たちは世界のなかにいるからこそ、意味づけるよう宿命づけられている」という言葉、そして「私たちは毎分、関連する経験の奇跡を目撃している。しかしながらこの奇跡がどのように起こるのか、関係性の網目である私たち以上に知っている者はいない。(……) 真の哲学とは、世界の見方を学び直すことなのだ」(Merleau-Ponty, [1962] 1967, pp.xix-xx) という言葉を私に思い出させる。

私が教育史や教育哲学、(また多少なりとも最近になって) 美学の授業に文学作品を取り入れることにしたのも、これらの洞察によるところが大きい。想像力とは「あたかも」や「いまだない」、あるいは「ありうるかもしれない」へと到達していくためだけの能力ではないのだということがわかるにつれて、私にとっての想像力の重要性が増してきた。ヴァージニア・ウルフが言うように、想像力は

「断ち切られた部分を再びつなぎ合わせる」（Woolf, 1976, p.72）ものであり、退屈と繰り返しを打ち破るものであり、多元性の只中で存在を統合体へと統合していくものだ。比喩をつくり出すのを可能にするということは、それほど重要なことではない。先にシンシア・オジックが、医師が患者の苦しみを想像する方法について述べていたものを引用した。彼女は、多くの医師と同様に、患者の傷つきやすさと自分自身の無自覚な影響のされやすさとのつながりに気づいていないと言われてきた、とある医師の集まりで講演するよう依頼された。医師たちは想像力を「インスピレーション」と結びつけておきながら、そんなものは何の役にも立たないと苛立ち、「平易なスピーチ」を要求したのである。「想像を生業とする」オジックは、作家として自分が「無力感を味わっている人々、恐怖を感じている人々、隔離された人々の震えるような魂に入り込み、つながっていく道について提案できる」ことを知っていた。「医学では『共感』、アートでは『洞察』として知られる、情熱と思いやりの伝染について示す」ことが彼女にはできた（Ozick, 1989, p.266）。オジックは詩とインスピレーション、比喩とインスピレーションとのあいだのつながりについて考えながら、こう告げている。「私は、比喩がインスピレーションに属するというより、記憶と憐れみに属すると医師たちを説得するつもりだ。比喩は私たちの道徳的本性の主要なエージェントの一つであり、人生において深刻であればあるほど、比喩なしではやっていけないということを主張したい」（p.270）。これはコンラッドの連帯についての言葉を彷彿とさせるものだろう、どちらの洞察も関係性、互恵性、相互性とのつながりを持っている。

私にとっては、これから教師になる人たちに教育史や哲学を教えるのに想像と比喩の領域に深くかかわらせることなしには難しい。それ以外にどうやって、人々が学ぶ矛盾した事柄に意味をつくることができるのだろうか。たいてい解読不能な世界のなかで、自分たちのことを選択していくために、教えるためにいる実践家として見つめていくことを他にどのようにして捉えればいいのだろう。

当たり前のこととして受け取られていることを新鮮に見つめ直していく能力も、同様に重要であるように思われる。というのもこの能力がなければ、私たちのほとんどは生徒たちとともに習慣のなかに沈み込んだままになってしまうことだろう。この能力がなければ私たちも生徒たちも、これまでの人生を通じて完全に「自然なこと」と思われてきたことにほとんど気づくことなく、ましてや疑問を抱くことすらしなくなってしまうことだろう。そうすれば私たちも生徒たちも、省察的な批評を行うことすらほとんどできなくなるだろう。ある種の新聞やテレビから開示される情報、暗殺のような公的事件、廊下や街角でささやかれる事柄が人々に衝撃を与えることである種の目覚めをもたらすことはあるかもしれないが、アートにはこうしたランダムなメッセージの持つ力とは明確に異なる力がある。アーサー・ダントー（Danto, A.）が私たちに思い起こさせているように、文学は次のようなものとして捉えることができるだろう。それは、

一種の鏡であり、単に外的な現実性を映し出すという意味ではなく、鏡のなかを覗き込んでいるそれぞれの自己に対して鏡なしにはアクセスできないものを見せてくれる、つまりそれぞれに外的な側面があり、その外的な側面が何であるかを示してくれる。その意味で文学のそれぞれの作品は、

鏡の恩恵なしには自分たちのものであることを知ることができなかったはずの、ある側面を示している。すなわちそれぞれが（……）推察されていなかった、自己のとある次元を発見するのだ。鏡とは受動的にイメージを返すものというより、イメージと同一化することによって自分が何であるかを認識していく読者の自己意識を変容させるものである。文学はこの意味で変容的なのである。

(Danto, 1985, p.79)

文学作品が人間の現実性の諸相について、複数の、しかし特殊な認識を伝えるために意図的に創作されたものであると理解するということは、「公の場でも、私たち一人ひとりの内側でも」行われている「会話」(Oakeshott, 1962, p.199) と呼ばれているものに触れるということなのである。今日、私たちの多くはこの交換について、より多くの声に開かれた、文脈化された会話や対話として考えている。さらに思考の歴史における偶然性と不連続性の重要性 (Foucault, 1972, p.231) を学び、偽りの明瞭性との戦いにアートによる助けを得ながら偶発性を選択することで、私たちはカリキュラムを通して人に変容するイニシエーションをときはなち、私たち自身が行うことのなかに変容的な次元を発見していく可能性を高めていきたいと考えている。

学習者に、社会的な世界の欠陥を修復するため、また個人的な生活においてこれまでとは違う自分になるために学ぶよう促すような、意味への冒険の例は数多くある。サルトルが『存在と無』のなかで、人々を変容的な行動に向かわせるために必要なこと、ある種の失敗や欠落を「耐え難い」と判断するために必要な教育と知性について述べていることに、私はいつも心を打たれている（Sartre, 1956, p.435）。教条主義的な、あるいは明確に革命的な文学は、文学的な作品が読者に、生き生きとしているオルタナティブなあり方を想像させる能力をもっている場合には必要ないものだ。サルトルにとって、アート作品は贈りものであると同時に要求でもある。アートを通じて「もしその不正のある世界が私に与えられたとしても、私はその不正について冷たく熟考するのではなく、むしろ私の憤りで活発にし、その不正という性質、つまり抑えられるべき侵害という性質を暴いて、創り上げたことだろう」。その憤りとは「変化への約束」なのだと彼は主張した（Sartre, 1949, p.62）。トニ・モリスンの『ビラヴド』のような作品は、母親から売り飛ばされた奴隷の子どもたちについて特殊な、切り裂くような言葉で語っているけれど、子どもに対するあらゆる侵害についての私たちの憤りを高めていくことによって、変化への約束に導いていくはずだ。過去、現在にわたる反戦の著作について思いを馳せてほしい。ナディーン・ゴーディマー（Gordimer, N.）の『バーガーの娘』や、アパルトヘイトを描いた他の作品、あるいはまた『アンネの日記』、エリ・ヴィーゼル（Wiesel, E.）の小説など、ホロコーストをめぐるプリーモ・レーヴィの物語やエッセイ、そして次々と現れてきているこの国の女性やマイノリティに対する差別を暴く小説たち(13)。もしこれらの作品が創り上げられた世界として読者に注目され、すでに記してきたような方法で読者によってその世界が獲得されるのであれば、作品によってもたらされる体験は自己閉鎖的なものではありえないし、誤った教育を行うものでもありえない。それどころかマルクーゼが言うように、気づきそれ自体が「限界点まで増大」していくかもしれない。

特にその創り上げられた世界が、奴隷制度やアウシュヴィッツでの投獄についての世界、南アフリカのソウェト蜂起後の傷ついた子どもたちへの責任についての世界である場合には。マルクーゼが述べたように世界とは「脱神秘化」できるものであり、「知覚の増大は物事が歪められてしまわない限りにおいて、言葉にできないことが語られ、それがなければ見えないものが見え、耐え難いものが爆発するように向かわせることができる。こうして美的変容（aesthetic transformation）は告発へと変わる──しかし同時に不正義と恐怖に抵抗するもの、そしてまだ救われうるものを祝福するものへと変わる」(Marcuse, 1977, p.45)。

これと同様の経験、つまり想像力がときはなたれ、見る者がその世界に人生を捧げる準備ができてはじめて入り込める世界が、ある種の演劇作品や映画によって生まれている。特に映画というアートは私たちの生活における視覚の重要性と、人々が視覚的なイメージの言語に慣れ親しむようになった今日、特別な意味を持つかもしれない。映画の力、そして映画によって可視化される世界の豊かさと複雑さを示す最近の例としては、スパイク・リー（Lee, S.）監督の『ドゥ・ザ・ライト・シング』が挙げられる。アメリカの都市で人種差別が再燃し、「説明」や診断が至るところで氾濫しているいま、このような映画は談話的あるいは説明的な話と比べて、アート作品に何ができるかを生々しく論証している。多様で個性的な人々（イタリア人のピザ店主や食料品店を営む韓国人夫婦を含む）が住むブルックリンのゲットーを舞台にしたこの映画は、活力に満ちながらも恵まれないさまざまな生活と、それらの生活がどのように経験されているのか、そして何がなされるべきかについてのさまざまなパースペクティブを提示している。マーティン・ルーサー・キングとマルコムX（Malcom X）の言葉がそれぞれスクリーンに映し出されるだけで、決着はつかずに——そうであるべきだというように——映画は終わる。鑑賞者は混乱したカテゴリー、目や心に映った数々の特殊性、未解決の緊張、執拗な曖昧さを抱えたまま取り残される。映画と深くかかわるということ、撮影された現実とは別のものとして映画を認識するということが何を意味するのかについて少しでも知らされているなら、観客は巨大で挑発的な疑問とともに取り残されることになる。それはデューイが社会的探究と呼んだものの枠組みのなかで（Dewey, [1927] 1954, p.184）、繊細な探究によって、対話によって、つながりによって、再公式化によってのみ洗練されうる種類の問いである。(14) そのとき奇妙なことに、鑑賞者は拡大された視野と驚異への意識とともに取り残されることで、生きている存在がアート作品にその生を貸し与え、自分たち自身の経験のなかへとその作品を存在させていくときにのみ到達できる喜びを感じるのである。

ネルソン・グッドマン（Goodman, N.）が明らかにしたように、さまざまなアートの言語やその記号体系は互いに大きく異なり、相互に翻訳することはできない。しかしながら特別な意味で、私たちはすべてのアートを「読む」のであり、「絵画も詩と同様に読まなければならないのであって、その美的な経験は静的というよりもダイナミックなものなのである。きめ細かな識別を行い、些細な関係性を見極め、そのシンボル系とそのなかの登場人物、またこれらの登場人物が何を指し示していて、何を例示しているものなのかを特定し、作品を解釈しながら作品の観点から世界を、そして世界の観点から作品を再編成していくのである」(Goodman, 1976, p.241)。グッドマンにとっても、私たちは客観的に存在する世界のコピーを見つけるためにアート作品とかかわっているのではなく、それらの作品なしにはアクセスできないニュアンスやかたち、音を発見するために、より多くのものを見ることを可能にするアート作品の力を経験するために作品に深くかかわっているのである。

時間の経過とともに変化する視覚的なアートとの出会いのなかで、絵画とは通常、画家とその画材とのあいだでの長い弁証法的な苦闘ののちに生まれるものなのだという認識を持つことが特に重要であると私は気づいた。(アンリ・マティスの『赤いアトリエ』のことを一部思い起こさせるけれども)ジョン・ギルモア(Gilmour, J.)は絵画とは意味の文脈のなかで生まれるものであり、「アーティストの絵画の主題に対する関心は、哲学者の自己理解への追求と類似している」(Gilmour, 1986, p.16)と理解することがいかに啓発的なものであるかを明らかにした[15]。自らの人生や仕事のなかで生じる問題への重要な応答を求めて奮闘するアーティストの試みは、「創り上げられた絵画を通じて世界を理解しようとする、文化化されたビジョンを反映している」(p.18)。このことを理解すること、つまりピカソやマティス、あるいはその他の絵画のアーティストが提示したものと一致する世界を見ることができるようになるにつれ、文化的な文脈のなかで意味が発達していくことを理解するということは、新たな開示へと自らを開くことなのである。また絵画、世界、そして自分自身について、新しい解釈をするように心を動かされることでもある。どんなアーティストであれ、これから言おうとしていることの意味は「どこにも存在しない——まだ何の意味も持たない物事にでもなければ、またアーティスト自身の、まだ公式化されていない人生にでもない。それは『文化化された人間』が自らを閉じ込めることで満足しているようなすでに構成された理性から人を離れさせ、自らの起源を含む理性へと呼び覚ます」(Merleau-Ponty, [1948] 1964, p.19)。この言葉は最初に知覚された「風景」のことや、大地のこと、また堆積し、変化していく意味の背景のことを意味しているとしか思えない。挿絵や表象としてではなく絵画として絵と出会うとき、私たちが深くかかわりたいと願っているあの探求を、さらに先へと進ませるように促される。画家にとっての意味だけでない、見る者にとっての意味が、その先にある。

絵画の領域での意味に向かうどのような文脈を伴う追求であれ、そこには「言葉以前に見ることがある。周囲の世界のなかに私たちの場所を築き上げるのは、この見ることなのである。私たちはその世界を言葉で説明するが、言葉は私たちがその世界に囲まれているという事実をけっして覆すことはできないのである。私たちが見ているものと私たちが知っているものとの関係性は、けっして定まることがないものだ」(Berger, 1984, p.7)。見ることについて考えることを越えて、絵画、特に物事を神秘化するためだけの絵画や、聖なる遺物として扱われているため一般の人々には手の届かないような絵画について批判する必要がある。ジョン・バージャー (Berger, J.) によれば、もし私たちがイメージの言語を使うことについてより一層学ぶことができていたなら、「言葉の不十分な領域において私たちの経験をより正確に定義することができていたことだろう。(……) [こうした領域は] 個人的な経験だけでなく、私たちの過去に対する関係性に関して欠かすことのできない歴史的な経験でもある。

すなわち自分の人生に意味を与えようと探求していく経験、自身が活動的なエージェントになりうる歴史について理解しようとする経験である」(p.33)。

この考え方は、カリキュラムの探究について重要なことを直接的に示しているように思える。また、ある意味でカリキュラムとのかかわりのなかにあるアートについての考え方のなかで、重要なことの多くを要約してくれているようにも思える。見たり、聞いたり、読んだりするものに個人的に立ち会えるように教師が生徒をときはなっていくことの重要性を感じられるだけでなく、生徒が互いに協力しながらエージェンシーや参加への感覚を養うことの必要性を再認識することができる。私はアルフレッド・シュッツが社会的な交流のパラダイムとして「一緒に音楽をつくる」ことを考察していたことについて思い出す。彼は音楽的プロセスの流動性、つまり作曲家の意識の流れと聴き手の意識の流れが一緒になることによって生まれる「同時性（simultaneity）」について語った。内的な時間におけるる他者の経験の流動性を共有すること、「共有された鮮明な現在のなかを生きていくこと、これが（……）相互の調律関係（tuning-in relationship）を構成する。すべての可能なコミュニケーションの基礎にある相互の調律関係、『私たち（We）』の経験」(Schutz, 1964, p.173) と、彼は書いている。

カリキュラムとの関連でアートについて考えるということは、調律に深化と拡大をもたらす様式について考えるということである。そう、確かに学問は必要で、知識の構造をより一層習得していくことも必要なのだけれど、それと同時に、すでに構成された理性を捨て去るべく、感じ、想像し、窓を開く意志を持って探求に向かうことを厭わない者だけが可能な、地に足のついた根拠のある解釈というものも必要なのだ。そしてその探求には――時に厳しく、時に悦ばしい――青いギターの音色が伴っていなければならない。

注

(1) コモン・スクール (common school)　一九世紀の米国で広く設立されるようになった公立学校の形態で、どの宗教にも属さず、どの宗教団体からも教育機会を与えられていない貧困層の子どものために、普通教育を提供する学校の総称。

(2) こだまする草原 (On Ecchoing Green)　ブレイクが往時の児童文学や児童向け歌集に影響を受けて執筆・制作された彩色図絵入りの詩集『無垢の歌・経験の歌』に所収されている詩の表題。日が上り鳥が囀り、鐘がなるなか子どもたちが草原で遊びまわり、その声が「こだまする草原に」(On the ecchoing green) 響く。老人はかつて自分もそう遊んだことを回想する。日が暮れるにつれ子どもたちは帰り、「暗くなる草原に」(On the darkening green) 誰もいなくなる一日の変化を歌い、子どもの無邪気な遊びは不可避的に過去のものとなっていく様子を描いている。ここでグリーンは、この詩の最後の句を示唆しているものと思われる。

(3) ルイザ・メイ・オルコット (一八三二―一八八八)　一九世紀アメリカの作家、詩人。奴隷制廃止論者、フェミニストとしても知られる。ここで紹介されている著作は、彼女の代表作の一つであり、黒人奴隷解放のため南北戦争に従軍していた夫を待つ妻とその四人の子どもたち、メグ、ジョー、ベス、エイミーの一年を描く『若草物語』(一八六八)。

(4) ナサニエル・ホーソーン (一八〇四―一八六四)　一九世紀アメリカの作家。アメリカ・ルネサンス期を代表する作家として知られる。ここで引用されている著作は、一七世紀に起きた姦通事件を題材に著された、牧師ディムズデールとのあいだに不義の子を宿した女性ヘスターがコミュニティから糾弾され、姦通（adultery）の頭文字Aが縫い付けられた衣服を着せられるも、自身の自由意志を保持し続けるさまを描く『緋文字』（一八五〇）。

（5）　引用はコンラッドの『ナーシサス号の黒人』序文（第四章注6参照）。第十三章での同署の引用文において原文での相違があるが、原著を尊重しそのままとした。

（6）　第一波フェミニスト文学の作家たちという共通項が挙げられる。『目覚め』（一八九九）は一九世紀アメリカの作家ケイト・ショパン（一八五〇—一九〇四）による長編小説であり、アメリカ南部で良妻賢母として生きる他ない女性のあり方に疑問を感じ始めたエドナが、自分を自分だけのものとする精神的、性的な自己解放について描き出したフェミニスト文学の先駆けとして知られている。「黄色い壁紙」（一八九二）は一九世紀アメリカの作家、活動家、フェミニストであるシャーロット・パーキンス・ギルマン（一八六〇—一九三五）による、医師であった前夫から受けた治療経験をもとに描かれた短編小説であり、産後のうつ状態と診断された語り手の女性がその夫から療養のためにと、鉄格子のある奇妙な子ども部屋に監禁され狂気に陥っていくさまを描いた、フェミニスト小説として知られる。ヴァージニア・ウルフ『自分ひとりの部屋』については序文注15参照。

（7）　そのルーツやジャンルにかかわらず、フェミニスト文学を著した作家たちであるという共通項が挙げられる。マヤ・アンジェロウ（一九二八—二〇一四）は二〇、二一世紀アメリカの詩人、歌手、自伝作家、活動家。キング牧師やマルコムXとともに公民権運動に参加したことでも知られ、自伝的フィクションとして全七部からなる作品を執筆。代表作は自身の体験した八歳での家庭内レイプなど、黒人ゲットーのなかでの人種差別と女性差別と暴力、そしてそれらに直面しての文学や歌への逃避を通じた一七歳までの自己形成を辿った『歌え、翔べない鳥たちよ』（一九六九）。マージ・ピアシー（一九三六—）は、二〇、二一世紀アメリカの作家、活動家、フェミニスト。代表作はフェミニズムと社会正義、精神病などの問題を扱った、サイバーパンクの先駆けとしても知られるタイム・トラベル

SF長編小説『時の淵に立つ女性』（一九九一）。マーガレット・アトウッド（一九三九―）は二〇、二一世紀カナダの作家、詩人、文芸批評家。代表作は、アメリカでキリスト教原理主義者による宗教国家が建国された近未来、環境汚染や原発事故等で健康な女性が減少したために、優秀な司令官の子を産む道具としてのみ生きる侍女という階層を強制された女性たちの経験を綴る『侍女の物語』（一九八五）。

(8)　多元的な現実性（multiple realities）　シュッツの用語。第一章注22を参照。

(9)　『響きと怒り』（一九四六）　一九、二〇世紀アメリカの作家ウィリアム・フォークナー（一八九七―一九六二）による、アメリカ南部のコンプソン家の没落を辿る全四章からなる長編小説。ここでグリーンは、この作品の各章が、じつにさまざまなきょうだいたちの視点から語られていくことを踏まえて、それぞれの現実性が所与のものでなく自身の経験から解釈されたものであることを指摘していると考えられる。具体的には、第一章は重度の知的な障害のために妹のキャディと黒人の召使ディルシー以外から見放されているベンジーの視点から。第二章は妹キャディの処女性に一家の帰趨を託しているハーバード大学の学生クウェンティンの視点から。第三章は物質的な成功を求める欲望について肯定している皮肉屋のジェイソンの視点から、第四章は没落していくコンプソン家とは対照的に信仰を持ち外界で強く生きている黒人召使のディルシーの視点から語られる。

(10)　プリーモ・レーヴィ（一九一九―一九八七）　二〇世紀イタリア出身の、ユダヤ系イタリア人の化学者、パルチザン、作家。ホロコースト・サバイバーとして知られ、アウシュヴィッツ強制収容所での経験を描いた『これが人間か』（一九四七）で著名。ここで引用されている著作は、中途半端で複雑な灰色の領域に白と黒を生み出すことで加害者の精神状況が生まれ、そもそも無益な暴力を有益な暴力へ転換するために人々を黒くする辱めが必要とされるなど、アウシュヴィッツを加害者の視点で分析しその記憶のステレオタイプ化による風化を防ぐことを訴えた『溺れるものと救われるもの』（一九八六）。

(11)　物語のなかで、自身の行く末を試され続ける主人公の位置にある登場人物という共通項がある。リアはシェイクスピア『リア王』（一六〇六）の登場人物。年老いたリアは退位にあたって三人の娘に領土を分割するも、実直な末妹の誠実な物言いには腹をたて勘当してしまい、当初から奸計を企てていた二人の姉からは弄されて騙され、荒野をひとり彷徨ったあげく亡くなるという顚末を迎える。ドロシア・ブルックはジョージ・エリオット『ミドルマーチ』の登場人物。自立心のある娘であるドロシアは、知識欲に燃え、研究に貢献したいと親ほども離れた神学者カソーボンと結婚するもその人格に幻滅し、その縁者だが財産のないラディスローと結ばれるが、彼女に夫人として生きる以外の違った人生はなかったのかと周囲の人々に残念がられている。イザベル・アーチャーは、一九、二〇世紀アメリカ出身の、イギリスで活躍した作家ヘンリー・ジェイムズ（一八四三―一九一六）の長編『ある婦人の肖像』（一八八一）の登場人物。アメリカで生まれ育った自由闊達な娘イザベルはロンドン郊外の豪邸でヨーロッパの伝統文化に出会い、その価値観を探究していくなか、イギリス貴族のウォーバートンに見そめられ婚約を迫られる。しかし自由を尊ぶアメリカの考えがヨーロッパ貴族の慣習に束縛されると思い、アメリカ人だがヨーロッパに住んでいる、資産のない中年の博識なオズモンドと結婚するに至るものの、彼が単なる世間体を気にする俗物であることがわかり失望するなど、男女の所有欲やエゴイズムに出会っていく。

(12)　本書第十四章にある「美的な問い」（作品のなかであなたに語りかけるもの、あなたを締め出すものは何か）を参照。

(13)　差別、虐殺、蜂起を自身の経験から析出した作家という共通項がある。『バーガーの娘』（一九七九）は、二〇、二一世紀南アフリカの作家、政治活動家であるナディーン・ゴーディマー（一九二三―二〇一四）の長編小説。アパルトヘイト下の南アフリカで、白人による反アパルトヘイト活動の指導者である南アフリカ共産党のライオネル・バーガーの獄死を受け、その娘ローザがバーガーの娘としてのアイデンティティを、ソウェト蜂起の起きたソウェトや、海の向こうのフランスの地を辿りながら探求していく。エリ・ヴィーゼル（一九二八―二〇一六）は二〇世紀ハンガリー（現ルーマニア）出身の、アメリカで活躍したユダヤ人の作家。ホロコースト・サバイバーとして知られる。代表作は自身のアウシュヴィッツ、ブーヘンヴァルト強制収容所での経験を辿った『夜』（一九五八）。レーヴィについては第七章注10参照。

(14)　社会的探究（social inquiry）　デューイの用語。社会的なものを物理的、生命的、精神的なものと連続している包括的な基盤とみなし、人間と人間が関係し合う社会的状況から生まれる問題解決の結果を蓄積し保存していく、共同探究者としての人間による歴史的な問題解決へのアプローチを意味する。

(15)　ジョン・ギルモア（一九三九―）　二〇、二一世紀アメリカの哲学者。アルフレッド大学教授であり、ドイツの画家アンゼルム・キーファー（Kiefer, K.　一九四五―）についてのモノグラフも著している。ここで引用されている著作は、科学者が客観性と真実の擁護者として、アーティストが主観性と創造的表現の擁護者として描かれていく現代において、世界を客観的領域と主観的領域に分けることがいかに誤解を招きやすいかを現代アートの分析を通して示し、この誤った二分法が旧来の心の哲学に依存していると問題提起した『描き出す世界』（一九八五）。

第八章　学ぶために書くということ

カリフォルニア州にあるナショナル・ライティング・プロジェクトは、「フリーライティング」を推奨し、省察的な読みと書くことへの動機づけを結びつけることを重視した全米に広がるプログラムの一つである。このプログラムでは、教師だけでなく生徒たちにも日誌を書くよう促している。そこでは、毎日のように、子どもたちの詩や物語、エピソードなどが、多彩なバインダーノートやポートフォリオのなかで表現されている。本章は、ナショナル・プロジェクトが発行する季刊誌の編集者から依頼された記事にもとづいて書いたものだ。執筆者への要望は、学ぶために書くということが他領域での学習にどのようにつながっていくのかについて、これまでの経験から、自伝的な内容を踏まえて紹介してほしいとのことだった。それは、いわゆる質的研究の一例として取り上げられた。

ほとんどの教師たちが今では知っているように、何かを伝えるとき、何かとかかわりをつくり、パターンを創出し、一見意味がなさそうに見えるものに意味を与えているものだ。幼い頃、私はいつも本を読んでいた。「本の虫」と呼ばれ、恥ずかしい思いをしたこともあったが、ただ本を読むだけでは満足できなかった。そこで、夜、ベッドルームの電気が消されたあとに、読んだ話を再び妹に話した。でも、それでもやっぱり満足はできなかった。私にとって欠かせなかったのは、読んだものから自分なりの意味を理解し、それを自分の経験と結びつけて具現化すること、そしてそのなかから何を学ぶことができたかを知ることだったのだ。

ユードラ・ウェルティ（Welty, E.）の家族のように（Welty, 1984, p.6）、私の家族が『知識の書』を持っていることが誇りだった。(1) 私は、まるでジャン＝ポール・サルトルの作品『嘔吐』に登場する独学者のように、『知識の書』の全巻をアルファベット順に読み進めることに夢中になり、そこに書かれているすべての知識を吸収しようとした。どうやってあっという間に「M」のセクションにたどり着いたのかは記憶にないのだが、「メキシコ」という見出しのところで、父親の誕生日プレゼントとして白黒のノートに小説を書き始めるきっかけとなった文章を読んだことは確かである。私の心を動かしたのは、メキシコの農民が村から拉致されて鉱山で働かされるという話で、七歳の少女ラモーナが、拉致された父親を探しに行くという話だった。（当時、ちょうど七歳だった私にとって、この話は非常に意味深いものだった。）私は、まずラモーナがメキシコのグアダラハラ市近郊に住んでいると想定し、放浪の旅のルートを決めるためには、メキシコのその辺りの地理がどうなっているのかを把握しなければならなかった。小説を書くために知る必要があったからこそ、その地域の地形や地質について多くを学ぶことができただけでなく、二〇世紀はじめのメキシコの鉱業についてもかなり勉強し、専門的な知識も得ることができた。書くプロセスでシンボルや比喩を選択することを通して、私と父との関係性についていかに多くのことを学んでいたかに気づくまでには数年かかったものの（ジークムント・フロイトがこの世界のどこかに存在していたなどとは疑う余地もなく）、ラモーナの探索は結論には至らなかったことは確かだが、私はその小説を父に贈ることができた。近ごろは、エリザベス・ビショップの詩「待合室で」の一節に触発され、他の作品を書いていたところ、見られていることについて、また書くことを通じて意味をつくり出すことについて、さらに多くのことを学んだ。以前、この詩の一部を引用したのだが、この詩は、もうすぐ七歳になるエリザベスが歯医者の待合室で、いくつかの混乱を引き起こす出来事や小さな衝撃に遭遇し、それに対する反応として突然の瞬間的な感覚に襲われる様子を描写したものだ。

まわる、まるい世界から
つめたい、あおぐろい宇宙へと落ちる（……）。
けれど私は感じていた――あなたは一人の私、
あなたは一人のエリザベスなんだ、って（……）。（Bishop, [1975] 1983, p.159）

現在、そして過去を振り返りながら私が学んだこと、それは、書くことが「私」という自己の認識とどれほど深くかかわっているかということだった。（さらに詩人が続けて言うように）「あの人たちのなかの一人」、つまり自分自身を個として認識すると同時に、社会やコミュニティのなかの一人としての自分を理解することについても学んでいくことになる。

幼少期の試みから数年後、アメリカ史を専攻していたバーナード・カレッジを卒業した直後に、私はアメリカの歴史小説を書くことを決意した。その小説は七〇〇ページに及ぶもので、ジェファーソン（Jefferson, T.）が大統領に選出される前の激動の数年間について書いた。[2]私は、民主主義社会、外国人法および治安法（Alien and Sedition Acts）により投獄された人々、フランス革命に共鳴する人々などについて、またその他の関連するテーマについても研究した。小説の主人公は（当然！）革命時代の詩人フィリップ・フレノー（Freneau, P.）をモデルにした。[3]だが、私の創作した登場人物は、その時代の体制に抗議する歌を書くフォークシンガーだった（時期尚早だったことは認める）。この小説は出版されることはなかったのだが、アメリカ史の一つの時代について、バーナード・カレッジで専門的に勉強した年月ではけっして網羅できなかったことについても学ぶことができた。ここでもまた、私は自分が読んだ資料について深く考え、自分自身の経験や感情と結びつけて理解するために具現化した。大きな歴史的出来事を私自身の個人的な意識を通して媒介するプロセスで、自分にとって非常に重要なことが起こったのだ。それは、個人の経験や感情が広い社会や公共の出来事とどのように関連しているか、個人的な視点から公的な事象を見ること、またその逆も含め、個人的なものと公的なものとの関係性について考えることができたのである。歴史という対話のなかで、視点の重要性を認識し始めていたのだ。時間が経つにつれて、書く活動を通して、自分自身の「声」、つまり女性としての声を発見するようになってくるにつれ、私は視点についても、そして歴史についてもさらに多くを学んだ。

ヴァージニア・ウルフは、「衝撃を受けとめる力（shock-receiving capacity）」があったからこそ作家になれたのだと考えていた（Woolf, 1976, p.72）。前に述べたように、ウルフは「自分が何か衝撃的な出来事を体験すると、それを誰かに言葉で説明したいという欲求が湧く」と感じていたのである。ウルフによると、そのような衝撃の原因を見つけることで、受け身だった自分から少し解放され、その衝撃から受けた傷の、自分を傷つけている力が和らぐのを感じたという。[4] ヴァージニア・ウルフのようなアーティストになることは難しいかもしれないが、私たちにはそれでも、「非存在」の「真綿」、あるいは当たり前のこととして受け取られていることのなかに沈み込められている状態、つまり自分たちの価値が認められず抑圧されたり、見過ごされたりする状況に意識を向けることはできるはずだ。

私の人生において、周囲から私を規定してくる、条件づけてくる、（時折）操作してくる力との弁証法的な関係性と私が捉えたもののなかで、私自身を認識することは、きわめて重要なことであり続けている。そうした力のいくつかは私の歴史と私のジェンダーに関係づけられているもの、またいくつかは社会的で政治的な環境のなかに内在しているものであった。私がとても頻繁に、そうした力について伝えたいと心を動かされるのは、私の自由が隠され、卑下され、干渉されるときなのである。私の受ける衝撃は、私が選択する（そして行為する）空間が狭められていると感じるときにやってくることがとても多い。だが書くことによって、これらの制約から新たなオルタナティブを見つけ、名づけることで、自分自身に可能性を開いていくことができる。これこそが、私の考える学びのあるべき姿なのだ。

哲学者メルロ＝ポンティはこう書いている。「世界とは、私が考えているものではなく、私が生きているものであって、私は世界へと開かれ、世界と疑いようもなく交流しているのだけれども、しかし私は世界を所有しているわけではなく、世界はいつまでも汲み尽くせないものなのだ」(Merleau-Ponty, [1962] 1967, pp.xvi–xvii)。この世界の尽きることのなさという考えは、私たちが世界を理解するための表現方法や理解の仕方を探求するということが、絶え間なく続くプロセスであることを示唆している。そう、年齢が何歳だろうと、書くことによって起こりうることはそういうことなのであって、「もし人が自分の人生の日常ってやつに沈んでいなけりゃ」(Percy, 1979, p.13) 誰もが行うことのできるだろう探求に、私たちは着手しているのである。

そう、私は、ナショナル・ライティング・プロジェクトが、絶望的な状況に打ち勝つ力を持つと固く信じている。また、作家やライターが自分たちの生きてきた世界の様子や道筋だけでなく、彼らを立ち止まらせ沈黙させた問題や困難な状況についても取り上げ、名づけられるようにする必要があると考えている。何とかして、これらの問題を、説明したいと思う衝撃に変換させ、そして、一人ひとりがその衝撃を受けとめる力を育んでいく必要がある。そうしなければ、日常のなかでの沈黙や絶望のなかに埋もれざるをえないからだ。ティリー・オルセンが「隠された沈黙という、中断され、延期され、否定された営み――それは実を結ばなかった営みとして隠されている」ことについて書いていたのを思い出す (Olsen, 1978, p.8)。そして、私は（この章を書きながら、より明らかになってきたことだが）多くの教師たちが生徒たちのこの隠された沈黙に対して、どれだけ注意を払ってこなかったか、そして生徒が自由に書くことを許されたなら、こうした沈黙を克服できる可能性があるのではないかと考えるのだ。

エリオット（Eliot, T. S.）の「不明確な表現に対する襲撃」[5]を導入して書くことへの関心の高まりが、ナラティブとしての人生についての哲学的な関心と連動して生じていることは、偶然ではないと、私には思われる。アラスデア・マッキンタイア（MacIntyre, A.）は、個人のアイデンティティはナラティブの考え方と深く結びついていると主張している。[6] 彼は、一人のナラティブは「相互に関連するナラティブの集まり」であり、人生の統一性は「ナラティブ的追求の統一性」であると述べている（MacIntyre, 1981, p.203）。さらに近年、私たちがすでに見てきたように、自分たちの居場所と自分たちの生きる方向とを善との関係のなかで見極めようと、チャールズ・テイラーは善への方向づけをその同じ追求と関連づけているのである（Taylor, 1989, p.52）。しかし、おそらくもう一つの観点から始めることもできるだろう――というのも、私たちは自分たちの居場所を善との関係において見極めなければならないため、それに対する方向性を欠くことはできず、したがって、私たちの人生を物語として捉えなければならない。

私たち教師の多くと同様に、テイラーもまた、多様な技術化に巻き込まれ無力感や無関心に陥りやすい現代社会における、人間のエージェンシーの問題に関心を持っている。テイラーとマッキンタイアはいかなるライティング・プロジェクトにも関与していないが、（盛り上がりを見せている哲学的な関心の一部である）言語、対話、会話、ナラティブ、物語、そして追求に対する彼らの関心には、共有された経験を持つ可能性のある世界における個人の自己創造という私たちの追求につながるものがある。書くために学ぶということは、沈黙を打ち破るために学ぶこと、意味をつくり出すこと、そして学ぶことを学ぶということなのである。

注

（1）ユードラ・ウェルティ（一九〇九―二〇〇一）二〇、二一世紀アメリカの作家、写真家。アメリカ南部の生活に基づいた作品で知られているが、サスペンスやさまざまなジャンルの小説を著しており、『楽天家の娘』（一九七二）でピュリッツァー賞を受賞している。ここで引用されている作品は、彼女のハーバード大学での執筆に関する講演録である『一人の作家の始まりに』（一九八三）。なお、『知識の書』は一九一二年より刊行されたジュブナイル層向けの百科事典である。

（2）トーマス・ジェファーソン（一七四三―一八二六）一八、一九世紀アメリカの弁士、農場主、法律家、建築家、哲学者、政治家。第三代大統領であり、政府や法に依らず、ネイティブ・インディアンや自作農、労働者など、あらゆる人が他者との平等な権利の範囲内で正当な自由を保持する人間観に基づいた「アメリカ独立宣言」（一七七六）を起草したことで知られる。

（3）フィリップ・フレノー（一七五二―一八三二）一八、一九世紀アメリカの詩人、新聞編集者。ジェファーソン主義を支持した反イギリス的な愛国的著作などにより、アメリカ独立革命の詩人として知られる。西インド諸島での砂糖プランテーションの植民主による奴隷制の恐怖を目の当たりにして執筆された、反奴隷制の詩として知られる「トビー卿に」（一七九二、一八〇九）や、インディアンとの死生観の相違を描き出した「インディアンの墓地」（一七八七）などで著名。

（4）　ここでの「傷」概念は、単に物理的・生理的な外傷の概念とは異なる。それが治癒すればもはや自身の身体を損なうものとはならない生理的な外傷とは異なり、過去に受けた衝撃的な出来事によって心に残された「傷」が現在も、未来も持続的に自身の心を苛んでくる（傷つける）ものとなる、「心的外傷（trauma）」と言えるものである。

（5）　トーマス・スターンズ・エリオット（一八八八―一九六五）一九世紀アメリカ出身の、二〇世紀イギリスで活動した詩人、文芸批評家。代表作に詩の語り手を次々に変化させ、異なる言語を翻訳せずに引用していくことで一次大戦後の荒廃した西欧を描写するモダニズム詩『荒地』（一九二二）など。ここで引用されている作品は二次大戦中に執筆された『四つの四重奏曲』（一九四三）より、彼の祖先のいた場所であり自身の墓所もある土地の名が取られている『イースト・コウカー』（一九四〇）。

（6）　アラスデア・マッキンタイア（一九二九―）二〇、二一世紀スコットランド出身の、スコットランド系アメリカ人の哲学者。ノートルダム大学名誉教授として知られ、倫理学、道徳哲学、歴史哲学、政治哲学、哲学史などの著作がある。ここで引用されている著作は、社会的な道徳言説の機能不全を前に、個人が持ちうる徳の倫理学についてナラティブ概念等を用いて探求している『美徳なき時代』（一九八一）。

第九章　開かれるために教えるということ

傲慢という非難を覚悟のうえで、私は、この章をミシェル・フーコーの『言語表現の秩序』からの引用で始めることにする。「私は、気づかれないうちにこの講義のなかに、本当に入り込んでいたかったのだ。（……）私は、起こりうるすべての始まりを超えてもたらされた、言葉に包まれていたかった。私が話している瞬間にも、名もなき声を感じていたかった。私の声よりもずっと前からあったその声のなかに、ただ私自身を落とし込むことで、そのリズムに乗っていたかったのだ。他の誰も見ていないときに、あたかもそのリズムが一瞬止まったかのような隙間のなかに、私を招き寄せるための宙吊りのなかに、私を留めさせることができていたらよかったのにと。そこには始まりなどなく、代わりに、言論が私に先んじて発せられていたことだろう」（Foucault, 1972, p.215）。

よく知られているように、フーコーが別のところで「確立した物事の秩序」と呼ぶもの――教育学的な物事、リベラル教育的な物事（Foucault, 1973, p.xxi）のなかに、私は留まりたくなる。私は、長年かけて愛するようになったもの、私自身の源泉そのものと考えることを選んだものの永遠性を肯定することに興味を惹かれる。他者によって始められた（そして実際、他者によって維持されている）偉大な会話に押し動かされることに自身を許していれば、それを中断させる必要はなかっただろう。私は何も始める必要はなかっただろうし、偉人たちが言ったことにさっと触れ、そうした言葉のなかに不完全なまま留まっているだけでよかったはずだ。

しかしそのとき、私は、始まりが自由とどれほど関係があるものか、中断が、他の人間を教えることと非常に関係のある意識や可能性の気づきとどれほど関係があるものかを考える。そして、もし私や他の教師たちが、本当に生徒たちに慣習的なものや当たり前とされているものの限界を突破するよう促したいのなら、私たち自身が自分たちの人生のなかで確立されたものを捨てる経験をしなければならないと考える。私たちは、再び始めるために自分自身を奮い立たせ続けなければならない。私は、メルロ＝ポンティが「選択と活動だけが私たちを錨から切り離す」（Merleau-Ponty, [1962] 1967, p.456）と書いていたことを思い出す。そして、私の心のなかにはいつもウルフがいて、おそらく彼女を作家にした衝撃を受けとめる能力について書きものをしている。この二人は、私自身の物語、私が錨から切り離され、他者も私とともに束縛から逃れられるよう促す方法で行為を選択するという両面性に、私を導いていく。そうすることで私たちは皆、異なる存在になり、私たちのいるところを超えていくための弁証法に深くかかわっていくのだ。

しかし、支配、つまり私に一定範囲の発言を許しつつ、他者を妨げてきた排除と否定の原理に立ち向かうことがいかに困難であったかを、私は認識していなければならない。教育が、あまりにも頻繁に階級、ジェンダー、人種に沿って、異なる人々の経験の表現を許可したり禁止したりする方法を私が受け入れるのは簡単なことではなかった。パフォーマンス・アーティストのカレン・フィンリー（Finley, K.）の名づけることや話されないことへの恐怖について語ったこと[1]、ミシェル・ファイン（Fine, M.）の発見した「言葉のテロ」（Fine, 1987, p.159）を表現した子どもたち[2]、そしてミナ・ショーネシー（Shaughnessy, M.）が、アカデミック・ライティングによってニューヨーク市立大学の新入生に対して仕掛けられた「罠」と呼んだもの（Shaughnessy, 1977, p.71）について考えてみてほしい[3]。私はその言葉を使うけれど、いまではほとんどの人々が認めている、あの含意を回避せずにはいられない――「あらゆる教育システムは、それに伴っている知識と権力によって、言説の流用を維持または修正するための政治的手段である」（Foucault, 1972, p.227）という含意を[4]。

私たち教師が、教育とは生きているすべての人にその人の好むあらゆる種類の言説へのアクセスを提供する手段であると信じていたいとき、リテラシーとは個人的な達成、すなわち個人的な意味への扉なのだと信じていたいとき、リテラシーが権力関係にどれほど深くかかわっているか、そしてそのことを文脈のなかで、また社会的な世界との関係のなかでどのように理解されなければならないかを認識するには、努力が必要になってくる。人々が文化的に定義されたリテラシーを持って生まれ、成長のプロセスでそれを習得する人もいれば、完全につかみ取ることができない人もいるということは、十分に明らかなことだ。家庭が貧しく、人々を社会における生産的な参加に順応させるための制度的努力から離れているために、そのリテラシーをつかみ取れない可能性があるし、移民やマイノリティの地位など、いくつもの理由で主流から外れているためにつかみ取れない可能性がある。疎外された周縁化された人々の多くは、自分自身の声、つまり自分なりの意味のわかり方を信用しないように感じさせられているけれど、自分の物語を語ったり、自分のナラティブをかたちづくったり、すでに知っていることから新たな学びを根拠づけたりするためのオルタナティブは提供されていない。それに対し、恵まれた人々は、共有された若者文化や、反抗あるいは青年期の不満の瞬間により適した言説を探し求めることはあるかもしれないが、自分たちが育った支配的な言語、その効率性や効力感に疑問を抱くことはめったにない。リテラシーの形成に実際に参加するのを見ることはめったにない。文脈――たとえば専門用語――あるいは純粋に直線的または分析的な言説、あるいは「標準の」世界であるとみなされるものの客観的存在を仮定する言説に疑問を抱くこともめったにない。

この章では、多くのリテラシーの様式、好まれる言語、言語の多様性、そしてこれらすべてとより広い文化的文脈との関係について、批判的な問いを引き起こす教育について扱っている。広く受け入れられているリテラシーと言説は、生きられた経験――今日の私たちの社会を特徴づける生きられた経験の多元性におけるより多くの素材を明らかにするために、研究と表現の機会として捉えられるべきである。権力の言語にアクセスできず、自分の生きられた人生についてさえはっきり表現できない人々は、「すべての慣習的な見解が集中している境界を乗り越え、より開かれた領域に到達する」(Heidegger, 1968, p.13) 可能性は低い。そう、リテラシーを身につけるということは、与えられたものを超越し、可能性の場に入ることでもある。しかしながら、私たちがそのように心を動かされるのは、私たちが現実だと思っているものの裂け目やずれに気づいたときのみなのだ。私たちは、周りに見えるもの――飢餓、受動性、ホームレス、「沈黙」――を名づけるために十分に明瞭に表現し、努力しうるのでなければならない。これらは、修復が必要な欠陥と考えられるかもしれない。それらを意識し、それらが原因で私たち自身の生きられた世界が欠けていることに気づくには、想像力が必要なのだ。カミュの『ペスト』の結末の医師リウーの声、「聖人にはなれないが、疫病に屈服するのを拒む」人々、「治療者になろうと最大限努力する」(Camus, 1948, p.278) 人々について語っているのを思い出してほしい。自分を普通の人々とみなす私たちには、偉大な英雄的資質も自己犠牲も求められていない。しかし、私たちにはこのように拒み、努力する能力があり、リウーのように自分自身の目ではっきりと見て、自分自身の声ではっきりと話すことでその能力を発揮することができる。

私自身の場合、長年にわたって、そして自分が望んでいたように沈み込み切っていたのだけれど、偉大な伝統というものは――ハロルド・ブルーム (Bloom, H.) が「西洋のカノン (正典)、時代の書物と学派」(Bloom, 1994) と呼んだものは――私に他者の目を通して見つめること、またその当時の、世界を表現するのに権威のあった方法に熟達することを求めていたのだと気づくまでに、何年もかかった。ジェンダーや階級、人種を超越した普遍的なものだと私が信じていたものが、視点の集まりでしかなかったことに気づいたのは衝撃だった。たとえ伝統に属さない人々に対して、かすかに提示されるほどの名もなき声の細流にしか入ることができなかったとしても、私のような人が文化の会話の伝統的な次元に入ることができるということは、ある種の恩恵だと考えていたのだ。いま、私の領域のなかで記憶に残っている喜びや、いまだにこちらを誘惑してくる欲求の真っ只中で、自分自身の考えることや話すこと、私の沈み込んでいた言説の両方について考えるよう、私は直接的な挑戦を受けていたのだった。

これは、私の人生を規定してくる要因を選び出すということを意味していた——支配という要因と同様に、誘惑という要因をも。私は意識的に、明白な禁止事項、明白な経験、罪悪感、困惑、恐怖に抵抗していかなければならなかった。そのような抵抗によってのみ、私たちが自分自身を選択したいと望む空間を広げていけるということを、私は発見した。私たちを阻む壁や境界に遭遇して、単に別の道を選ぶということは、抵抗するのではなく、黙って従うことなのだ。一つの弁証法について語ることは、争いのなかにある力について語ることでもある——私たちを決まった場所に留め、私たちの成長を邪魔する要因と、私たちが自分の欲求にもとづいて行為し、障害を突破し、異なるものとなり、いい、存在するように促す要因とについて語ることなのだ。特に抑圧的、または屈辱的な環境で生きている場合、私たちの成長の障壁の一つとして何かを認識しないということは、抑圧によく従っているということである。そのオルタナティブは、ミラン・クンデラ（Kundera, M.）が「存在の耐えられない軽さ」（Kundera, 1984）と描写したもの、つまり明確な可能性のない、偶然の出来事や思いがけない出会いのなかで生きているという感覚なのかもしれない。あるいは、それは単なる運命論への服従、つまりクンデラの登場人物が「Es muss sein!（こうあるべきだ！）」（Kundera, 1984, p.193）と叫ぶ、もっとも優先される必然性の感覚かもしれない。あるいは——そしてこれが私の到達しようとしているものであるが——それは、緊張とある種の熱情のなかで、けっして完全に解決されない弁証法的な闘争を含む生きられた人生であるだろう。実際、それが解決されているなら、私たちは人生に幅広く目覚めている必要はなかっただろう。

私自身の歴史について熟考するとき、たとえばフローベール（Flaubert, G.）、ボードレール（Baudelaire, C. P.）、メルヴィル、セザンヌ、ドビュッシー（Debussy, C.）、スティーヴンズの作品に対する私の純粋な愛情と、話すことにまつわる他のあらゆるカテゴリーと同様、それらの作品は、まず客観的に照らし出されてそこにあるように見える作品に被さっている覆いを畏敬の念とともに取り外すというよりも、多様な解読や解釈が求められる男性の想像の産物であり、音響なのだという私の認識とのあいだの緊張から生じる不安を、私はけっして完全には克服できないということに気づく。思うに私は、彼らの作品をそのような解釈の方法で発見していく推定の能力、そして学ぶ能力を身につけていたから、それらのアーティストと一緒にいるような感覚を得ることができた。そのルールに従えば、彼らのビジョンを自分のものにできると考えていたのだ。今日、私は、多くの他者たちと同様、覆いを取ること（uncovering）という比喩自体も、(5)前から存在しているビジョンという考えも役に立たなくなっているので、不安を感じている。私はいま、私自身の身体化された意識によって生み出されたものも含めて、変化するさまざまなパースペクティブを通してそれらの作品に注意を払うことによって、それらの作品を意味あるものにする義務があるのだ。自分が創り上げてしまいそうな囲いを、どうやって突破していけばいいのだろうか。ガダマーが言うところの「先入見」（Gadamer, 1976, p.9）

を、どう扱えばいいのだろうか。(6) そのような不安のなかで、そして審問の真っ只中でこそ、私は私の自由を見出すのだと思える。というのも、私が自分自身に求められているものを見出す創始とは、私が選択しなければならず、そしてその私が選択したものにもとづいて行動しなければならない開かれた空間を引き受けることだからである。私は、マルティン・ブーバー（Buber, M.）が教えることについて、「痛みを目覚めさせておくこと」（Buber, 1957, p.116）の重要性について語っていることを思い出す。そして彼が念頭に置いていた痛みとは、教師も生徒も生き抜かなければならないものであると同時に、両者のライフストーリーもまた、生き続けられなければならないということにあったに違いないと、提案したい。このときこそ、現実に出会いが起きる瞬間であると、私には思える——時のなかで生きる存在として、人間たちが一緒に協同していく瞬間である。

知ることの方法としてのナラティブや、ストーリーテリングへの関心が高まっているこの時代（Bruner, 1986, pp.13-14）、私の望みは、ここで開示していく物語が、アイデンティティを創り上げるプロジェクトを見つけるための、読者たち自身の物語、読者たち自身の経験を活かすのを促してくれることだ。たとえば私が大学で教え始めた当初、哲学をするには「文学的」すぎると言われて傷ついたのを思い出すことは、私にとっては重要なことである。(7) そのことは長いあいだ学問の世界を支配していた言語ゲームや議論を客観的かつ厳密に分析するには、能力が不十分だと思われていたことを意味しているようだった。私は自分の主観を、私の知覚しているものから客観化することも、切り離すこともできなかった。自分が感じ、想像し、疑問に思う意識を、自分に割り当てられた認知的な作業から切り離すこともできなかった。また、乱雑で間主観的な世界に埋め込まれた自分の経歴と経験を括弧に入れることもできなかった。いまになってはじめて、支配的な先入観の文脈や、ジェンダーの問題とのつながりを理解しようとし、学問の規範と高度な科学技術社会の要求とのあいだの関係を名づけようとし、苦しむ子どもたちや、自暴自棄の母親や、何千人もの胸が痛くなるような貧困者の世界における道具的合理性の本当の意味を理解しようとすることによって、以前私に期待されていた分析から私を妨げていたものを特定し始めることができる。いま、そうしたものについてのパースペクティブを獲得し、物事のよりよい状態について熟考することで、私は、拡大された領域での私の自由を達成しようと努めることができる。それが非人間的なもの、人々を自分自身から遠ざけるものを変容させるために、教師として、そして実践者として行為できる領域であることを、私は望んでいる。

それでもいまだに、ブーバーが痛みと呼んだもの、審問の騒乱に巻き込まれることで、私はかつての確実性の探求へと引き戻されそうになる。法律や規範や公式化の多くがいかにして権力者の利益のためにつくられてきたかを知っていても、ときどきそうしたものに憧憬の念を抱いてしまう。それらの魅力は私にとって、それらが相対主義に対する障壁を提供してくれる方法であるということによるものだけではなかった。むしろ、私が周縁的な存在だったということによるものでもあったのだ——私は、木製の図書館、権威ある知識人、洗練された都会のカフェといった素晴らしい世界に受け入れられることを強く望んでいた。私が早くに受けた批判に対する私の反応は、自分の人生のなかにあったローカルで固有なものから目を背けて、ジェンダーや階級、人種を超越することを約束する、価値を具現化することに努めるというものだった。そして実際、「国民共同体」（Hirsch, 1987, p.137）というほとんど超越的な概念によって正当化された独白的な「文化的リテラシー」の熟達を通して、彼らがどれほど私欲と偏狭さをもっとも克服できるものと信じているかを、今日でも私たちに頻繁に思い起こさせ続ける人々がいる。さまざまな理由でその信念を拒否しているにもかかわらず、私はまだ「どこでもないところからの眺め」（Putnam, 1985, p.27）のようなものがあるという考えに惹かれる。私はいつも、洞窟からときはなたれ、身体化されていない理性のまばゆいばかりの光のなかに立っている、プラトンの囚人の一人のように感じるのが好きだった。よりよく知るようになるにつれ、客観的に普遍的で、圧倒的に〈真実〉であるという考えさえ好きになった。

〈偉大な白人の父〉とは、(8)永遠の真理とともに、ジョイス（Joyce, J.）の『若き芸術家の肖像』で爪を切る無関心な神と同じくらい構成的な概念だったのだと気づくまでには、時間がかかった。しかし、私は喪失に直面して静止したままではいられなかったのだ。言い訳にならない孤独が何を意味するかについて記述していた、ジャン＝ポール・サルトルの「孤独（forlornness）」（Sartre, 1947）について考えていた。たとえ彼あるいは彼女が文字通り一人きりなのではなく、間主観性に巻き込まれていることに個々人が気づいたとしても、そのような知識には、ある種の家恋しさが伴っている。それが、私たちの生徒も含め非常に多くの人々が、安定した、一枚岩的な、独白的なものにいまだに熱心に目を向けている理由なのだ。私たちは皆、世界がますます「絶え間なく変化し、単純化できないほど多様で、多元的に構成可能」（Smith, 1988, p.183）であるとみなされるようになったとき、ヒエラルキーの崩壊に直面して、足場を求める。全米芸術基金の適切な役割（さらには基金が存在する権利）をめぐる議論はこのことの証拠であり、「差異のある」カリキュラムへの抵抗、人文科学における伝統的な規範に関して見られる防御性も同様のものである。

何らかの入れ物のなかに、伝統（あるいは「会話」）のなかに自分が実在していたことを認識するまでに、私は何度も気づきの衝撃を受けた。そのような制約された実存に対して警告していたメルロ＝ポンティは、表現しなければならない自然と文化の領域に対して、私たちの考えを開いたままにしておくことの重要性を思い出させてくれる――「物事の本質にまっすぐ向かうという考えは、もし誰かがそれについて考えてみるなら、矛盾した考えであることがわかる。与えられているものは道筋(route)であって、次第に経験それ自体が明確になっていくなかで、次第に経験それ自体が修正され、その経験との、他者との対話によって進むという経験なのである（……）。私たちを救うものは、新たな発達の可能性なのである」(Merleau-Ponty, 1964a, p.21)。私たちのうちの誰かの書くという試みによって、つまり私たちが他者とともに続ける日誌によって、対話は生み出され、豊かになる。いまでも、言葉を探索すること、見て話すことで日常への没頭を断つということが、私を助けてくれている。もちろん、生徒たちと対話的な関係のなかで仕事をするとき、私はこれが何を意味するのかについて交わし合いたいと思っているのだけれど、それと同時に、私も生徒たちも多くの観点から物事を見つめることで、異なる側面からそれらを理解できるよう、自分自身のパースペクティブを使えるようになってほしいとも思っている。隠されたものを隠さないために、また私たちに起こっていることを文脈化するために、そして私たちを淵に立たせ続けつつ、私たちを生かし続けているかもしれないその弁証法的なものを媒介していくために、協力し合いたいのだ。

　そのようなわけで、私は、私に存在の瞬間を与えてくれた経験と、私を真綿のなかに埋め込んだ経験、また他者に自身の物語のいくつかを表現するよう喚起するあの希望のなかに私を埋め込んだ経験とを、似たような方法で呼び出し続けなければならない。私たちと私たちの生徒がともに読むテキストを、ウンベルト・エーコの意味で「開かれたもの」として扱うことの重要性を伝えなければならない。エーコによれば、開かれた作品を存分に生きている読者は、彼女あるいは彼自身の実存的な証明、特に自分自身を条件づける感覚、定義された文化、「一連の好み、個人的な傾向、そして偏見のまとまり」を補う。言い換えれば、読者自身のパースペクティブが、作品の理解に影響を与えるとともに、それを修正するのだ。さらに、「アート作品の形式は、それを見て理解できるさまざまなパースペクティブの数に正確に比例して、その美的な妥当性を獲得する」（Eco, 1984, p.490）。この見解とロバート・スコールズ（Scholes, R.）の『読みのプロトコル』における解釈の扱い方とのあいだには、重要なつながりがある。スコールズは、プロトコルの重要性と「私たちが読んだテキストを私たちの人生のテキストで書き直し（……）、そしてそれらのテキストに照らして私たちの人生を書き直す」（Scholes, 1989, p.155）という考え（バルトの『テキストの楽しみ』（Bartes, 1975）から引用され、フレイレのものに類似）について述べている。[9]

　ここで、けっしてユニークではないけれど、その読書のあいだに私の世界を違ったふうに読むことができるようになった、そしていまもそうすることができるパースペクティブの活用方法の例を、いくつか挙げておこう。もしこの方法で発見されうるものを表現しつつ、教室での対話の一部にするよう、私たちが生徒たちに教えることができるなら、この読むことへのアプローチは、やがて世界を読むことを超えて、フレイレが言うように「意識的で、実践的な作業によってそれを変容させること」(Freire, 1987, p.35) について思案していくことになるかもしれない。しかし、まず私たちは、ともに読むテキストに関して対話的になる方法を見つけなければならない。つまり、私たちの生きられた人生のテキストについて、互いに省察し、開放していくことになる方法を。

第七章では、エリザベス・ビショップの詩「漁師小屋で」の一部を引用した。彼女は、漁師小屋で網を修理する老人、背後にあるモミの木、冷たく暗い水のなかにときどき現れるアザラシとの幼少期の経験について書いている。彼女は、水が石のうえでどれほど無頓着かつ冷淡にたゆたっているか、その最初の「苦い」味わいがどれほど知識の味わいに似ていることか、そしてどれほど、

世界の冷たく硬い口のなかに吸い込まれ、
岩石でできた胸から永遠に汲み上げられていく。
私たちの知識が歴史的で、流動的で、そして飛び去っていく
(Bishop,［1955］1983, pp.65-66)

ものであるかについて語っている。エリザベス・ビショップが意図したものが何であれ、知識には流れと歴史があるという考えそのものが、私にとっては挑戦であり批評である。システムだけでなく、知識の断片的に形式化された粒子さえも、それ自体が存在の言い訳となる根拠のない知識と同様に、ここでは疑問視されている。このすべてが、私にとってはじめて読んだとき、そして二度目に読んだときの衝撃を構成し、私の生きてきた、そして生きたいと思ってきた入れ物に何らかの破裂を引き起こしたのだ。そして、生徒たちが自身の好みや偏見や記憶を注ぎ始めたとき（特に苦い味わいやしょっぱい明瞭さ、石の泉からの驚くべき流れに反応して）、私は私たちのあいだに共通したテキストのような何かが現れつつあることに気づいた。それは――私たちの多様性のなかで――私たちが読み、読み直し、そして書き直し始めたものだった。

　私が（先に引用もした）ビショップの詩「待合室で」を読んだときにも、同様の何かが起こった。それは、七歳になろうとしているエリザベスという少女が、歯医者の待合室で座っている大人たちを見て、「まわる、まるい世界から／落ちる感覚」を感じ、次のように考えているというものである。

（……）あなたは一人の私、
あなたは一人のエリザベスなんだ、って。
あなたはあの人たちのうちの一人。
どうして、そんな一人に、ならなきゃいけないの。

私はかろうじて、持ちこたえて見つめた
私が誰かであるってことが、どんなことかを。(Bishop, [1975] 1983, p.159)

審問のありよう、痛みを伴う特殊性、宇宙に落ちていく感覚。これらすべてが、システム的なもの、完全なものを破壊する観点をもたらす。同時に、少なくとも私と私がともに学ぶ人々の何人かにとって、この詩は、進行中の弁証法に対する意識を高めている。ある種の瀬戸際にいると感じながらも、私たちは皆、奇妙な沈黙を破り選択できる空間を切り開こうとするのだ。

クリスタ・ヴォルフ(Wolf, C.)は『カッサンドラ』において、排除された人々はつねに互いを認識し理解すると語る、語り手を創り上げている(Wolf, 1984)[10]。この考えは、私自身の知っている沈黙について、そして、マイノリティの人々――黒人の若い男女や、新たにやってきたヒスパニックの人々、またその他の人々――にとって世界はどのようなものであるかを理解し始めることを手助けしてくれるかもしれない、私自身の声を探し求める際に感じたあの不確実性について、私に熟考を促すものである。ラルフ・エリスンの『見えない人間』の語り手は、他者を見えないものにするよりもむしろ、他者に認識を捧げることとの重要性について語っている。そして私は、私の出会う語り手や他者といった人たちを、私自身の生きられた状況に照らしてしか認識できないということを理解している。もしこれらの個々人が対話に深くかかわろうとし、互いに手がかりを提供する意思があるのなら――私は彼らの目と自分自身の目を同時に通して見るように努める必要がある。私はたとえば、『見えない人間』において語り手が物語の始まりと終わりに「地下」（おそらくドストエフスキー（Dostoevsky, F. M.）の『地下室の手記』を、開かれたテキストとして扱っているもの）で登場するあの手がかりについて考えている。最後のページにたどり着いたとき、私はこれを読んだ――「地下に潜るとき、ぼくは心以外のすべてを鞭打った。心だけを除いて。そして人生という計画について考え続けてきたその心というものは、当の考え出されたパターンに逆らう混沌を、けっして見失ってはならないんだ。それは個人だけではなくって、社会にとっても当てはまることなんだ。だから、あなたの確かさのパターンのなかで生きているその混沌に、まさにさらなるパターンを与えようとしているなら、ぼくは外に出なければならず、あなたの前に現れ出なければならない」（Ellison, 1952, p.502）[11]。エリスンのテキストは、読み手自身の内なる目に影響を与えるかもしれないという疑問、つまり人々を認識可能なものにするか、見えないものにするかという疑問を提起するだけではない。それは、（おそらく不快ではあるが）新たな間テキスト性（intertextuality）を発見することを可能にし[12]、何らかの方法で『地下室の手記』を――そしてエマーソン（Emerson, R.）の「アメリカの学者」やマーク・トウェイン（Twain, M.）の『ハックルベリー・フィンの冒険』を――私たちの人生のテキストのなかで書き直すことを可能にする。

　読書のなかで新たなパースペクティブを発見する方法には、他にどのようなものがあるだろう。トニ・モリスンの作品は驚くべき衝撃を与え、私たち自身の生きられた人生の背景に照らして他の認識の様式を発達させてくれる。たとえば、『青い眼がほしい』（Morrison, 1970）のピコーラ・ブリードラブの物語と、ピコーラが二つの支配的な文化のマスター・ナラティブ、つまり「ディックとジェーン」の読者と青い眼のシャーリー・テンプルの神話的イメージによって破滅させられている様子を思い出してほしい。ピコーラは小さな黒人の少女で、母親に愛されず、コミュニティから支援されず、自分がとても醜いと確信しており、何よりも明るい青い眼をしたシャーリー・テンプルのような見た目になりたいと願っている。もし自分の眼が違っていたら、自分も違っていただろう、そしておそらく両親はもはやそのようなかわいらしい眼の前で悪いことをしなくなったかもしれない、と彼女は考える。ピコーラは打ちのめされ、狂気へと向かっていく。そして、私たちは、マスター・ストーリーは一つしかない、評判のよい人間の現実は一種類しかないという主張が、多くの人々――さまざまな障害を持つ人々、視覚や聴覚に障害を持つ人々、そしてもちろんピコーラのような虐待を受けた少女たちにとって、致命的になりうるという認識を抱かざるをえない。ピコーラにとって、人間の現実の基準は青い眼によって定められる。そして、彼女の見方は、特に多くの読み手にとって相容れないものであるが、それでも世界のテキストの一部を書き直すよう私たちを動かすかもしれない。

小説のなかで提示される、愛されていないピコーラの視点は、愛されている二人の子どもたちの視点であり、語り手であるクラウディアの言葉を借りれば、「すべての話し言葉は私たちが破るべき作法であり、すべての身振りは注意深く分析されるべきもの」(p.149) と考えることによって、自分たちの若々しい振る舞いを主張している。彼女たちはそうあらなければならないため、誇らしげで、横柄ですらある。ピコーラとは違い、彼女たちは生き延びている――「私たちは、彼女を見ることなしに理解しようとし、そしてけっして、けっして近づかなかった。彼女がばかげていたり、ひどく不快だったりしたためでも、私たちが怖かったためでもなく、ただ私たちが彼女を裏切ったためである。私たちの花はけっして咲かなかった」。月日を経るにしたがって、ピコーラは、タイヤのリムとトウワタのあいだをかきわけて進み、「彼女自身がそうであった世界のあらゆる荒廃と美しさのなかで」、語り手たちはピコーラで自分たちをきれいにした後、清々しい気分になる――「彼女の純真さが私たちを飾り、彼女の罪悪感が私たちを神聖にし、彼女の痛みが私たちを健康で輝かせ、彼女の不器用さが私たちにユーモアのセンスがあると思わせた。彼女が目覚めさせている夢でさえ、私たちは自身の悪夢を沈黙させるために使っていた」(p.159)。モリスンの『スーラ』にも、これと似たような感情が描かれている。スーラの友人ネルは、スーラが家に戻ってきたのは目が戻ったようなものだと考えている。なぜなら、ネルにとって「スーラと話すことはつねに自分自身との会話だった(……)。スーラはけっして競争せず、ただ他者が自分自身を定義するのを手伝っていた」(Morrison, 1975, p.82)からである。

自分自身を定義する闘いにおいて、私たちが誰であるかを選択することになるとき、スーラのような見知らぬ人々は、実際に弁証法的なもののなかへと入っていくことになるのだろうか。私たちが各々の背景の多様性に対してともに発見し、ともに書き、互いの実存的な現実性を引き出して、アレントの「あいだにあるもの」(Arendt, 1958, p.182) を創り上げる方法を見つけ出してほしいと、私は思う。「すべての人の解放は、その人自身で勝ち取られたものでなければならない」と、キャサリン・スティンプソン（Stimpson, C.）は書いている（Stimpson, 1989, p.35）[13]。このことを知ってはいるけれど、私は、彼女や私の周りの人々とさらに遠くへ向かい、開かれた場所に行きたいのだ。その場所は、私たちの深いかかわりがすぐに広く、深くなることのできるコミュニティなのである。

もちろん、私たちがどんなに受け入れようと努めても、私たち自身の思い込み、私たち自身の先入見、私たち自身の記憶の戯れを通してしか、そしておそらく、トニ・モリスンの『ビラヴド』のセサが私たちの「再記憶」（Morrison, 1987, p.191）と呼ぶものを通してしか、私たちは理解することができないだろう。空っぽの意識には、取り込まれたり吸収されたりする情報も知識もない。もし私たちが適切な戦略を名づけることを、また私たち自身が深くかかわり、どうにかして理解しようとしている人々にとって理解できるようにすることを学ぶことができたとしても、自分自身の解釈的なコミュニティからしか、そこには参加できない。私たちは、「勝ち取られるものとしてのコミュニティ、そして宛先となる人間としての聴衆の、より開かれた感覚」（Said, 1983, p.152）を備えた現世の領域を創り上げるまで、こうしたコミュニティを拡大し続ける必要があるのだ。

それは、エリザベス・フォックス＝ジェノヴェーゼ（Fox-Genovese, E.）がエリート文化と呼んだものが、変容されなければならないことを意味する[14]。これは白人男性の学者がつくり出す傾向のある文化、つまり、「女性、下層階級、一部の白色人種との関係において、帝国主義が植民地の人々に対して機能したのと類似した方法で機能してきた」ものであり、「最悪の場合、それは他のすべての価値を否定し、絶対的な基準としてそれ自体を押しつけてきた」ものである。フォックス＝ジェノヴェーぜはまた、いかなるカノン、つまり「その集団性（collectivity）を代弁するという権力は、社会的かつジェンダー的な関係性と闘争とから生じるのであって、自然から生じるものではない。私たちの集団のエリートの伝統をかたちづくった人々は、歴史の勝利者であったのだ」（Fox-Genovese, 1986, pp.140-141）と指摘している。私はこれを読むとき、再び自分の人生の矛盾に突き返され、そして再び、リテラシーの異なる意味を思い起こさせられる。一連の技術として、リテラシーは、しばしば人々を沈黙させ、無力化してきた。今日の私たちの義務は、若者が自分たちの声を見つけ、自分たちの空間を開き、あらゆる多様性と不連続性のなかで自分たちの歴史を取り戻すことができる方法を見つけることである。周縁にいる人々、ラテンアメリカ、中東、東南アジアからの、あまりにも頻繁にもみ消されている声に注意を払う必要があるのだ。

これはロマンチックなことでも、単に善意の問題でもない。私たち教師は、これから数年のあいだ、無数のニューカマーたちと向き合うことになるだろう——放っておかれたスラム街の暗闇と危険から来た人、独裁者のもとでの苦しみに疲れ果てた人、難民キャンプでの生活に呆然としている人、そして恥ずかしげもなく経済的成功を探求している人など。テキストは、ここにあるのだ。私たちは、そのテキストにアクセスできるようにし、プロトコルを提供し、開放し続けなければならない。それらのテキストによって、つまり人々（men and women）のつくった本によって、生徒たちが自分の経験を構造化する機会を与えなければならない。前述したように、サルトルは、そのような作品を贈りものと語り、次のように続けている。

そして、もしその不正のある世界が私に与えられたとしても、私はその不正について冷たく熟考するのではなく、むしろ私の憤りで活発にし、その不正という性質、つまり抑えられるべき侵害という性質を暴いて、創り上げたことだろう。このように、作家の世界は、読み手の吟味、賞賛、憤慨に対してのみ、その深みのすべてを明らかにするものだ。そして、寛大な愛とは維持するという約束であり、寛大な憤慨とは変化するという約束であり、賞賛とは模倣するという約束なのだ。文学は一つのものであり、道徳とはまったく異なるものであるが、美的命法（aesthetic imperative）の核心には道徳的義務がある。なぜなら書き手は、苦労して書くという事実そのものを通して読み手の自由を認識し、読み手は、本を開くという単なる事実によって、書き手の自由を認識するため、アート作品は、どの側面からアプローチするにせよ、人間（men）の自由に対する信頼の行為であるからだ。（Sartre, 1949, pp.62-63）

サルトルが「男（men）」というよりむしろ「人間（human beings）」と言っていたらよかったのにと思うが、彼が文学を「人間の自由を要求する限りにおいて」世界の想像上の表現とみなしていたことは、私にとっていまでも非常に重要なことであると思う。教えることが実際に開放性を見つけるためのものであるなら、私たちの選択が行われることに関心があるなら、その一節に教えることのパラダイムの源泉さえ見つけることができる。読むという経験と教えるという行為は、どちらも弁証法的なものなのだ。

最後に、私は、リテラシーが社会的な仕事であり、またそうでなければならないという感覚をもう一度提案したい。それは、人々が「言論と活動で」集まり、自分たちのあいだで共通する何かをつくり出す多元的な教室で探し求められるものである（Arendt, 1958, p.19）。必然的に、差異の戯れがあり、そこから意味が現れ出ることだろう。認識の瞬間、疑いの瞬間がきっとあるだろうし、あるべきでもある。しかし、多様な人々が自由のなかで自分自身をつくり出そうと努力するため、終わりなき審問もあるだろう。私は再び『ペスト』とタルーのことを考える。タルーは、「ぼくたちの問題のすべては、ぼくたちが単純で明瞭な言語を使わなかったことから生じる。だからぼくは、いつも非常に明確に話すこと――そして行為すること――を決心したんだ。（……）そういうわけでぼくは、被害を減らすため、被害者の味方をすることを決めたんだ」（Camus, 1948, p.230）と言っている。そしてもちろん、それこそが小説の要点だ――疫病の時代には、被害者の味方をする。私たちにとって、いまは疫病の時代なのかもしれない。だからこそ私たちがテキストや空間を開き、若者を自由へと駆り立てていくには、タルーのように注意深く、油断なくいる必要があるのだ。

注

（1）カレン・フィンリー（一九五六―）二〇、二一世紀アメリカのパフォーマンス・アーティスト、音楽家、詩人。少女の強姦事件に衝撃を受け、裸体になった自分にチョコレートなどを塗り、いかに女性が性的に搾取されているかを象徴的に表現した『私たちは被害者に準備をさせている』（一九九〇）を制作。

（2）言葉のテロ（terror of words）ニューヨーク市立大学大学院センターのミシェル・ファイン（訳者解説第二節参照）による、ニューヨークはマンハッタンの三二〇〇名の生徒たちを含む、白人、黒人、ヒスパニックなど多様な学校関係者たちへのエスノグラフィーにもとづく論考「公立学校での黙殺」（一九八七）において示された概念。当該論考ではたとえば、黒人生徒らによって表現された、現実に存在しているレイシズムなどの差別への疑問などについて白人教師が取り上げることなく、そもそもそうした事態は現実に生じていないものであり、そうした言葉をいうことで黒人は自分が努力しないことの言い訳をしようとしているのだと黙殺（silencing）する背景に、ある種の言葉を教室の秩序への恐怖＝暴力（テロ）とみなす会話への恐怖（fear of talk）があることなどについて分析されている。

（3）ミナ・ショーネシー（一九二四―一九七八）二〇世紀アメリカの教育者。ニューヨーク市立大学シティ・カレッジでの作文に関するリメディアル教育（学習・学修支援）を、同市の詩人、フェミニストのアドリエンヌ・リッチ（Rich, A.　一九二九―二〇一二）らの協力のもと実施した。ここで紹介されている著作は、三〇〇万語もの学生の文章上の間違いを分析した結果、間違いにはそれぞれ合理的な一貫性と文脈があり、学生たちは心理的、社会的な不能のために書けないのではなく、書く準備をしているいわば書き始めの作家なのであることを論じた『間違いと期待』（一九七七）。

（4）私はその言葉を使うけれど　言説の流用のための政治的手段という含意を踏まえて、「教育」という言葉を使うという態度決定を意味している。

（5）覆いを取ること（uncovering）ハイデガーの用語（不伏蔵性、非秘匿性とも訳される）。真実は主観と客観が一致することにあるのではなく、それぞれの主観にとって見えず、聞こえず、触れられずにいた事柄の覆い（cover）が取られる（un-）経験にあるということを意味する。

（6）先入見（prejudgement）　ガダマーの用語。テキストの理解のためにしばしば廃されるものとして位置づけられる主観的な利害関心にもとづく先入見を、ガダマーはむしろあらゆる理解とそれを可能にする解釈の前提をなすものであり、絶えず必要とされるものとした。

（7）「文学的」すぎる（too "literal"）　グリーンがそのキャリアの初期において、文芸的な作品の引用と自身の自伝的経験を交えて哲学する彼女独自のアプローチが、往時の論理実証主義や日常言語学派に位置する男性の哲学者たちによって非難された際の言葉。訳者解説一節、監訳者あとがきを参照。

（8）原文ではGreat White Fatherであり、アメリカ先住民による合衆国大統領や権力者の呼称。

（9）ロバート・スコールズ（一九二九―二〇一六）　二〇、二一世紀アメリカの文芸批評家、文芸理論家。記号論と批評理論の概論書である『記号論と解釈』（一九八二）で著名であり、アメリカ記号論学会やアメリカ現代語学文化協会の会長職も務めた。ここで紹介されている著作は、読むことをめぐる、読むことによる倫理的規範（プロトコル）の構築についてデリダやエーコの議論を背景に洞察した『読みのプロトコル』（一九八九）。

（10）クリスタ・ヴォルフ（一九二九―二〇一一）　二〇世紀プロイセン・ブランデンブルク州（現ポーランド領）出身の、東ドイツ、現ドイツで活躍した小説家、エッセイスト。東ドイツの体制下で監視を受けつつ、編集者、作家として活動し、フェミニズムの古典と呼ばれる『クリスタ・Tの追想』（一九六八）を著したことなどで著名。本書で引用されている作品は、死期の近づいた元トロイア国王女カッサンドラによる、自国の滅亡を予見していた自身の予言が聴きいられずにトロイア戦争へと向かっていった日々の回想を辿る『カッサンドラ』（一九八三）、チェルノブイリ原発事故後の日常を生きる家族と、脳外科手術を受ける弟とのあいだで科学技術と生活に懐疑を投げかける女性の現実を描く『チェルノブイリ原発事故』（一九八七）。

（11）「ぼくは外に……」の箇所の原文はI must come out, I must emerge.となっており、単に地下から外に出るという物理的な移動だけでなく、不可視にされたマイノリティ性をめぐるカミング・アウトの意味合いを伴っている。つまり、個人にとっても社会にとっても、既知のパターンに当てはまらない混沌、個人にも社会にも見えていないものとの出会いが、個人の人生の計画、社会的な生活の計画を考え続ける「心」にとって重要だという主張につながる。

(12)　間テキスト性（intertextuality）　二〇世紀ブルガリア出身の哲学者、記号学者、精神分析家であるジュリア・クリステヴァ（Kristeva, J.　一九四一―）と、フランスの記号学者ロラン・バルト（一九一五―一九八〇）によって初めて概説された概念。引用やパロディなどに明らかなように、個々のテキスト（文章）は孤立したものではなく、すべてのテキストは、事実上無限の先行テキストと、それらテキストへの先行的な意味づけとの関係において、その存在と意味を獲得しているとする。

(13)　キャサリン・スティンプソン（一九三六―）　二〇、二一世紀アメリカのフェミニズム研究者。コロンビア大学の学生のフェミニスト運動から生まれた『サインズ――文化と社会における女性の研究誌』を創刊し初代編集長となったことで知られる。

(14)　エリザベス・フォックス＝ジェノヴェーゼ（一九四一―二〇〇七）　二〇、二一世紀アメリカのアメリカ史家。南北戦争前の女性史についての研究である『プランテーションを営む家庭のなかで――旧南部の黒人女性と白人女性』（一九八八）で著名。ここで引用されている論考は、労働する人々や女性たちの知覚しているもの、感情、志向について表現することのない、限られたエリート男性に親しまれた文化を「人間性＝人文学（humanities）」として位置づけてきた「エリート文化」について批判し、カリキュラム上のカノンを修正する重要性を論じた「コモン文化への主張――ジェンダー、人種、階層、そしてカノン」（一九八六）。

第十章　アートと想像力

教育の実存的な文脈は、ゴール二〇〇〇——アメリカ教育法の意図したことを遥かに超えて広がってきている。あまりにも殺伐とした現代においては、そうした実存的な文脈が人間であることの条件とつながりを持っていなければならないのであって、もはや、世界レベルの成績に到達することや、達成基準を設けるというような考えなどは、無駄だとは言わないまでも、かなり表面的で限界があるように思われる。実存的な文脈は、家庭の崩壊、ホームレス、暴力といった、ぞっとするような悲惨な現実を超え、さらには、コゾル（Kozol, J.）のいう「野蛮な不平等」（Kozol, 1991）をも超えて拡大してきている。子どもたちは、私たち年長者と同様に、恐ろしいほどの道徳的な不確実性に満ちた世の中に生きている——そこは、苦しみを和らげたり、虐殺を食い止めたり、人権を守ったりすることがほとんど不可能に思えるような世界だ。母親を探し求める難民の子どもたちの顔、兵士に何度もレイプされる一〇代の少女たちの顔、焼け焦げた教会や図書館を見つめる行き場のない人々の顔——これらはすべて、ただの「仮想現実」にすぎないと思う人もいるかもしれない。あるいは、身近でそのような困難な状況や苦悩を目の当たりにしても、その重すぎる現実に感情が麻痺してしまい、あるいは何度も思い知らされる無力感に苛まれていて、眼前の状況から目を背けようという気持ちに駆られるかもしれない。パブロ・ピカソの『泣く女』の絵画が、私たちの時代の象徴だと言われている（Freeman, 1994）。それらは馬上の男や戦う男たちの彫像に取って代わり、かつては戦う価値があり、おそらくは死ぬ価値があると思われていたものの象徴に影を投げかけている。現代の私たちの多くがそうであるように、若い人たちでさえも喪失や死に直面するとき、「私たちの愛するものすべてが、忘れられないほど美しいものに集約されることが重要なのだ……」（Leiris, 1988, p.201）。ここでミッシェル・レリス（Leiris, M.）が言わんとしていることは、まさにアートが果たすべき重要な役割の一つなのである。命を絶たれた亡き赤ん坊を腕のなかに抱きかかえ、悲しみにくれる女たちのスケッチを一枚、また一枚と次々と観入ってしまう、ピカソはそのような衝動を引き起こすのだが、そこで私たちは、人生の織りなす悲劇的な側面をも実感させられることになる。もし、私たちがこれらの絵画を自分たちの実際の経験と照らし合わせ、生活と結びつけて捉えることができるなら、そのような女性たちを泣かせるような戦争や、罪のない純粋な子どもたちを殺す爆弾をなくし、平和で、戦争や暴力のないよりよい世界を望むようになるだろう。そして、恐怖への抵抗として、微笑む母親や生き生きとした愛らしい子どもたちのイメージを思い浮かべはしないだろうか――「私たちの愛するすべてのもの」、あるべき姿の比喩を。

もっとも、アートとの出会いは、私たちに何かしらよりよい秩序を取り戻したい、修復したい、癒したいと思わせることがよくあるのだが、しかし、こうした願望を引き起こさせることだけが唯一のアートの役割というわけではない。少なくとも言えることは、さまざまなアートに参加していくことによって、自分の経験していること以上のものを見つめることができたり、普通なら聞こえるはずのない周波数の音までもさらに聞くことができたり、日々のルーティーンが覆い隠してきたもの、習慣やしきたりのなかで抑制されてきたことに意識を向けることができるようになるということだ。もちろん私たち個々の出会い方にもよるのだが、もう一度考えてみよう。たとえば、トニ・モリスンの『青い眼がほしい』(1)に登場するピコーラ・ブリードラブは、人々の目には見えない数多くの子どもたちが、青い眼にあこがれるようになった基礎読本である『ディックとジェーン』、あるいはシャーリー・テンプルという人工的につくり上げられたイメージが暗示しているメタナラティブについて私たちに気づかせてくれた(2)。映画『シンドラーのリスト』（そして赤いコートを着た小さな女の子）に深く巻き込まれていった人々が、映画によって開示された事実や感情を生きたということを私たちは思い出すかもしれない。また、マーサ・グラハムが振りつけた『悲嘆』という作品では、ダンサーが布に包まれ、布の外にはダンサーの足と手だけが見えることで、激しい内面的な苦痛や悲しみを表し、布に表される線やしわが、その苦悩を視覚的に表現しているが(3)、こうした言葉にできない悲しみの表現によって、私たちは湧き上がるやり場のない悲しみの肉体的な意識を取り戻そうとするかもしれない。アートを通して、より多くのものを見、より多くのものを耳にすることで、私たちは見慣れたもの、当たり前のものとして受け取っていることから一瞬でも抜け出すことができるばかりではなく、選択肢や活動の新たな道筋が、私たちの経験のなかに開かれるかもしれない。私たちは、ふとどこからか浮かんでくる新しい始まりを感じられるかもしれない。つまり、可能性の光のなかで自ら創始を引き受けようとする状況をつくり出せるかもしれないのである。

人々の一般的な諦めの感情とともに、深く感じられた価値観の存在に対して、私たちの社会を覆うシニシズムが、創造的であれ鑑賞的であれ、アート経験に伴う落ち着きのなさや予測不可能な要素とは相容れない雰囲気を学校のなかに創り出すことは避けられない。同時に、ゴール二〇〇〇――アメリカ教育法の教育目標を定めた人々がアートを軽視したことによって、学校教育はより管理しやすく、予測可能で、測定可能な内容に重点を置く傾向が強まってしまった。もちろん、全国教育目標の公式声明文のなかにアートを取り入れる試みはなされてきたのだけれど、その議論はやはり経済競争力や科学技術の熟達などに焦点があてられた従来の教育目標を支持するかたちで進められている。アートを教えることに関する主張もまた、スキル開発、学業成績、スタンダード、職業準備といった、現在よりも高いレベルを求めるあの支配的な目標を支持しているのである。

このようなことが強調される風潮のなかで教師と生徒の双方を脅かしている危険の一つは、他人によって定められた客観的な枠組みによって制約されることに、双方とも怒りを感じるようになることである。若者は一個人として自ら選択し評価する芯をもつ人格としてではなく、「人的資源」とみなされていることに気づく。それは、あなたが誰であるかということに関係なく、科学技術と市場の需要に合わせて訓練されることが期待されているということだ。さらに、多くの人々が気づいているように、若者の多くが自分に合った満足のいく職に就けないでいるという現実があるがゆえに、すべての子どもたちがこのような教育を受けられるようになることで、人的資源となるという考え方には、あらゆる種類の欺瞞が含まれているのである。なるほど、（不協和音や、無関心、混乱のある雰囲気ではない場合）多くの教室で支配的な雰囲気が受動的な受容にあるということは、おそらく不思議なことではない。メディアとメッセージが関わる領域に批判的な次元を導入する切実な必要性についてのウンベルト・エーコの見解は、伝達よりも受容に焦点を当てることの方が、はるかに重要であるというものである。「科学技術的なコミュニケーションの普遍性」や「メディアはメッセージである」[4]状況に脅威を感じているエーコは、流れてくるメッセージや内容をただ鵜呑みにするのではなく、真剣に抵抗し、自分自身の意志を持つことを呼びかけている――「〈科学技術的なコミュニケーション〉という匿名の神性に対して、私たちの答えはこうなるだろう――『神の意志ではなく、私たちの意志がなすのだ』」（Kearney, 1988, p.382）[5]。

私の考えでは、このような抵抗は、想像力がときはなたれたときにもっともよく喚起される。しかし、私たちもよく知るように、この〈科学技術的なコミュニケーション〉の神性からは、まるで砲弾のようにイメージが発射されるため、人々の想像力をしばしば凍結させてしまうのである。今日のメディアは、視聴者が実際を超えて、あたかもそうであるかのように別の角度から見るための自由を与えるのではなく、すでに消化済みの概念や固定された枠組みのなかのイメージを視聴者に送りつけてくる。夢は売り物の網のなかに捕らえられ、消費財を手に入れることが、憂鬱さや無意味さの感情に対するオルタナティブとなっている。そして可能性という考えは、予測可能性のなかに閉じ込められているのだ。しかしこれまで説明してきたように、私たちの想像力はどう考えても予測不可能なことや、予期しえないことを扱っている。よって私たちの経験のなかで予期しえない、予測不可能な眺望とパースペクティブの実存を認めるには、省察性（reflectiveness）が必要になる。受動的で無関心な人は、非現実的なことや、あたかもと思わせること（the as-if）、単に可能性のあることに関する考えに対して無反応であることが多い。このような受動的な人が、ポスト工業化社会におけるアートを、学ぶには些末なもの、単なる飾り、不合理なものと決めつけ、排除してしまうのだ。

私が確信していることは、さまざまなアートに十分な知識を持って深くかかわるということこそが生徒たち（あるいはすべての人たち）の想像する力をときはなち、それを発揮させる可能性がもっとも高まる方法であるということである。しかし、これはけっして自動的に、あるいは「自然に」起こるものではない。私たちは美術館を足ばやに見て回る観光客や、絵画と表面的にしか触れていない旅行者の姿をよく見かける。静かに、省察的に考えることに時間を費やすことなく、また、アートについての指導を受けたり、浸ったり、アートについての対話を交わしたりすることなく、ただ単に作品の名前を求め、見ておくべきだと言われたアーティストの作品を探し求めている。バレエを、動きや音楽ではなくただ物語として見る人もいれば、コンサートで回想にふけったり、聴いたものに絵画的なイラストを付け加えることだけに集中する人もいる。ポイントは、単にアートの前にいるだけでは美的経験や人生を変える機会となるには十分ではないということである。

美的経験には、作品への意識的な参加が要求される。そこにエネルギーを投入し、演劇、詩、カルテット（四重奏）など、作品のなかの気づくべきものに気づく能力が必要である。「そうらしい」と知ること、それは、たとえもっとも形式的で学問的な方法であったとしても、想像力豊かに虚構の世界を構築し、知覚的、感情的、認知的にそこに入り込むこととはまったく異なる。(6)このようなかかわり方へと生徒を導いていくということは、その作品を真摯に受けとめるように――かたち、パターン、音、リズム、修辞、輪郭、線に注意を払うように――学習者を手助けすることと、特定の作品が個人にとって意味のあるものとして成就できるように解放することとのあいだで、絶妙なバランスを取るということである。そうして有意義な発見を管理しようとすることへの拒絶が、従来の教育者たちにとっては、彼らの持つ規範の概念や適切な文化リテラシーの概念と相容れないものと映っているのかもしれない。確かに、不可欠なものと私の考えているこの種の拒絶が、今日、一部の管理者たちがナショナル・スタンダードに過剰に拘泥する根本原因となっている可能性もある。

しかしアート作品との有意義な出会いの場を提供するためには、そのアートに関係しているすべての人への形式的な標準化と、ハンナ・アレントが「思慮のなさ（thoughtlessness）」と呼んだものの両方に私たちは立ち向かわなければいけない。アレントが特に念頭に置いていたのは、「無頓着な無謀さ、絶望的な混乱、あるいは、平凡で空虚なものとなった『真理』を自己満足的に繰り返すこと」（Arendt, 1958, p.5）であり、この問題はいまでも私たちを苦しめている。このアレントの記述は、その三〇年前にジョン・デューイが「社会病理」として指摘した行動を思い起こさせる。デューイが言及したこの病理とは、「不平不満の多さ、無力な漂流、安易な気晴らしへの不安定なしがみつき、長い歴史を持つものの理想化、外套のように表面的な楽観を身にまとう安直な楽観主義」（Dewey, [1927] 1954, p.170）などの行動に現れる。「ずさんさ、表面的なこと、理想の代用品としての感覚への依存」を懸念したデューイは、「正常な思考のプロセスを失った思考は、学問の専門分野に避難する」（p.168）という指摘もしている。アレントによると、その治療法は「私たちが何をしているのかについて考えること」である。つまり、状況づけられた生、複数性のなかにいる個人たちの生活、異なる場所で互いに心を開き、対話に深くかかわり合うことのできるような生活から生まれる自己省察性を発揮し、またそれを教えていく必要が私たちにはあるということだ。アレントは、ナチスのアドルフ・アイヒマンの事件に触発され、「現実性から私たちを守るという社会的に認知された機能、つまり、あらゆる出来事や事実が存在することによって引き起こされる、思考への要求から私たちを守るという機能を［持っている］クリシェ、常套句、［そして］定型化された表現や行動規範への固執」に対する警告として、同じテーマを取り上げていた（Arendt, 1978, p.4）。ただし、この警告は、新しい知性主義や、より高次のスキルを求めようとするものではなかった。むしろ、彼女の求めていたのは、思慮深さの欠如に立ち向かい、明瞭さと真正性を追求する方法であり、もしアートの世界へ若者たちを誘うことを真に願い、彼らの想像力をときはなつことにコミットするなら、私たちはまさに同じものを求めなければならないように思う。

エーコの提案するような真摯なやり方で、メディアのメッセージに対して抵抗するならば、思慮深さが必要である。なぜならメディアから提示されたシミュラークル（simularcle）、つまり偽造された現実に対して[7]、若者たちが批判的に吟味し、思慮深いアプローチをとる方法にまず気づくことなしに、若い想像力が自由に広がっていくとは考えにくいからだ。私たちが何をしているかについて考えるということは、私たち自身が意味をつくり出し、権威ある者が客観的に打ち出した有無をいわせぬ「現実」として提示しているものに対して批判的な姿勢をとり、理解を深めようとする自己との闘いに意識をむけるということである。

　客観的に「事実」であるものをイメージとして抱いてしまうと、私たちはそれを具体化して考えてしまい、経験したことに対して想像力を広げるのではなく、むしろ再評価したり、変化に対して抵抗感を持つような結果にもなってしまう。私はカミュの『ペスト』の中心にある疫病に、克服しなければならない具体化の比喩を見出す。この小説のなかで（習慣と「自分だけのこと」に邁進する）オランの町に襲いかかった疫病は、住民を無気力、孤独、絶望へと追いやる。ペストは徐々に広がり、どうしようもない不治の病であることがわかり、人々を凍りつかせる。それはただそこにある。同様に、物語の主人公であるリウー医師は最初、それが彼の仕事だからというもっともロジカルな理由からペストと戦う。それは2＋2が4になるのと同じくらい当然の行動である。しかし、のちに言葉にならないような悲劇を目の当たりにして、自分のしていることについて考えさせられたとき、彼は自分の医療行為を再考し、そして悟るのだ。疫病を受け入れるということはそれに加担することであり、自分ができるもっとも重要なことは、疫病を受け入れないことなのだと。

タルーも同様に、ペストを、人々の無関心や他人から距離を置く行動、あるいは（付け加えるとすれば）思慮の欠如といった人間の問題点を象徴する比喩として捉えている。「神なき聖人」であろうとする彼は、気転のよさと、そう、まさに想像力を働かせて、疫病と闘う衛生部隊を組織するアイデアを思いつく。ここでのポイントは、疫病を個人の問題だけでなく、それを社会全体の道徳的な課題であるとする認識だ。なぜなら、身体の疫病だけでなく、無関心というかたちの精神的な疫病の可能性がすべての人にあり、タルーはリウーに、これは自然なことだと伝える。これは、アレント、デューイやエーコ、そのほか関心の欠落した、またケアの欠落した社会に抵抗する人々の議論と同じことを意味している。道徳的な疫病の源として、彼は、ありきたりの解決策、人間の苦境へのあまりにも安易な公式化、複雑な問題の回避を念頭に置いている――それらの要因はすべて、想像力豊かな思考やアートとの深いかかわりをも妨げるものであると、私なら言うだろう。タルーは「（もしそれを望むなら）健康、完全性、純粋さとは――人間の強い意志の産物であって、けっして惑わされることのないよう警戒することによって維持されるものだ」と言う。もちろん、私たち（そして私たちの生徒たち）へのメッセージは、完全性のある人間として、ケアする人間として選択する機会が与えられなければならないというものだ。タルーはまた、物事の実際を覆い隠したり、具体的な特殊性を抽象的な概念へとあまりにも頻繁に置き換えたりするような、誇張的な言葉遣いにも深い疑念を抱いている。これもまた、アレントが私たちに改善するように促す「思慮のなさ」の一つである。そしてアレントはあくまでも「単純で明瞭な言葉」を求め、タルーと同じように、自分たちの身の回りにあるものに注意を払い、「立ち止まって考える」(Arendt, 1978, p.4) ことを大事にしてほしいと願っている。カミュとアレントは、このような世界に対しての気づきと開放性とが、私たちにオルタナティブな可能性を意識させることを可能にするのであって、また――そのような意識を得ることができたとき――ピカソの「泣く女」、エウリピデス (Euripides) の『メディア』、『白鯨』、バランシン (Balanchin, G.) の『放蕩息子』、マーラーの『大地の歌』といった作品に出会うリスクを喜んで冒すことができるようになるのだという考えを強めてくれる(8)。

しばしば、科学技術と情報の時代における私たちの教室で交わされている話し言葉が想像力を妨げるものであることを読者に想像させる小説が、もう一つある。『ペスト』の場合と同様に、私がこの小説に目を向けるのは、自分の知識を増やすためでも、埋もれた真実を見つけるためなのではなく、いわば、文学作品として、この小説のおかげで、自分の生きてきた世界では決して見ることのなかったものを、時を経て見ることができたからである。それはまるで、忘れ去られた、あるいは抑圧された記憶や洞察、喪失を呼び覚まし、テキストに従ってそれらを秩序づけるよう私を駆り立ててきた。それは私を「[私の] 人生のテキストのなかで、作品のテキストを書き直す」(Barthes, 1975, p.62) という作業に巻き込んできたのだ。

クリスタ・ヴォルフの小説『チェルノブイリ原発事故』は、私自身が経験していることのなかの専門的なことや抽象的なものへの対応を明らかにするきっかけを与えてくれた。おそらくそれは、東ドイツの田舎に住む女性作家であり、母親であり、祖母でもある彼女が経験し、対応した数年前のチェルノブイリの事故に関係しているからかもしれない。彼女は、弟の脳外科手術と、その同日に起こった原子炉の事故のこと、さらには、この事故が自分たちの孫に及ぼす影響だけでなく、世界中の子どもたちへ及ぼす影響について考えることで頭がいっぱいだった。彼女に、このような危機にどう対応するのか、あるいは今後どう対応していくかなど考える時間は微塵もない。科学技術の恩恵と被害を同時に受けている世の中で、彼女の関心は、他者のこと――自分が愛する人たちや、一瞬たりとも忘れることのできない無名の人たちのこと――なのである。とりわけ重要なのは、ケアの倫理という文脈のなかにおいて、私たちの経験には道徳的なエージェントが含まれているということだ。たとえば、タルーが「神なき聖人」を目指したように、あるいは、一人の怯えた母親が、「地球の反対側では、子どもたちが食べものに飢え息絶えている」(Wolf 1989, p.17) ことを思い描きつつも、わが子の放射線被曝を恐れて何千リットルものミルクを流し捨てることの意味を思い描いているように。

また、まったく異なる二つのイメージに対する、彼女の反応を比較してみるのも重要だろう。一つはすぐ身近にある人間的で個性的なもの、もう一つはより抽象的なものだ。語り手が彼女の娘に孫のことについて話してもらうと、「息子は台所を走りまわって、親指には蝶型のナットをはめているの、その手を高く掲げて、パンチ、パンチって。その想像にわくわくしたわ」と聞く。ところが、このわくわく感とは対照的に、別の連想が彼女に「すべてのものが夢遊病者のような正確さで精密に組み合わされていることに敬服せざるをえない」と思わせる――「快適な生活を望む多くの人たちの願望、壇上の演説者や白衣を着た男たちを信じる傾向と、多数者の抱く調和への固執と矛盾への恐怖は、一部の人間の傲慢さや権力への渇望、利益への献身、法に反した詮索、自己陶酔と一致しているように思える」。しかし、本当にそれが敬服に値するものだとしても、「この方程式のどこが間違っていたのだろう?」（p.17）と彼女は不思議に思う。このようなことを思い描いたり、疑問を持ったりすることは、世界レベルの成績や人的資源に固執するゴール二〇〇〇——アメリカ教育法によって妨げられる可能性がある。

けっして、そうなってはならない。認知的な冒険や探究は、最善のカリキュラムの枠組みやもっとも責任感のある「真正」の評価よりも、むしろ「この方程式」について尋ねた祖母の質問や、白衣の男を信じてしまう人々の傾向について考える方が、はるかに引き起こされやすくなる。ヴォルフの作品のような、書かれたテキストへの応答のなかで、生徒たちの想像力を掻き立てることは、生徒たちに根本的な選択を迫ることであり、安易な答えに沿った調和への欲求と、オルタナティブな可能性への探求に向かうコミットメントのあいだでの選択を求めることになるだろう。ヴォルフの語り手は、まるで泣いている女性たちのうちの一人であるかのように、青空を眺めながら（ある無題の原文を引用して）「母たちは恐れおののききながら、学者たちが発明したものを空に探す」（Wolf, 1989, p.27）と語る。彼女は、その言語について、「半減期」や「セシウム」、あるいは汚染された雨の代わりに言われていた「雲」といった用語を打開する難しさについて考え始める。そしてそれは、いま一度、私たちに科学技術とそれが生み出した言語に対する謎めいた神秘化を解き明かす必要があること、そして知ることや話すことからの離脱（disengagement）に立ち向かうことの必要性を感じさせる手助けになるかもしれない。

　ヴォルフの語り手は、「原子力の平和利用」の手順を考えた人たちの動機について考えるとき、原子力発電所に対する抗議行動と、科学的ユートピアが間近に迫っていることを懐疑的に見ている抗議者たちへの非難や叱責を思い浮かべる。そして彼女は自分で、科学者や技術者たちが「おそらく追求しないか、あるいは、仮にそれを強いられたとしても、時間の無駄だと考えるだろう活動」をリストアップする。「赤ちゃんのおむつ替え。料理、子どもを腕に抱えたり、ベビーカーに乗せたりしての買い物。洗濯をする、干す、取り込む、畳む、アイロンをかける、綻びを直す。床を掃く、モップをかける、磨く、掃除機をかける。ほこりを取る。縫い物をする。編み物をする。かぎ針で編む。刺繍をする。食器を洗って、片づける。病気の子どもの世話をする。話す物語を考える。歌を歌う。さて、私はこれらの活動のうち、いくつを時間の無駄だと考えているだろうか」（Wolf, 1989, p.31）。

　これを読むと、また新たな一連の問いが生まれてくる。教室内での対話や、あるべき姿について話し合う人たちを目覚めさせようとするとき、こうした特殊性が果たす役割について考えずにはいられない。ヴォルフの語り手は、「拡大し続ける巨大な科学技術の創造物」が、多くの人たちの生活と喜びの代替物になってしまっているのではないかと考えている。彼女は、科学技術がもたらす恩恵的な側面についてもよく理解している。というのも、彼女が待っていたあいだ――考えていたあいだ――、結局のところ、彼女の弟は最先端の脳外科手術の恩恵を受けていたわけだから。しかし彼女は、学校のなかで私たちが十分考えておくべきことについて、私たちの愛する子どもたちにとって科学技術がもたらす慈善的な影響だけでなく、そうではない影響についてもより一層思いを馳せている。彼女のその考えは、私たちが愛するすべてのものについての理念やイメージを生かし続けることがいかに重要であるかを、あらためて思い出させてくれるかもしれない。そうすることで、若者たちが再び希望を見出し、たとえそこが小さな空間であっても修復を始めたいと思えるような学校の雰囲気をつくり出すことができると信じたい。

ここで、私のアートに対する主張へと話を戻そう。二〇〇〇年の教育目標に関する議論では、アートは著しく軽視されている。美的経験を成立させる出来事というものは、時間と空間のなかに存在している私たちを取り巻く環境との交互作用のなかで、また交互作用によって生じる出来事なのであるということを理解しておく必要があるだろう。絵画、ダンス、物語、そのほかあらゆるアートへの参加的な出会いによって、私たちは失った自発性を再び取り戻すことができるとも言われている。何らかの仮定や慣例の枠を打ち破ることで、私たちの変容していくプロセスを再び捉えることができる。また、私たちの人生の歴史やプロジェクトについて振り返ることで、科学技術革命の「神格」に抵抗できるかもしれないし、白衣を着た人々や、私たち自身の引きこもりたいという欲求や、調和をもたらしたいという欲求についてさえ、新たなパースペクティブを得ることができるかもしれない。自分自身が問いを持つ者であり、意味をつくり出す者であり、周囲の人たちとともに現実を構築し再構築する者であることを自覚することによって、私たちは生徒たちに対して、現実の世界には多元的なパースペクティブがあり、その構築はけっして完了することなく、つねに新たな可能性が存在するという考えを伝えることができるかもしれない。私は、ポール・セザンヌがモン・サン・ヴィクトワール山の絵を何枚も描いたということ、そして、人が意識のなかの現象としてヴィクトワール山を捉えられるようになるために、その山を複数の角度から、多元的なパースペクティブから見る必要があることを示唆した、彼のやり方のことを思い出す。

セザンヌは、彼が見えるようにしていった風景のなかに、身体を取り入れるということを重要視しており、そのこと自体が、私たちの思考や、私たちが教えている人々の思考の土台となる経験には次元というものがあることを示唆している。たとえば、ダンスの美学は、人間であるということについての問いかけに対峙していると語る人もいる。アーノルド・バーリアント（Berleant, A.）は、「身体の動きを通して人間の領域を確立していくなかで、ダンサーは、参加している観客とともに、私たちの経験しているすべてのことと、世界について人間の構築してきたもの、その両方を生み出す基本的な行為に深くかかわることになる（……）。それは、あらゆる二元論のなかでもっとも有害な、身体と意識の分離を真っ向から否定することになる。ダンスでは、思考が活動のポイントで注ぎ込まれる。これは瞑想的な心の省察なのではなく、むしろ身体のなかで平衡が保たれている知性であり、オルタナティブをじっくり検討するような考察なのではなく、活発に深くかかわっていく身体から親密に応答されるとともに、そうした身体を導くプロセスのなかでの思考なのだ」（Berleant, 1991, p.167）と書いている。[9] 焦点はプロセスと実践にあり、それをつくり上げるスキルはそのモノのなかで体現されていく。加えて、ダンスは統合された自己を創発する機会を提供する。確かに、このような自己観は、奇妙に技術化され学問化された現代において考慮されるべきものだろう。
絵画は、それ自体空間と時間のなかで方向づけられるものとして、創り上げる者と知覚する者の物理的な身体との関係のなかにあるもの（本来そうあるべきもの）だと捉えるなら、バーリアントの言葉は絵画に関しても当てはまりそうだ。アートに参加するというスタンスをとることで、私たちは描かれた風景や部屋、開かれた街路に入り込むことができる。ラファエロ（Raphael）、ドラクロワ（Delacroix）、セザンヌ、ピカソ、エドワード・ホッパー、メアリー・カサット（Casatte, M.）など、それぞれの画家たちは、異なる知覚のあり方を私たちに求めているということは言うまでもない——それは、かたち、色、空間を知覚する私たちの感受性を広げるということを意味するはずである。ジャン＝ポール・サルトルは、アートの役割や想像力の目覚め（awakening of imagination）に関心を持つ人なら誰にとっても重要であるだろうことを、私たちに伝えている。

作品は、けっして描かれたもの、彫刻されたもの、語られたものに限定されることはない。人が世界の背景に対してのみ物事を認識するように、アートによって表現される対象物は宇宙の背景に対してのみ現れる（……）。もし、画家が私たちに野原や花瓶を見せてくれるなら、その絵は全世界に開かれた窓となるだろう。私たちは、ファン・ゴッホが描いたものよりもずっと遠くまで、別の小麦畑のなか、別の雲のした、海に注ぐ川に至るまで、小麦畑に埋もれた赤い小道を追いかけていくのであり、別の世界の終わりまで、領野や大地の実存を支える深い終局＝合目的性の彼方まで、無限に広げていくのである。こうして、創造的な行為は、それが生み出し、あるいは再現するさまざまな対象を通して、世界の全面的な刷新を目指すのだ。絵画、書物の一つひとつは、存在の全体性を再生するということそのものなのである。それぞれがこの全体性を、観る人（spectator）の自由の前に提示する。というのも、これこそがアートの最終目標であるからだ――この世をありのままに見せつつ、その世界があたかも人間の自由から生まれたかのように、世界を再生することにあるからだ。（Sartre, 1949, p.57）

サルトルの洞察は、教室において、アートとの出会いが、どれだけ意義深いものであるかを多くの点で要約している。そこは、若者たちが想像力を働かせ、さらにそれを広げ、更新していこうと心動かされるような教室だ。確かに、外部から要求されたものではなく、人間の自由のなかにある学びの源泉を見つけるということ以上に重要なものはない。

この章で述べたことはすべて、今日アクティブ・ラーナーとして語られているもの、ここでは意味を追求すること、そしてライフストーリーに意味を宿すことに目覚めた者として考察された学習者のあり方について、直接的に考え抜いたことである。そう、今日の教育の一つの傾向は、科学技術やポスト工業社会の必要性に応えうる、柔軟性のある若い人々をかたちづくることにある。しかし、もう一つの傾向としては、異なるものになるために、自分の声を見つけ、つくり途中のコミュニティに参加し、自分なりの役割を果たすという人としての成長に関係するものがある。アートとの出会い、そしてアート分野での活動との出会いによって、経験のなかに明瞭なものを探し求め、より熱心に世界にかかわろうとするとき、互いに手を差し伸べ合おうとする人としての成長を育むことができる。もし、成長することや発想すること、問題解決に果たすアートの役割の重要性が、少なくとも認識されるようになれば、絶望的な停滞を乗り越え、可能性を感じられる希望が高まるかもしれない。ミュリエル・ルーカイザー（Rukeyser, M.）(10)の「喜びの挽歌」は、私たちが経験するかもしれない可能性の予感を見事に示している。

生から離れて生きている私たちの眼に
映るものは、私たちが与えられるものだけ与えることのできる、
私たち自身のイメージに宿る平和なのだ——
真夜中のような二日間を耐えながら。「生きろ」、
と瞬く刹那が訪れる——その夜は求める
努力と愛と、賞賛とを約束せよと。

いまや地図も魔法使いもいない。
予言者もいないが若い予言者のみがいる、世界の感覚。
私たちの時代の贈りもの、見出されていく世界。

すべての大陸が、一つの海と空が、
それ自身の光を放っていく。そしてすべてのものが輝き始める。(Rukeyser, [1949] 1992, p.104)

アートは生命を与え、希望を与え、発見の可能性を与え、光を与える。抵抗するなかで、その美的経験の教えを、私たちの教育学的信条（our pedagogic creed）とすることができるだろう。

注

(1)　原文ではinvisible childrenであり、ラルフ・エリスンの『見えない人間（Invisible Man）』をもじった表現である。

(2)　メタナラティブ（metanarrative）　二〇世紀フランスの哲学者フランソワ・リオタール（Lyotard, F.　一九二四―一九九八）や、フランスの批評理論家ジュラール・ジュネ（Gennet, G.　一九三〇―二〇一八）の用いた概念。社会理論上では〝偉大なる船出〟や〝建国の父〟といった比喩に見られる、個々の社会歴史的な出来事や事実を、真実の物語＝正史として語る際に依拠する包括的なナラティブのことを意味する。

(3)　『悲嘆』（一九三〇）　マーサ・グラハムが一九、二〇世紀ハンガリーの作曲家コダーイ・ゾルターン（Kodály, Z.　一八八二―一九六七）のピアノ曲作品三第二番に振り付けた、ソロのモダンダンス作品。「悲しみのダンス」という副題がつけられており、紫色のチューブ状の衣服を纏ったダンサーが頭部、手、足だけを外に見せながら、身体の内側を襲い、占有し、伸び拡がる喪の感情を表現する。

(4)　メディアはメッセージである（The medium is the massage）　二〇世紀カナダの英文学者であり、

メディア論学者のマーシャル・マクルーハン（McLuhan, M.　一九一一―一九八〇）の主著『メディアの理解』（一九六四）での代表的な主題。人間の経験を拡張する日常の道具や、科学技術、新聞やテレビ、SNSなどのメディア＝媒体（medium）は単なる中立な装置なのではなく、メディア自体が人々の経験やコミュニケーションのあり方を変化させるものであり、社会のあり方やその捉え方をも変化させていくメッセージとなっていることを意味する。

（5）リチャード・カールニイ（Kearney, R.　一九五四―）二〇世紀カナダ出身の、アメリカで活動している哲学者。チャールズ・テイラー、ポール・リクールに師事した現象学者であり、アイルランドのアーツ・カウンシルの前メンバー。ここで引用されている著作は、古代へブライの楽園のイメージから中世の天国、またポストモダンの現代にまで至る想像力の道筋を辿る『想像力の目覚め』（一九八八）。

（6）「そうらしい」と知ること（Knowing 〝about〟）二〇世紀アメリカの哲学者ギルバート・ライル（Ryle, G.　一九〇〇―一九七六）の論文「こうであると知ること、どうするかを知ること（Knowing That and Knowing How）」（一九四六）をもじった表現。知識を知るKnowing-thatと、方法を知るKnowing-howでもない、情報や見聞きしたことについて学ぶlearning aboutをもじっている。

（7）シミュラークル（simularcle）二〇、二一世紀フランスの社会学者、哲学者ジャン・ボードリヤール（Baudrillard, J.　一九二九―二〇〇七）の用語。現実を正確に写し取るために、読み書きのできる人間によってのみ用いられていた記号やシンボルが、情報革命以降、印刷物やデータ上でその意味の真偽を問わず拡散されうるようになり、ゲーム上のシミュレーション（simulation）を動かし続ける幻影のようなものとなる、あらゆる記号・シンボルが戯れ続ける状況を示すために造語された。

（8）主題として、社会の権力構造によって人々に与えられる暴力性や悲劇性、狂気などを背景にした作品群という共通項が見られる。「泣く女」（一九三七）は、当時ピカソの愛人であったドラ・マール（Maar, D.　一九〇七―一九九七）を描いたものとされる、スペイン・バスク（エウスカラ）でのフランコ政権との紛争を描く作品『ゲルニカ』の習作としても制作された、泣きはらす女性の姿を多角的な視点から構成した一連の人物画。『メディア』は古代ギリシアの戯作家エウリピデス（紀元前四八〇―四〇六）の戯曲であり、コリントス王女との婚姻を進めた夫の不貞への復讐として、コリントス国王・王女の毒殺と自身の二人の息子を絞殺するコルキス王女メディアの物語。『放蕩息子』は二〇世紀ロシア出身の振付家、ダンサー、ジョージ・バランシン（一九〇二―一九八三）によるバレエ・リュス最後の舞台作品であり、『ルカ書』にある放蕩息子の逸話をもとに創作された放蕩息子の罪と悔恨、贖罪の物語を紡いでいく。『大地の歌』（一九〇八）は、一九世紀ボヘミア（現チェコ）出身の、主にオーストリアで活躍した作曲家グスタフ・マーラー（一八六〇―一九一一）が反ユダヤ主義の台頭による迫害、自身の心臓病の発覚、長女の病死などに直面し、失意のなかで出会った中国の詩歌にインスピレーションを受けて作曲した最後の歌曲集。

(9)　アーノルド・バーリアント（一九三二―）　二〇、二一世紀アメリカの美学者。哲学と音楽、美学、環境美学、倫理に関する著作、論考で知られ、過去には国際美学学会の理事を務める。ここで引用されている著作は、アートを実用と切り離すためにカントによって提起された一八世紀美学の無関心性(indifference)のオルタナティブとして、古典から現代までのアートに内在する、鑑賞者に深いかかわりを促す仕掛けと仕組みについて考察した『アートと深いかかわり』（一九九一）。

(10)　ミュリエル・ルーカイザー（一九一三―一九八〇）　二〇世紀アメリカで活躍した、ユダヤ系アメリカ人の詩人、エッセイスト、活動家。アラバマ州のスコッツボロ事件、ウェストバージニア州の鉱夫の珪肺症、二次大戦時のホロコースト、原爆、スペイン内戦、冷戦、ベトナム戦争、女性の権利運動など、自身の調査と政治活動にもとづくドキュメンタリー詩で知られる。ここで引用されている作品は、『U. S. 1』に所収の、見過ごされる鉱夫たちの死を通じて宗教的な死生について問うた「死者の書」（一九三八）、二次大戦後すべての挽歌は現在なのだという警句で終えられるシリーズ『挽歌』に所収の「第十挽歌――喜びの挽歌」（一九四九）。

第十一章　テキストと余白

批評家のデニス・ドノヒュー（Donoghue, D.）は、アートを実用的な用途のない単なる娯楽だと考える人がいまだに多いのだということを私たちに思い起こさせた。そして「アートが歯痛を治したり、［あるいは］物質的な世界からのプレッシャーを克服したりするのにはあまり役立たないと言えば、確かにその通りだ」と、彼は認めている。

しかし別の見方をすれば、それらは私たちが完全に自由に生きることができる空間を提供してくれるものなのだから、じつに重要なものでもあるのだ。［人生］を一枚の頁として考えてみよう。その本文が中心にあって、必需品、衣食住、日々の関心事や仕事、物事の継続に関するテキストが書かれている。このテキストは、ほとんどが慣習や日常、習慣や義務によって取り決められていて、私たちにはほとんど選択の余地がない。このテキストのなかにいる限り、私たちはただ日常的な自分自身と一致するほかないのだ。もしその頁全体がテキストで占められているとしたら、私たちは余暇の時間でさえも、その非慣習的なリズムに従って生きなければならなくなることだろう。なぜならそれらもまた、慣例というものに従うのだから。(Donoghue, 1983, p.129)[1]

アートとはほとんどの人々にとって生活の余白（the margins）にあるものだとドノヒューは結論づけている。「余白」とは「日常生活では居場所がなく、そのほとんどが抑圧されているように見える感情や直感のためにある場所」のことであるが、「アートのなかで（within the arts）」生きることを選んだ人たちは「自分たちのための空間をつくり、そこを自由と存在への予感で満たすことができる」(p.129)[2]。自分たち自身のために空間をつくり、つながりのなかで自分たち自身のことを経験し、それら空間を移動していくために創始を引き受けていくという考え方は、私にとって第一に重要なものであるように思える。マルティン・ハイデガーが述べていたように、開放された場所が現れると「それが何であるかを超えた」物事が起こるのであり、そこには私たちが知っていると確信していることを超えて到達した「開かれた明るい空間があり、光が射している」のだ（Heidegger, 1971, p.53）[3]。第十章では、アートが想像力をときはなつその一般的な方法について論じてきた。本章ではその議論をさらに推し進めて、アート教育（art education）と美的教育（aesthetic education）を結びつける教育学について学ぶ必要性を考察する。私が「私たち」と言ったのは、特にアートの領域において、解放の教育学にコミットする教育者のコミュニティが存在しているということ、そして私がそのコミュニティに対して発言できることを願っているからである。そのようなコミュニティはあらゆる階級、その背景、肌の色、宗教的信条を持つ女性や男性をその対話に含めなければならない。そして、アートに対する臆面もない愛を共有しなければならないのだ。

空虚な形式主義、教訓主義、エリート主義に挑戦することを望む私たち教師の多くは、アートがもたらす気づきの衝撃が、私たちを日常に埋もれさせずに驚きと疑問へと駆り立てていく（はず）と信じている。アートが私たちをどこか安心させないようにさせたり、納得できるものの域を超えて突き動かしたりすることは珍しくないし、時にそれは私たちに他のあり方を思い描かせ、それを実現することにどんな意味があるのかを考えることのできる空間へと導いてくれるかもしれないものなのである。しかしそのような空間へと移動していくためには、人々を受動性や当たり障りのない黙認へと押しやる力に抵抗する意志が必要なのだ。そのためには、フーコーが「正常化（normalization）」と呼ぶものを拒否する必要がある。正常化とは同質性を押しつけることによって人々に「レベルを決定させ、専門性を固定化させ、差異を互いに適合させることで有用なものにする」(Foucault, 1984a, p.197) ことを可能にする力である。このような傾向に抵抗するということは、ある種の支配的な社会的実践が私たちを型にはめ、外在的な要求に合わせて規定し、私たちが自分自身を超えていくその可能性にもとづいて行為することを妨げているものに気づくということなのである。

じつのところ、若者たちがそのような傾向に抵抗し、間主観的な関係性の途上で境界線を越えてコミュニケーションを取り、選択し、異なる存在になるための道を開くことをあるレベルで可能にしていなければ、私にはどのように若者たちを教育すればよいのかわからない。この民主主義のなかで個々人が「教本＝本文（text）」に閉じこもることが少なくなるように、また自分たちが何であるかを永遠に一致させることが少なくなるようにと、少なくとも私はあらゆる人にアートとの深いかかわりがもたらすものについて自覚を持ってもらうべく訴えてきた。一般的に、この社会の本文において価値あるもの、あるいは尊敬に値するものは、長いあいだ「アメリカのもの」として当然視されてきた白人中産階級の価値観と同一視されている。当然のこととして受けとめられてきた価値観であるがゆえに、それとして名づけられることはめったになく、そのため検証や批評の的にされることもなかった。この本文がマイノリティに与える影響は、当の人々を支配的な文化から目に見えないアウトサイダーのように感じさせるということにある。ハーバート・マルクーゼが既成の現実を告発し、解放へのイメージを呼び起こすことを可能にするアートの特質について語るとき、彼は私がここで述べてきたように、他者を見ることの不能性を克服するうえでアートの持つ関連性を示唆しているのかもしれない（Marcuse, 1977, pp.10-11）。

さらにアート作品あるいはアートワールド（art world）との深いかかわりを教育学に統合していく際には、アーサー・ダントーの「セオリーなしにアートワールドはありえない。というのもアートワールドは、論理的にいってセオリーに依存しているためだ」（Danto, 1981, p.135）という注意喚起に耳を傾けることも重要だ。[4] 特定のアートセオリーは現実世界からモノを切り離し、それらを「とある別の世界、アートの世界、解釈されたモノたちの世界の一部」にする（ibid.）。そのアートの世界は構築された世界であるから、私たちはそれを偶発的なものとして見て、つねに批評の可能性のあるものとして見つめることを忘れてはならない。拡張と改訂に開かれているものと考えなければならない。その世界のカノンは大昔に一定数の男性たちによって定義されてきたものだけれど、つねに懐疑的に考えることで、新しいものや異なるものが現れた際にそれらを無視しないようにいつも開かれたものにしていかなければいけない。何がアート作品を構築するものであるかについての、あらゆる人の納得できる、あるいは普遍的に受け入れられる判断をするということは解決不可能な問題なのだということがますます明らかになってきている。私たちはもはや、教室で選択できるものを狭い集団によって偉大とされてきた作品におとなしく限定させていくようなことはできないし、他の伝統から「代表的(representative)」と思われるサンプルを単純に列挙しておいてその結果を多元性と呼ぶこともできない。女性の声、エスニック・マイノリティの声、西洋世界の外側で認められている詩人や音楽家の声など、長らく黙殺されてきたということに私たちがようやく気づいた声たちを今日、響かせていかなければならない。そして私たちは、まだ経験していないこと、予測しえなかったことへの道を切り開いていかなければならない。生徒自身の経験が変容していく機会を生徒に与えることができるのは、教師たち自身がこれまで大切にしてきたものを選び出していくことによってなのだと、私は信じている。

カノンに対する私の関心事はしかし、さまざまなアーティストと本来的に、冒険的に深くかかわることができるようにすることだけにあるのではない。生み出されたなぞなぞ、詩、物語、告げられた夢、創作されたフィクションや小説をかたちづくる材料となる——文字や話し言葉だけでない——絵の具、パステル、粘土に石といったモノたち、またメロディや不協和音、音響の鼓動といった音楽、そしてかたちをつくり上げ、努力を結晶させてビジョンを明確に表し、空間と時間を動いていく舞踊的な身体など、さまざまなメディアの踏査もまた念頭に置いている。

彫ること、描くこと、踊ること、歌うこと、書くことを通じて、多くの人々が自分たち自身のイメージや、物事に対して抱く自分たち自身のビジョンを探し求めていく助けを得ることができる。自分が見ているもの、感じているもの、想像しているものを見つける一つの方法は、それをある種の内容に変換し、その内容にかたちを与えることなのだと理解させることができる。そうすると、人々はあらゆる種類の感覚的な開放性を経験するかもしれない。思いがけず、周囲の世界に存在することも知らなかったパターンや構造を知覚するかもしれないのだ。不注意のカーテンが引きはがされることで、あらゆる種類の新しいパースペクティブも見えてくるかもしれない。人々は特定の意識が物事の現象を摑むために手を伸ばす方法の一部を、意識が互いに触れ合い、屈折し、深くかかわり合う方法の一部を、認識するかもしれない。

このようなことが個々人に、それも非常に若い個々人に起こった場合、そうでない場合よりも人々は明らかにアルビン・エイリー（Ailey, A.）が川辺での祝賀を望むことを[5]、イサベル・アジェンデ（Allende, I.）の小説『エバ・ルーナ』で主人公が物語を紡ぐことを理解できるようになる（Allende, 1989）[6]。ストラヴィンスキー（Stravinsky, I.）による火の鳥でのダッシュと煌めきの表現、モリスンが『ビラヴド』のなかで母親であること、犠牲になること、そしてそれらによって生まれた深淵に立つことの切実な感覚を探索していること、キース・へリング（Haring, K.）が硬直した姿を浮き彫りにし、グラフィティ・アーティストが都市のドアや壁に互いに関連し合う作品を刻み込んでいること。生徒がダンサーの動きに合わせて動くことでダンスの言語を学び、自分自身のナラティブを言葉から構成することで小説の書き方や物語の編み方をめぐるシンボル系に入り、音の媒体をかたちづくることの意味を見出すためにガラスの音やドラムとともに作品をつくる。こうしたことへの即時的な没頭はすべて、アートの形式そのものに深くかかわっていくその種のこと、知るということへと参加者を導いていくのである。美的教育にはこのような冒険が含まれているべきであり、アート作品との出会いをより豊かで熱烈なものにするための意図的な取り組みが含まれているべきである。また、アート経験のプロセスで生じるさまざまな疑問——美的な問い（aesthetic questions）——を投げかけることも含まれるはずだ。つまり、なぜ私はこの作品に語りかけられていると感じ、あの作品からは締め出されていると感じるのだろうか。実際、この曲はどのような意味でマーラーの悲しみを体現しているのだろうか。[7] ベートーヴェン（Beethoven, L.）の『歓喜の歌』の何が、私に何らかの超越的な現実性に触れているような気にさせるのだろうか。マルケス（Márquez, G.C.）の小説『百年の孤独』（Márquez , 1970）は、コロンビアの歴史をどのような仕方で反映し、屈折させ、説明し、解釈しているのだろうか。[8] ジャメイカ・キンケイド（Kincaid, J.）の『ルーシー』（Kincaid, 1990）に登場する西インドの島は、どのような意味で「現実」なのだろうか。[9] 美的な問いを投げかけるということは、美的経験そのものをより省察的に、より批判的に、より共鳴的なものにするということである。アート教育はそのような問いに答えていくなかで起きていくものによって深まり、広がっていくのだ。

「アート教育」とはもちろん、ダンス教育、音楽教育、絵画やその他のグラフィック・アートの教育、そして（私が望む）ある種の文芸教育などを含む広範なものを意味する。「美的教育」とは、アートについての十分な知識をより一層得て、ますます没頭していく出会いを育んでいくための意図的な取り組みのことである。生徒がつくり手としてアートに深くかかわり、また既存のアート作品を経験できるようにするためのポイントは、たとえばエドワード・ホッパーの都市の絵、セザンヌの風景画、ジャズの作曲、ベーラ・バルトーク（Bartók, B.）の民謡、ジョイスの小説などを存分に生きることができるよう、生徒たちをときはなつことにある。このめあてを達成するということが、アート教育を美的教育への努力で満たしていこうという提案へと私を導いているものの一部である。私たちは、手元にある作品のなかで注目すべきものが何であるかを理解し、想像力をときはなって知覚されるものの領域のなかに秩序を創り出し、私たちの感情が実現されるべきものについて十分な知識を得てそれを照らし出すことができたとき、私たちはアートを存分に生きることができる。一つの教育学がもう一つの教育学に反映されることを私は望んでいる――すなわち、生徒に創造する力を与える教育学が、生徒に作品へ入り込む（そしておそらくは、鑑賞する）力を与える教育学に影響を与え、またその逆も然りであるというように。意識的に「意味づけるよう宿命づけられている」（Merleau-Ponty, [1962] 1967, p.xix）誰かが[10]、彼あるいは彼女自身の物事を選択していくプロセスについて振り返り、その先にあるかもしれない（あるいはないかもしれない）開かれた明るい空間へと身体を向けるという感覚を、学習者と教師がともに探求者であり問いを持つ者であるという感覚をもって、両方の教育学が実行され続けれることを望んでいる。その視野のなかにある目標は複数あるけれど、想像力と知覚という刺激を与えること、さまざまな見方の様式と意味をつくることへの感受性を与えること、そして生きられている生活の状況のもとに立つことができるようにするといった目標が含まれることは確かだ。

今日、ほとんどの批評家や教師は、アートの固定された定義や、過去に存在したすべてのアートの形式、そしていまだないすべての形式を説明する理論に行き着く可能性は低いという意見で一致しているが、アートは「他の経験ではアクセス不可能な次元を切り開く。人間、自然、そして物事がもはや確立された現実の原則の法の下に置かれることのない次元を切り開くものである」（Marcuse, 1977, p.72）というマルクーゼの主張を支持する人は多いだろう。人がアート作品に耳を澄まし自分たちのエネルギーを傾けていくと、アート作品における言語やイメージは「日常生活ではもはや、あるいはいまだ知覚されず、言われず、聞かれていないものを知覚できるようにし、見えるようにし、聴こえるようにする」。私たちは皆、マルクーゼの主張を裏づけるような経験を思い出すことができる。たとえばブラック（Braque, G.）やピカソが、生きられた世界から多元的なパースペクティブを通じて見つめることの意義を多くの人々に気づかせた際に成し遂げた、伝統的な現実の秩序に対する破壊を、私は思い出せる。モネ（Monet, C.）が三ヶ月かけて描いた、ルーアン大聖堂の十枚ほどの連続したビジョンを同時に見たときの驚くべき発見を、私は思い出せる。モネの他の連作に描かれたポプラの木や積みわらのように、大聖堂はその時節、影の戯れ、光の傾きが変わるにつれてかたちを変え、構造の意味さえも変えていく。積みわらの絵を見つめるとき、私たちは小さく控えめな積みわらと、迫りくるも保護色的な積みわらとのあいだの戯れや、積みわらが落とす影とその向こうの空の輝きとのあいだの戯れなど、関係性の移り変わりや表現的なリズムを感じることだろう。私たちにとって価値があるのは、モネでなければ疑うこともなかったはずの何かを目に見える世界のなかに見ることだけではなく、そのビジョンが——そしてその意味と脈動が——特定の仕方で作品のなかへと入り込む、私たちの側で発揮されている機能を認識することでもある。モネは結局のところ、客観的にそこにあり、客観的に「印象派的」に見える一連の風景の窓を私たちに提供したのではない。詩と同じように絵画においても、意味とは物事とのかかわり方のことなのだ。モネの風景画の意味は（ベラスケスの『インノケンティウス十世の肖像』(11)や、エドワード・ホッパーの孤独な街並み、ゴヤの『戦争の惨禍』の意味と同じように）、私たちがそれらの前に立ったときに見えてくるその主題や、壁にかけられたキャンバスのなか、あるいは私たち自身の複数の主観性のなかにあるのではない。絵画、テキスト、ダンス・パフォーマンスとの出会いのなかで、またその出会いによって意味は起こる。私たちの出会いがより十分な知識を得ていくほど——手元にある媒体についてある程度馴染み、批評的なレンズをある程度使い、アートワールドをある程度意識していくことによって（Danto, 1981, p.5）——私たちがより多くのことに気づき、より多くの意味を持つ作品になる可能性は高い。よいアートと呼ぶべきか悪いアートと呼ぶべきか、あるアート作品と文脈はどう関係するのか、よい理由を構成するものとは何なのかといった疑問が私たちのなかで鳴り響くなら、私たちはより多くのことを不思議に思い、知覚していくことだろう。

しかし、私たちの出会いはどれも想像力をときはなつこと、つまり実際的なものが見える窓を通じて覗き込む能力、あたかもということを経験のなかに存在させていく能力なしには起こりえない。想像力は人間の意識とビジュアル・アートの作品、文学、音楽、そしてダンスの作品とを結びつけ、「断ち切られた部分を再びつなぎ合わせる」（Woolf, 1976, p.72）ことで新たな秩序を創り出す。想像力は「現実性」という見出しのもとで起こっていることの理解をかたちづくるための主要な手段であるかもしれず、また私たちの経験の肌理そのものをも担っているものなのかもしれないのである。客観的なものから主観的なものを、外部から内部を、現実性からその外見を切り離す習慣的な隔たりを取り払うなら、私たちは想像力に適切な重要性を与えることができるかもしれないし、理解するということの中核に想像力を据えることの意味をも把握できるかもしれない。アメリカの詩人ハート・クレイン（Crane, H.）は、想像力について「新鮮な概念、より包摂的な評価へと向かう理性的な結合子」（Crane, 1926, p.35）と語った。また、詩人のウォレス・スティーヴンズは想像力が現実性への感覚を高める方法であることをめぐって、それは「物事の可能性を覆っている心の力」（Stevens, 1965, p.31）だと語っている。メアリー・ウォーノックは想像力がいかに感情と結びついているかについて、また「思考や概念を物事に適用するために」もいかに必要であるかについて書いている（Warnock, 1978, p.202）。想像力と、趣味や感性を含む感情は教育されうるものであり、教育されるべきものであることを認めなければならないと彼女は言う。私がここで主張したいのは、それらを教育する強力な方法は、アート的―美的領域へのイニシエーションを通じて行うということなのだ。

外観に及ぼす光の効果に関して科学的な意図を抱いていたとしても、想像力がなければ、モネはルーアン大聖堂のファサードを暗い信仰の厳格な体現として、約束の踊る輝きのスクリーンとして、繊細なレースのヴェールとして、さまざまに見ることはできなかっただろう。また絵筆の筆跡、白、金、濃い青を大聖堂の描写に変換する能力がなければ、私たちの意識のなかでそのような独特のビジョンを実現することはできなかっただろう。私たち自身がそのように意識することで、私たちの知覚の次元、人生の次元が変わっていく可能性がある。

ウォレス・スティーヴンズの詩は、おそらく特に自ら詩を書こうとしたことのある人に対して、想像力の中心性を独特の鋭さで描いている。スティーヴンズが（特定の聴き手を絶望させるために）想像力を「ありのままに物事を奏」でない「青いギター」にたとえるとき（Stevens, [1937] 1964, p.165）、物事をあたかもそうでないかのように見ることが何であるかを知り、無限の歌を鳴らすことのできる弦を持つ、青い色のギターの奇妙さに注意を向けることのできる人々との共鳴を、彼は呼び起こさずにはいない。スティーヴンズが別の詩で「六つの重要な風景」について書き、想像力を遊ばせながら、影の端にある青と白のラークスパーや「ブレスレットのように／ダンスで揺れ動く」プールの輝きのなか、あるいは月や白いガウンのなかでその襞が「黄色い光で満たされている。／（……）その髪は／ある青い結晶で満たされ／星から／そう遠くないところにある」（Stevens, [1916] 1964, pp.73-74）と、予測しえない可能性を実現させながら、彼は自己と事物のあいだに新たなつながりを生み出し、読者の風景を新たに描き出していく。その後に続く驚くべき詩は、物事はかたちづくられ、彫刻されるものであるということを読者に思い出させる。

すべての街灯の柱を彫り上げたナイフも、
長い街路を掘り出した鑿（のみ）も、
高い塔と
ドームをつくり上げた槌も
葡萄の葉の隙間から輝き出る
一つの星が彫ることができるものを、
彫り上げることはできない。（pp.74-75）

新しい空間に足を踏み入れ、ナイフ、鑿、槌のイメージを結集させ、葉の隙間から輝く星そのものが彫刻家になれるような発見の感情をともにするのに、彫刻家である必要はない。このような具象的な作品を通して変化するのは、星の光に対する私たちの考えだけではない。彫刻家に対する考えやイメージも、予測しえないかたちをつくる人のイメージへと変化していくかもしれない。この詩の最後のスタンザで、スティーヴンズはこのような意味を最高潮に至らせ、爆発させる。

合理主義者は四角い帽子をかぶり、
考えるのだ、四角い部屋のなかで、
床を見ながら、
天井を見ながら。
彼らは自らを
直角三角形に閉じ込めている。
もし彼らが菱形を試そうとすれば、
円錐、波打つ線、楕円――
たとえば、半月の楕円のように――
合理主義者はソンブレロをかぶるだろう。(12)(p.75)

この意味もすべて、比喩と、ある読者の世界に新しい何かをもたらす予期しえない関係性の開示によってもたらされる。この詩を外側から、あるいは内側から経験することで、読者は合理主義者の視線に依存する閉塞感や一面性からときはなたれるのを感じずにはいられない。合理主義者たちが菱形や円錐形に挑戦するとき、彼ら自身の線や正方形が半月の楕円形へとかたちのスペクトルを移動するのを許すよう誘われているのだ。彼らは考えることや自分たちのテキストに取り組むことを諦めるよう求められているのではなくて、少なくともときどきはモルタルボードをソンブレロと交換するようにと求められているのである。彼らは月と正方形の部屋の弁証法、余白と本文の弁証法について、より遊び心と華やかさを持って物事に取り組むことを求められているのだ。

選択と活動、「世界への帰属」(Merleau-Ponty, [1962] 1967, p.456) を通じて、自分のことを錨から切り離し、社会の周縁＝余白でのその都度の冒険を自らに許すなら、多くの人々が同種の経験を呼び起こすことができる。私はアートとの深いかかわりが、なすべき仕事を否定したり、それをなすことから目をそらしたりすることにつながるべきだと言っているのではない。また経験の余白が、道楽や官能的な極端さに道を譲るための場所だと言っているのでもない。私が考えるに、アートは自身のパースペクティブを得るための機会、また世界のなかに存在しつつ世界を超越していくためのオルタナティブな方法を知覚し、こちらの選択を圧倒してくるオートマティスムを拒否していくための機会を提供するものなのだ。

このようなオルタナティブは、一見すると重苦しく、醜いものかもしれない。それはエリザベス・ビショップの「夜の都市」にある、こうしたイメージのかたちをとるかもしれない。

どんな足も耐えられないのだ、
靴はあまりに薄すぎて。
破れたガラス、壊れた瓶を、

積み捨てた山が燃えている。(Bishop, [1976] 1983, p.167)

そして涙と罪の意識が燃える場所には、「一人で泣いた」大君と「黒く染まった月」とがある。ただし、この視界は飛行機からの眺め、しかも亡くなった空からの眺めであることを私たちは思い知らされるのだ。そうしてこの詩は、「(それでも、頭上には生き物がいる、/注意深い、生き物がいる。/足を下ろして、歩く/緑、赤、また緑、赤と)」(p.168) という括弧で、胸に迫るようにして終わる。

チャールズ・ディケンズ (Dickens, C.) の小説に登場する暴力を振るわれた子どもたち、シャーロット・パーキンス・ギルマンの作品に登場する虐待を受けた女性たち、ドストエフスキーの世界で苦しめられる小さな子どもたち——イワン・カラマーゾフが兄に語っているように、「子どもや、子どもだけを拷問するのが好きなのは、多くの人々に特有の特徴だ」(Dostoyevsky, [1880] 1945, p.286)。『戦争の惨禍』におけるゲリラ戦闘員の処刑やホロコーストでの暴力行為の写真など、私たちが他者とつながる何らかの自分たち自身の次元や、私たちの憤りに直接語りかけてくるイメージや具象的な姿がある。(13) それらは私たちの目を開き、肉体を揺さぶり、私たちの世界を修復しようとさえ思わせるかもしれない。

近頃、ドイツのテロリスト、ウルリケ・マインホフが首吊りの後、仰向けに倒れている絵画を見た。彼女の蒼白い横顔と傷ついた首が、透明感もなければ呼吸のできる空間もない、空気のない場所に描かれている。この絵画を描いたゲルハルト・リヒター (Richter, G.) は、彼が「赤い大隊」と呼ぶバーダー・マインホフの一味の成員たち――その全員が死去――を描いた作品の描画において、写真をもとに制作した。「アートとはつねに、必要性、絶望、そして無力感にかかわるものである。（……）そして私たちは形式的、美的側面だけを重視するあまり、この内容を蔑ろにすることが多い」（Kuspit, 1990, p.129）と、彼は書いている。ドナルド・カスピット（Kuspit, D.）は、リヒターが写真に撮られた現実をおぼろげに描写する際の「具体性とぼんやりとした暗示性の弁証法」は、「死に関する主要な事実、すなわちその不可解さ、それを取り巻いている疑念を強調してはっきりと表現している。（……）これこそ、一見『開かれている』ように見える出来事のイメージが、事実上、歴史を閉ざすことによって歴史を書き換えるためにいかに利用されうるかという悲観的な観察を含む、『無限』で病的な思索の触媒となるものなのだ。この不可解さは、絵画の不安的な、隠された雰囲気のなかで争点になっているものである」（pp.131-132）と評している。リヒター自身はあらゆるイデオロギーや多くの信条について生命を脅かすものと見ているようで、バーダー・マインホフの一味をイデオロギー的行動それ自体の犠牲者とみなしている。私たちは見て、不思議に思い、そして疑問が湧いてきて、打ちのめされる。リヒターのようなイメージは、イデオロギーや暴力行為が最終的に私たちに求めるものを見るときの一種の怒りと、根本的な疑念、青ざめた無意味な死への反応の両方を呼び起こすのかもしれない。

アートの機能の一つは、私たちに「自分たちの砂漠に従って」（Conrad, [1898] 1967）物事を見せたり、また私たちの日常生活を何らかのかたちで変化させたりすることだけにあるのではない。私たちの思慮の無さや自己満足、確信をアートそのものに対してすらも覆していくということにある。私たちは技術至上主義（technicism）が課してくる統制や制限に美的経験を対抗させてしまいやすいから、単なる直接的な欲求を充実させるだけの避難所を、アートのなかにあまりにも見出してしまいやすいのかもしれない。子どもたちの自発性を守りたいがために、私たちはこの世界で人間であることの高みだけでなくその深みにも触れる領域に、純粋さと輝きだけを見出すことをあまりにも頻繁に選んでしまうのだ。

ヨーゼフ・ボイス（Beuys, J.）や、ロバート・ウィルソン（Wilson, R.）、フィリップ・グラス（Glass, P.）、ウィリアム・バルコン（Balcon, W.）、トニ・モリスン、マーサ・クラーク（Clarke, M.）、ジョン・グアレ（Guare, J.）のようなアーティストとの出会いを私がとても大切にしているのは、このことを再認識することが私たち教える側にとってとても重要なことだと、私が信じているためだ(14)。アヴァンギャルドやポストモダンとの関連性は重要ではない。重要なのは、アーティストたちの作品の複雑な質感や、しばしば不気味な美しさとは別に、それぞれが体現している問題意識、限界への抵抗、「半月の楕円」と何らかの近しさを持っているその感覚である。たとえば近頃ヴェネチア・ビエンナーレで最優秀賞を受賞したジェニー・ホルツァー（Holzer, J.）の作品や、少し前にグッゲンハイム美術館の螺旋を彫刻した彼女の移りゆくネオン・メッセージ――フレーズと単語を示す赤と白の電気的なサインが交わり、重なり、その意味が浮かんでは消えていく――のことが思い出される。自明の理はチューブによって綴られ、大理石のスツールに刻まれていて、時にはリヒターのイメージのように曖昧で、時には驚くほど、そして恥ずかしくなるほど明瞭である。[15] それらはたった一節の気の利いた言い回しからなり——「家族は借りられた時間を生きている（The Family is Living on Borrowed Time）」、「権力の濫用は驚くべきことではない（Abuse of Power Comes as No Surprise）」——それらはビルやバス停の壁に描かれたもののパロディであり、単純化されたものだ（Waldman, 1989）。そして、彼女が「哀悼」と呼ぶ省察的な一人称のメッセージもある。「私を守ってくれる、私の心と一緒に、〈日々〉に向かう」「私が恐れているものは、それを覆い隠してしまう毛皮で覆われた箱のなかにある。私は怖くて頭が真っ白になって何もできないし、怠けてもいるから、日ごと私は何も大事なことをしない」（p.18）。

光り輝くメッセージが巡り、決まり文句になり、コラージュになり、コンセプチュアル・アートに、ミニマル・アートになるのを見ていたとき、私はまた、自分の世界がゆっくりと姿をあらわし始めたことを寿いでいた瞬間に、その世界を不可視にするしるしの言語をも見つめていたのである。ホルツァーは言う、「私は（このアートを）完全にランダムで、ずさんなものにはしないようにはしているけど、野生的な部分も必要なんだ。テキストを書くぞというときは成層圏まで昇ってから、降りてこなくてはいけない。私が好きなのは、物事が制御できなくなりながら、あなたに扱えるようにふところに戻ってくる瞬間。私はそこにアクセスしたいと思っているけれど、一、二秒で投げ出してしまえるほど簡単なものじゃない」（Waldman, 1989, p.15）。ホルツァーのランダムとコントロールのあいだを行き来すること、また言語を駆使することで触れられるものを超えていくことの価値を認識しつつ、私は意味と参照をめぐる疑問に再び囚われることで、その疑問が開示の瞬間と同じくらい重要なものであることを理解するのである。トニ・モリスンの『ビラヴド』の神話的な部分、秘密の部分に分け入ろうとするとき、あるいはウィリアム・フォークナーの物語「熊」に立ち戻るとき、あるいはあの奇妙な物語『詐欺師フェーリクス・クルルの告白』において「自信」と「信頼」が実際に何を意味するのかに立ち戻るとき、私は同じ疑問のいくつかが生じていることに気づく(16)。

もちろん、私たちが批評を利用するのは、解明すること、気づくべきものがあるということに気づかせる手助けを得るためだけでなく、批評家たちが個々に何を想定しているのか、私たちが明らかにしようとしている作品を、私たち自身どのような批評的視点を通して見ようとしているのかを知るためでもある。私たちは専門知識の引きつける力に抵抗していくと同時に、「誇大広告」的でフェティッシュなつくり方、市場が価値や選択を決定する方法についても意識しておかなければいけない。今日、私たち教師は、アートの世界で何が許容され、何がポルノグラフィ的、不信心的、同性愛的、非国民的、猥褻的と咎められ、受け入れられないかを「上」から（あるいは物事の捏造された中心から）決定しようとする作業に対し自覚的になり、用心深く注意しておく義務がある。私たちが最近読んだような、特定のアート作品に対する命令を出したり、禁止や処分を口にしたりすることは、法律の範囲内かもしれない。しかし経験とはつねに予測されうるもの以上のものを秘めているものであり、想像力は予測しえないものへの扉を開くものであるという考え方に立つなら、最近の禁止令が意味するものには冷ややかさを感じざるをえない。アートにおける創造的で鑑賞的な出会いが想像力のエネルギーに依存していることを考えると、このような禁止令にはもっとも深い意味で非教育的な小康状態と制限的な結果しか期待できない。私たちはロバート・メイプルソープ（Mapplethorpe, R.）の個展が私たち個人にとって何を意味するのか、そしてその禁止が何を意味するのかを、できる限り真正面から批判的に考えなければならない。(17) アンドレス・セラーノ（Serrano, A.）(18)、カレン・フィンリーのような人々の作品や(19)、国旗を燃やす人々の作品が、私たちにとってどのような意味を持つのか。『マラー／サド』やミュージカル『ヘアー』がヌードを舞台で披露したとき、私たちは同じようなことを考えたかもしれない。(20) メイプルソープやフィンリーを子どもたちに触れさせたいとは必ずしも思わない。しかし、私たち自身が――また子どもたちが――生きた経験にもとづくと同時に地域社会の規範との関連において判断を下すとはどういうことかを学べるようにしたいのである。生徒たちを新しいものや多様なものへと開こうとしている私たちは、慣習のかさぶたや、フェティシズムの歪み、狭い信仰の酸っぱい味を打ち破ることを望んでいる。

このような開放性は、私たちが自分自身を追求し続けることを要求すると同時に、多くの若者がアート作品とかかわることを妨げている暗号をできるだけ解き明かせるように、私たちにできることをすることを要求する。絵画や小説、音楽作品が多くの人の手にとって届かないと思われている、難解な、あるいは時代を超えた領域にある飛び地のような場所にしか存在しないのであれば、そうした作品が素朴な意識のなかで実現されるということは、ありそうにもないことになってしまうだろう。ジョン・デューイは、アート作品があたかも文化的生活のなかに根を下ろしておらず、いわばファイン・アートの標本であって、それ以外の何ものでもないかのようにあまりにも頻繁に紹介されてしまっていると述べている。アートの対象は、私たちの日常の地平を超えて届く多くの優れたフィクションや、私たちの慣れ親しんだ音域を超えて届く多くの音楽と同じように、普通の人々には遠い存在に見えるようにつくられている。実際的なものであれ具象的なものであれ、台座のうえに置かれたアートのかたちは「コミュニティの生活やコモンの範囲から」(Dewey, 1934, p.6) 取り除かれ、意図的に通常の経験から切り離されることで「趣味と確実性の記章」(p.9) としての大きな役割を果たす。それらは人々のエリート主義を確認するものであり、社会権力の利益に奉仕するものなのだ。ヴァルター・ベンヤミン (Benjamin, W.) も同じようなことを念頭に置きながら、アート作品に付随してきた永遠の価値や神秘といった概念、距離、独自性、伝統といった「オーラ」が、アート作品を多くの人々にとってアクセスしがたいものにしてきたと書いている (Benjamin, [1955] 1978, pp.222-223)。ジョン・バージャーもまた、アート作品は「まったくインチキな宗教性の雰囲気に包まれている。アート作品はあたかも聖なる遺物であるかのように論じられ、紹介されている。何よりも、自分たち自身の生存の証拠となる遺物として論じられ、紹介されていく」その仕方について書いている (Berger, 1984, p.21)。ビジュアル・アートの保存はつねに魔術的なもの、神聖なもの、あるいは物質的なものとして存在してきたのであり、そののち、さらに「アートの保存は社会的なものとなったのである。アートは支配階級の文化に入り込むことになり、物理的には彼らの宮殿や邸宅に隔離されることになった。このすべての歴史のなかでアートの権威は、保存という特別な権威と切り離すことができなかった」ということについても、バージャーは指摘している（p.33）。アートがある種の「保護区」に置かれることによって確立される距離だけでなく、商品化、秘教主義、リアリズムの誤った主張、女性と有色人種、貧困層を排除する人為的な神秘化によって創り出される距離によっても、アートは大衆から切り離される。このような隔たりは個人的な無垢や無知、そして無垢で無知な他者への依存、あるいはメディアによる条件づけによっても引き起こされる。アートは自分たちの世界において他者が「商品」として評価するものから組織的に卑下され排除されてきた若者たちに、自然に開かれるものでもないだろう。たとえばバージャーはアートが自発的に理解されるという見方に対して、次のように強く反論している。

無垢という考え方には二面性がある。陰謀に加わることを拒否することで、人はその陰謀に対して無実のままでいられる。しかし無実のままであり続けるということは、無知であり続けることであるかもしれないのだ。問題は無垢と知識のあいだ（あるいは自然と文化のあいだ）にあるのではなく、アートを経験のあらゆる側面と関連づけようとする総合的なアプローチと、衰退しつつある支配階級の郷愁に関する書記官であるところの、少数の専門家による難解なアプローチのあいだにある。（その衰退はプロレタリアートの眼前にあるのではなく、企業や国家という新たな権力の眼前にある。）本当の問題は、過去のアートの意味は誰のものなのかということにあるのだ。自分たちの生活にそれを適用できる人たち、あるいは遺物の専門家たちの文化的ヒエラルキーに、だろうか。（Berger,

1984, p.32)

このような考え方が、アート教育と美的教育を統合する教育学についての私の主張につながっている。そう、それはより十分な知識にもとづいた想像力豊かな気づきのための教育であるべきだが、同時にエリート主義や客観主義に抵抗する力を生徒に与え、自分たち自身の生きる複数の世界を読み、名づけ、書き、書き換えるような批判的な交互作用の教育であるべきなのだ。

もちろん、音楽、絵画、映画、ダンス、そして（それほどではないにせよ）文芸において、アート作品が完全に生かされるために不可欠な外的なビジョンと内的なビジョンとの相互作用がなくても、瞬間的に把握されたもので大いに楽しむことができるということは十分に明らかなことだ。同じように、モネのポプラ並木の絵の唯一の「正しい」見方を提案したり、ベラスケスのつねに問題となる『ラス・メニーナス』で画家の背後にある鏡像の王と王妃を見分けたり、『ジェーン・エア』の狂女のことがわかるようになったり[21]、映画『第三の男』を解釈したりすることには[22]、つねに疎外的な基準を押しつける危険性があるということも明らかだ。しかし正反対の見方を挙げて、いずれにせよすべては主観的なものであり、好みの問題であると示唆しながら教えることは、心ない相対主義につながる放任に等しい。『戦争と平和』の価値をナポレオン戦争への忠実さで判断したり、『欲望という名の電車』の価値を、ニューオーリンズへの忠実さや、ある種の病理について語る「真実」で判断したりすることは、それぞれの作品の美的で潜在的な可能性を退け、幻想を拒絶し、作品を単なる世界の窓の一つとして扱うということなのである。

デューイは読者に対して、絵画や詩がそれを知覚する者にとって美的な対象へ、と変換されるためには、読者の想像力と知覚のエネルギーが絵画や詩に向かって到達することが、いかに必要であるかを思い出させていたものだ。ドノヒューは美的なものとは外部からの侵入者でもなく、「ちょっとしたときのための」ものでもないと主張し続けた（Donoghue, 1983, p.54）。彼はまた、アートを「おおごとにする官僚主義」と、アートを同化、管理、家畜化しようとする誘惑についても語っている（Donoghue, 1983, p.71）。彼の見るところ、「国家」あるいは支配者側は、アーティストは好きなことをしていい、そうした人々のすることは誰にも何の影響も与えないのだから、と言っているように思えるという（p.74）。そして実際、人々が絵画の前に人だかりをつくり、コンサートホールで夢想にふけり、フィクション作品にざっと目を通し、さまざまな領域の作品があたかも商品であるかのように無関心にアートのかたちに接するなら、アーティストたちは真の影響を生み出すことはないだろう。デューイは、統合的なパターンや「経験された統合性」に目を向ければ向けるほどに徐々に見えてくる細部や特殊性を秩序立てていくために、つねに積極的に入り込むことがいかに重要であるかについて書いている。「アーティストの側になされるべき仕事があるように、知覚する者の側にも仕事があるのだ。この作業を行うにはあまりに不精であったり、怠惰であったり、凝り固まっている者には、見ることも聞くこともできない。彼の『鑑賞（appreciation）』は従来賞賛されてきた規範への順応と、たとえ本物であったとしても混乱した感情的な興奮といった学びの切れ端が混ぜ合わさったものになることだろう」と、彼は主張している（Dewey, 1934, p.54）。正しいレッテルを貼るという意味での認識はあるかもしれないが、受動性を打ち消すほど活力に満ちた出会いは起きないだろう。知覚する者による意味の創造への着手も、幅広く目覚めていることをもたらす根拠ある解釈も、そこでは起こることはないだろう。

絵画やダンス・パフォーマンス、小説に対する最初の応答として、無頓着な歓喜であっても自発的になることと、当の絵画やダンス、小説が知覚する者の意識内で実現されるために必要な作業とのあいだに達成されなければならない繊細なバランスを、私たちのほとんどは認識している。その作業と、ときはなたれるべきエネルギーについて、私たち教師がどんなことをコミュニケートできるのかが私たちにとって重要な課題なのであって、必ずしも一般的な文化リテラシーや、偉大なアーティストやアート作品の識別について熟達させることが課題なのではないのだ。受動性と鈍さを克服するために学ぶ、気づくべきことに気づくために学ぶということは、新たな開示へとどんどん導いてくれるものでもあるのかもしれない。ジャン＝ポール・サルトルは、文学に関してこのように明確に述べている。もし読者が「不注意で疲れていて、愚かで思慮が浅ければ、ほとんどの関係性は読者から逃げ去ってしまうことだろう。彼はその対象にどうにか『馴染み始め』ようと努力することすらもできないはずだ（……）彼はその影からいくつかのフレーズを引き出すだろうが、それはランダムな筆跡として現れるように見えることだろう」（Sartre, 1949, p.43）。逆に最高の読書をするとき、私たちは言葉の向こうに特定のテーマや意味を投影する。エミリー・ディキンソンの詩であれ、サルトルの戯曲であれ、私たちは言語を通して、言語のなかではけっして与えられない何かに気づき、意識のなかでそれを実現する。アーティストは自身が開示しているものを読者や知覚する者が創造できるよう、アーティストとともに自由の共犯者となり、可能性をときはなつ共犯者となろうとすることを手助けしようとしているのであると、私たちは理解することができる。美的教育の核心はこのような行為であり、このような行為が私たち人間の生命を救うのだ（と、私には思える）。

もしより多くの若者がこのような仕方で自らを奮い立たせたり、見たり聞いたりしたものの意味がわかったり、作品の特殊性に入り込むことができたりするような機会を私たちが与えられるなら、若者たちは理解する方法としてアートを経験し始めることだろう。しばしば知るということから連想される分析的で抽象的な合理性と、アート作品に個人的に触れ特殊な関係を結ぶ活動とは区別されているけれども、それでも私たちはアートを、知る方法と呼ぶことができるだろう。この知る方法によって得られる経験や知識は生きた世界における私たちの新たな感覚を開くものであり、それは私たちの原初的な風景、知覚するという原初的な行為に私たちを触れさせてくれるものなのである。

アートとの出会いが終着点になることはありえないからこそ、それらは私たちを新たな経験との出会いへと挑ませることになるだろう。私たちは、メルロ＝ポンティが「道筋」が私たちに与えられると語ったときに述べたような、「次第に経験それ自体が明確になっていくなかで、次第に経験それ自体が修正され、その経験との、他者との対話によって進むという経験」(Merleau-Ponty, 1964a, p.21)を味わうのかもしれない。多くの人が信じているように退屈や徒労感が学びにとって最悪の障害となるのであれば——学校でアートが持つ関連性についてこれ以上うまく説明できる主張はないだろうと、私には思われる。その道の途上で自分自身を感じること、明るく開かれた空間の持つ可能性、新たな開放性への可能性がつねにある場所で自分自身を感じること、これこそ若者が自分たちの置かれた状況に目覚め、自分たちの世界の意味をつくり上げ、その世界たちを名づけられるようにするために、私たちがコミュニケートしていかなければならないことなのだ。

私がアートと美学の教育領域で求めていることの核心にあるものは、エージェンシーについての感覚であって、権力についての感覚ですらある。絵画、文学、演劇、映画——あらゆるものが扉を開き、人を変容へと導くことができる。私たちは、さまざまな若者たちが自分たちの人生にとって意味のあるアート作品を見つける権利があることを実感できるようにしたいと考えている。さらに言えば、アートが照らし出す世界は共有された世界なのであって、アートが生み出す複数の現実性はコミュニケーションという行為を通して現れるものであるからこそ、私たちが生徒たちに探求する機会を与えていくその出会いはけっして完全に自律的なものでも、私的なものでもない。自分の絵画空間の探求から、ブラックの絵画との意識的な出会いに移り、自分の詩から顔を上げてロバート・フロストやミュリエル・ルーカイザーの詩を読み上げる——このように人は、周囲の人々とつねに対話することができるのだ。そうして言語が踏査され、理由が説明され、啓示を受けた瞬間が明らかにされ、異なる視点を明確にすることができていく。たとえ学校の廊下であっても、幅広く目覚めた者たちのコミュニティが形成されるかもしれない。

周縁＝余白を見えるようにし、アクセスしやすくし、周縁＝余白から本文への弁証法的な往復運動を励ましていくのであれば、私たちは学校により大きな出会いの場を開くべきだ。音楽が作曲され、リハーサルが行われ、詩や物語が読まれ、絵や絵画や彫刻がつくられるアトリエやスタジオ、その他の場所をつくるために手を差し伸べるべきだ。教師と生徒がともに知覚的な旅へと深くかかわり、作品や言葉を意味の文脈における出来事として把握し、生きているあいだに属し、発明し、解釈していく特定の歴史のなかで自分たちの居場所とその意義に向かう共同的な探索に着手していくとき、疑問を持つ者同士の新たなコラボレーションが生まれていることだろう。

より多くの生きとし生けるものがアートの領域で自分自身の開放性を見つけるために、かたちやイメージをつくること、比喩を考案すること、お話をすることが何であるかを発見するとき、私たちという存在はより人生を楽しく幸福に生きることができるし、またそうあるべきなのだ。若者たちが直面する（そして直面するよう促される）イメージや証言がどれほど疎外感や衝撃を与えるものであったとしても、これらの作品は戦争で傷ついた子どもたちや、心身が衰弱したまま道端に放置された若者たち、拷問する者によって傷つけられた身体、獄中の人々の目といった実際のものと等しいものではなく、私たちがこうした実際から逃避したり、否定したり、当たり前のことだと受け取ったりしてはならないということ、受動的なままでいてはならないということ、自分自身と永遠に一致していてはならないということを確認するためのものであることを、学ばなければいけない。それどころか私たちは、時の経過とともにより多くの気づきへの衝撃を、より多くの踏査を、より多くの意味への冒険を、人間社会の終わりなき追求へのより活動的で不安定な参加を探し求めていかなければならないのである。

注

（1）引用末尾の文章はドノヒューの原文では「慣習的（conventional）」となっているが、グリーンの引用文では「非（non）」の接頭辞が付け加えられている。彼女の他の論文の同箇所の引用文では、このnon-は付け加えられていないが、本章の初出論文においてすでに付け加えられているため、原文を尊重しそのまま残すこととした。

（2）引用文にある「アートのなかで（within the arts）」はドノヒューの原文では「アートを通して（with the arts）」となっており、第八章の同所の引用でもwithと引用されているが、原文を尊重しそのまま残すこととした。

（3）開かれた明るい空間（clearings）　ハイデガーの用語。人間を理性や感性などの能力の組み合わさった合成体とみなすのではなく、この世界のなかに存在することに明るさとともに気づき、その明るい開かれた空間にある身近なものに近づいていく統合的な身体と見る。邦訳では「明るみ（Lichtung）」だが、元の独語の木々のない透けて開かれた明るい場所のイメージを参照しつつ、英訳語のイメージに沿って翻訳した。

（4）アートワールド（art world）　ダントーの用語。アート作品がアート作品たらしめられる規準を構成する「アートセオリーの環境とアートヒストリーの知識」（Danto, 1981, p.125）を意味する。

（5）アルビン・エイリー（一九三一―一九八九）　二〇世紀アメリカの振付師、演出家、ダンサー、アクティビスト。人種統合のダンスカンパニーをはじめて創設したアメリカの振付家、ダンサーのレスター・ホートン（Horton, L.　一九〇六―一九五三）に師事し、アフリカ系アメリカ人の文化にもとづくダンス講演とダンサーの育成を行うアルビン・エイリー・アメリカン・ダンス・シアター等を創設、運営し子どもたちのための夏季アート教育プログラムを実施したことでも知られる。ここで言及されている作品は、人生を一つの河の流れに見立てた四幕からなる『ザ・リバー』（Alvin, 1970）かと思われる。

（6）『エバ・ルーナ』（一九八七）　二〇世紀チリ出身の、チリ系アメリカ人の作家であるイザベル・アジェンデ（一九四二―）の長編小説。南アメリカの独裁制国家、密林の捨て子だった母親と先住民の庭師との間に生まれた娘エバが、愛を知り、革命に関わり、物語の語り手としての人生を切り開いていくさまを物語る。

（7）マーラーが自身の心臓病を知らされ、長女を病死で失い、反ユダヤ主義の台頭によって亡命を余儀なくされた折に作曲された『大地の歌』のこと（第十章注8参照）。

（8）ガブリエル・ガルシア＝マルケス（一九二七―二〇一四）　二〇、二一世紀コロンビアの作家、ジャーナリスト。ラテンアメリカ文学の大流行（Latin American boom）を率いた魔術的リアリズムと呼ばれる作品群でノーベル文学賞受賞。ここで参照されている著作は、架空の町マコンドを築き上げた一族の数世代の物語を通じてコロンビアの自然と通い合う習俗と歴史を想像的に描き出し、ラテンアメリカ文学の興隆を促した『百年の孤独』（一九六七）、また一九、二〇世紀コロンビアの近代化、紛争、自然破壊を生きてきた老いた男性と女性の五十年越しの愛のかたちを描く『コレラの時代の愛』（一九八五）。

（9）『ルーシー』（一九九〇）　二〇世紀アンティグア・バーブーダ出身のアンティグア系アメリカ人作家であるジャメイカ・キンケイド（一九四九―）の長編小説。アンティグア出身の少女ルーシーが、母による呪縛を振り切るべく自身を堕天使のルシファーに見たて、少女から大人への自己創造のために必死の格闘を繰り返すさまを描く。

(10)　意味づけるよう宿命づけられている（condemned to meaning）　メルロ＝ポンティの『知覚の現象学』での命題。人間は何らかの精神体のように世界の外側に孤立して存在し、時折、世界の側に自身の関心に沿った物事が浮かんだときにだけ意味を見出すような存在なのでなく、他者とともに世界の内側に生き続けている身体を持っているからこそ、その周囲の人々や事物とのかかわりによって、つねにその意味を見出さざるをえないということ。

(11)　原著ではPope Innocentのみの記載だが、ベラスケスの絵画という文脈に鑑みて『インノケンティウス十世の肖像（Portrait of Pope Innocent X）』の略かと思われる。

(12)　ソンブレロ（sombrero）　スペインやメキシコなどで用いられる，山が高くつばの広い帽子。

(13)　『戦争の惨禍』（一八六三）　フランシスコ・デ・ゴヤ（第二章注12参照）によって製作された版画集。六〇歳を数えたゴヤ自身によるスペイン独立戦争の取材にもとづき、戦争の光景、苦しむ民衆の姿を描き出した版画は、ゴヤの生前に発表されることはなかった。

(14)　アメリカで現代的、前衛的な表現を試みたアーティストが取り上げられている。ヨーゼフ・ボイス（一九二一―一九八六）は二〇世紀ドイツの彫刻家、活動家、教育者。アメリカでは『コヨーテ』（一九七四）のパフォーマンスが著名。ロバート・ウィルソン（一九四一―）はアメリカの実験演劇の脚本家、舞台監督。フィリップ・グラス（一九三七―）はアメリカの実験音楽、シリアル・ミュージック、映画音楽の作曲家。ウィリアム・バルコン（一九三八―）はアメリカのポピュラー音楽と現代音楽の境界をなくす作品を上演してきたピアニスト、作曲家。マーサ・クラーク（一九四四―）はフランツ・カフカ（Kafka, F.　一八八三―一九二四）『変身』やヒエロニムス・ボス（Bosch, H.　一四五〇―一五一六）『快楽の園』などの舞台化を行ったアメリカの振付家、ダンサー、舞台監督。ジョン・グアレ（一九三八―）は二〇、二一世紀アメリカの劇作家、脚本家。地球上の誰もが六人を介するとつながる情報システム論の同名の概念の元にもなった、ピュリッツァー賞、トニー賞受賞作である『六次の隔たり』（一九九〇）で著名。

(15)『自明の理』(Truism)　七〇年代後半から行われた、ホルツァーのアートシリーズの一つ。格言や寸言を挑発的にあるいはコミカルにもじったテキストをポスターに印刷して街中に貼ったり、Tシャツや帽子に印刷したりなどした。ここではそのシリーズと同様に、チューブや大理石に印字したヴェネチア・ビエンナーレでの展示を示している。

(16)　ともに生活世界での暗部、闇に触れるエピソードを暗示している共通点が見られる。『ビラヴド』(第二章注10参照)では、おそらくビラヴドの正体が示すセテの秘密についてのエピソード、『詐欺師フェーリクス・クルルの告白』(第一章注4参照)では、おそらく誰でもありうることによって何者でもない変身する自己の自由を支える、何ごとにも健全な自信を持つクルルが、他者との信頼ある関係性は築けないことについてのエピソードが参照されている。「熊」はフォークナーの『行け、モーゼよ』(一九四二)所収の短編小説。おそらく、一〇歳から熊狩に同行していた少年が成長し、一人で熊のいる山に入り、その闇に触れるエピソードが参照されている。

(17)　ロバート・メイプルソープ(一九四六―一九八九)　二〇世紀アメリカの写真家。セルフ・ポートレイト、ヌードなどを撮影した写真で著名であり、HIV-AIDS発症のため亡くなる。死後の個展開催にあたり、中期の官能的な写真をめぐって全米芸術基金の支援で展示するには不適切な内容であると争論となる(第五章注3参照)。日本でもメイプルソープ事件として彼の写真集が「わいせつ」と判断され持ち込みを禁止された事件で知られる(のち、最高裁にて国側敗訴)。

(18)　アンドレス・セラーノ(一九五〇―)　二〇、二一世紀アメリカの写真家。尿で満たした容器にキリストの磔刑像を入れて撮影した『浸礼(小便キリスト)』(一九八七)など、挑発的な写真作品を制作したことで著名。メイプルソープと同様、全米芸術基金の支援での展示をめぐり争論となる(第五章注3参照)。

(19)　フィンリーについては第九章注1参照。ここで想定されている作品は、少女の強姦事件に衝撃を受け、裸体になった自分にチョコレートなどを塗り、いかに女性が性的に搾取されているかを象徴的に表現したフィンリーの『私たちは被害者に準備をさせている』（一九九〇）のことと思われる。彼女もまたメイプルソープ、セラーノと同様、全米芸術基金の支援での展示をめぐり争論となる（第五章注3参照）。

（20）『ヘアー――アメリカン・トライバル・ラブ・ロック・ミュージカル』（一九六七―）ジェームズ・ラド（Rado, J.　一九三二―二〇二二）、ジェローム・ラグニ（Ragni, G.　一九三五―一九九一）脚本・作詞、ガルト・マクダモート（MacDermot, G.　一九二八―二〇一八）作曲の、ブロードウェイにロックを持ち込んだ初期ロック・ミュージカル。ベトナム戦争中のヒッピー文化（トリップ体験、フリーセックス、インド哲学の流行など）を生きるアメリカの若者たちを描く。

（21）『ジェーン・エア』（一八四七）一九世紀イギリスの作家シャーロッテ・ブロンテ（Brontë, C.　一八一六―一八五五）の長編小説。ここでグリーンは、ぼさぼさの長髪、赤く腫れ上がった瞳を持ち、屋根裏に幽閉されている狂女バーサについて、主人公ジェーンへの加害者ではなく、社会の犠牲者として解釈したジーン・リース（Rhys, J.　一八九〇―一九七九）の『サルガッソーの広い海』（一九六六）を参照していると思われる。

（22）『第三の男』（一九四九）グレアム・グリーン（Greene, G.　一九〇四―一九九一）原作・脚本、キャロル・リード（Reed, C.　一九〇六―一九七六）監督による英米合作のイギリス映画作品。戦後占領下ウィーンの三ヶ国語が行き交う日常、また冷戦前の緊迫によって疲弊した政治的な空気を印象づける不安定なダッチ・アングルのショット、観覧車から俯瞰するショットで映し出した人々の様子を見つめる登場人物が告げる空爆を想起させるセリフなど、政治的な寓意に溢れている点が挙げられる。

第Ⅲ部　つくり途中のコミュニティ

第十二章　複数主義の情熱

アメリカにはつねにニューカマーがやってきていて、見知らぬ人であふれている。そして教室にはつねに、ほとんどの教師が気づかない、あるいは気づくことができない、見ることも聞くこともできない若者たちが存在していた。しかしながら近年、多くの場面で、この不可視性は拒絶されるようになってきている。昔からある沈黙が打ち砕かれ、長いあいだ抑圧されてきた声が聞こえるようになったのである。そう、私たちは、ジョン・デューイが呼ぶところの「グレート・コミュニティ」(Dewey, [1927] 1954, p.143) を探求しているのだが、同時に、かつてないほどの複数性や多元性に向き合うよう迫られている。複数主義の事実を否定することも曖昧にすることもできないなかで、想像を絶する多様性を尊重し、自ら選択することが求められている。このような文脈のなかで情熱について話すということは、多くの人に混乱した印象、あるいは耳障りな響きという印象を与えるような強い感情を示すことではけっしてない。むしろ、情熱が沸き起こる中心となる領域――「顔の見える関係の領域」(Unger, 1984, p.107) を念頭に置くということなのである。個人的な出会いが、より継続的で、より真正的＝本来的であればあるほど、人をカテゴライズしたり、互いに距離を置いたりする可能性も低くなることは明らかだ。周りから「他人」とみなされ、道具のように扱われることも少なくなるだろう。この章では、実際と想像上の人々との具体的な深いかかわりを――すなわち、排除、無力感、貧困、無知、あるいは退屈さに苦しむ老人と若者との深いかかわりを――頭に浮かべながら(1)、複数主義と多文化主義について語る。想像力を働かせながら、比喩とアートとともに。

　情熱、深いかかわり、想像力について話すということは、多様な人々が、何かとしてではなく誰かとして話し合い、自分たちのあいだでコモンであるものを一緒に構成していくにあたって、言論と活動の両面が一体となってコミュニティがかたちづくられる、拡張するコミュニティの話し方となる可能性がある。「複数性」とは、「人間の活動の条件である。なぜなら、これまで生きてきた人、いま生きている人、これから生きる人の誰一人として同じ人はいないという意味で私たちは皆同じ存在、つまり人間であるからだ」。私たちはコモンの土台のうえにいても、その立ち位置はそれぞれ異なり、それぞれの人が「異なる位置から見たり、聞いたりしているのである」(Arendt, 1958, p.57)。どんな対象であれ――教室、近所の通り、花畑など――、観る人によってその姿は異なる。その対象の現実性は、それを見つめるすべての人々の見え方＝現れの総和から生じるのだ。そのように対象を観ている人々を、それぞれが独自のパースペクティブから発言でき、なおかつ周囲の人々にも開かれている、ある一つの継続的な対話の参加者として考えると、私の思い浮かべているパラダイムのようなものが見えてくる。またヘンリー・ルイス・ゲイツ・ジュニア（Gates, Jr. H. L.）の作品でも、彼は、「次の世紀にアメリカが直面するだろう課題とは、沈黙していた有色人種の文化にやっと応答できる、真にコモンな公共文化をかたちづくることにある」と述べている（Gates, Jr., 1992, p.176)。直近では、彼は哲学者のマイケル・オークショット（Oakeshott, M.）の、さまざまな声との会話という概念を引用している。ゲイツは、教育とは「この会話というアートへの招待であり、そのなかで私たちは、個々に異なる世界の知覚によって条件づけられた声を認識するということを学ぶのである」と示唆している。結局のところ、「世界について本当に学びたいのであれば、常識的には、その世界の文化遺産の九〇パーセントを無視することはできないのだ」（Gates Jr., 1991, pp.711-712)。

しかし、多くの人々にとって、ゲイツの常識は私たちが伝統や規範として考えるものの整合性を攻撃するものなのだ。異なる視点によって条件づけられたさまざまな声に注意を払うという考えは、相対主義の幽霊を呼び起こす。クリフォード・ギアツによれば、それは「知識人の大恐怖（Grand Peur [great fear]）」である。(2) それは権威を覆しているように見え、客観的な現実と考えられているものを侵食しているため、人々を不安にさせる。「もし思考がこれほどまでに世界の外にあるものだとしたら」とギアツは問う。不安を感じる人々も同じように問うかもしれないが、「その一般性、客観性、有効性、真理性は、何によって保証されるのだろうか」（Geertz, 1983, p.153)。ギアツの声には皮肉が込められている。「私たちの時代において、そしてこれから先の時代においても、人文学から（あるいは科学的な研究から）生み出され、文化の方向性をかたちづくることになるような、一般的な方向性、パースペクティブ、世界観（*Weltanschauung*）のイメージは、キメラなのだ」と、彼は知っているのだ。そして彼は、「私たちがいま考えている、その方法のラディカルな多様性」は、もしこの社会が統合された文化的な生活を営むためには、「異なる世界に棲む人々が、互いに、正真正銘の、互恵的な影響を与え合うことを可能にする必要があることを意味する」（p.161）と示唆している。私たちが慣れ親しんだものへの攻撃を、「他者性（otherness）の侵入、予期せぬこと」（Clifford, 1988, p.13）を経験するとき、その予期せぬことを許容するという能力が、多文化主義に対する私たちの寛容さと関係していることに私たちは気づくことだろう。

とはいえ、アーサー・シュレジンジャー・ジュニア（Schlesinger, Jr., A.）をはじめ、他にも真剣に受け止めなければならない人物がいるが、共有されたコミットメントが崩壊し、民主主義の理念とのつながりを失えば、つくり途中での「アメリカの分裂」が現実のものとなるだろうと彼が見ているということを、教師たちは十分認識していなければならない。「公民主義（civism）」（Pratte, 1988, p.104）と呼ばれるものの支持者たちは、複数主義が、あらゆる違いを超越しようとする民主主義のエートスの存在を脅かすのではないかと懸念している。このエートスは、自由、平等、正義の原理、そして人権への尊重を含んでいるものであり、そこには新たな相対主義と特殊主義がコモンの信仰を破壊するのではないかという恐れがある。そしてE・D・ハーシュ・ジュニア（Hirsch, Jr., E. D.）のように、多様性や多文化主義の強調によって、人々のあいだで共有される背景知識という概念が損われ、私たちが共通して持つべきだと信じられているものから注意がそらされていると考える人々もいる。彼らが文化的リテラシーと呼ぶものが損なわれると、国家共同体そのものが侵食される（Hirsch, Jr., 1987）。

極端な例としては、もちろん、いわゆるヨーロッパ中心主義的なカノンへの挑戦や、多文化主義への過敏な反応から生まれた新たな正統性を意味する、彼らが「政治的に正しい（politically correct）」とみなすもののなかに、陰謀を見出す極右の人々がいる（D'Sousa, 1991, p.239）。宗教原理主義的な右翼について言えば、ロバート・ヒューズ（Hughes, R.）によると、ジェシー・ヘルムズのような男性たちを突き動かしている動機のひとつは、「〈レッド・メナス（赤の脅威）〉に対抗する当初の十字軍が無効となった」いま、彼らの定義する「アメリカの〈方法〉」の擁護者として自らを確立するということにある（Hughes, 1992, p.21）。彼らは自分たちの「〈方法〉」を主張するために、全米芸術基金が前衛のアーティストに対して提供する助成金に反対するだけでなく、そのような「逸脱」を多文化主義だとして攻撃を加えている。(3) 私たちが複数主義の概念を理解し、ジョン・デューイが民主主義と同一視した「自由で豊かな共同性」を達成するための奮闘を前向きに取り組んでいく場合には、この点を心にとどめておくことが重要だろう（Dewey, [1927] 1954, p.189）。

デューイによれば、共同性の生活の先見者はウォルト・ホイットマン（Whitman, W.）であった。(4) ホイットマンは、自分の時代にこの国で生まれた多くのかたち、「多くの出口と入口を持つ扉のかたち」と、「ずっと他のかたちを投げかける（……）民主主義のかたち」について書いている。彼は（原理主義的な「アメリカの〈方法〉」とはまったく矛盾する）『ぼく自身の歌』のなかで、こう書いている。

ぼくを通して、多くの長い無言の声が、

囚人や奴隷の終わりなき世代の声が、
病んで絶望している者たち、盗人や小人たちの声、
準備と蓄積のサイクルの声、
星々をつなぐ糸の、そして胎内と父なるものの声、
そして、他の人たちが見下している彼らの権利の声（……）。
ぼくを通して、禁じられた声が響く。（Whitman,（1855）1931, p.53）

ホイットマンは、このように「多くのかたち」と多元性とから生まれる共同性を予見していた。ここには人種の坩堝の暗示はないし、複数性を恐れる様子もない。

私たちにとって、自分たちの物語には語る価値があるという新たな感情や、「長い無言の声」を呼び起こし、「他の人たちが見下している彼らの権利」について話すことは、人類の歴史の一部である不在や沈黙に注意を向けさせることになる。それらは、はっきりとした声やきらめく顔、創発や成功のイメージと同様に重要なことである。バートルビー、「しない方がよいのですが」というあの事務員が、突然、模範的な存在になるかもしれない（Melville, [1853] 1986）[5]。ノーと言った人、居場所を見つけられなかった人、足跡を残せなかった人はどうなるのだろうか。あまりにも多くの扉を閉ざし、人々を「大西洋のど真ん中の残骸」のように見捨てることを許した社会について、彼らは何かを語らないものだろうか。ラルフ・エリスンの『見えない人間』において、公立図書館の前でサンボ人形を

売ることになる元青年リーダー、トッド・クリフトンのような人たちはどうだろう(6)。警察が彼を追い払おうとしたとき、彼は抗議し、その結果彼は警察に殺されてしまう。それを見ていた語り手は不思議に思う。「なぜ（トッドは）無になることを選んだんだろう、歴史の外に横たわる、無表情な顔、音のない声が響く空虚な空間に、どっぷり漬かることを選んだんだろう。（……）すべてのことが適切に記録されていると、言われている。でも、そうとは言い切れない。実際に記録されているのは、すでに知られているもの、目に見えるもの、耳に聞こえるものだけであって、記録する人が大切だと考えている出来事だけが記録されているのだから。（……）それでも、その警官がクリフトンの歴史家であり、裁判官であり(7)、証人であって、彼を処刑する人間になるんだ」（Ellison, 1952, p.379）。

同様に、「歴史の外側に横たわる」ことになった多くの人たちは、コミュニティを衰退させ、コモンの土台に空虚な空間を残し、現実の側面を不明確なままに残してきた。確かに、私たちは不在の人をすべて知ることはできないけれど、彼らは何らかのかたちでその不在のなかに存在しているはずだ。結局のところ、不在は空虚であり、それは埋められるべき空白、癒されるべき傷、修復されるべき欠如であることを示唆している。E・L・ドクトロウ（Doctrow, E. L.）が『ラグタイム』の冒頭で描いた、否認の風景を思い浮かべてほしい(8)。

テディ・ルーズベルトが大統領だった(9)。人々は、パレード、コンサート、フィッシュフライ、政治的なピクニック、社交の行事などのために戸外に、あるいは集会場、歌劇場、オペラ、舞踏会場などの屋内に、大勢集まるのが通例だった。大群衆を伴わない娯楽などないように思われた。列車や蒸気船やトロリーが、人々をあちこちに運んだ。それが当時のスタイルであり、人々の暮らしぶりだった。その頃の女性はふくよかだった。彼女たちは白い日傘を持って艦隊を訪れた。夏には皆が白い服を着た。性的な失神も多かった。黒人はいなかった。移民もいなかった。(Doctorow, 1975, pp.3-4)

この風景には驚きと同時に、何かしら憤りも感じられるものであり、何らかの修復を求めてすらいる。ドクトロウは一九〇六年のニュー・ロシェルについて書いているが、彼が提示する過去は、私たちの現在にもつながっており、私たちが路面電車に乗るか乗らないかどうかにかかわらず、影響を及ぼしている。この物語は、コールハウス・ウォーカーという名前の、誠実で知的な黒人男性に関係しており、彼はだまされ、認められず、理解されることもなく、ほとんど見向きもされず、復讐の戦略を始めるも、最終的には約束は破られ冷酷に射殺されて終わる。なぜ、彼は見向きもされなかったのだろうか。なぜ、黒人や移民がいなかったのだろうか。おそらく、権力を持つ人々の心の状況によるものだろう。彼らの心は、エリスンの語り手が遭遇したのと同じように不可視のものとして、他の多くの人たちを見ていたのである。ただ、そのような心理状態には、言説のなかの権力の戯れや、社会的な取り決めによる権力の働きによるところもあったに違いない。空白の空間がたくさん実在しているようなときには、当時、多くの教育者たちが求めていた同化やイニシエーションが何を意味していたのか、いまでも考える必要があるだろう――「黒人も（……）移民もいない」、しばしば成人した女性もいない、空白が実在しているようなときには。

私たちの生きてきた経験のずれを振り返ると、ティリー・オルセンが文学史について「沈黙の暗い歴史」と語ったときに念頭に置いていたような沈黙、つまり働きづめの女性たちや、恥ずかしさから自己表現できなかった女性たち、あるいは適切に表現する言葉を持っていなかったり、知識の習得ができなかった人たちの「不自然な沈黙」（Olsen, 1978, p.6）のことを思い浮かべるかもしれない。ジャメイカ・キンケイドの小説に登場するアンティグア出身のルーシーのように、ポストコロニアルな学校で「二面性」を強いられることを余儀なくされた若い島国女性の苦境に思いを馳せるかもしれない――「外見上では一つの態度を示しながら、内面ではまったく異なる自分がいる。外側は偽りで、内側が真実だった」（Kinkaid, 1990, p.18）[10]。長年のあいだ、私たちは彼女のような（ウィリアム・ワーズワスの詩を強制的に学ばされたために、水仙の花に「悲しみと苦悩」を見ていた）人のことを知らなかった。それは、ポール・マーシャル（Marshall, [1959] 1981）が描いたバルバドス出身の人々がブルックリンで分裂した生活を送っていることと同様に、私たちが知ることのなかった事実だ[11]。グロリア・アンザルドゥア（Anzaldua, 1987）のいう「国境地帯」、あるいはラ・フロンテラ（la frontera）について[12]、そこに住む多くのラティーノについて、または、小説『マンボ・キングズ、愛の歌を歌う』に登場するキューバ移民であるミュージシャンたちについて、私たちはほとんど意識を持っていなかった。彼らの音楽は、クラブや閉ざされた世界の外にはけっして届かなかったのである（Hijuelos, 1989）。誰が、鉄道の建設者たちについて、マキシン・ホン・キングストン（Kingston, M. H.）が「チャイナ・メン（中国の男たち）」と呼ぶサンダルウッド山脈や、シエラネバダ山脈で木を切り倒す人々のことを考えていただろうか。誰が、アー・グーンのような人物によって残されたずれを埋めることができるのだろうか。彼の「存在は、中国人排斥法によって非合法とされた」。彼の家族は、「アメリカ人の祖先として、この地の祖先として、彼の功績を理解していなかった。彼はサンフランシスコの地震と火事で、合法的な、また非合法的な書類を焼失したので、市民となるために、市民の父となるためにアメリカに現れた。彼はまた、法律が結婚を禁じていたにもかかわらず、自分の子を火事のなかから運び出す姿も目撃されていた。彼は汗を流して鉄道を敷いたのにもかかわらず、なぜ長いあいだ願っていたアメリカ人の子どもを持つことができないのだろうか」（Kingston, 1989, p.151）とキングストンは書いている。[13]自分の言葉でないものを口にすることは言葉を失うこと（speechless）だと感じていたアフロ・カリビアン女性、ミシェル・クリフ（Cliff, M.）のような人物に、私たちは注意を払っていただろうか（Cliff, 1988）。[14]私たちのなかで、どれだけの人がアート・スピーゲルマン（Spiegelman, A.）の二巻からなる漫画『マウス――アウシュヴィッツを生きのびた父親の物語』について読み、そこに描かれているような体験を理解しようとしただろうか。[15]スピーゲルマンは、アウシュヴィッツの生存者である父、気難しいヴラディックが、息子にホロコーストの記憶を渋々共有する話を描いている。このなかのすべての登場人物は動物で表されていて、ユダヤ人はネズミ、ドイツ人はネコ、ポーランド人はブタとして表されている。その描写は、ある特定の文化の解体を思い起こさせるものであり、ただ

「アンニャの両親、祖父母、姉のトーシャ、小さなビビ、そして私たちのリチューの写真」(Spiegelman, 1991, p.115) だけが残ったという事実を思い起こさせるだけでなく、(学校の教師を含む)普通の人たちは、知らないか、あるいは知りたがらないのだけれど、あらゆることが可能なのだということを認識する必要性をも、思い起こさせるものである。

私たちの経験（そして、そう、私たちのカリキュラム）を、多元的な性質を持つ実存的な可能性へと開放するということは、私たち一人ひとりがコミュニティについて語るときに考える内容を拡張し深めるということなのである。表面的な均衡や一元性（uniformity）を打ち破り、崩壊させるとしても、それは特定の民族や人種の伝統が私たちの伝統に取って代わる、あるいは代わるべきだということを意味するわけではない。たとえば、トニ・モリスンは、「ジェンダーが明確にされ、性的に区分され、完全に人種で区切られた世界（genderized, sexualized, wholly racialized world）」のなかで、彼女の作家としての自由を追求していると書いているが、この世界は「転覆の夢、あるいは要塞の壁で人々を団結させる身振りに縛られない」(Morison, 1992, pp.4-5) 重要なプロジェクトに彼女が取り組むことを妨げるものではない。彼女の場合、このプロジェクトは、私たちがアメリカらしさとして考えているものが、多くの点で、あまりにも長く否定されてきたアフリカ人の存在への反応であるということの探索を伴うものである。モリスンは、けっしてある支配を別の支配に置き換えることに興味があるわけではなく、むしろ自分のパースペクティブから見たものを他の人に示し――それによって、人々が自分たちの文化だけでなく、自分自身についての理解を豊かにすることに興味があるのだ。モリスンは、私たちすべてに馴染みのあるテーマについて語っている――「個人主義、男らしさ、社会的な深いかかわりと歴史的な孤立、深刻かつ曖昧な道徳問題、死と地獄の縮図への執着と結びついた無垢のテーマ」である。モリスンは、アメリカ人が何から疎外され、何に対して無垢であり、何と比べて異質であるのかを問いかける。「絶対的な権力が誰によって保持され、誰から奪われ、誰に配分されるのか。これらの質問に対する答えが、アフリカ系アメリカ人の全人口が持つ、自我を強化する強力な存在感に影響する」(p.45)。まさに、かつてアメリカ人が荒野に対して道徳的な自己を定義したときのように、彼らはメルヴィルが「黒人らしさの力」(p.37) と呼ぶものに対して自分たちの白人らしさを定義し始め、奴隷制に対する自由を彼らの功績と理解した。白人アメリカ人が自分たちの歴史をそのように見るかどうかにかかわらず、モリスンは彼女にしか創り出せないビジョンに私たちを招き入れ、世界に対するオルタナティブな視点を私たちすべてに提供している。確かに、人々が多文化主義に直面したときに感じる緊張感は、私たち皆が、自分自身を定義する際に、多くの場合、未知のもの、闇(肌の色だけでなく、さまざまなかたちで)、理解するよりもむしろ突き放し、克服することを選んだ「他者性」に対して抱く疑念に起因しているのかもしれない。この点に関して、モリスンは私にとって答えようがないことを言っているように思える――「私のプロジェクトは、その批判的な視線を人種差別を受けている対象から人種差別を行っている主体へ、記述されたものや想像されたものから、それを記述した人や想像した人へ、奉仕させられている人から奉仕を受けている人へと向け直す、一つの努力なのである」(p.90)。

このような見方を採るということは、カリキュラムを若者たちのいる特定の文化グループの尺度に合わせて調整すべきだと提案するということなのではない。また、アフロセントリストが主張するように[16]、アフリカ系アメリカ人の独特な経験、文化、視点、そしてアフリカのルーツとのつながりを重視すべきだと提案することなのでもない。歴史が見過ごしたり、歪めたりしてきたものは――それが、アフリカ系アメリカ人、ヒスパニック、アジア人、女性、ユダヤ人、ネイティブ・アメリカン、アイルランド人、ポーランド人などに関わるかどうかに関係なく――回復させるべきものだということに疑いの余地はないが、しかし、このような排除や歪曲によって、ゲイツやコーネル・ウェスト(West, C.)、アラン・ロック(Locke, A.)といった学者たちが[17]、アフリカ系アメリカ人とヨーロッパ系アメリカ人の文化のより豊かで活発な交流を求めて働くことを妨げられてきたわけではなかったし、そうした排除や歪曲がトニ・モリスン、ラルフ・エリスン、ジェイムズ・ボールドウィンといったアーティストたちが西洋の文学作品のなかに没頭し、そうした作品から学ぶことを妨げるものでもなかった。たとえば、モリスンは新著をT・S・エリオットの詩から始め、ホメロス(Homer)、ドストエフスキー、フォークナー、ジェイムズ、フローベール、メルヴィル、メアリー・シェリー(Shelley, M.)に敬意を表している[18]。ジェイムズ・ボールドウィンがドストエフスキーを読み、公立図書館に出入りしていたことを忘れること、ウェストがエマーソンを批判していたことから目をそらすこと、またエリスンがメルヴィルやヘミングウェイ(Hemingway, E.)について書いたテキストで、「本当に、アメリカの生活での非合理で、無秩序な力の象徴」であった「黒人のステレオタイプ」

(Ellison, 1964, p.55)[19] についても言及していたことを無視することは難しい。私たちはまた、マヤ・アンジェロウのことを思い浮かべるかもしれない。幼い頃、彼女が自らに課した沈黙の年月と、そのあいだずっと続けてきた読書のことを。アリス・ウォーカーが、ミュリエル・ルーカイザー、フラナリー・オコナー（O'conner, F.）とかかわり、彼女たちからエネルギーを得ていた一方で、ゾラ・ニール・ハーストン（Hurston, Z. N.）や、ベッシー・スミス（Smith, B.）、ソジャーナ・トゥルース（Truth, S.）、グウェンドリン・ブルックス（Brooks, G.）を探し求めていたことを思い出すかもしれない。[20] ウォーカーは、「オウィディウス（Ovid）やカトゥルス（Catullus）（……）e・e・カミングス（cummings, e. e.）やウィリアム・カーロス・ウィリアムズ（Williams, W. C.）の詩も大好きだった」（Walker, 1983, p.257）と述べている。[21] そして時が経つにつれ、ますます多くのアフロ・アメリカ文学（そして女性文学、ヒスパニック・アメリカ文学）が私たちの経験を多様化し、時間や人生、誕生、人間関係、記憶に対する私たちの考えを変えているということに、私たちは気づかされるのだ。

私の言いたいことは、包摂だけでなく、開放性と多様性が必要だということなのだ。多文化主義に関連するステレオタイプにおいても、固定されたものを避ける必要がある。ある人物を、アジア文化の「代表」とみなすこと（日本人、韓国人、中国人、ベトナム人を一括りにし、それぞれの違いをあまりに無視しすぎる）、あるいは、ヒスパニック、アフロ・アメリカン、ユーロ・アメリカンの「代表」とみなすということは、既存の主体によって適切に代理＝表象（representation）されることのできる、同質的で、固定された存在であるところの、「文化」と呼ばれる客観的な現実性を仮定するということなのだ。しかし、エィミ・タン（Tan, A.）の母親の人物像（Tan, 1989）[22]とマクシーン・ホン・キングストンの「女性の戦士」（Kingston, 1989）は同じ現実を体現しているのだろうか。リチャード・ライト（Wright, R.）のビガー・トーマス（『ネイティブ・サン』（Wright, 1940））は、『カラーパープル』（Walker, 1982）のミス・セリーと同じものを象徴しているのだろうか。[23]私たちは、教室の最前列に座る人、一緒にいかだを共有する人、バーの隣で飲んでいる人のことを、彼女あるいは彼の文化的・民族的所属で知ることはない。

文化的な背景は確かにアイデンティティをかたちづくる一因となるが、それがアイデンティティを決定づけるわけではない。文化的な背景は、誇るべき違いを創り出すこともあるだろうし、理解されるべきスタイルや方向性を導くこともあるだろうし、また、説明されるべき趣味や価値、さらには偏見を生じさせることすらあるだろう。たとえば、ジャメイカ・キンケイドの著したアンティグア人であるルーシーのような人が、ワーズワスの詩になぜそんなに疎外感を感じるのか、彼女のラッパズイセンに対する嫌悪感を論じることが（どのような規範に反して）必要なことであるかどうか、彼女を恥ずかしめることなく、異国的に扱うことなく、理解するということが重要なのである。また同様に、バラティ・ムカジー（Mukherjee, B.）の『ジャスミン』（Mukherjee, 1989）で描かれているように、ヒンドゥー教徒とシーク教徒が、この国でも互いに対立しているその理由に気づき、（西洋の正義の原理を参考にしながら）敵意を脇に置くよう説得する方法を模索することが重要なのである。あるいは、彼らの気持ちに共感しようと努力し、彼らの福利（well-being）を気遣う気持ちを伝えることで、お互いの見方を一時的にでも変えることができるかもしれない。フレイレは、すべての人が何らかのレベルで彼女あるいは彼の文化を大切にすべきではあるが、彼女あるいは彼を取り巻く新しい文化に対して人を閉ざすような、絶対的なものであってはけっしてならないと指摘している。このようなことが起きるとき、「あなたは自分の個人史のそばにある、意味あるものになりうる新しいことを学ぶことすら難しくなるだろう」(Freire and Macedo, 1987, p.126)。

しかしながら、個人史に対してオーナーシップをもちたいというのは、人は誰しも望むことである。支配的なアメリカ文化のなかでの過酷で根深い人種差別のために、アフリカ系アメリカ人の若者たちが自分たちの個人史を肯定し、誇りに思うことは苦痛を伴うほど難しいものであり続けてきた。貧困、絶望、家庭やコミュニティの崩壊、メディアによるイメージの偏在、これらすべてが犠牲者、影、恥として描かれがちな過去を、新しいものに置き換えることを困難にしている。さらに悪化させているのは、あらゆる面で進行する神秘化が、アメリカで尊敬され成功するとはどういうことかについてのメタナラティブを生み出しており、このメタナラティブは、マイノリティを中央から離れたもっとも外側の境界線上での生活、あるいはトニ・モリスンが『青い眼がほしい』で書いている「屋外(outdoors)」での、行き場のない生活に追いやることがあまりにも多いように思われる――「屋外は何かの終わりであり、取り返しのつかない物理的な事実であり、私たちの形而上学的な状態を定義し、補完するものだった。カーストでも階級でもマイノリティである私たちは、とにかく人生の裾(the hem of life)をさまよい、自分たちの弱点を固めようと努力したり、あるいは衣服の主要な折り目にこっそり忍び込もうと奮闘したりした」(Morrison, 1970, p.18)。

『青い眼がほしい』は、『ディックとジェーン』という基礎読本の最初の段落を使っているため、支配的な文化の公式の物語、つまり安全な郊外での家庭生活というメタナラティブの強制的で歪曲的な効果を、他の作品ではあまりみられないほどドラマチックに描写している。物語が展開するにつれ起こるすべてのことは、素敵な家、愛情いっぱいの家族、遊び、笑い、友情、猫、犬といったテーマを持つ基礎読本の物語の裏返しである。ピコーラの赤ん坊とそのレイプ犯である父親が死んだあとのこと、ピコーラが蒔いた種が花を咲かせることもなく、ピコーラが狂気におかされたあとについて表面的に書かれている物語の序文の終わりに、語り手のクラウディアは「これ以上言うことは本当にない――ただ、なぜ(why)を除いては。でも、なぜを扱うのは難しいから、どういうふうに(how)と考えざるをえない」(p.9)と述べている。どういうふうにを語るプロセスで、クラウディアは、幼い頃、そして少し年をとった彼女自身の視点から、自身の人生の素材を――つまり無力感、願望を――、助けることができなかったピコーラや、花を咲かせなかった種、そして「人生の裾にいる」周りの人々と関連づけながら整理する。彼女は、自分のナラティブをこのような方法で織りなし、過去との重要なつながりを確立し、マイケル・フィッシャー(Fischer, M.)が「記憶のアート」(Fischer, 1986)と呼ぶものを通して、部分的に自らの民族性を再解釈している。彼女がつながりから引き出すことができるどんな意味も、未来において意味のある倫理観に影響を与えるだろう[24]。それは、ピコーラがゴミ箱を漁るのを見ていることへの罪悪感を乗り超えた倫理観である――「私がいかに深く種を植えなかったか、それがいかに大地、土地、町のせいであったかについて話す。その年の国全体の土地がマリーゴールドに向いていなかったとさえ、いまになって思う。（……）特定の種は育たず、特定の果物は実らない土地があり、その土地が自らの意志で枯れてしまったとき、私たちはそれを受け入れ、犠牲者には生きる権利などなかったのだと言う。もちろん私たちは間違っているが、それが問題なのではない。もう手遅れなのだ」。チャールズ・テイラーやアラスデア・マッキンタイアが指摘するように、私たちが自分の人生を理解するとき、それはナラティブというかたちでなされていくのであって、明らかに私たちの物語は互いに異なるものであるかもしれないが、意味をわかり、意味をつくり、方向性を見つけるという同じ必要性によってつながっているのだ。

私たちの知る多様な生徒たちに、自身の物語を表現できるよう手助けするということは、彼らが自分たちの人生の意味を追求するのを助けるだけではなく——物事がどういうふうに起こっているのかを知り、なぜについて問い続けることにもつながる。それは、フレイレが語ったように新しいことを学び、この社会に完全に参加するために必要な熟練や能力、技能を身につけるよう動くということであり、そして、それを行う際には若者たちが誰であるかという意識を失わないようにするということだ。しかし、それがすべてなのではない。クラウディアの語るような物語が、私たちの伝統や遺産だと思っているものを打ち破ることができなければならない。コーネル・ウェストが「抑圧された人々の独特な文化的・政治的実践」、彼らの周縁性を強調することなく、またさらに周縁化させることなく認識することの重要性を語っているように、もし私たちがそう認識することができるなら、物語はそうした伝統や遺産を打ち破るものとなることだろう。たとえば彼は、そうした支配的な文化に対するアフリカ系アメリカ人やその他の長いあいだ黙殺されてきた人々による抵抗と、アフリカ系アメリカ人の世代を超えた多大な貢献の両方について言及している。ゴスペル、ジャズ、ラグタイムなど――人によっては音楽を思い浮かべるかもしれないし、黒人教会を思い浮かべるかもしれない。また公民権運動と、それに影響を与えた哲学や夢のことを思い起こすかもしれないし、勇気のイメージや生きぬいたイメージに――過去を振り返り、周囲を見渡すなかで――思いを馳せるかもしれない。ウエストはこう続ける――「黒人文化の実践は、知ることのできない現実から生まれる――それは現実の、必然に迫られた崖っぷちであり、北アメリカの白人至上主義の実践によって歴史的に構築された一つの現実である（……）。食べることができない、住む家がない、医療を受けられない――これらの崖っぷちが、黒人の文化的な実践の戦略とスタイルに浸透しているのだ」（West, 1989, p.93）。言い換えれば、私たちが多文化主義を求める際、アフリカ系アメリカ文化の多様性を、主に抑圧や差別の観点から定義すべきではないということだ。アフリカ系アメリカ人が自身の物語を語る空間を開放する理由の一つは、他の文化の人々よりもはるかに、貧困や排除が彼らの過去に対する認識にどのような影響を与えたかを説明できるということにある。また、苦痛や見捨てられた経験がルーツ探しにつながり、時には記録された歴史の修正につながることも事実だが、重要なことは、あらゆる多様な物語を語るための機会、民族性だけでなくメンバーシップを解釈するための機会、そして、さまざまな経験が織りなすアメリカの複数性を避けられないものとして表現する機会を提供していくことにあるのだ。

勢いを増す〈第三世界〉のなかで、ますます雄弁になるポストコロニアル（そしていまやポスト全体主義的）な声に対して、私たちは「崖っぷち」が例外的なものであるかのようにみなすことはもはやできない。「自由世界」「自由市場」「平等」、さらには「民主主義」といったルーブリックのもと、継ぎ目のない全体性の観点から話すこともできない。「大西洋の真ん中の残骸」「無表情の顔」「不自然な沈黙」のように、欠乏や剝奪は、私たちの複数性の諸相であると同時に、文化的アイデンティティの諸相としてもみなされなければならない。公衆は、結局のところ、満たされない必要性や破られた約束に応じてかたちづくられるのである。人間は不公正の感覚や、物事をあたかもそうでなかったかのように見る想像力に反応して行動を起こす傾向がある。つねにつくり途中にあるコミュニティ、民主的なコミュニティは、過去に達成してきたことや提供されてきた資金にはあまり依存しないものなのだ。それは活かされ続けるもの、未来の可能性への気づきによってエネルギーを得て、輝きを放っていくものなのである。そうした可能性のビジョン、こうなるべきだ、こうなりうるというビジョンの発展は、現在の欠陥や欠点を認識することから、非常に頻繁につくりあげられる。種は花を咲かせなかった、そしてピコーラと赤ん坊は救われなかった。それでも、より多くの耳を傾ける人々が増えれば、黙認を越えていくことだろう。クラウディアのように、人々は「もちろん、私たちは間違っている」と言って、「どうでもいい」といういまだに存在している思考をも乗り越えていくかもしれない。その瞬間、彼らは自分自身を超えて成長し、自分自身を真に理解し受け入れ、そしてコモンの利益や社会全体のための修復に、貢献しようとするかもしれないのである。

多元的なパースペクティブから物事を見ることを学ぶことで、若者たちは自分たちのあいだに橋を架けることができるようになるかもしれない。さまざまな人間のドラマに耳を傾けることで、彼らは癒しや変容をもたらすことへと誘われるかもしれない。もちろん、多元性と違いを認めつつ、コミュニティを創り上げていくことには困難が伴うだろう。トクヴィルの時代からアメリカ人は、個人主義と順応への衝動との葛藤にどう対処すべきか悩んできたのである。いまだ全体の一部になっていない文化の熱のこもった声と順応性への要求とをどのように調和させるか、またその調和のプロセスで、その声の完全性を失わないようにするにはどうしたらいいのか、最終的に何が起きるかを決定させてしまう順応性への衝動を許さないようにするにはどうしたらいいのかについて、彼らは考えていた。いま、私たちの多くが望んでいるコミュニティは、順応性と同一視されるものではない。ホイットマンの言葉のように、それは違いに配慮し、複数性という考え方に開かれたコミュニティである。コモンのなかに保たれるものがつねに多面的で、開かれていて、包括的なものであるとき、そして未開拓の可能性に引き寄せられていくとき、多様性のなかで生命を肯定する複数性が、絶えず繰り返し発見されなければならないのだ。

私たちが成長して暮らすようになるだろうコモンの世界の可能性を、誰も正確に予測することはできないし、また、一つのコミュニティを他のコミュニティよりも絶対的なものとして正当化することもできない。けれど、私たちの周りに存在する緊張や意見の不一致にもかかわらず、多くの人々は正義や平等、自由、人権へのコミットメントといった原理の価値を再確認することだろう。なぜなら、これらの価値が存在しなければ、私たちは人を歓迎する礼儀正しさについて主張することさえできなくなるからだ。より多くの人々がこれらの原理を体現し、それに従って生き、それに従って対話することを選ぶなら、私たちは民主的な複数主義を実現し、暴力と無秩序のなかでばらばらにならずに進むことができるだろう。こうした希望や主張に対して客観的な根拠を提供することはできないため、私たちにできることは、正義とケア、愛と信頼について、できる限り雄弁に、情熱的に他者と語り合うことだけである。リチャード・ローティや、彼がプラグマティストと呼ぶ人たちのように、私たちは、できるだけ多くの間主観的な合意を望む欲求、つまり「『私たち』という言葉の参照をできる限り広げたいという欲求」(Rorty, 1991, p.23) を明確にすることしかできない。しかしそのような欲求を明確にするときにも、コモンに対して独自のパースペクティブを持ち、独自の物語を文化の物語に織り込み、それが時の経過とともに変化していくなかで、互いの前に姿を現す複数性のなかの特異なメンバーに対しても気を配り続ける必要がある。私たちは、教室が公正でケアのある場であり、善についてのさまざまな構想で満たされた場所であってほしいと願っている。できるだけ多くの人々を巻き込む対話が行われ、互いに心を開き、世界に向けて開かれていることを望んでいる。そして、私たちは子どもたちがお互いを思いやることを学び、また、私たちが子どもたちを思いやることを望んでいる。私たちは、子どもたちが互いに友情を育み、一人一人が技術や幅広い目覚めに対する意識を高め、価値観や可能性に対する新たな意識を持つようになることを望んでいる。

心の声とその可視化の必要性を考えるとき、私はミュリエル・ルーカイザーの人間的連帯の呼びかけのことを思い出す。彼女のビジョンでは、私たちは「レンズを広げ／土地のうえに立っているアイデンティティの神話、新しいシグナル、プロセスを見渡している」。

緊急の必要とその場面を、
撮るために、その声を広げるために、この意味を語るために、
海の外に広く伝えよう。
直接、語りかける声。私たちは動いているから。
私たちが豊かになり、大きな動きへと成長するにつれ、
この言葉、この力は大きくなる。(Rukeiser, 1938, p.7)

そう、私たちはこの力、複数主義という未踏の力、そして拡大するコミュニティの素晴らしさを追い求める必要があるだろう。

注

(1)　想像上のもの (imagined)　グリーンがさまざまなアート作品との具体的な出会いのなかで深くか

かわってきた、想像上の登場人物や風景などのことを意味する。

(2)　大恐怖（Grand Peur［great fear］）　一七八九年のフランス各地の農村で、集団恐怖によって起きた農民による暴動、蜂起、反乱のことを指す。気候不順による穀類の不作と物価高騰で飢えていた最中に、パリ市民によるバスティーユ牢獄襲撃の報せを受けた農民たちは、貴族が農地を奪いに来るものと考え貴族の屋敷を襲撃、殺戮を行った。この各農村での農民蜂起はこれを恐れた貴族・封建領主たちによる封建的特権の廃止へとつながり、フランス革命の端緒をもたらした。

(3)　第五章注3参照。

(4)　ウォルト・ホイットマン（一八一九―一八九二）　一九世紀アメリカの詩人、エッセイスト、ジャーナリスト。ここで引用されている作品は、彼の代表作であり、韻律やスタンザのない自由詩を西欧にも先駆けて著し、生涯を通じて詩を加え版を変え拡張し続けた『草の葉』（一八五五―一八九二）に所収の「ぼく自身の声」（一八五五）。

(5)　「しない方がよいのですが」（I prefer not to）　メルヴィルの短編小説『バートルビー』（一八五三）に登場する主人公バートルビーに関する言及。バートルビーは法律事務所で働く書写人で、「しない方がよいのですが」と繰り返し言い、徐々に何もしなくなる。

(6)　トッド・クリフトンは元青年リーダーで、物語のある点で公共図書館の前でサンボ人形を売るようになる。この状況は、有能で有望な若者が社会の圧力や偏見によって落ちぶれ、人種的ステレオタイプを強化する商品を売るという皮肉な役割に追い込まれるというテーマを象徴している。

(7)　「歴史家」という用語は、事象をどのように見るか、どのように記録し、後の世にどのように伝えるかという責任を持つ人物を指す。

(8)　『ラグタイム』の冒頭では、二〇世紀初頭のアメリカの様子が描かれている。この部分では、ニューロシェルの裕福な家庭が登場し、その時代の繁栄と外見上の平穏が描かれているが、その表面下には多くの社会的緊張や問題が潜んでいる。この「否認の風景」という表現は、このような社会的な問題や矛盾を見て見ぬふりをする人々の状態を象徴している。
(9) テディ・ルーズベルト（Teddy Roosevelt）　第二十六代大統領セオドア・ルーズベルト・ジュニア（Roosevelt Jr., T.　一八五八―一九一九）の愛称。
(10) キンケイドについては第十一章注9参照。ポストコロニアル（植民地後）の状況で育った少女ルーシーが直面している葛藤について言及している。
(11) ポール・マーシャル（一九二九―二〇一九）　二〇、二一世紀アメリカの作家。バルバドスからアメリカへ移民してきた男性を父に持つ。ここで参照されている作品は、ブルックリンにあるバルバドス島移民のコミュニティに暮らす一〇歳の少女セリーナが、アメリカン・ドリームを叶えてほしい母と、バルバドス島へ帰島することを長らく願っている父とのあいだで成長していくさまを描く『茶色い娘、茶色い石』（一九五六、一九八一）。
(12) グロリア・アンザルドゥア（一九四二―二〇〇四）　二〇、二一世紀アメリカのフェミニズム、文化理論、クィア理論の研究者。『国境地帯／ラ・フロンテラ』（一九八七）にて記述された「国境地帯（la frontera）」とは、多くのラティーノが住む地域を指し、文化的または社会的な境界線が存在する場所であるとされている。
(13) マクシーン・ホン・キングストン（一九四〇―）　二〇、二一世紀アメリカの作家。フィクションとノンフィクションを織り交ぜながら、文化的抑圧について声にする作品群で著名。本書で引用されている作品は、鉄道建設や鉱山労働に従事しアメリカの礎を築いていた、アメリカに渡った中国人移民たちの声なき声に、一人の子孫として顔を与えた全米図書賞受賞作『チャイナ・メン』（一九八一）、中国の伝統的な民話とアメリカを生きる中国系アメリカ人の女性の一人称的経験を織り交ぜながら語る『女性の戦士――幽霊に囲まれた少女時代の回想録』（一九七六）。
(14) ミシェル・クリフ（一九四六―二〇一六）　二〇、二一世紀アメリカ出身の、ジャマイカ系アメリカ人の作家。混血かつバイセクシャルとしての自認をもち、アドリエンヌ・リッチ（第九章注3参照）

と長くパートナーの関係にあったことでも知られる。ここで参照されている作品は、自身が西欧の言語に飼い慣らされることで自身の野生を失い、声の喪失（speechless）に陥ってきたアフリカの人々について描き出した「言論への旅」（一九八八）。

(15)『マウス――アウシュヴィッツを生きのびた父親の物語』（一九八六）二〇、二一世紀アメリカの漫画家、編集者であるアート・スピーゲルマン（一九四八―）による、第二次世界大戦中のホロコーストをテーマにしたグラフィックノベル。この作品では、彼の父親であるヴラデック・スピーゲルマンがアウシュヴィッツ収容所の生存者であり、その苦痛に満ちた過去の記憶を息子である著者と共有する。ホロコーストによって破壊されたユダヤ人の文化について語られている。

(16)アフロセントリスト（afrocentrist）　アフリカおよびアフリカ系アメリカ人の歴史、文化、哲学を中心に据え、西洋中心の視点に対抗する学問的なアプローチや運動を指す。

(17)ともに黒人の著名な、影響力のある学者である。ヘンリー・ルイス・ゲイツ・ジュニア（一九五〇―）は二〇、二一世紀アメリカの学者、文芸批評家。西洋の文化基準による黒人口誦文学、黒人小説への批評への批判を行った『シグニファイング・モンキー――もの騙る猿／アフロ・アメリカン文学批評理論』（一九八八）で著名。コーネル・ウェスト（一九五三―）は二〇、二一世紀アメリカの哲学者、神学者、活動家であり、アメリカの民族、人種、階級をめぐる抑圧の解放を、マルクス主義とジェイムズ・コーン（Cone, J.）による解放の黒人神学にもとづいて考察した『黒人神学とマルクス主義思想』（一九七九）で著名。本書で引用されている著作は、エマーソンをルーツとして、デューイに限らず、デュ・ボイスなども含めた多くの二〇世紀中葉のアメリカの哲学者、思想家たちをめぐるプラグマティズムの系譜について考察した『哲学のアメリカ的回避――プラグマティズムの系譜』（一九八九）。アラン・ロック（一八八五―一九五四）は一九、二〇世紀アメリカの哲学者であり、雑誌『新しい黒人（New Negro）』に寄稿したエッセイによってハーレム・ルネッサンスの哲学的支柱（Dean）となったことで著名。

(18) メアリー・シェリー（一七九七—一八五一）　一八、一九世紀イギリスの作家。『フランケンシュタイン』（一八一八）などの作品で、ゴシック小説、SF小説の先駆者として知られる。母はイギリスで女性の権利運動を創始した『女性の権利の擁護』（一七九七）で著名な哲学者、作家、フェミニストであるメアリー・ウルストンクラフト（Wollstonecraft, M.　一七五九—一七九七）。

(19) 黒人のステレオタイプ（Negro stereotype）　アフリカ系アメリカ人に対する固定観念や一般化された偏見を指す。黒人を不合理で無秩序な力の象徴として表現し、負のイメージで捉え、社会における人種差別の根強い問題を示している。

(20) アメリカの、前者は白人・ヨーロッパのルーツを持つ女性たちであり、後者は黒人・アフリカのルーツを持つ女性たちである。ミュリエル・ルーカイザーについては第六章注10、ゾラ・ニール・ハーストンについては第六章注12参照。フラナリー・オコナー（一九二五—一九六四）は二〇世紀アメリカの作家、エッセイストであり、南部ゴシックの作風で知られ、死後に編まれた『完全な物語』（一九七二）が全米図書賞受賞。ベッシー・スミス（一八九四—一九三七）は一九、二〇世紀アメリカのブルースシンガーであり、「ブルースの女帝」とも呼ばれ、一九八九年に「ロックの殿堂（Rock and Roll Hall and Fame）」に殿堂入りしている。ソジャーナ・トゥルース（一七九七—一八八三）は一八、一九世紀アメリカの奴隷制廃止論者、女性の権利活動家であり、南北戦争中に著された『私は女ではないって?』（一八六三）で著名な、黒人としてはじめて白人との訴訟に勝訴した女性。グウェンドリン・ブルックス（一九一七—二〇〇〇）は二〇世紀アメリカの詩人、著述家、教師であり、アニーという少女が女性として成長していくなかで人種差別や、夫との結婚、離婚、死別などの出来事に遭遇していく『アニー・アレン』（一九四九）にて、黒人ではじめてピュリッツァー賞を受賞。

(21) 古代ローマの詩人、そしてウォーカーの同時代のアメリカの詩人たちである。オウィディウス（紀元前四三—一七ごろ）は、紀元前一、一世紀ローマの詩人であり、ダンテ（Dante, A.　一二六五—一三二一）、チョーサー（Chorcer, G.　一三四三—一四〇〇）、シェイクスピアなど西洋文化に大きな影響を与え続けたことでも知られる。カトゥルス（紀元前八四―紀元前五四）は、紀元前一世紀古代ローマの詩人であり、性的で個人的な題材を直截的に描いた叙情詩で知られる。e・e・カミングス（一八九四―一九六二）は、一九、二〇世紀アメリカの画家、詩人、劇作家であり、単語のスペルを分解したり構文を変化させたりなど、モダニズム的な書法であらわされた自由形式詩で著名。ウィリアム・カーロス・ウィリアムズ（一八八三―一九六三）は一九、二〇世紀アメリカの詩人、医師であり、家庭医として昼に勤務し夜に執筆を行いつつ、患者たちの言葉にならない詩に影響を受けた口語詩などで知られる。

(22)　エィミ・タンの小説『ジョイ・ラック・クラブ』に登場する重要な人物。この作品では、中国からの移民である四人の母親と、アメリカで生まれ育った彼女たちの娘たちの関係が中心テーマとして描かれている。母親たちは、自分たちの経験、中国の伝統、そしてアメリカでの新しい生活のあいだで葛藤しながら、娘たちに生き方を教えようと努める。

(23)　アリス・ウォーカーの小説『カラーパープル』のミス・セリーは、二〇世紀初頭のアメリカ南部を舞台にした物語の主人公。セリーは若いアフリカ系アメリカ人女性で、幼い頃から虐待と抑圧を経験してきた。彼女の物語は、彼女が受けた虐待、特に彼女の最初の夫である「ミスター」による虐待から始まるが、物語が進むにつれて、セリーは自己発見と自己肯定の旅を経て、自立し、力強くなっていく。

(24)　マイケル・M・J・フィッシャー（一九四六―）　二〇、二一世紀アメリカの医療人類学者。カリブ海、中東、南アジア、東南アジアで、生命科学、メディア回路、新たな生命形態の人類学に関するフィールドワークを行う。ここで引用されている著作は、民族誌的なオートグラフィーとリオタール的なポストモダンのテキスト論との交差のなかで、自身の過去についての語りのなかに、来るべき自己の他者性を見出す「エスニシティとポストモダンの記憶のアート」（一九八六）。

第十三章　スタンダード・コモンラーニング・多様性

学問の厳密さ、高いスタンダード（標準的なカリキュラム）、コモンラーニング、技術的な熟達、卓越性、公正、自己の発達――これらのテーマは、公立学校の創設以来、何度も繰り返し浮上してきた。希望と不安が交差する現在、私たち教師は（少なくとも時折）民主主義社会のあり方について考え、世界の将来について思いを巡らせることがある。確かに、全米教育目標の明確な定義がある一方で、そこかしこでは不協和音が響いている。さまざまな公衆が私たちの教えていることに異議を唱え、しばしば罪を負わせている。彼らは改善だけでなく、保証も求めてくる――物事が安定し予測可能になることを望み、学校が文化的な欠陥を修復することを期待し、自分たちの利益が確保されることを望んでいるのだ。多くの場合、貧困そのものが学校教育の非効率のせいにされ、民族差別、階級的要因、劣悪な住宅、家庭崩壊などは脇に置かれる。またある時には、学校は――特に貧困地域にある学校は――そのような障壁に対して無力なものと単純に捉えられている。教育改革の運動に対する楽観的な見方や、先に引用した教育者たちが抱く一時的な希望にもかかわらず、学校の管理者や学ぶことを期待される生徒にはしばしば絶望感が広がる。

第十二章で示唆したように、アメリカは自らを最強の大国、自由市場経済の模範、自由な西洋世界の代表と称している。しかし、私たちの教育制度に付随する不安を無視することはできない。なぜ学校に対してこれほどまでに激しい警戒が叫ばれるのか。なぜ「凡庸さ」に対する恐怖があるのか。なぜ多文化主義を恐れているのか。なぜ検閲を正当化しようとするのか。なぜ価値観や性教育、道徳教育についての議論を封じようとするのか。なぜ学校主催の祈りを求めるキャンペーンが後を絶たないのか[1]。ホール・ランゲージ教育やポートフォリオ評価の時代に、なぜ数値的な習熟度にこだわるのか[2]。時には、評価にこだわる人々が、近代のピューリタンの化身と手を組んで、迫りくる荒野から身を守り、悪魔を遠ざけようとしているかのように見える。

もちろん、荒野にはさまざまな側面があり、悪魔にはさまざまな顔がある。いま起きていることを見ると、私はますます切実に、教育者同士の真正の対話を願わずにいられない。いまこそ私たち自身の声がより明瞭に聞かれるときであり、若者とかかわる人々の声がその具体性と特殊性において聞かれるときなのだ。子どもたちや教師の物語と日誌は、教室の非人間性を打ち破るだろう。私たちは、学校内で子どもたちのことを集団として語ることは少なくなっている。しかし、この変化はまだ公共の場には浸透しておらず、私たち教師が証言を求められることは非常に稀であり、自発的に自らのために発言しようとすることもめったにない。すべての人が、このような時代においてアメリカの教育の目的が本当に何であるべきか、また子どもたちの未来を考えるとは何を意味しているかについて、そして「私たちの世界から子どもたちを追放しないまま、その世界を子どもたち自身の意匠に任せ切らないほどに、私たちが子どもたちを十分に愛しているかどうか、子どもたちの手から新しいことや私たちには予測できない何かを成し遂げるチャンスを奪わないかどうか、コモンの世界を刷新するという課題に向けて事前に準備を整えるかどうかについて決断すること」が何を意味しているかについて、公の場で尋ねる明晰な実践者の声を聞く必要がある（Arendt, 1961, p.196）。私たちはその課題をどのように把握しているのだろうか。「コモンの世界」をどのように理解すればよいのだろうか。スタンダードやカリキュラムの枠組み、アウトカムに対する議論は、いまだに私たちの社会としての目的――生きている人々を教育することの意味、若者に単に生計を立てさせ、国の経済福祉に貢献させるのではなく、彼ら自身の世界を他者とともに生き、つくり直すことができるような力を与えることの意味については、いまだ真剣に触れられていない。

私たちの個人的な傾向がどうであれ、時に主流派の生活の神聖な掟と対立したりそれを軽蔑したりしながらも、ライフストーリーや文化的な物語について語る、自分たちの独自性を恥じることのない多様な声を、特に教師はもはや、消し去ることはできない。また、工業化された科学技術社会が、地位や報酬に関して根本的に不平等であり、不平等な人生のチャンスを分け与えているという厄介な事実からも逃れることはできない。私たちはいまや、成功が能力や功績だけに依存することは稀であることに気づいている。成功が多くの場合、元々の有利な立場や偶然、運にどれほど左右されるものであるかを実感している。では、複数主義のなかで平等を掲げる公立学校が、どのようにして競争の場を均等なものにするのだろうか。どうすれば、より多くの個人的成長の機会を提供しうるのだろうか。予測や予断にとらわれないよう注意しながら、教師として、すでに公平でも公正でもないことがわかっている世界で、すべての生徒が学び方を学べるよう促すにはどうすればよいのだろうか。

公立学校に対する学問的・行政的な関心が低いにもかかわらず、学術的な言説あるいは政策に関する言説は、公立学校が直面する複雑な問題や混乱の影響を受けてきた。人文科学の分野では、日に日に専門化、秘伝化が進んでおり、学者たちはいま、構造主義、脱構築主義、解釈学の飛び地を、どのようにして互いに開いていくことができるのだろうかと考えている。彼らは限られた一部の聴衆にしか届かないという性質について考えた結果、結局多くの人たちがアクセスする空港の書店やテレビ番組、ＭＴＶなどの機能的リテラシーに頼らざるをえないと結論づけることもある。あるいは、もし彼ら自身が多くの人に手を差し伸べ、その対象を「ムービング・イメージ」（『Moving Image』, 1985）[3]や、ロック文化にまで拡大するとしたら（そしておそらくそれらを取り込むとしたら）、自分たちの学術的な生活にどんなことが起こるかを推測している。そして時折、彼らのカノン、伝統として定義されているもの、すべてを支配する白人男性に対する挑戦が高まっていることに思いを巡らせている。アフリカ系アメリカ人やヒスパニック系の研究者が増えるなかで、従来の学者たちはこの変化が、リテラシーの概念、つまり文化をある程度の一貫性を持ってまとめるものとして定義されてきた概念にとってどのような意味をもたらすのかを自問している。科学者や技術的な専門家は、一般市民が身につけるべき類の科学的・技術的リテラシーを立法化しようとするけれど、これらは危機への処方箋というかたちでしか学校にはほとんど届いていない。ＤＮＡ研究、ゲノム、心臓移植、武器販売、生命維持装置、医療、銃規制、ＨＩＶ－ＡＩＤＳに関する決定を、絶望的なまでに無知な人々に任せるべきだろうか。それとも、各分野の確かな専門知識を持ち、方法論や表記を理解し、リスクの計算方法を知っている個人を信頼するように教わるべきなのだろうか。どのような科学リテラシーを普及させるべきだろうか。そして、それをどの程度教えるべきなのだろうか。

このような懸念に対する反応は、教育および民主主義に対する私たちの見解に影響を与えざるをえない。繰り返しになるが、私は実際の教育者たちが、自分たちの多様なコミュニティにおいて、ポストモダンの時代における民主的な教育や民主的な市民性とは何か、また何を意味するべきなのかについて自ら問いを立てるべきだと強調したい。無差別テロ、虐殺、無実の人々へのレイプの時代において、結局のところ人々に何が求められているのだろうか。ホロコースト、飢饉、数兆円規模の財政赤字、（伝統的な企業や産業だけでなく、エンターテインメントやスポーツの分野でも）企業の利益によって支配されている想像を絶する富に直面しているとき、基礎技能のように優れた技術のコンピテンシーでは十分ではないのだということを、私たちは理解し始めている。ホームレスや依存症を改善するためには、どのような知性が必要なのだろうか。分裂や集団間の敵対を克服するために、私たちは何を知り、学校は何を教えなければならないのか。ロサンゼルスの暴動を思い起こし、それが再び起こらないようにするためには、どのような調査を行うべきかを問うだけでよいのだ。では、メディアのシミュレーション、絶え間なく降り注ぐ映像の雨、幻影と一般に合意された現実との混同はどうなるのか。テレビの視聴者が有罪か無罪かを投票することで、法の支配はどうなるのだろうか。電話によるトークショーが民主的な対話に取って代わるとき、民主主義はどうなるのか。繰り返しになるが、私たちはどのようにしてそれについて考えることを学ぶのだろうか。どうやって他の人たちにそのことを教えるのだろうか。（ハクスリー（Huxley, A.）の言葉を借りるなら）私たちが「デルタ」と考えられる人たちに、短期間の閉ざされた能力だけを提供し、優れた才能のある少数の人々にだけ、より高度な認知能力を提供するのもけっして十分ではない（あるいは、適切でもない）（Huxley, [1932] 1950）[4]。また、私たちが卓越性と呼ぶものを単にテストで測定可能なものだけに限定したり、すべての若者のスタンダード（標準学力）を引き上げることによって、彼らやその教師の生み出すものがこの国の技術的、軍事的、経済的な優位性を確保するかのように、彼らを生産へと誘うものを示すのも、理にかなってはいない。

もちろん、私はいい加減さや不注意、受け身の態度、そして表現方法の欠如を克服するために努力することは重要だと考えている。しかし、省察的に情熱的に教えることを通じて、多くの若者が自分自身を超えて意味を創り上げ、より広く、より多くの情報にもとづいたパースペクティブから、彼ら自身の生きられた生活の実際を見つめることを掻き立て、鼓舞していくために、私たちにははるかに多くのことができると確信している。単一のスタンダードや一面的なコモンの定義に立ち戻ることは、貧しい子どもや社会から取り残された子ども、危険にさらされている子どもたちに対して深刻な不正義をもたらすだけでなく、私たちの文化的生活を薄れさせ、真正な意味でのコモンの世界を創出し、維持することをますます困難にすることはきわめて明らかだ。確かに、重要な指針や一般に受け入れられた規範がなく、多くの人が危険なまでに分断された文化のなかにいると考えているなかで、一貫した目的を定義することは、多元的なパースペクティブがあればあるほど難しくなる。また多元性は、アレントの言葉を借りれば、子どもたちをどのように愛するかを考えることや、実践者として私たちが知っていることに忠実であり続けることを困難にする。

私たちの行いの多くは、認識された文脈や解釈された文脈に左右されるため、今日の学校に実際に求められていることをイメージするために、想像力豊かな文学作品に目を向けることは有益かもしれない。明らかに、ジャーナリズムや社会科学の情報源は豊富にあり、教育システムに「干渉」するエコシステムや社会システムについても数多くの記述がある。しかし、これらの記述はあまりにも多く、いまではあまりに馴染み深いものとなっている。それらはもはや、私たち個人が何を見て、何を感じているのかを自問するきっかけにはならないかもしれない。その代わり、ある現代小説が提供する比喩や世界は、それらを読む人々の想像力をときはなつかもしれない。もしそうなれば、その読者は厳密さと新しいカリキュラムといった問題や、若者が異なる存在になるために——いまいる場所を超えるためにときはなたれる可能性について、自分たちの言葉で新たに考えられるようになるかもしれない。想像力が教育「改革」に関する長い議論や討論のなかで、ほとんど活用されてこなかったことは確実だろう。関係者たちは、ごく一部の例外を除いて、公用語＝官僚的な言葉という制限のなかで正常に機能してきた。彼らは、当たり前のこととして受け入れられている概念に従順で、物事が提案されたものとは異なる可能性があるかどうかを疑問に思ったことはほとんどなかったのだ。

私がここで取り上げたい三つの小説は、ユートピア的でも政治的でもないし、教育そのものに触れているわけでもない。これらは単に「見ること、励まし、慰め、恐れ、魅力――あなたが求めるものすべて、そしておそらく、あなたが求めることを忘れていた真実の片鱗をも」(Conrad, [1898] 1967, pp.ix-x) 垣間見させる力を持っている。まず最初に「見る」べきことは、以前に私たちが見たことがあるもので手短にいえば、ドン・デリーロの小説『ホワイトノイズ』(DeLillo, 1985) に登場する「有害な雲」のイメージである。猛毒の化学物質による目に見えない雲は、中西部の学園都市に停滞し、そこに住む人々は死と向き合い、解釈も理解もできない重圧を感じている。しかし、最初のパニックと避難所への避難の後、彼らは雲の影響が何であれ、いつ何が自分たちに起こるかを待ちながらも、これまで通りの生活を送っている。現実的かどうかは別として、この小説のイメージは、有害な雲、放射能、汚染といった目に見えない脅威に対して、若者たちが行動を起こせるような科学的リテラシーを身につけるためにはどうしたらいいかについて考えさせられるかもしれない。私は必ずしも若い物理学者を育てようと言っているのではない。私は、学生たちに、暫定的で仮説的な思考、つまり、言われたことの裏づけをとり、証拠を調べ、推論し、見出されたことや推論されたことを、何が適切で、良識があり、公正で、人道的であるかという概念に結びつけるような思考とともにある知識を与えることについて話しているのだ。小説の終盤で、デリーロの描き出す町の人々が、スーパーマーケットで買い物カゴに商品や大衆紙を詰め込んで時間をつぶしながら「一緒に待っている」(DeLillo,

1985, p.596）のを見て、（私もそうだが）読者のなかには、消費者主義や受動性、超現実的な空想から若者を目覚めさせるために何ができるのかについて考える人もいるだろう――少なくとも、現状を超えて、よりよい秩序を目指すような取り組みを促す、意義あるプロジェクトを自分自身で考案できるために。

私が思い浮かべているもう一つのイメージは、アン・タイラー（Tyler, A.）の『アクシデンタル・ツーリスト』（Tyler, 1985）である。(5) 主人公のメイコンは、非常に無関心であり、馴染み深いものに深く没頭し、奇妙なものを恐れるあまり、繭のような世界に住んでいる。大人になってから家族が再び一緒に暮らすようになってからも、平凡な生活のなかに閉じこもるために、古い幼稚な遊びと、家族内で使われている、形式的な正しい言葉だけがある。メイコンは、出張先でも故郷を離れたような感覚を味わいたくないビジネスマン向けに旅行ガイドを書いている。彼はそのために、ロンドンやパリにあるすべてのマクドナルド、ホリデイ・イン、困難や奇妙なことに直面する必要のない場所を見つけ出す。もしメイコンが飼っている手に負えない犬と、その犬が引き起こす予期せぬ冒険がなければ、彼はクリストファー・ラッシュ（Lasch, C.）が『ミニマル・セルフ』（Lasch, 1984）と呼ぶ典型、(6) つまり、縮こまり、私事主義的で、エージェンシーの感覚が欠如した存在であり続けただろう。

そのような弱められた大人や、社会とのかかわりを持たず、個人の世界に閉じこもった生活のイメージを持つ読者なら、私と同じように、単に環境に適応するためだけではなく、実際の生活で開放性を発見するように子どもたちを教育する方法について考えるかもしれない。私たちは批判的かつ創造的な思考と現実への注意深いかかわりを伴う問いを、当たり前のこととして受け取っているものに対して問いを持つように、どうすれば教えることができるのだろうか。私たちの周りにいる若いメイコンたちが、公共空間に進み出て、彼らのあいだにコモンなものをもたらし、個人的かつ間主観的に価値ある学びを生み出すためには、どうすればよいのだろうか。私が言いたいことは、単に学問的な学びの拡張だけではない（それもつねに望んでいるが）。私が伝えたいのは、現実の困惑を解決するための協働的な努力のことである。つまり、近隣地域を改善するために集まったり、遊び場を開設したり、ホームレスの人々と家を建てたり、ストリートコンサートを開催したり、デイケアセンターを支援したり、家庭教師のプログラムを考案したりといった、さまざまな取り組みを指す。これらのいずれもが、無意識に行われて効果的であることはない。それぞれの努力には、さまざまな能力、さらにはリテラシーの活性化すら必要なのだ。それは、遠く離れた土地でマクドナルドやホリデイ・インの代わりになるものを見つけること、新聞を読むこと（メイコンと彼の家族が拒否していること）で、世の中の出来事に触れ続けることなのではない。まだ知られていないもののために意図的に何かを探しに行くということであり、その探求に必要な理解を求めるということである。この探求においては、つねに快適さを拒否し、その日常性に沈むことを拒否するということが求められる。そうでない場合、代わりに、退屈感、無意味感、さらには絶望感に陥る場合が非常に多い。意図せずして、人生と意図的に関わることを避けている偶然の旅行者になっているのかもしれない。いかなる重要なカリキュラムや教授法も、このイメージによって提起されたすべての考えを考慮する必要があると私は思う。

私が思い浮かべる三つ目のイメージは、ミラン・クンデラの『存在の耐えられない軽さ』(Kundera, 1984) からだ。(7) それは二種類の人生の対極性である。落ち着きなく、献身的でない、文脈から切り離された「軽い」生き方（多くの場合、亡命貴族のような放浪者の生き方）と、重みのある生き方。その重さとは、公的な教養や、あるいはクンデラが教条主義の「大行進」と呼ぶものの重さかもしれない。それはまた、感傷的な信心やスローガン、ステレオタイプの重圧かもしれない。どちらの重みも「キッチュ」(8) および否定と関係しており、つまるところ「死の恐怖を追い払うために立てられた屏風」のようなものだ。クンデラによれば、全体主義的な「キッチュ」は、人々に語ることを禁じるが、民主的な「キッチュ」は人々を眠らせ、物事を神秘化することで、真正のことを何も言えなくする。若者のあいだで「やばい（awesome）」という言葉が判断の代わりに使われているのを耳にしたり、大人たちのあいだで会話が衰退していることに気づいたりするとき、私たちは民主的なキッチュを経験している。偶然ではないが、全体主義の国々では、自由や人権について真剣に語っている声や本は異議を唱える声や本であり、限界や境界を認識した男女の表現であり、これらを打ち破ろうと抵抗することで、自らの人間性を主張する表現なのである。わが国では、特定の黒人女性作家を除いて、人権や自由について具体的に関心を表明するスポークスパーソンはほとんどいない。人々は一般的に自由であると感じているので、私たちのテーマはしばしば放浪や境界にいることに関するものとなっている。映画、小説、そして日常生活において、若者たちは（カルトや原理主義的な宗教以外では）髪を染めたり、セックスをしたり、ドラッグを試したり、ポルノを体験したりすることに、何の制約も感じていない。彼らは限界を知らずリラックスしていて、本当に重要なことなど何もないと感じている。ライブ・エイドのコンサート[9]や、遠く離れた飢饉の犠牲者への同情といった現象は、私にとっては「軽さ」を克服する兆候なのでもなく、深刻なコミットメントや実存主義者が言うところの「存在する勇気」を意味するものでもないのだ。

クンデラを読むことで、私たちは自身の社会における分裂に注意を向けることができる。私たちの場合、その分裂は原理主義、あるいは道徳的多数派のエートスと、特定の目的もなく物事の周辺をうろつく、コミットメントのない脱文脈的な存在様式とのあいだにある分裂である。クンデラは読者に、公式のスポークスパーソンたちの費用対効果に関する話のなかにある、人間の貧困、屈辱、そして必要性への関心が予算や赤字への懸念に取って代わられていく道徳的な真空状態についても考えさせている。彼は時折、ヘッドショップ[10]を通りすぎるパンクの髪型の若者（いま私が見ている特定の若者が善意ある普通の人で、ドラッグなどをやっていないかもしれないが）と、政府の経済学者や予算管理担当者（国の「福祉」に専念しているとしても）のあいだに関連性を感じさせる。どちらも価値観には関心がなく、ケアを本当に気にかけていないのだ。そして今日の価値観に関する議論の多く[11]が――家族の価値、家庭の美徳、純潔の名のもとに――中絶や避妊、近隣のメサドンセンターやＨＩＶ－ＡＩＤＳ患者のためのホスピスの建設に反対する人々に引き継がれてきていることを思い知らされる。「恵まれない人々への集団的責任」（Norton, 1985）やアファーマティブ・アクション、教育やアートへの支援拡大を唱える人々の主張は、往々にして説得力に欠け、型にはまったものになりがちである。若者たちが自分たちの飛び地から抜け出し、ケアに関心を持つように促すような主張は、ほとんどない。

軽さと重さ――価値判断にもとづかないものと、教義に重く縛られたもの――これらは、私たちが交わすべき対話の両極である。どのようにして相互依存の意識や多様な視点の認識が生まれるかもしれない、生きたコミュニケーション、そして意義のある対話が再び奨励されるような教室環境をつくり出せるだろうか。デューイ派の伝統においては、私たちも知っているように、何らかのかたちで好みがときはなたれうるような状況をつくり出すことが、重視されている。好みは衝動や単なる省察されていない欲求とは異なるものであり、もし若者がオルタナティブな可能性を識別し、好ましいと思うことに従って自ら選択することができるようになれば、自分たち自身の創始にもとづいて学ぶ理由、つまり世界がこれまで思われてきたように、あらかじめ定義されたものであるかどうかを調べる理由が生まれうると考えるのである。デューイは「自己とはあらかじめできあがったものではなく、行為の選択を通じて継続的に形成されるものである」(Dewey, 1916, p.408) と書いている。そして私たちは、行為とは（単なる行動とは異なり）省察的に創始を引き受け、新しい始まりを生み、正確に予測することはできないが、可能性として考えられるものに向かって進むこととして考えられていることを認識している。

もちろん、非常に異なる潜在能力を持つ生徒たちが、自分自身でアイデンティティを形成するための適切な行為の指針を見つけることができるように支援することに関心を持っている実践家もいる。自分にとって正しい行為を見つけるということは、単に受動的な観察者や偶然の旅行者、または群衆の一員ではなく、他者のなかで生きる人生の著者、エージェンシーの感覚を持った人間としての自己を発見することかもしれない。自分が社会的な世界のなかにある特定の場所に身を置いているということを認識し、他者とのコミュニケーションから何が生まれるかを見出す機会が与えられることで、若者たちは時にキッチュの重さや耐え難い軽さから逃れることができるかもしれない。彼らは、自分たちを無力だと感じさせ（そして、その無力さゆえに無責任で関わりを持たないようにさせ）、決定し条件づけているように見える力と、思いがけずうまく付き合えることに気づくかもしれない。自由とは、人生のなかで他の人々とともに成しとげるものだ。人は、単に文脈から抜け出し、衝動や欲望に応じて行動することによってではなく、周囲の環境から影響を受けるなかで、ますます意識的で心あるやりとりを通じて、達成できる限りの自由を獲得するのである。そして、ほとんどの人にとって、決められた世界と深いかかわりを持ち、行為し、選択する力をある程度身につけたときにはじめて、自分が誰であるかを自覚できるということは明らかである。これは、かつて公民権運動家たちが発見したことでもあり、女性たちが絶えず発見し続けていることでもあり、マイノリティが繰り返し発見していることでもあるが、自由とは、絶えず名づけられ理解され続けることで、はっきりわかるようになってきた状況のなかで、徐々に育まれなければならないものなのだ。この見解の教育学的な意味合いは多岐にわたるが、管理され、制御される世界において、人間の自由とエージェンシーの感覚への配慮を含まない教育目的を考えることは困難である。

有害な雲や理解不能な脅威、消費者主義、私事主義と自己の縮小、根無し草の空虚さと消極的な自由、教義や信仰の重圧、対話の欠如、公共空間の喪失――これらはすべてコモンラーニング、学問的な厳密さ、階層構造、さらには卓越性にどのように関係しているものなのだろうか。キャサリン・スティンプソンは、「人文科学における卓越性――作品そのものとそれらの研究――は、意識と活力の脈動する同盟を明らかにすべきだ」と書いている（これを読んで、私は技術的な熟達や数値化可能なスキルよりも、「意識と活力」に関心があることに気づいた[12]）。彼女は「卓越性の追求は――優れたもの、立派なもの、平凡なもの、お粗末なものという階層に整理できるような一枚岩の伝統ではなく――私たちが判断し、楽しみ、そしてまた新たに判断するような多元的な伝統を生み出すだろう」と期待している（Stimpson, 1984, p.8）。そして、私は彼女が正しいことを願っているのである。

この楽観的な見方から、現在、学校に入ってきている何千人ものニューカマーたちについて私たちが発見していることに目を向けてみよう――彼らは、無数の文化から来た移民であり、彼ら独自のシンボル系や、世界の見方やあり方を持っている。また、「多重知能」（Gardner, 1983）について学んできたことにも目を向けたくなる。論理的・言語的なものから数学的なもの、文学的、身体的、運動感覚的、音楽的な知能など――これらはすべて、物事の表れや経験された世界をどう理解し、どのように対処するかという潜在的な知性のありようである。確かに、技術の進歩に貢献しない、あるいは簡単に測定できる成果をもたらさないと思われているために、通常のカリキュラムでは考慮されない潜在的な力を無視することは間違いであるに違いない。私が念頭に置いているのは、たとえば、オペラ歌手になるために必要な技能や「アート性（artistry）」（Howard, 1982）のことである。ダンサーの運動と知覚的な活動の相互作用、ダンサーが空間と時間のなかでかたちをつくり上げる「リテラシー」、またキャビネットメーカー、オートバイ整備士、機械職人が木材や金属部品、機械の内部を操作することのできる手に導かれた思考のことも頭に浮かぶ。

他の多くの教育的で哲学的な探究者たちと同様に、私は一面的なヒエラルキーよりも複数性と多元性を支持する。学校においては、多様な優れた点を探し求め、学問の厳密さを多様な領域における心の資質の育成と結びつけて考えるようにしたい。デューイがそうであったように、心を「自分自身を見出せる状況に、意識的かつ明確に取り組めるすべての方法」(Dewey, 1934, p.263) を示す動詞として考えることは、いまでも有益であるように思える。私たちの状況への対処は、もちろん、文化的な所属や前提の理解、私たちが共有する世界で（そして、それがどれほど個性的に解釈されようとも共有しうる世界で）私たちが働き、他者がそれを解読するのを助けながら、コモンのなかで私たちがともに創り、再び創り上げなければならない世界によって影響を受ける。それでも、特定の心の性質に注意を払いながら、パースペクティブの多元性を許容し、さらには称賛することさえ私たちにはできる。

イギリスの哲学者リチャード・S・ピーターズ (Peters, R. S.) は、卓越性について、「私たちがさまざまな活動を行う際の方法と関連している。私たちは批判的に議論し、考え（……）創造的に絵を描き、料理をつくる。そして完全性は私たちの道徳的な生活やアート作品のなかに表れる」(Peters, 1975, p.121) と記している。つまり、具体的な能力が十分に発達すれば、卓越性となるのである――批判的に思考する力、創造的に働く力、洞察力や粘り強さ、そして強い個性を発揮するようになる。

この章で述べた、卓越したものとなる潜在的可能性をもつ資質には、ためらうこと、証拠に対する配慮、同時に起こる批判的かつ創造的な思考、対話への開放性、エージェンシーの意識、社会的なコミットメントや社会的なことへの関心などがある。これらはまた、「意識と活力」にもつながる可能性を秘めている。

「私たちがさまざまな活動を行う際の方法」に関心を持つということと、誰もが定量化、あるいは数値化できる実質的なものに主として関心を持つということとは異なることである。とはいえ、ピータ―ズや他の人たちと同じように、私たちが大切にしている心の資質は、空虚な状態ではなく、特定の種類の経験、特に主題に関する経験を通じて、もっともよく育まれると考えられる。（ある知識の分野や学問分野、生活様式のなかで）達成可能なことを徐々にあるべき姿へと具体化していく感覚と、意識的に、かつ責任を持って世界に存在するというエージェンシーの意識とのあいだには、つながりがあるように思われる。

しかしながら、正常化されたコモンの現実性というビジョンに固執すること――誰もが同じように受け入れ、習得するのを求めるようなこと――が、若者たちの超越したい、（個人として）できるかぎり最高の存在になりたいという願望を刺激するかどうかは疑わしい。さらに、私たちの多くは、自分たちがこれまで遺産や伝統だと思ってきたものの排他的な性質に気づいている。伝統はもはや、北半球の、西洋の、男性のものであるかのように扱うことはできない。自分とは異なる文化圏から来た若い生徒のパースペクティブに一瞬でも立脚することで、人間の歴史、時間、死、権力、そして愛に対する理解が、暫定的な性質を持つものであることを認識することができる。多くの非ヒスパニック系の教師が、ガブリエル・マルケス、カルロス・フエンテス（Fuentes, C.）、ジョルジェ・アマード（Amado, J.）、マヌエル・プイグ（Puig, M.）、そしてホルヘ・ルイス・ボルヘス（Borges, J. L.）を知ったのはほんの数年前だ(13)。確かに、マルケスの『百年の孤独』で描かれているような虚構的な現実性や、ボルヘスの『伝奇集』での多元的なそれが、構築された社会的な現実性のなかで私たちがいかに暮らしているかとまでは言わずとも、私たちの多くに衝撃を与え、自分たちの一面的な見方に気づかせた。きっと、東洋やインドの文化や文学を読むときも同じだろう。ベトナム、中国、タイ、アフリカの若者たちが、白人の教師、あるいは生徒とは異なる遺産を持つ教師たちと対峙するとき、私たちはもはや人文学や歴史を、西洋の形式や出来事に限定することはできないと知っておく必要がある。加えて、女性だけでなく男性も含めた多くの人々が、歴史や文化、経済発展に関する記述に女性のライフストーリーや経験が紹介されることで、ものの見方を変えるよう促されてきたということについても。私たちに伝えられる写真の構図が、その輪郭や色彩、さらにはそれを伝えるメディアとともに変わってきただけでなく、その新しい視点が、国の遺産、真の文化的リテラシー、そして創発的なカリキュラムの根本的な再概念化をもたらしてきたのであるから、これからもそうあり続けるべきなのである。

テキストとイメージ、また公式化に関する学習において、より多くの選択肢が提供されるようにカリキュラムは間違いなく拡大、深化する必要がある。教師は、より多くの生徒が自分自身の学習プロセスを存分に生き、それについて自身で省察できるようにすることについて、より深く考える必要があることに気づき始めている。自然科学や社会科学、人文学でも顕著になってきた知ることに対する解釈的なアプローチは、教育や学習にとって重要な意味を持ち始めている。解釈はもちろん、特定の領野における特定の主体（あるいは探究者、あるいは生徒）にとっての意味を明らかにすることに重点をおく。これらは、コミュニティの一員としての人々のビジョンを体現する、間主観的な意味を持つこともあるかもしれない。また、ローカルで即時的なものから、クリフォード・ギアツが「グローバルな構造のなかでもっともグローバルなもの」と呼ぶもののあいだを絶えず移動し、より一層広い文脈へ向かって進み続けるかもしれない。ギアツは、多様性を「近代意識の特徴」と強調する人たちとともに、「思考活動の一種のエスノグラフィー」を求めている。「（……）それは、私たちの考え方の多様性に対する理解をさらに深めるだろう。なぜなら、その多様性に対する認識を、単なる専門的な領域の主題、方法、技能、学術的伝統を超えて、私たちの道徳的存在のより大きな枠組みにまで拡張することになるからである」（Geertz, 1983, p.161）。彼もまた、意味のある生活と解釈に強く関心をよせており、異なる関心や異なる質問が、異なる人たちにとって、既存のシンボル系への入り口となることを確信している。

確かに、私たちは誰しも、他の人間存在、テキスト、アート作品、ゲーム、そして構造化された学問分野との出会いを通して、自分たちの世界が外に向かって開かれていく経験をしている。もし幸運であったなら、私たちは開放する能力――あるテキストから他のテキストへ、あるいは他の表象のありようへと自ら移行できるような能力も発達させていくことができた。今日の多様な若者たちにも同じような経験が起こりうるはずだ。生徒たちは、自分たちの出会いを通じて自分のローカルな世界を肯定し、名づけることを許されるべきであり、また同時に、そうしたローカルな世界を超えて、まだ知らないものへと向かっていくべきである。『ハムレット』や『ミドルマーチ』やルイス・トマス（Thomas, L.）の『細胞の生命』を読むことが、すべての人にとって絶対に必要だということはありえない（ただし、これらのいずれかを除外する前に、慎重に検討するだろう）。重要なのは何を選んだとしても、深いかかわりはどうあるべきかという、思いやり、粘り強さ、批判的かつ創造的な思考とともに、ケアと完全性とをもって読み、入り込むことなのである。そうすることで、どう行為するかについての幅広い知識、また最終的には、若者自身が自分に教えることができる状況に影響を与えることが可能となる。

スタンダードや厳密さについて考える場合、若者たちが取り組む学問、あるいはその労力と、それがもたらすビジョンの広がりとの関係を伝えることは非常に重要である。デューイがノートルダムの大聖堂やレンブラント（Rembrandt）の絵画を本当に理解するために必要な努力と理解について書いた言葉を思い出してほしい。「ただ見ること」や、見たものに正しい名前をつけることを超えて、「アーティストの側になされるべき仕事があるように、知覚する者の側にも仕事があるのだ。この作業を行うにはあまりに不精であったり、怠惰であったり、凝り固まっている者には、見ることも聞くこともできない。彼の『鑑賞』は従来賞賛されてきた規範への順応と、たとえ本物であったとしても混乱した感情的な興奮といった学びの切れ端が混ぜ合わさったものになることだろう」（Dewey, 1934, p.54)。私たちが不注意や愚かさを超えられるように、その仕事に真正に取り組むなら、さまざまな視野が広がるという約束とともに、他の人々（批評家、教育者、哲学者）も同じ仕方で呼びかけてきたのである。

硬直した考え方を克服するということは、美的なものや解釈的な方法以外の、知る方法を得るうえでも重要だ。生徒には、多くの説明方法、判断方法、図式化、推論、分析の方法といったさまざまな方法を提供する必要があることは明らかである。さらに、あらゆる探究の様式の妥当性も、意味のある生活や、間主観的な世界における他者とのコミュニケーションにどのように貢献するかにもとづいて見出されるべきである。教育の目的について考えるとき、（生きられた生活という文脈における）教育の要点は、人間が彼あるいは彼女の生きる状況――その未開拓の可能性について、ますます心がけられるようになる可能性にあるということを考慮すべきかもしれない。私たちが提供する言語やシンボル系は、非常に多様な人間の経験について主題化できる可能性を提供すべきであり、時代を超えて文化を継承する人々との会話に、さまざまなかたちで参加する可能性をも提供すべきである。まず使用する言語が一定の基準を満たさなければ、それを使う人が自らの経験を他者に理解してもらうことはできないからこそ、私たちは、生徒が責任を持って、かつ省察的に必要な言語を習得できるようにすべきなのだ。そうすることで、彼らは、自分自身と、自分たちの世界を名づけることができる。もちろん、このような名づけはけっして完全なものではなく、つねに修復されなければならない、さらに先へ、先へと手を伸ばし続けることが求められる欠落や不足があることを認識することこそ、その主要な学びの一部なのである。

私がコモンと呼んでいるものは、継続的に生み出さなければならないものだ。確かに、ある特定の時期には代表的なテキストやアート作品を扱うこともあるだろうし、さまざまな領域におけるパラダイム・ケース（典型的な事例）やポピュラーなアートすら用いることもあるかもしれない。この世界の物事や考え方にはつねに流動性があり、その流動性をつねに意味のネットワークのなかで捉えていく必要がある。どのような意味のネットワークであれ、重要なのは、固定観念を取り払い、一面的な見方に抵抗し、多元的で個人的な声が、より生き生きとした対話のなかで明瞭になることを可能にするものでなくてはならないということだ。

アレントはかつて、私たちの文化の問題は、詩や哲学に対する公的な称賛が不足していることではなく、そのような称賛が「時による破壊からものを救う空間を構成していない」ことにあると指摘した。私たち教育関係者は、そのような空間を生み出す使命を担う段階にまで来ているのかもしれない。アレントはさらに、そのような空間の現実性について次のように語っている。

それは、共通の尺度や分母を考案することのできない、コモンの世界がそれ自体を提示する無数のパースペクティブとアスペクトの同時存在に依存している。なぜなら、コモンの世界はあらゆる人が出会うコモンの場であるにもかかわらず、そこに存在する人々は、そのなかで異なる位置にいるためだ。（……）他者から見られ、聞かれることの意義は、誰もが異なる位置から見たり聞いたり

> するという事実から導き出される。（……）物事が、その同一性を変えることなく、多様な側面から多くの人に見られることができ、その周りに集まっている人たちが、極度の多様性のなかに同一性を見出すことができる場合にのみ、この世俗的な現実性は、真に確実に現れることができる。
> （Arendt, 1958, p.57）

私は、その「世俗的な現実性」をコモンラーニングと類似したものとして捉えたい。また、「無数のパースペクティブ」を、学ぶことを学んでほしいと私たちの望む人々の、多元的な人生経験と同一のものと考えたい――一層の意欲と、技巧、スタンダードとスタイルへの感覚とともに。

そこには、多様な人々が可能性に向かって努力しようとする卓越した空間が存在しうる。想像力を働かせることで、個々人は「経験することにはつねに予測できること以上のものがあり、私たちが経験することにもそれ以上のものが含まれている」（Warnock, 1978, p.202）という感覚を得ることができる。このことに気づけば、若者は自らを奮い立たせ、限界を超え、さらなる超越を目指そうとするだろう。教育目的に関する対話のなかでは、スタンダード、コモンラーニングの双方は人間が選択することによって生じるものとして捉えることができる。最終的には、人間のコミュニティのなかで人間の自由を達成することが、私たちにとっての根本的な目的であるかもしれない。それは明らかに、私たちが世界の未来について問いを投げかけることと大いに関係している。

注

(1)　学校主催の祈り（school prayer）　アメリカでは学校主催による祈りは公立の小、中、高等学校でほぼ禁止されている。これに対し、公立学校での宗教教育や宗教的な価値観の導入を目指す運動があることを示唆している。

(2)　ホール・ランゲージ教育については第三章注5、ポートフォリオ評価については第一章注14を参照。

(3)　ムービング・イメージ（moving image）　カメラが移動しながら展開する移動性のある視線（映像）を意味する。動画、ビデオ、アートやインスタレーション、サウンド・アート、アニメーション、インターネットにおける映像配信などを含む、より広い含意を持つ概念。

(4)　デルタ（Deltas）　一九、二〇世紀イギリスの作家、哲学者であるオルダス・ハクスリー（一八九四―一九六三）の小説『素晴らしい新世界』からの引用。この小説は一九三二年に発表され、一九五〇年に改訂版が出された。『素晴らしい新世界』では、社会は厳格な階級制度にもとづいて管理されている。この階級制度はアルファ、ベータ、ガンマ、デルタ、エプシロンという五つの階級に分かれており、デルタは、知能や能力が比較的低い労働者階級を指す。デルタは単純な労働に従事するように遺伝的および環境的に設計されており、他の階級よりも低い教育や訓練しか受けていない。

(5)　アン・タイラー（一九四一―）　二〇、二一世紀アメリカの作家、文芸批評家。ここで引用されている作品は、妻から離婚を切り出された中年の男性メイコンの、その独特な仕事（出張でやむをえず旅行者になったビジネスマン向けの、家と同じように暮らせるための旅行ガイド製作）を通じて出会う人々や、実家のきょうだいたち、その飼い犬との暮らしから動き出す人生を描いたピュリッツァー賞候補作であり全米批評家協会賞受賞作となった『アクシデンタル・ツーリスト』（一九八五）。

(6)　ミニマル・セルフ（minimal self）　クリストファー・ラッシュの用語。『ミニマルセルフ――生きにくい時代の精神的サバイバル』（一九八四）で詳述されたこの概念は、現代社会における自己の縮小と自己防衛の傾向を指している。

（7）クンデラについては、第四章注11参照。

（8）キッチュ（kitsch）　表面的で、安っぽい感情や美的価値を持つものを意味する。

（9）ライブ・エイド（Live Aid）　一九八五年七月一三日に開催された大規模な慈善コンサートイベント。このイベントは、エチオピアでの飢饉に苦しむ人々を支援するための資金を集める目的で行われた。ロンドンのウェンブリー・スタジアムとフィラデルフィアのジョン・F・ケネディ・スタジアムで同時に開催され、全世界にテレビ中継された。

（10）ヘッドショップ（head shop）　喫煙具やサブカルチャーに関連するアイテムを扱う専門店。

（11）メサドンセンター（methadone center）　麻薬中毒者が中毒から回復し、社会に再び復帰するための重要な施設。

（12）スティンプソンについては、第九章注13参照。

（13）西洋のリアリズムとは異質な南米の風土によるリアリズムを開いた、想像的、幻想的、官能的な物語で知られる作家たちである。ガブリエル・マルケスに関しては第十一章注8参照。カルロス・フエンテス（一九二八―二〇一二）は、二〇、二一世紀メキシコの作家、劇作家、批評家であり、メキシコのアイデンティティと歴史をめぐるメキシコ内外でのコスモポリタンな対話を開いた。ジョルジエ・アマード（一九一二―二〇〇一）は二〇、二一世紀ブラジルの作家であり、ブラジルの秩序と無秩序の入り混じる現実を活写した作品で知られる。マヌエル・プイグ（一九三二―一九九〇）は二〇世紀アルゼンチンの作家であり、ポップ・アートのように大衆文化を取り入れた、ポストモダンに類される作品で知られる。ホルヘ・ルイス・ボルヘス（一八九九―一九八六）は一九、二〇世紀アルゼンチンの作家、詩人、翻訳家であり、ラテンアメリカ文学の大流行を率いた、モダニズムとポストモダニズムを架橋する幻想的な作品群で知られる。

第十四章　多元的な声と多元的な現実性

私たちは明瞭性を求めて、そこにあるものすべてを説明する原理を望むけれども、抽象的で一般化された確実性を提供するのはプロの合理主義者だけであるとアルベール・カミュが私たちに告げてから、ほぼ半世紀ほどが経った。そして合理主義者たちがそれらを提供するとき、「普遍的な理性、実践的な理性、倫理的な理性、決定論、すべてを説明するようなカテゴリーは、まともな人間を笑わせるに十分である。それらが心とは何の関係もないからだ」(Camus, 1955, p.21)。今日、多くの声が現代的な意識の巨大な多元性について語っているだけに、「人文主義的な研究(あるいは科学的な研究)から生まれる一般的な方向性のイメージは(……)非現実的である。そのような一元的なヒューマニズムのための階級的基盤がまったく存在しないだけでなく、十分なバスタブや快適なタクシーといった多くのものとともに消えてしまい、さらに重要なのは学問的権威の基盤である古い書物や古い作法に関する合意まで消えてしまったことだ」(Geertz, 1983, p.161)というのは、私たちにも理解しやすい。もちろんギアツの希望は、「完全に共約できるわけではないビジョンをめぐる無秩序な群衆」の相互交流、つまり一般的な意識にもっとも近いものが存在できるような条件をつくり出すことができるということにある。その希望は、私たちのさまざまな違いを公式化できる語彙、私たちが「互いに自分自身について信頼可能な説明ができる」(p.161) 語彙を開発する可能性にある。このような説明は人々の生活経験の視点から、各人の「生活世界」(Husserl, 1962, pp.91-100) と呼ばれるものから提供されうるだろうと、私の希望を補足しておこう。(1)

街や学校にかつてないほど押し寄せるニューカマーたちを私たちが意識するようになるのはつまるところ、そうした特殊性のある立脚点からなのだ。そうした立脚点から、女性やマイノリティ・グループのメンバー、同性愛者や障害者の声だけでなく、子どもたち、病院やホスピスの患者、中毒者、放浪者、シェルターや治療法、あるいはささやかな幸せや喜びを求める人々の、かつてはほとんど傾聴されずにいた声に、私たちのほとんどは衝撃を受け続けてきたのである。一部の分野の学者たちは、確かに専門分化の飛び地から抜け出してはいるが、果てしなく変化に富んだまだらな世界を学際的に見ることは、いまようやく考えられるようになったにすぎない。解釈学の影響であれ、人間科学の再概念化の影響であれ、単一的な発話とは対照的な異言語混交の認識であれ、私たちは真実の単一言語や固定されたカテゴリーを警戒するようになった。私たちはいま、知のありようとしてのストーリーテリング (Bruner, 1986, pp.11ff.)、ナラティブとアイデンティティの成長とのつながり、自分自身の物語をかたちづくることの重要性、そして同時に、その多様性や明確性の程度にかかわらず他者の物語へ私たち自身を開放することの重要性について、その価値を正しく認識している。

これまで述べてきたように、物語の意義、そして単に概念化することよりも理解していくことの意義についてのこうした気づきを得ることで、多くの教育者やその他の人々が想像力豊かな文学によって人間科学への視点を深め、拡大する探究へと導かれていったように思える。たとえば私たちがこの国の奴隷制の歴史、人口統計、経済学をどのように読んできたのかについて思い起こすと、私たち自身の生活状況を通して奴隷制の世界を見つめることができるとき、その世界についてより多くのことを知覚できるような仕方で、私たちはトニ・モリスンの『ビラヴド』を読むこともできるのであって、そこにある豊かな意味を獲得していくプロセスで奴隷制についての新たな視点、おそらくは唖然とするような憤り、おそらくは自分自身の人生や喪失体験についても、新たな視点を獲得していくことができるようになった自分たち自身に気づくことすらできるかもしれないのだ。文学は歴史的記述に取って代わるものではないが、文学に深くかかわることで、児童虐待のような現在進行形の暴行との関連で奴隷制を見ることができるようになるまでに、まさに読者の意識のあらゆる回路が掘り起こされるのである。省察的な実践者が意味を理解しようとする場合に必ずそうしなければならないように、私たちは即時性と一般的なカテゴリーのあいだを移動し始める。私たちは見て、聞いて、つながりをつくり上げていく。想像力が喚起されなければ知ることのできなかった次元に、私たちは参加するのだ。「想像力だけが、私たちを永遠の現在という束縛からときはなち、私たちを人間にふさわしい自由へと、非現実性を受け入れることのできる思考を開く自由へと導く無限の選択肢を、選択の迷宮を通り抜ける糸口を、金色の紐を、物語を理性が辿っていく何らかの方法を発明したり、その方法について仮説を立てたり、まねをしたり、発見したりすることができるのである」(Le Guin, 1989, p.45)。「非現実性」を受け入れることによって、私たちは私たちが共有している非常に変化に富む複数の社会的な現実性へと立ち戻ることができるようになり、おそらくはそれらをよりよくしたり、拡張したり、訂正したりすることができるようになるのだ。

しかしながら小説のような現実性が完璧であったり、統合的に首尾一貫していたりすることはありえないし、またそれが何かを解決することもない。したがって私たちには、実践について、学びについて、教育研究について、コミュニティについて――未解決の問いが残されている。そうした問いは、私たちをより遠大な追求へと導いてくれる問いであるのかもしれない。

私はまた、多元性のイメージに対して無秩序と完全な不協和音という悪夢で反応する人々についても描写してきた。このような観察者たちは、周囲を見渡し、争う声やぶつかり合う解釈を耳にするとき、自分たちを打ち砕くものを基盤のずれや揺らぎとして認識する。こうした観察者たちには、言語のコミュニティが根本的に危機に瀕しているように見えるのだ。彼らは文化的リテラシーの壁を築き、「卓越したネットワーク(excellence network)」を計画する。彼らは「アメリカン・マインドの終焉」(Bloom, 1987)についての悲痛な恨み言を伝え、私たちの心の目を再び超感覚的な領域に向けさせ、私たちの只中にいる見知らぬ人だけでなく、不協和音や異言語混交をも超越した、客観的で永続的なものに私たちの拠り所を見出そうと呼びかける。連邦政府の声や企業の声は適切な技術訓練の欠如への嘆きに相槌を打つ。彼らは生徒たちのあいだでの排除、放棄、疎外感を無視して、さらなる独白を求める独白を提供し、特定の種類の直線的な技術上のスキル開発に集中するよう求めている。彼らは新しい時代のためのコンピテンス、新しい技術に反応するアプローチに焦点を当てているのである。

そう、私たち教師は、若者たちに求められている新たな「市場の要求」に気づいている。成功や尊敬に飢えたままの親がいかに多いことか――そして彼らが若者を安全な黙認へとどれほどまでに導くものであるかを実感している。そう、私たちは、若者の生活にじつに恐ろしく介入していく薬物、HIV－AIDSエピデミック、ホームレス問題、家族と隣人たちの関係性の悪化、十代の妊娠、多忙な生活リズム、倦怠感に立ち向かわなければならない。しかし対立の只中にいても、価値があると自分が感じていることを伝えたいと私たちは切望している。「機能的リテラシー」を身につけるために必要な学びの初歩や、商売のコツを身につけさせながらも、私たちの考える望ましいものを若者と分かち合いたいと痛いほど望んでいる。私たちは若者たちに、私たちの地理のかたちや民主主義の物語を把握してもらいたい。そしてしばしば、ある種のアートを身近なものにしてもらいたいと思う――ロッシーニ（Rossini, G. A.）のオペラの一部や、ホーソーンの短編小説、ゴッホのひまわり、あるいは彼の、空を背景にしたカラスたちなどを。

しかしいま頃になってというか、記憶のなかの自分たちとはおよそ似ていない若い人々に、私たちの教えたいものがどのように映るかを確認しておくことがどれほど必要なことであるか、私たち自身がようやくわかり始めているというところなのだ。若者たちの声を聞いていると、私たち自身が決めてかかって下していた先入見や好み、私たちが人生の大半を通じて大切にしてきた、かたちやイメージと、私たち自身かつてないほど向き合っていることによく気づかされる。私たちが価値あるものとして扱ってきたもの、当たり前だと思ってきたものが、予測しえない方法で挑戦を受けるかもしれない。私たちは、自分たちが道の途上で立ち止まっていることに気づかされる——時には疑問に思い、時には抗議し、怒りや軽蔑をぶつけ、時には後退して、自分自身の考え方について考えるために。ニューヨーク市の美術館・博物館に関するリサーチプロジェクトを終えたばかりの高校生のグループと会ったときにも、私は思わずその途上で立ち止まってしまったのだった。ブロンクス出身のアフリカ系アメリカ人のティーンエイジャーが突然、「レイディ、クロイスターズに行ったことはあるかい?」と尋ねてきたのである。(2) 私はきちんと（というより、えらぶって）「もちろん」とつぶやくように答えた。「クロイスターズのことを教えてあげましょう、レイディ」と彼は言った。「クロイスターズなんて糞だ」。私の最初の反応は衝撃で、きっと怒りの色合いもあったことだろう。クロイスターズは中世の憧れと信仰の頂点であり、私が長いあいだ私のものとしてきたその種の美の体現そのものだった。私が次に考えたのは、クロイスターズがその少年の興味を引くと考える理由はないということだった。彼にとって白いユニコーンは何だったのだろう。鉄の鎧を着た中世の男は、円形に植えられた宝石のような花は、ゴシック・アートそのものは何だったのだろう。私が三番目に考えたのは、彼がクロイスターズを評価することが本当に重要なことなのか、そしてそれはなぜなのか、また誰にとってなのかということだった。クロイスターズにアクセスしやすくするために何かできないか、彼と何かを共有することで、彼が私の世界の光り輝く控室に入るのを手助けできないか、主流の知識ある人々からなる社会の成員としての証のようなものを提供できないか。ただ、私は認めなければならないのだけれど、もし私がどんなことに関心があるかと彼に尋ねて、仮に彼が耳を傾けてくれるなら、彼の世界をなすものが——イメージ、動き、音、物語などが——そこにはあったはずだという思いが、あとになって私の心を打ったのだった。ただ、その一方で彼は抵抗し拒否していたし、なんのために彼がそうしていたのかも私には定かでなく、彼が頭のなかでオルタナティブな可能性を考えていたのかどうかもわからない。

もしそうだったとすれば（そう思いたいけれども）、彼は支配的な社会の排除の力を象徴するものとしてクロイスターズに出会っていたのかもしれない。もしそれが真相だったとしたら、そのような象徴的なイメージが、自分が排除され、差別され、辱めを受けていると感じる人の意識によってどのように媒介されるかを理解するということは、非常に重要なことになる。ミシェル・フーコーにとって権力とは、人々の側で何らかの反抗に直面している場合を除いて、誰かに所有されているものとして、あるいは誰かに欠落しているものとして経験されるようなものではない（Foucault, 1982, p.221）。差別（あるいは貧困や遺棄）がその実現を妨げるような欲求を持たない限り、人はその差別の影響を十分に見ることも、その影響を通して生きたりすることもないのだ。フーコーにとって権力関係とは、ある程度自由の機能になるものなのだ——人は自分自身が妨げられたり、操作されたりしていると感じることができるためには、当人が自身の追求したいオルタナティブな可能性をいくらかでも意識できていなければならないためだ。フーコーが「権力のテクノロジー」（Foucault, 1980, p.159）として記述するメカニズムの複雑な戯れに、私たちは巻き込まれていると告げるとき、私たちのほとんどはもうその意味を認識している。この言葉は、ある構造の頂点に立つ一個人や数人が自分たちの利益を促進するために行使する権力について、述べているのではない。むしろ、ある特殊な時期における言説の様式や、表向きは何らかの「真実」となる言明を生み出すために用いられる一連の手順、あるいは個人が「正常化」されるためには何を受け入れることができ、何が求められるのかを決定するために用いられる検査のシステムを特徴づけるものなのである。フーコーはまた、権力関係は通常、時間をかけて断片的な仕方でかたちづくられていくものだと指摘している。したがってその結果生じるのは、私たちが学校教育と結びつけて考えがちな均質化ではなく、「相互に深くかかわり合う支持体の複雑な戯れであり、その固有の性格をすべて保持する権力の異質なメカニズムなのである。よって現在、子どもたちについて関心を持たれているところでは、家族、医学、精神医学、精神分析、学校、司法の相互交流がこれらの異なる具体例を均質化するのではなく、それぞれの具体例がそれ自身の特別な感覚をある程度保持していることを前提としながら、それらのあいだのつながり、相互参照、相補性、境界を確立する効果を発揮しているのである」(Foucault, 1980, p.159)。

　権力が特定の上部構造として考慮されないのなら、また関係する制度や言説が互いにかみ合うことで不連続性が生じているのなら、どのような個人も全体によってすっかり条件づけられた対象として単純に見ることはできない。そこには隔たりがあり、これらの潜在的に開かれた空間として同一視されることになるかもしれない思想のための空間とは、「ある行いに宿るものでも、それに意味を与えるものでもなく、むしろこのような行為あるいは反動の仕方から一歩引くことで、それを思考の対象として自分に呈示し、その意味と条件、目標について問うことを可能にするものなのである。思想とは自分が行うことに関する自由であり、そこから自分を切り離し、それを対象として確立し、それを問題として考察する運動のことなのだ」(Foucault, 1984b, p.388)。これを言うということは、人間の意識とその有利な点を強調するということを意味する。「一歩引く」ことができるということは、日常的なもの、習慣的なものへの没入を断ち切る能力を持つということなのである。これは私たちが通例、批判的思考と呼んでいるものと似ているけれど同じものなのではなく、むしろパウロ・フレイレの「世界を読む」という考え方につながるものだ。フレイレにとって「言葉を読むことは単に世界を読むことに先行するのではなく、それを書くということ、あるいは書き換えるということ、つまり意識的で実践的な仕事によって世界を変容させるというある種の形式に先行する」(Freire and Macedo, 1987, p.35)。フレイレはこの見解に、学習者の「言葉の宇宙」は教師の経験の意味ではなく、学習者自身の実存的な経験の意味で満たされるべきだという重要な但し書きを加えている。教師として、教師教育者として、教育研究の批評家として、他の声が主流を定義している世界のなかで生徒たちが自分たち自身の声で話すよう駆り立てることの価値を判断しなければならないのと同じように、私たちは自分たちのために、思考と変容的な活動との関係を選択しなければならない。

いずれにせよもし私たちが、自分たちのしていることからときどき離れてみるという考えを真剣に持つなら、私たち自身が当然だと思っていることを断ち切り、おそらく多様なビジョンの多元主義へと自らを開くことになるだろう。ブロンクス出身のティーンエイジャーに、同じことができるだろうか。私たちはティーンエイジャーが自分自身の不屈の精神に名をつけ、彼の成熟に反対する（あるいは反対しているように見える）構造との弁証法的な関係のなかでそれを見てもらうようにできるだろうか。彼の言葉の宇宙に自分たち自身を十分に調律させ、その宇宙が聞こえてくるように教室の条件を創り出すことができるだろうか。少なくとも彼が自分自身のために、そして彼が世界を共有する人々のために、可能性の領野を地図に示せるようにすることができるだろうか。私の気付いたところでは、私たち皆が知っているような、メディアの言葉、コマーシャル、ソープオペラの台詞、ＭＴＶの歌詞で彼の言葉の世界は満たされている。彼は成功した男性（上司、経営者、地主、彼の抑圧者）のイメージを、自我の理想像として内面化しているのかもしれない。彼が彼自身の「不安、恐れ、要求、夢」(Freire and Macedo, 1987, p.35) に関心を持ち、彼の真に生きている世界について本来的で恥じることのない彼自身の読みへと、彼を自由にしていくことができるだろうか。同じ問いが、異なる大地と異なる希望とともにいる人々にとっても当てはまる——あるものすべてに対して「資格がある」と感じていて、無関心でほとんど病的なまでに退屈していると言われている人々や、（恥ずかしさや自信のなさから）自分自身の知る方法について相談することをためらっている若い少女や女性たち、父親がかつて工場で働いていたが現在は一種のサービス業に従事するようになり世の中に根付いていないと感じるようになった人たち、そしてタイ人、韓国人、ラオス人、ロシア系ユダヤ人、ハイチ人など新しくやってきた人々は、それぞれにライフストーリーを持ち、独特の背景知識を持ちながらも、世界を読み解くことへの欲求と恐れを抱いている。

もっとものことだけれど、教師や教師教育者としての私たちの多くが社会科学的な方向性を持っていたために、解釈的で機能的に合理的な、大規模な概念化に焦点を当て、時を超えて人間存在の集団に影響を与えている歴史的で社会的な開発を中心として、その注意を向けてきた。私たちの多くはイデオロギー批判に惹かれ、コモンスクール、機会の均等、メリトクラシーといった古い神話にまつわる神秘化に対抗するために多くの時間を費やしてきた。長年にわたる再見が、大抵の場合ヨーロッパ大陸の哲学へと私たちを深くかかわらせてきた。私たちはさまざまな批評理論を研究し、教育機関が社会経済的な勢力の利害関心のためにどのように役立ってきたか、どのように生徒を「資源」として扱ってきたか、どのように生徒自身を超えた目的のための手段として扱ってきたかについて、私たち自身やこれから教師になる人たちが理解できるよう努力してきたのだ。私たちの住む管理社会に特徴的な官僚的な機構を研究し、ポピュラー文化とメディアが私たち自身や生徒の意識に与える影響に目を向けてきた。消費社会の約束の持つ魅惑的な魅力、そして広告主の要求に若者が広く従っているという不愉快な事実を認めなければならなかった。私たちは学校で起きていることについて、基本的に決定論的あるいは機能主義的な説明の誤謬を理解するのに十分な知識を持っており、広告のなかだけでなくいたるところで起きている意識の弾圧を指摘するのにも十分な知識を持っている。またあらゆる人に対する適切な教育への投資に関して、私たちの社会にいまだに蔓延している不公平さについて以前よりもよく気づいている。あまりに頻繁に起こる不正や人種差別の光景がよりよい社会秩序について考える意欲を失わせ、民主主義やある程度公正な多元主義社会の見込みについて皮肉な意見に陥らせてしまう（場合によっては、再燃させてしまう）。

近年、私たちの主な役割はヨーロッパの啓蒙時代の思想家たちがそうであったように、分析的で批判的なものである。ロック、ヒューム、ヴォルテール（Voltaire）、モンテスキュー（Montesquieu, C. L.）、ルソー、コンドルセ（Condorcet）らが二世紀以上前に詭弁や幻想に挑戦したのと同じような役割を、私たちは担ってきた。彼らが暴露した抑圧は、その時代の教会、軍隊、王の行きすぎに由来する。ウィリアム・ブレイクの「ロンドン」は、それがいかにあからさまな侵害であったかを見事に明らかにした。

すべての人のすべての叫びのなかに、
すべての幼児の恐怖の叫びのなかに、
すべての声に、すべての禁止に、
心を縛りつける手錠を私は聞く。

煙突掃除人の叫び
すべての漆黒の教会が愕然とさせる
そして不幸な兵士の嘆息は

宮殿の壁を血で流れ落ちる。（Blake, [1793] 1958, p.52）

啓蒙思想のフィロゾーフたちは、[3] 論理と合理性の冷徹な刃が、人々を虜にしている迷信や偶像崇拝を切り裂くことができるという確信のもとにペンを奮った。彼らは抽象的なカテゴリーで考え、話し、既定の事実であった本質や理想を扱ったのである。そのため、すべての人間は創造主から「譲ることのできない権利」を与えられていると語ることができた。合理主義の思想家たちは、調和のとれた数学化された宇宙――人間の心という小宇宙に対して、大宇宙とみなされることもある――における自然的、道徳的な「法則」に言及することができたのだ。

ウィリアム・ブレイクと、彼に続いたシェリング（Schelling, F. W. J.）、ヘーゲル（Hegel, G. W.）、その他の体系的哲学者を含むロマン主義者たちは、理神論と合理主義の信条とを否定した。そして確かに、キルケゴールに始まる実存主義の思想家たちは、主観性とパースペクティブの不完全性の意義を肯定し、再確認した。とはいえ、二〇世紀のあらゆる学問分野での最高潮を示した出来事のひとつは、啓蒙主義、あるいは「啓蒙のプロジェクト」（MacIntyre, 1981, pp.49-59）とでも呼ぶべきものを新しく想像する必要性が認識されたことである。フランクフルト学派と批評理論への関心から、私たちの多くは『啓蒙の弁証法』（Horkheimer and Adorno, 1972）のような著作に出会った。この著作は、私たちにホルクハイマーとアドルノの目を通して「文化産業」の「大衆欺瞞」を考察させ、また啓蒙主義が資本主義の初期の極端さを合理化し、アウシュヴィッツやヒロシマを技術的に（そして道徳的に）

考えうるようにした力を生み出した方法をも理解させたのである。マルクス主義の文献に見られる疎外と抑圧の説明に衝撃を受けた者もいれば、合理主義に由来する道具的合理性（Habermas, 1971）が、資本主義的な社会と同様に近代的で社会主義的な社会の特徴であるという認識にもとづいて新マルクス主義の立場に惹かれた者もいた。すべてが官僚化され、すべてが管理され、すべてがフーコーの述べていた権力のテクノロジーに悩まされていた。今日、環境保護運動や人類生態学（human ecology）に携わる人々が提起している問いは、啓蒙思想の基礎であった進歩、成長、自然に対する支配といった理念について私たちに異議を問わせようとしている。「豊かさの貧困」について語り、「よりよく生きることと、より少なく生産すること」（Gorz, 1980, p.28）とのあいだのつながり、一八世紀後半の主な前提のいくつかと同様、消費社会の核心に狙いを定めたつながりを明らかにしたのは、アンドレ・ゴルツ（Gorz, A.）とイヴァン・イリイチ（Illich, I.）だけではないのである。

テオドール・アドルノとヴァルター・ベンヤミンは、ポストモダニズムの思想家たちが「メタナラティブ」（Lyotard, 1987, p.84）と呼ぶような、すべてを包括する説明への欲求を具現化し、（啓蒙主義のナラティブがしばしばそうであったように）個々の発言がすべて通過しなければならない一種の規定的なフィルターになるような類型を、長年にわたって疑っていた。これは、「現実」であると考えられているものの「真実」の描写であると称するメタナラティブやマスター・ストーリーとはやや異なる。アドルノは「全体とは偽りである」と書いている（Adorno, 1974, p.50）。ベンヤミンは歴史を調和的なもの、メシア的なものとの果てしない緊張関係のなかで捉え、「歴史的なものは何一つ、それ自体でメシア的なものと関連づけることはできない。したがって神の国とは、歴史的にダイナミックなテロスではなく、目標として設定することのできないものなのだ」（Benjamin, [1955] 1979, p.312）と示唆している。リチャード・ローティが「固執するべき基盤、はみ出してはならない枠組みを見出そうとする」（Rorty, 1979, p.316）ことの無益さを断言しているとき、彼もまたメタナラティブ、包括的な比喩、そして「神の国」の概念を問題にしているのだ。今日のほかの社会哲学者と同様、ローティはすべての人間を束縛するコモンの合理性（common rationality）、すなわち「言明が対立しているように見えるあらゆる点について、どのようにすれば合理的な合意に達することができるかを教えてくれる」一連のルールを措定しようとする努力について問いを呈している。コモンの合理性についての懐疑論は（大学についてはそうかもしれないが）学校でのカリキュラムの捉え方にはほとんど影響を与えないものと見ていると、彼は述べている。しかし私たちのなかにいる多くの思想家たちは、全体化する視点への彼ら自身の否定とローティの連帯と相対主義（Rorty, 1991）の概念とのあいだにつながりを見出している。私たちに求められている再見は、プラグマティストの「寛容の正当化、自由な探究、歪みのないコミュニケーションの追求の正当化」（Rorty, 1991, p.29）に関するプラグマティックな再確認と、（ハンガリー人や東ドイツ人のように）異なる状況を経験した人々は、プラグマティックな思考の習慣とともにある民主主義として考えられているものよりも、権威主義の保証を選ぶことはないだろうというその再確認に付随している確信に、焦点を当てるものなのかもしれない。ローティは自分の信念が相対主義的であることを認めつつも、それは超越的で超文化的な〈理性〉への訴えによって物事を正当化しようとする、啓蒙主義的な傾向から派生した習慣に起因するものだとして、私たちにできる最善のことは、連帯し、共有された信念に照らして自分たちの物語を伝えることだと言う。彼は自分が語っている価値観や信念が、啓蒙主義の時代に強化されたものであることに十分に気づいているけれど、啓蒙主義的な正当化の様式に戻ることなく、それらにもとづいて生きることはできると言っているのである。そのような価値観やそこから生まれる希望が、他の価値観よりも客観的に優れていることを証明することはできないし、証明する必要もない。重要なのはそれらに従って生きようとすることであって、「私たち」と呼ぶ人々の数をますます包括的にしていくことなのだ。

ハーバーマスは科学のなかに自己省察性を生み出すという哲学の役割について書くにあたって、もう一つの理念を紹介している（Habermas, 1984）。さらに近年では、生活世界の重要性とその世界での認知的な解釈や道徳的な期待に触れる、何らかの理解に到達する必要性をとても重んじてきている。しかしながらこの理解には、「科学技術の成果だけでない、全体的な領域にわたる文化的な伝統」が必要なのだ。ハーバーマスは哲学に生活世界を代弁する解釈者の役割を担わせ、そうすることで「今日行き詰まりを見せている認知的－道具的、道徳的－実践的、美的－表現的な次元」（Habermas, 1987, p.313）の相互交流を始めさせようとしている。哲学が依然として「合理性の守護者」であることを主張するハーバーマスは、プラグマティズムと解釈学が力を携えて日々の世界と文化的な近代性とを媒介することを示唆している。彼らは「互いに協力し、話し合うすべての人の共同体に認識論的な権威を帰属させる」（p.314）ことによってそうしているのだと。このことは私にとって、互恵的な理解を達成するうえで非常に重要と思われる対話、あるいはマルチローグ（multilogue）という理念を呼び起こす。しかしハーバーマスは、彼が「優れた思想家」と呼ぶ人たちの話に立ち戻り、異なる人々が言うことの妥当性を合理的な規範のなかに無条件に根拠づけることについて語っている。ハーバーマスにとって正当化とは生活様式や習慣的な実践の機能とみなされるものではなく、手続き的な合理性という普遍的な観念に立ち戻る必要があるものなのだ。

しかしこのような回帰のオルタナティブとして、異なるパースペクティブに照らして絶えずつくり直され、修正される共有された規範に一致して生きるという、共有された決断がある。権力者によって繰り返し悪用されてきた規範や原理が、現在の生きられた経験に照らして再び解釈され続けるとともに、また再解釈されうる可能性があるのだ。たとえば『平等の選択』（Bastian and others, 1986）では、「包摂――人種に加わること――は十分な機会を構成する」という古い観念に抗してある異議が呈されている。これはメリトクラシーの理論的根拠となるものであり、包摂が実践的にはいかに限定的なものであるかを覆い隠してしまうものであると、著者は言う。彼らはその結果によって平等へのコミットメントについて測るという、異なる基準を設定することを提案している。「したがって十分に民主的な観点からすると、機会の均等と公正の概念はまったく異なる解釈をすることになる。この概念は制度に包摂される権利だけでなく、制度のなかにとどまり学習のための適切な条件が提供される権利をも意味するはずである。結果の平等が目標であるなら、機会の均等には学習への障害に打ちのめされることのないよう差し伸べられる機会と同じくらいの、手段の連続体が必要である」

(Bastian and others, 1986, p.30)。

ジョン・ロールズ（Rawls, J.）はメリトクラシーだけでなく、正義の概念そのものを評価し直している。メリトクラシー的な社会秩序ではより貧しい人々の文化は衰えさせられる一方で、「統治者や技術官僚的であるエリートの文化は権力と富という国家的な目的への奉仕に安定的にもとづいている。機会の平等とは、影響力と社会的地位を求める個人的な追求において恵まれない人々を置き去りにする平等な機会を意味する」(Rawls, 1972, pp.106-107）と、彼は書いている。ロールズによれば「もっとも恵まれない人々には自分自身の価値を確信できるような感覚こそが探求されるべきであり、これによって正義が許容するヒエラルキーの形態と不平等の程度が制限されるのだ」。加えて、教育資源は主に訓練された能力という見返りによって配分されるべきではなく「ここでももっとも恵まれない者を含む市民の個人的、社会的生活を豊かにするという価値によって」配分されるべきなのである(p.107）。ジョン・デューイにとってそうであったように、ますます多くの人々が消極的な自由の観念から、行為する力や選択する力、「異なるものになる能力」(Dewey, 1931, p.293）と結びついた、へ の自由（freedom *for*）の概念へと考えを変えていくにつれて、自由の価値についても同じような再考が見られるようになる。またデューイは、「他のすべての可能性と同様に、この可能性は実現されなければならない。そしてその他のすべての可能性と同様に、この可能性は客観的な条件との相互作用を通じてのみ実現されうるものなのである」(p.297）とも付け加えていた。つまり可能性が実現されるためには、協力、相互性、支援といった条件をつくり出さなければならないということを、彼は伝えようとしていたのである。

共有されたコミットメントの可能性について私がこのようなことを言うのは、私たちが多元主義を無視することができたり、「一般的な方向性」を再発見できたり、あるいは「普遍的な理性」においていくらか刷新された信仰を再発見できたりするなんて、信じているからではない。そのような世界は継続的な対話のプロセスで生まれるものであって、そうした対話を私たち自身が変化のなかで誘発し育てることができるという考えを心に留めておくことができるのなら、再見するには、連続的な構成とコモンの世界の刷新に私たちを巻き込んでいくべきだという信念のもとに、私はそう言ったのだ。ハンナ・アレントはあらゆる種類の順応主義と平準化を否定することで、人々がコモンの世界への関心を失った場合にはコミュニティをともに維持することなどできないと考えていた。「教育とは、私たちが世界への責任を引き受けるほどにこの世界を十分に愛しているかどうかを判断するということ、その世界の刷新や、若者、新しいものの世界への訪れを除いて、その世界を不可避的な風化から守るかどうかを決める要なのである。そして私たちの世界から子どもたちを追放しないまま、その世界を子どもたち自身の意匠に任せ切らないほどに、私たちが子どもたちを十分に愛しているかどうかを決める要でもあるのだ」（Arendt, 1961, p.196）。これまで見てきたようにアレント自身、この活動的な世界は人々が自身の「エージェントを明らかにする能力」を失うことなく、自分の生活世界から話す「活動と言論」（Arendt, 1958, p.182）のなかに集まってはじめて実現するものであるということを、絶えず明らかにしてきたのだ。そして活動とはつねに新たな始まり、新たな創始のことを意味しているのであって、固執的な最終的な枠組みなどは想定されていないのである。

その中核的な問いは、これからも私たちの脳裏に焼き付き続けるはずだ。私たちはどのようにすれば、人間生活の多元的な現実性と地域社会への共有されたコミットメントとを、浸透した原理とともに再び調和させることができるだろう。神秘化することもなく、逆行することもなく、どうすればそのようなことができるだろう。『ペスト』のタルーのように、私たちと他者とを動かし「この地上には天災と被害者というものがあり、そうして、できうる限り天災に与しないようにするということは、ぼくたちにかかっているということ」(Camus, 1948, p.229) を肯定していくには、どうすればいいだろう。どうすればあらゆる苦境のなかで、「被害を減らすため、被害者の味方をすること」(p.230) ができるだろう。一九六〇年代に私たちが学んだコミュニティについて、また個性がメンバーシップによって、つまり一緒に集まることから構成されるその仕方についての問いから思い起こされるように、コミットメントにかかわる私たちや他者たち特有の沈黙を克服することについて、私たちはもう一度考える必要がある。平和運動や公民権運動で起こった、一緒に集まることの経験のいくつかを再見することで再び経験する必要がある。ＨＩＶ－ＡＩＤＳ患者を支援すること、家を失った人々に尊厳ある方法で食事と住居を設えること、店舗型学校で一日中若者を支援すること[4]、私たちの仕事場に教師コミュニティを誕生させることが、私たちにとってどのような意味を持つのかを明確にする必要がある。私たちの多くは単に感情や願望を持つ客体としてではなく、主体としてのアイデンティティを創造するために、一緒にいるという行為そのものがいかに有効であるかを学んだ。そう、この考え方は、偉大なプラグマティストであるデューイやジョージ・ハーバート・ミード（Mead, G. H.）らの仕事を想起させるけれど、文学や哲学のなかで長いあいだ抑圧されてきた女性たちの知る方法（Belenky, Clinchy, Goldberger, and Tarule, 1986）に関する研究によって、今日私たちに呈示されているものでもある。[5] 個人はコミュニティに先行するものではないという私たちの気づきそのものが、私たち教師がいままさに仕事をし、それによって私たち自身を創り、再び創り上げていく関心事のネットワークのイメージ、関係性へのイメージを呼び起こすかもしれない。ポストモダンの偏執にとらわれている私たちの多くが、無頓着さや疎外化、分断化が横行するなかでこのような可能性のビジョンを目の前に置いておくことがいかに必要であるかに、すでに気づいている。

このような思考からこそ批評的なコミュニティの地平が私たちの教育と学校に開かれるのだと、私は信じている。そのような思考からこそ、公共空間が取り戻されうる。課題は、その地平を生徒たちにとって触れられるもの、目に見えるものにすること、多元的な声との、「まったく共約的でないビジョン」との相互交流を可能にすることである。それは、意識の複数性に耳を傾けるということ――その人々の肯定、「愛の歌」とともに、その不屈の精神や抵抗に耳を傾けるということなのである。そして、そう、ケアすることと配慮の文脈のなかにおいても名づけうる、公平の原理、平等の原理、自由の原理へ応答するために尽くすということだ。その原理と文脈は、生きている人間が自らの生活世界を背景に、他者との生活に照らして、呼びかけ、語り、歌い――想像力を働かせ、勇気を振り絞って――変容することのできる人々によって、選択されなければならないのだ。

注

（1）生活世界（life-world）　フッサール、シュッツの用語。フッサールでは物理的な真理を研究している科学者や観念的な真理を研究している哲学者すらも、研究者同士で研究成果を持ちより話し合い吟味していることからも明らかなように、つねに人格を持って生きている他者とともに暮らし、自分の身体を通じて実際に生活する世界にすでに生きていることを示す。なお、ここで参照されているHusserl（1962）にはlife-worldという文言はなくfact-worldとのみある。ただ引用範囲である二七節「自然的態度の世界、すなわち、私と私の環境世界」では一人称の「私」に経験された「事実―世界」（fact-world）について語られているため（p.96）、シュッツが自然的態度の現象学を実施していることを踏まえるなら（Schutz, 1971, p.229）、同義の内容とグリーンが解釈したものとも考えられる。

（2）クロイスターズ（The Clositers）　メトロポリタン美術館別館の中世ヨーロッパ美術館の通称。

（3）フィロゾーフ（philosophes）　フランス語で哲学者の意味。特に一八世紀の啓蒙時代において啓蒙思想の担い手になっていた知識人たちを指す。

（4）店舗型学校（store-front school）　ハンディキャップやリスクを抱えさせられた若者たちのため、校舎の代わりに店舗型の空間を借りて経営されている学校。

（5）女性たちの知る方法については、第六章注4参照。

訳者解説　声と教育——マキシン・グリーンの教育哲学

桐田　敬介

一　周縁化されたもの——グリーンの著作・論考の文脈をなすもの

物語のかたちに命を吹き込むと、すべては嘘になるのです。それは創造的な現実であって、生きられた現実なのではありませんと、彼女は自身の生涯を主題とするドキュメンタリー映画のプレミア上映のため、コロンビア大学ティーチャーズ・カレッジに詰め寄せた多くの観客たちに、じつに率直に告げた。ゆったりとしたソファに腰掛けながら、カメラの方を時折見やりつつ、わずかに影のかかる灰色の部屋のなかでグリーンが語り出すシーンから始まるマーキー・ハンコック（Hancock, M.）監督作のドキュメンタリー作品『排除と目覚め——マキシン・グリーンの人生（*Exclusions and Awakenings: The Life of Maxine Greene*）』（Hancock, 2001）で活写されていくグリーンの人生、そして彼女に教わり自身の声を発見していった教師たちや学生たちの声を、冒頭に挙げた彼女の言葉を真摯に受けとめたうえで応答しようとするなら、私たちはもはや被写体としても撮影されることのなくなってしまった彼女の生きてきた九十六年間分の現実性の全体へと、自ら想像力をときはなっていく必要があるだろう。特に、私の人生の物語の一部は、多くの女性たちの人生の物語なのですとグリーンがスクリーンのなかで語った声に対して、これは私たち誰もが乗り越えようと奮闘する個人的な悲劇や社会的な障壁にもかかわらず、一人の女性がいかにして自分の人生に意味を見出すかという物語なのだとハンコックが応答するとき（Hancock Production, 1997-2023）、彼女たちがこの作品の生を語る声を多くの女性たちの人生を紡いできた声の代理＝表象にするなどという考えで語っているのでなく、むしろこの創造された映像で語られる排除の経験ですら自分たちの経験してきた現実性にも、また数多くの女性たちによって生きられてきた生活世界にも届きえないのだという声を響かせているその文脈＝背景をこそ想像しなければならない。

ドイツからアメリカに渡った移民の子孫で、ネックレス等に使われるウィッシュ・パール風の人工真珠の事業で財を成したユダヤ系アメリカ人マックス・マイヤーと、彼の秘書であったハンガリー・ルーツの同じくユダヤ系アメリカ人リリィ・グリーンフィールドとのあいだに生まれた三人の娘と一人の息子のうち、一九一七年に生まれた長女サラ・マキシン・マイヤー（Sarah Maxine Meyer）は、往時よりニューヨーク市最大の都市でありその現代的な街路で働くことへの羨望をいまなお掻き立て続けているマンハッタンへ、約二世紀にわたって労働力と住居を供給してきたブルックリンで生まれ、育った。彼女は父からのプレゼントであった本をきっかけにさまざまな児童文学、小説の世界に開かれ、自身でもノートに詩や物語を書きつける「本の虫」へと成長しながら、ドイツとハンガリーという両国間の軋轢を引きずり、自身のルーツへの自己嫌悪から生じた反ユダヤ主義的な偏見が蓄積されていく父親と、クルーズでの豪遊など準富裕層の消費者主義的な生活様式に順応し育児を放棄していく母親とのあいだでの喧騒を見つめ育っていく。不仲ながら娘たちには知的な冒険ではなく女性的な手仕事を勧めてくる家庭環境に反発し、七歳の頃からたまたま近くにあったブルックリン美術館にある、西欧彫刻の展示された公園で毎週日曜に開かれていたフリーコンサートへと足繁く逃走していたという彼女は、そのコンサートに集まる人々のコミュニティが自身の親族からなるそれとはまるで違うものであることに、救われていたようだ。

そうした家庭状況での父との唯一のコミュニケーション手段であった物語を介し、弟より自分のことを知的に支持してくれる父親を敬愛していた十四、五歳の頃の彼女は、家族で住まうことになったイースタンパークウェイの私邸での暮らしが始まるにつれ、他ならぬその父が彼の経営する工場に通う数多の若い女性たちや男性たちの搾取者であることに気づいていく。一方では、自身がプロテスタントは米国聖公会の女学校において優秀な成績を修め数々の賞を受賞したにもかかわらず、ユダヤの出自であることを理由に、校長直々にあなたがユダヤであることが恥ずかしいと告げられ、謝罪するという経験までさせられている。その校長にマウント・ホリヨーク・カレッジへの奨学生を勧められていたもののこれを辞退した彼女は、女性の高等教育進学率が一〇から一五パーセント程度であった一九三〇年代、当時米国聖公会の男性信徒で占められていたコロンビア大学の、女性の入学枠を増やすために設立されたバーナード・カレッジに進み、主専攻に米国史、副専攻に哲学を選んだ。高等教育を受けた女性は教師になるか結婚するかの二者択一の選択が自明視され、向学心のあった彼女とは違い大学院への進学など考えもしない友人たちは結婚するために教育を受けているのだと自他ともに認める風潮のなか、母から哲学を学んでいることを揶揄されたことも機縁となったのだろうか、卒業後は家を出て家族から離れたい一心で開業医であったジョセフ・クリムズリーと結婚、彼の医院を手伝い一人娘のリンダを育て、二次大戦時には兵士を治療する夫に連れ添い各地のキャンプへ向かう生き方を選んだ。しかしグリーンがそこで予期せぬことが起こったと回想するように、クリムズリーは精神分析医になることを決断、フロイト主義に入れ込み、幼少期より長らく彼女が志望していた作家としての道を進むためにと書き上げた七〇〇ページもの長編歴史小説を執筆・出版することにも、やはり諦められなかった大学院への進学にも反感を抱き、君が唯一うまくできたことは学校に通ったことだ、だからまた学校に戻りたいんだろうとまで彼女に告げたという。

そうして二人は終戦後に離婚、のちに伴侶としてアート教育を振興する財団の設立にも協力することになる弁護士のオーヴィル・グリーンとの再婚を経て、彼女はリンダが学校に通っている一〇時から十四時のあいだに講義を受けることができるかどうかというシビアな現実的理由からニューヨーク市立大学の教育学研究科へと進学、教育哲学を修めた。一九五〇年代の大学を卒業した大半の女性が、戦後を経てもやはり大学院に進むか結婚し家庭に入り育児を担うかの二者択一の選択が自明とされていたなか、彼女は三〇代にして双方の人生を生き切ることを選択し、大学院修了後「一度も読み返していない」と語る「一八世紀イギリスにおける自然主義者の人文主義――知識社会学の試み(Naturalist-Humanism in 18th Century England: An Essay in the Sociology of Knowledge)」で一九五五年、博士号を取得する（Greene, 1998/2010, p.9）。

けれど仕事を得るのは困難だった、教育哲学の分野には女性がほとんどいなかったからと彼女がスクリーンのなかで語っているように、博士課程の頃から母校のニューヨーク市立大学で学外の世界文学の講義を非常勤で受け持ちつつ、『教育理論』などの教育哲学の学術誌への掲載も果たしていたものの、ちょうど米国での論理実証主義の嚆矢をかたちづくったルドルフ・カルナップ（Carnap, R.）の弟子が学部長に就任した折、その論考が「あまりに文芸的」で「あまりに女性的」という理由で急遽英語学科に配属されるという差別にも遭っている（彼女自身は英語学科で英文学を教えることの準備はできていなかったものの、わくわくしていたと振り返っているが）。博士号の取得後にはニュージャージー州のモントクレア州立大学にて再び実質的には専門外である英語と世界文学を教える助教授の職につき、イーリアスからシェイクスピアまでを読み通し、自身も学びを得られることを悦びながら、今度はクイーンズの自宅に長男ティモシーを残しつつの大学と往復する生活が始まった。一九五九年の『サタデー・レビュー』誌での巻頭論文の掲載を皮切りに、ニューヨーク市立大学に戻り英語と教育理論を教える准教授の職に就任、同大学ブルックリン・カレッジに招かれてようやく教育哲学を教える大学講師としてのキャリアを歩み始めた。その折古巣のコロンビア大学に戻る機縁を得るも、今度は男性で占められた哲学・社会学部の教授陣からの排除——女性の教授はこれまで存在しなかったため『ティーチャーズ・カレッジ・レコード』という紀要論集の編集者となってはどうかというレターをもらったり、男性のファカルティ・クラブしか存在しないために彼女は女性用トイレでその面接までの時間を待たなければならなかったりなど、差別的なエピソードに事欠かない排除——によって英語学部所属の大学紀要の編集者としての七年間を経験しながらも、一九六五年、ティーチャーズ・カレッジの哲学・社会学部の専任教員となった。

以降、彼女は一貫して幼少期から親しんできた文芸作品を軸に自他の生きる現実性、それぞれの生活世界に響く声に出会い続け、これを哲学的に省察することで人々の生きる生活世界にどのような求心的/遠心的な力を働かせる権力構造が築かれているのか、そしてその構造ゆえに眼前の学生たちがどのような感情や思考を不当にも抱かせられているのか——屈辱、諦念、恥、嫉妬など——について多様なアート作品を介して美学的観点から問い続け、こうした抑圧的な感情・思考を切り口に学生たちが当たり前のこととして受け取ってきた(taken-for-granted)社会的な差別・偏見・抑圧を批判することで自身を解放し、社会を変革していく変容的教育学をつくり上げてきた。

このように述べると彼女がそのキャリアの当初から、まるでドラクロワの描いた『民衆を導く自由の女神』のように自身に降りかかる差別・偏見・不平等を押し除け、米国の老若男女を最前線で率いていった勇敢な女性であるかのように思われるかもしれない。しかし彼女は講師となって七年目の、一九六一年の米国教育哲学会での発表に際して、学会内ほぼ唯一の女性の発表者として「恐怖を感じ」つつ、原稿の代読を進言した同僚の誘いを断って「深呼吸をしながら」臨んでいたという(Kohli, 1998/2010, p.138)。

ちょうどイギリスの分析哲学・言語哲学の影響から、概念を明晰に「掃除」することを哲学すること同義であると理解している男性たちで占められていた会場からは、「リルケなんてクソ喰らえだ！（Fuck Rilke!）」などという叫びが聞こえてきてもいたようだ（Greene, 1991, p.321）。後年、その野次を飛ばしてきた男性はそうした言葉で「リルケを忘れよ！（Forget Rilke!）」と言いたかったのかもしれないと、グリーンは寛容をもって省察しているが（ibid.）、それでも論理的であることを男性的であることと同一視しておきながら、ジェンダー中立的だと謳う「哲学」に依拠して議論することを「当然のこと」として受けとめている男性の聴衆によって占められた場所で、自身の声を載せた原稿を読み上げるということの恐怖と苦難を思わずにはいられない。

本書を読むと、まるで目の前で彼女が講義・講演しているような錯覚を覚える箇所が少なくないように思う。そう、彼女はまさに書かれたものであれ、話されたものであれ、自身の声を軸に据えた対話を行うことのできる稀有な人であった。しかもその声は単一的な自意識に閉じた声ではなく、彼女自身の声を絶えず問い直してくる他者の声に溢れていて、この他者の声を彼女の哲学する方法、教育（学）する方法の中核に存在する「文芸（literature）」が呈示しているのだということがよく理解されてくることと思う（Baldacchino, 2009, pp.21-22）。

文芸は文学史に収められた伝統的な古典や正典（カノン）を読むための営みでもなければ、何らかの優れた賞の受賞へとレースさながらに走り抜ける作家（または作家志望者）たちを前にして誰がいつ受賞するかで楽しむ賭け事のような営みなのでもない。グリーンの言葉に倣えば、それは人間の生きている日常の背後から突如訪れる非現実的とすら思えるほどの衝撃的な出来事を、よくある悲劇、過去の不幸な傷として記憶に残すのではなく、他ならぬその人間自身が、自身の生活世界をも批判的に捉え返し、自身の生きている状況の現実性を伝える「しるし」として学ぶために書くことなのだ。そして同様に、この学習を通じてどのような人々の差別的な偏見、構造的な暴力が原因となって渦のような悲劇が常態化しているのかを見つめ、その常態化した悲劇のなかにいながらにしてその構造を見定めることのできる自分自身の存在に目覚め、自身の人生をも巻き込んでいるこの渦をときほぐし、よりよい社会へ向かう変革へと自身の心身を開いていく（＝想像する）ための書くことなのである。

そしてこの文芸による民主的なコミュニティづくりへのアプローチを、グリーンはその論考や著作だけでなく日々の講義や招待講演を介して実践し、米国の多数の背景と文脈が入り混じる場所で展開することで、人々がグリーンのことを自分の日常に衝撃を与える危険人物とみなす緊張関係を引き受けながら、彼女はそれでもいまだ実現されていない人間的な社会への変革のために人々と対話し、活動し続けてきたのである。元教師であったハンコックにとって、教育大学院で出会った教科書のなかに綴じられていた彼女の文章だけが、他の著者の文章とは違う力強さを持っていたと感じたということも、また彼女の文章への感慨からグリーン自身に会いたいと願い、出会った先で文章と同様のその存在の力強さに打たれて先のドキュメンタリー制作のプロジェクトへと導かれていったというのも、だから故ないことではなかったのだ。

*

したがって彼女の論考、著作群は、他者によって生きられた現実が訳し入れられた多種多様な文芸的エクリチュールを核にしながら、変化していく時代の他者のエクリチュール、そして変化していく彼女自身のエクリチュールとの反響関係を測量することにより、自身とは異質な生活世界、現実の複数性への認識を拡張・深化させていく、間テキスト的な性質の強いものとなっている。ただそれだけに、同じ文芸作品からの同じ引用文が他の論考でも著作でも頻繁に散見されるうえ、いまだに階級を問わず男性で占められた政治的・経済的・文化的な現実性からすれば一見「きれいごと」のようにすら思える文学的な結論を導いていくため、読者のなかには通り一遍のユートピア的な主張をずっと繰り返しているようにすら見えてしまう方もいるだろう。恥を承知で打ち明けるなら、訳者自身がグリーンの研究を始めた当初、そのような男性中心的な読みに陥っていたのだった。

しかし彼女の哲学の骨子は、引用元となる文学者や哲学者の概念のうえに——いわゆる巨人の肩に——安易に（あるいは権威づけのために）乗るのではなく、絶えずその概念が提起された文脈となっている現実性まで降りていったうえで、その文脈と自身の生きられた現実とのあいだで浮かぶ問いかけを自他に問うていく審問（interrogation）のプロセスにこそある。そしてこの審問のプロセスが、古代から通り一遍の男性の顔が立ち並び、財と名誉と権力を男性たちのあいだで循環させるだけの果てしない回廊からは決して見えることのない、生きた女性たちの知覚する生活世界に反響している、両親に捨てられた子ども、家あるいは国を失った人々、人間以下の存在としてコミュニティから排除された人間、不用品のレッテルを貼られたアート、そうした周縁化されたものたちの、現実にはとてもじゃないけれど挙げられない声を虚構に託して語ってきた数多の物語を賦活させているのだ。本書でも特にトニ・モリスンの小説やエリザベス・ビショップの詩といった文芸作品、サルトルやシュッツの実存的な概念が繰り返し回帰する箇所が散見されるが、それは女性の多彩な瞳が知覚してきた、奴隷として生きた女性、侍従として生きた女性、家父長制において母として、妻として生きた女性の現実性について繰り返し言葉を介して析出し賦活させていく必要がある生活世界に、いまだ私たちが生きているためだ。

周縁化された人間の生きる現実性は、たとえマジョリティの人間にとっては想像を介してしかその実在を感じ取れず、いわんや差別や偏見の方を自明視してそんな現実を生きている人間など実在しないと判断されたとしても実在し続けている現実性なのである。だからこそ周縁化された人々は、自身の生きている現実性を他者にも知覚できるように詩、物語、音楽、演劇、壁画、絵画、彫刻、写真、映画、漫画、インスタレーションなどの知覚的な媒体を介して創り上げ、私たちの生きている現実性はあなたたちの世界にこのように実在するものなのだと、慎重に、機を伺いながら呈示するほかない。

もちろんそうした媒体で呈示される知覚的現実性は創造的現実性、グリーンの言葉で言えば「すべて嘘」、すなわち虚構である。だがそれゆえにすべて偽とはならない。すべて虚構であるがゆえに一片の真実が浮かび上がるという様相があるのだ。

この辺りの消息をグリーンは論じてはいないが、この逆説的な様相に言及している作家に、日本文学において独特な位置を占めてきた作家古井由吉（一九三七—二〇二〇）がいる。彼によれば、「『書く』ということ自体がすでに虚構」である（古井、一九九二、三二二頁）。たとえば日常的に自身のことを「ぼく」と自称する古井自身にとっては、書き手の一人称を指示する形式的な代名詞「私」です ら、「実際の自分と作品との虚構の距離」、つまり実際の自分の生きている現実性と作品内で書き手と読み手が生きることになる現実性のあいだにかけられる距離を測量するための道具、その虚実の緩衝地帯を定めていくための「言葉」として用いられている。もちろんこの警句を、たとえば学術論文や公式の書類等で形式的に用いることが自明な一人称（「筆者」など）や三人称（「田中」「山田」など）であれば、あるいは当人の日常遣いの一人称（「ぼく」「おれ」「私」など）であれば、書かれたものも人間の生きる実際の、客観的な現実を映し出す文章となるという安直な人称論を唱えているものと誤解してはならない。むしろこの「虚構の距離」の捉え方は彼の、人間によって書かれたものと人間によって生きられているものとの差異を深く自覚したうえで、その差異を文章のなかでどの程度の距離感で保ち続ける胆力があるのか——現実でなければ虚構であり虚構でなければ現実だというような浅薄な二項対立にも、また形式的・中立的な文体で書かれたものだけを客観的な現実を描写したものと位置づけて権威づけするような素朴な文体論にも陥らずに——を突きつける、書かれたものが等しく持つ虚構の閾値に対する鋭敏な感受性を求める、徹底した現実主義と解されねばならない。

さて吉井によれば、ある人物の「実」を強く述べるために「虚」を排そうとすればするほど、必ずその語られた人物の言葉や姿は想像的かつ創造的な、緻密な「虚構の骨組み」として浮かび上がるものなのだという。そしてその骨組みを語り手という「『虚構の』目」によって支えることによって、読み手に多様な「現実」をその目を通して招き寄せていくことで成り立つものが「小説」なのであると続く。言い換えると、書き手が現実に存在する誰かの言葉の抑揚、間、身体の姿勢、動き、その質感、雰囲気を記述しようとして書かれた緻密な文章は、いわばその人間の「実」を読者の意識内で構築するための「骨組み」でしかなく、読者にその骨組みをガイドラインにして読者自身が経験してきたさまざまな「現実」をもとに肉づけしていってもらうものなのであってみれば、この現実性の肉づけを虚構でしかない文章上でどのように架橋していくかが書き手の腕の見せ所なのだということだ。

この作品論とも作家論とも読者論とも切り分け難い独特な、徹底した現実主義に立つ吉井の文章論を、グリーンの文章・文体上の戦略を理解するための補助線とするとき、彼女がなぜ論考であっても文芸的な文体を意図的に選択し、その文章のなかで他者の声と出会っていたのかより深く理解できる気がするのである。「リルケなんてクソ喰らえだ！」という野次が飛び、「君が何について話しているのかわからない」と蔑まれるような場所で（Greene, 2001, p.127）、彼女は「すべて嘘」でしかない創造的な現実性をかたちづくることしかできない文章、言葉という自身の唯一の武器を媒介に、自身も生きた周縁者の生きる現実性に内在している真実を告げるべく、中心にいる読者からは日常的な現実とはみなされないが、周縁化された場所にいる読者からは自身も生きている周縁的な現実性によって多様に肉づけのできる虚構の骨組みを厚く、太く、戦略的に呈示してきたのではないだろうか。この仮説が正しければ、彼女の著作がどれほど文芸的な、つまり虚構的で想像的で感情的で感覚的な言葉で彩られていたとしても、それらの言葉が紡ぎ上げている虚構の骨子を非現実的なフィクション、空想的な虚構の物語にもとづくユートピア的な主張として切り捨てることがいかに誤った振る舞いであるか、私たちは肝に銘じなければならないのではないか。

二　グリーンの主要著作・論考の解説

そうした視点をもって彼女の著作と論考を見つめていくと、彼女の文章群が民主的なコミュニティをつくり続けていくための、その時代時代の米国の現実への戦略的なコミュニケーションとして成立していることが理解できてくるはずだ。私見ではそのコミュニケーションが深化していくに応じて、彼女の教育哲学はおおよそ三つの時期に分けられる印象を持つ。

第一に、ニューヨーク市立大学での博士号取得後、大学やカレッジに勤務する哲学教師、英文学講師として勤務していた時期から、コロンビア大学ティーチャーズ・カレッジに入職するも哲学・社会学部の男性教授陣からの排除に遭い、この排除を打開するべく一冊のモノグラフを書き上げるまでの時期（一九五五—一九六五）。この時期のグリーンは主にヨーロッパの実存主義を背景に、米国の若者たちの生きている現実を文学的経験から捉え返すことの教育哲学上の効用を訴えていた。この時期に当たる主要な論考として特に「文学の効用（The Uses of Literature）」（一九五七）、「本物のヒキガエルの棲む想像の庭――文学的経験と教育哲学（Imaginary Gardens with Real Toads in Them: The Literary Experience and Educational Philosophy）」（一九六三）が挙げられるだろう。これらの論考では抽象的な概念を分析するようになった往時の教育哲学にとって、その時代の若者が直面している実存的な現実性（生の無意味性など）を教えてくれる文学的経験こそ実用的なものなのであると、聴衆たる専門的哲学者たちへのプラグマティックだが根本的な批判を提起している。また著作として、これら論考の主張が一つの史的記述として結実したと言える、米国の一八三〇年代から一九六〇年代までの公立学校に結実していた教育思想と英米文学思想との相互作用について歴史的な記述を試みた『公立学校と私的なビジョン――教育と文学のアメリカの探求（*The Public School and the Private Vision: the Search for America in Education and Literature*）』（New York, NY: Random House, 1965）が挙げられる。

つまりこの時期からグリーンはすでに、実存主義を研究したり日常言語を分析したりする専門的哲学者でもなく、また文学作品を研究したり文芸作品を上梓したりする文学者でもない、一元的に存在しえない自身の多元的なアイデンティティを発揮していたと考えられる。事実、彼女は自分のことを教育哲学者と呼ぶことへの抵抗感や違和感を覚えているが、しかし後述するように、このアイデンティティの多元性は自身の帰属に由来するものに加え、米国の多元的な現実性の実在を告知する多元的な他者（学生）に彼女が誠実に出会おうとしてきたがゆえに自覚されてきた多元性であることに注意されたい。

第二に、「プラグマティックな諸観点を大いに支持している現象学的実存主義者」(Greene, 1973, p.2) として、社会の鏡であるアートの批評と現代社会の批評を併せて展開し、グリーン自身の一人称的経験にもとづいて現代の生活世界について現象学すること (doing phenomenology) が、既存の哲学の転用・引用ではなく自ら哲学すること (doing philosophy) に等しい作品を生み出していった時期 (一九六五―一九九四)。この時期の主要な作品としては四作品が挙げられる。カウンターカルチャーに親しみつつも生の無意味さや社会の虚無感に懊悩するアメリカの若者たちを前にした六〇年代のアメリカの教師たちに、カミュやドストエフスキー、キルケゴールにニーチェ、ハイデガーやサルトルなど実存主義の作家、哲学者たちとの出会いを準備した『教師の実存主義との出会い (*Existential Encounters for Teachers*)』(New York, NY: Random House, 1967)。ともすると同質化する教室・学校・社会といった公共空間のなかで、教師は意識的に学習者にとっても自分自身にとっても見知らぬ人のようになるべきであり、学習者にとっての自由を、自らの自由を問いかけねばならないと洞察した『見知らぬ人としての教師――現代のための教育哲学 (*Teacher as Stranger: Educational Philosophy for the Modern Age*)』(Belmont, CA: Wadsworth Publishing, 1973)。学校でのセクシズムなど具体的な社会文化的・政治的問題を取り上げ、私たちがどのような一人称的な (しばしば語られぬ) 歴史を学校や社会、公共空間で生きてきたのか、そしてその生きられた風景 (landscape) を通じてどのような抑圧を学習してしまってきたのかを示した『学びの風景 (*Landscapes of Learning*)』(New York, NY:

Teachers College Press, 1978)。そして米国の生活世界に内在している多元的な現実性について開拓していった著作として彼女自身が語っている、『自由の弁証法（*The Dialectic of Freedom*）』（New York, NY: Teachers College Press, 1988）。この書に至ってグリーンは、声を挙げるどころか呼吸（breath）すらできないほど閉鎖的な公共空間で大気（air）を取り込むため、その閉鎖性をかたちづくる主体と客体、個人と環境、自己と社会、アウトサイダーとコミュニティ、科学技術と人間精神のあいだにつねに存在し続ける弁証法的なもの（the dialectic）の分析を行っている。ただこの弁証法概念は、フィヒテ（Fichte, G.）のような正―反―合の命題操作で統合されるものでもなければ、ヘーゲルのように絶対者において終局を見るものでもない、パース（Peirce, C. S.）的あるいはデューイ的プラグマティズムのようにコミュニティの成員たちによる終わりのない探究へと開かれたものとして変奏されていることに留意されたい。

つまり私たちは、先に挙げた多様な二項の両極のどちらかに還元しえない相互作用の「緊張関係」を「媒介」する、「過去の経験」と「記憶」によって与えられる「生きられた状況の重さ（weight of lived situations）」、「規定性の諸層（layers of determinateness）」に埋め込まれているのであり（Greene, 1988/2018, p.9）、人間が達成しうる自由（freedom）とはこの重さや諸層から人間相互の承認や社会的な契約によって消極的に、また積極的に解放され終局を見たときにのみ啓示されるようなものなのではない。なぜなら歴史が告げるように――少なくともグリーンの存命中にはアメリカの大統領にいまだ一人の非白人女性もいなかったことや、また時を遡れば女性による治世があり、他国の渡来人との協働・混交によって文化を興してきたわが国の内閣総理大臣にいまだ一人の帰化日本人女性もいないことを「自然」だと感じている人々が多いように――人々は「私たち」の市民的自由を謳っておきながら、社会的、伝統的に「自然なこと」と規定された抑圧や搾取については疑いを持ちえず、固定化した考えのまま自らその抑圧を進んで受けようとしたり他者を無自覚に搾取したりする錨を下ろした状態（anchoring）、あるいは違和感を覚えていても感情や思考を表明しない潜水状態（submerging）のままでいることを自覚的であれ無自覚にであれ選択し、既成の秩序から得ている特権を手放さないまま他者の権利を簒奪しているのが常態であるためだ。よって、

達成された自由とは規定性――落ち着きがなく、放心状態の、反抗的な女性たちが経験する内面的なものと外面的なものに設けられる限界や、アウトサイダーや移民が被るネグレクトと無関心、マイノリティ・グループの成員たちが直面する差別や不公平な状況、本来の自己を創り上げようとしている子どもたちを阻む人為的な障壁――の、部分的な乗り越えとしてのみ可能なのだ。（……）抑圧や搾取、隔離や無視が「自然なこと（natural）」あるいは「与えられたもの（given）」と認識されている場合、少なくともこの文章で探索されているような自由という名の蠢動はほとんど起こらない。オルタナティブを名づけることも、よりよい状態を想像することも、変革のプロジェクトを他者と共有することもできない場合、人々は誇らしげに自らの自律性を主張しながらも、錨を下ろしたまま、あるいは潜水したまま（anchored or submerged）である可能性が高い。逆説的であろ

うとなかろうと、人々が慣れた土地から離れ、家族を捨て、旅に出、見知らぬ人となり、既成の秩序や支配から抜け出そうと必死になるときにも、同じことが言える。(Greene, 1988/2018, p.9)

この時期の注目すべき論考として、二つ挙げておこう。まず米国カリキュラム研究史においてカリキュラムに内在する権力性を検証する再概念主義(reconceptualism)が形成されるにあたっての一つのマイルストーンとなった、学習者自身の意識にとって馴染みのない教科の知識やスキルで埋め尽くされた学校カリキュラムが学習者を学校内で居場所のない見知らぬ人へと変質させていることについて分析した「意識とカリキュラム(Consciousness and Curriculum)」(一九七二)。次に、この「意識とカリキュラム」で呈示された問題意識についての応答と言える、学習者と教授者が学校内で見知らぬ人として互いに排除し合わないよう慎重に、自身の生きてきた現実性の質感を呈示する声(voice)の媒体として文芸を含む多様なアート(the arts)が選択され、これをカリキュラム編成の中心原理にまで築き上げた「創ること、経験すること、意味がわかること――学校でのアートワールズ(Creating, Experiencing, Sense-Making: Artworlds in Schools)」(一九八七)が挙げられる。この時期の作品群を理解するにあたっては、哲学者であり作家であり、文芸批評家であり社会批評家であったサルトルやカミュ、シモーヌ・ド・ボーヴォワール(de Beauvoir, S.)、またジャーナリストとしてアイヒマン裁判を傍聴した経験を持ち、全体主義やシオニズムへの批判を展開しながら人類が人間的に生存する諸条件への洞察を理論化していた政治理論家のアレントや、作家であり写真家であり批評家であったスーザン・ソンタグ（Sontag, S.）などの存在を想起されたい。

いわばグリーンのうちにすでに胚胎していた、彼女自身が引き受けている多元的なアイデンティティが、往時の欧米男性・女性知識人たちの、時代のアートを鑑賞するとともに社会的事件に遭遇しつつ批評し、現実社会から絶えず衝撃を引き受け、これを声にするため自ら筆を執りカメラを構え、文芸と言論を通じて人々に訴えかけていく六〇年代の活動家としてのあり方を起点に開花していく時期であるといえる。そしてこの開花を、一九七六年以降のリンカーン・センターでのレジデンス哲学者としての経験が支えていくのだが、彼女のその経験が書籍化され広く行き渡るには次の期を待たねばならなかった。

第三に、本書を端緒としてグリーン独自の想像力の哲学が著作に結実するとともに、社会変化を促すアート教育、美的教育を振興する財団の設立などを通じてさまざまな形態で結晶化していった時期（一九九五―二〇一四）。本書に至ってグリーンは想像力（imagination）が、他者の声の訳し入れられたアート作品の内側へと入り込み、その作品世界を経験する詩的な想像力（poetic imagination）と、他者とともに生き構成し合う間主観的な生活世界の内側で自明視された抑圧や搾取を疑い、他者とともにある生活にあるべきもの、別様でもありうるものを構想する社会的想像力（social imagination）との不可分性によって成立するものであると示している。この想像力概念が、自他の声を学ぶために書くことであり、よりよい社会のあり方を想像するために書くことである文芸という営みの核心をつくものであることは論を俟たないだろう――それは欧米の男性・女性知識人たちが行ってきたことであるとともに、そうした白人の、中産階級以上の生活世界に生きる知識人たちにとって不可視であった現実性を訴えてきた作家やアーティストたちの作品とグリーン自身が誠実に出会ってきた成果であると考えられる。

そしてその成果が本書といわば対になるかたちで呈示されている著作が、リンカーン・センターに勤めるスタッフや、アート教育、美的教育に関心を持つ教員たちに届けられた講演の集成『青いギターの変奏曲——美的教育についてのリンカーン・センター研究所の講義録（*Variations on a Blue Guitar: The Lincoln Center Institute Lectures on Aesthetic Education*）』（New York, NY: Teachers College Press, 2001）である。本書でも想像力の比喩として繰り返し引用されているスティーヴンズの「青いギターを持つ男」の奏でる「物事のあるがまま」に弾かない「青いギター」は、いうまでもないことだが恣意的な判断や空想に耽るよう促すような主観主義的・相対主義的な装置なのではない。現象学的な判断保留にも似て、私たちが自明視している「定義を放り投げ」たのち、「君」の知覚している生活世界、そして君にとって知覚されている「君自身」——他者が投げかけてくる「君」のあり方を告げる言説や談話によって歪められた知覚ではなく——という原初的な知覚（primordial perception）、誰しもが引き受けざるをえない一人称の「風景」を受けとめることをこそ「青いギターを持つ男」は私たちに促しているのである。なぜならそうした風景を生き切ることこそ、他者の声にあふれたアート作品に注意深く耳を澄ますための条件となるためだ。彼女はこの『青いギターの変奏曲』で、詩的な想像力の発露としての作品世界へ「入り込む（attend）」意識について、サルトルの言葉を変奏して以下のように述べている。

何らかのかたちで作品のなかに入り込むとき、人は作品に自分の人生を貸すことになるのだ。あるいは、自分自身と舞台、壁、また文章とのあいだの空間のなかで時折生じる不可思議な解釈行為を通して、作品をこの世界に持ち込むのである。(Greene, 2001, p.128)

この不可思議な自己と作品と世界とのあいだの緊張関係を、グリーンと同名のサラという中学一年生の女子生徒が、彼女の美的教育論に感化された講師たちによって味わうことができたのだと知ったら、彼女はどんな気持ちになっていたことだろうと訳者が思わず想像してしまったとある教育実践記録がある。「教師として、スタッフ開発者として、カリキュラムを横断する美的教育の可能性を生徒や教師に紹介してきた」という、ニューヨーク市立大学リーマン・カレッジ英語教育学教授で、英語教育プログラム・コーディネーターのアマンダ・ニコーレ・グラ(Gulla, A. N.)は、「中学一年生の社会科の授業で」、リンカーン(Lincoln, A.)に直談判してアシスタントとともに現像室を戦場に持ち込み戦争の記録写真をつくり続けた「マシュー・ブレイディ(Brady, M.)の南北戦争の写真を使い(……)生徒たちに写真を研究してもらい、小グループに分かれて観察結果や質問を画像に注釈してもらった」ときのことを、このように回想している(Gulla, 2018, p.108)。

この活動ののち、生徒たちは写真に深く心を動かされ、そこに写っている人々の生活に興味を持ったようだった。私たちは生徒たちに、写真をもとに詩を書いてもらった。社会科のカリキュラムにありがちな教科書的アプローチではなかっただけに生徒たちは好奇心旺盛になって、アメリカ史の研究に飛び込みたがっているようだった。そうして物腰の柔らかいサラという女の子は、詩のなかで戦場そのものを表現したのである。

私は血に濡れた草
戦場を見下ろす空
突然静かになる
動いているのは
大気へと立ち上る煙だけ（pp.108-109）

戦争について学ぶということは、地政図上の戦略や戦力間の衝突、時事刻々と起きる版図の塗り替えといった地図上で整理されうる客観的出来事を知るだけでなく、不条理かつ不合理な戦禍での一人称の風景を生きた人間の残した知覚的な媒体——錆びた鉄線、血染めの衣服、ちぎれた手紙、希少な写真、そして断片的な映像など——に、サラのように自身の一人称を貸し与え、生き直す想像力をときはなってこそ可能になることなのではないかという疑念すら、訳者には生まれてしまう。グリーンの名を冠した単著はこの『青いギターの変奏曲』以降著されることはなかったが、このグリーンの美的教育への訴えに共感した教師、研究者たちの輪は先述の通り拡がっていく。その証として、彼女への親愛に満ちた自身の風景への批判的な省察とそれによって受けとめた衝撃を仔細に伝えようとする他者の声との共著書が、彼女の存命中に三冊刊行されている。時系列順に挙げると、『暗い時代の一つの光――マキシン・グリーンと終わりのない会話（*A Light in the Dark Times: Maxine Greene and Unfinished Conversation*）』（Ayers, W and Miller, J. L., (Eds.). New York: NY, Teachers' College Press, 1997）、『マキシン・グリーンの情熱的な心――「私は……の途上」（*The Passionate Mind of Maxine Greene: 'I am…not yet'*）』（Pinar, W. F. (Ed.). Routledge, 1998）、『親愛なるマキシン――マキシン・グリーンとの終わりのない会話から届いた手紙（*Dear Maxine: Letters from Unfinished Conversation with Maxine Greene*）』（Lake, R. (Ed.). New York: NY, Teachers' College Press, 2010）。

そのタイトルからも窺える通り、これらの著作を一読するとおよそ散文的な文体・文章で、グリーンの講義や著作、講演をきっかけに編者や共著者たちのなかで生じた自身の生きてきた風景への引き受け、その生活世界の内側で見過ごされていた衝撃とそれを受けとめるための自伝的な声の模索、探索、探求が、時に私的に、時に詩的にすら綴られていることがわかる。そして時を遡れば、こうした若者の教育を哲学してきた時代の書き手の声との共鳴関係を自身の言葉で探っていく声の探求は、限られた人々のあいだではあるが、絶えず行われてきたことではある。思いつくところで挙げるならたとえば、プラトンの拓いたアカデメイアで徳は果たして教えられるものかという問いを軸に進む対話篇『メノン』を読みあう非奴隷の成人男性たちによる対話の場や、これまでの慣習的な子育ての知見にとらわれず新鮮な目で子どもに学ぶ教育学的視点を提起したジャン＝ジャック・ルソーの教育小説『エミール』を読み耽る上流階層の若い夫妻のいる居間、貧民教育の実践から得られた知見を物語のかたちで新聞紙上に展開したヨハン・ハインリヒ・ペスタロッチ（Pestalozzi, J. H.）の『スイス週報』を読み自国での公教育への示唆を得るべく教えを乞おうと話す官僚たちのつどう議事堂、サルトルの『嘔吐』やボーヴォワールの『第二の性』を端緒に自身の生きている生活世界で強いられている無意味性への抵抗を試みようとする男子学生、女子学生の集まった大学の講堂――。また哲学上の分野はいくらか異なるが、学術的知識はラテン語で書かれるのが常識であった時代に民衆の言葉で自身の哲学的省察を書き記し、人権概念のもととなる良識の概念を提起したルネ・デカルトの『方法序説』や、社会契約の概念を民衆に呈示したルソーの『社会契約論』に見られるように、人々の言葉による人々の手になる自身の解放を目掛けた教育あるいは哲学を企図する者にとって戦略的な文体の選択はむしろ西欧の哲学のエクリチュールの保持してきた伝統の一つと言える。さらに言えば古典的プラグマティズムという、南北戦争後の思想的混乱を問題視した形而上学グループに端を発する思想運動の特徴とも彼女の思想は整合的であると言えるだろう。彼女は思想の価値をそれ自体の不可擬性によって正当化することなく、社会現実の問題解決に資するかどうか、人々の行動を実際的に変容させ、社会的な習慣を更新させ、コミュニケーションの壁を乗り越え、民主的なコミュニティを築きうるかどうかによって測っているためだ。

では彼らのエクリチュールとグリーンのそれとの異同はどこにあるかと言えば、西欧の哲学者が西欧思想の歴史を引き受けたうえで他の哲学者の著作や論考内の主義・主張を引用しつつ批判し続けることによって無謬性の高い抽象的で理論的な原理や命題へと鍛え上げていくことに意識を向けてきたのとは異なり、彼女がひたすら社会現実の批判と併せた自文化批判を行い続けるべく自他の精神を錬磨していくことに意識を向けてきた点に求められるだろう。本書でも彼女が十八世紀フランス啓蒙主義の先導者たちのことをフィロゾーフと呼んで批判している箇所があるが、厳密には人間性を啓蒙する言語への彼らの偏った認識が国家規模の官僚主義やエリート主義を導き、民主的に成立した独裁一党による侵略、植民地化、大量虐殺に加え、人民の自由を戴く憲法のもと民主的に成立した国家によ る「合理的」で「道徳的」な核兵器使用と核開発競争を招いたことへの批判がなされているのであって、いわゆる哲学研究として彼らの理論的言明への注釈や引用を交えた批判を行い彼らの議論を過去のものとして忘却されるべきものにしようとしているのではないこと、むしろ絶えずその無自覚な偏向性がどのような歴史的出来事を生み出していったか、記憶に留めるべきものであることを指摘していることに留意されたい。

一方、西欧の歴史とも思想とも意識的にかつ物理的に距離を置きながら思想を形成してきたアメリカの哲学者、心理学者、教育者が、科学技術と教育方法の進展による個人の自由と社会的公正の制度的実現、その持続的な管理を期待する楽観的な進歩主義に賛同してきたなか、むしろホーソーンやコンラッドなどに体現されたアメリカ文学の伝統の一つと言える、先進的な科学技術や教育の発達＝開発によっても制御しえず予測しえない精神の暗部、家庭を含む人間の関係性に付帯する心の闇、それらが引き起こす悲劇を見据える視点を、四十六歳を数えたリンダの骨がんの罹患による早逝や、意志は行使すれば強くなるのだとニーチェのような決まり文句を繰り返していた父の自死といった、まさに西欧の実存主義者が指摘してきた人間の死の不可避性と未来の根源的な予測不可能性への深い自覚を通じて保持していた点に求められるだろう。哲学者と心理学者は家庭というものの持つ酷さを忘れているけれど、作家の方はとてもよく覚えているものですと、彼女はスクリーンのなかで語っている。アメリカの進歩主義者が、周縁化されたものたちの生きる悲劇的な現実の複数性を経験していない牧歌的なアメリカの白人男性とそれに従う女性の戴きやすいイデオロギーであったことを、彼女は理論的言明からでなく実存的な経験によって批判しているのである。

しかしなぜ人は、階級や人種、信条や性、また国籍を問わず、この現実の複数性を捨象するような視野の狭い現実認識を再生産することで人を周縁化する政治・経済・文化・福祉政策の施策を行い、不必要かつ不合理な戦争と略奪を引き起こし、本来であれば生存しえた人々の死を自ら招き続けていることにすら気づかない不条理な状況を維持してしまえるのだろうか。グリーンはこうした不条理性をいわば人類の「運命」として受け入れてしまう一部の実存主義哲学者や虚無主義的な作家、また人類の啓蒙による平和を理想化した啓蒙主義者、その理想へと近づく教育方法による人類の進歩を前提してしまう進歩主義者とも異なり、まさにサラが南北戦争時の写真を詩にする授業で得た経験のように、その時代その場所に実在した人間の目を描く、自身の創造した虚構の目が見据えた虚構の出来事の骨組みを介して多元的な現実性を招き寄せることを可能にする美的経験（aesthetic experience）に可能性を見出した。つまり自身の知覚にもとづいて言葉を、論理を、価値を表現していくことで、世界に実在する衝撃を知覚する力、他者の異質な論理を受けとめる力を鍛え上げていく美的リテラシー（aesthetic literacy）の涵養を目掛けたのである。

そしてこの美的リテラシーの育成の前提には、そもそもこの世界には色やかたち、音や身体の動きなど、知覚とその意味をつくり上げる媒体となるシンボル系としての言語は複数存在しているのだという、分析美学者ネルソン・グッドマン由来の言語哲学がある（Goodman, 1976）。この多元的な言語哲学に依拠することによって、美的経験を促す知覚対象としてアート作品を経験するには、その言語の用い方や巧拙、ジャンルや専門性、キャプションの記述やレッテルに還元することのできない歴史的、文化的、個性的な知覚上の差異を見つめ、この差異を解釈し理解するために必要な学術的な知識と自身の知覚を関連させながら、当の知覚にもとづいて他者の生きる複数の現実性が、その作品の内側で創造された現実性のなかに訳し入れられていることに気づいていくアート経験（art experience）として経験されていなければならないという主張が成立する。これによって私たちにとってアート経験が、いわゆる「周辺教科」として選択的に履修されることの望ましい、アーティストやアート関係者を育成する以外には「一般受験科目」としても習得される必要のない経験として排除されるべきではけっしてない、多元的な他者とともに他者のためになされるコミュニケーションにおいてつねに重要な意義を持つものとして浮かび上がってくる。自分や他者の感覚、感情、思考、直感を論理的な、あるいは文学的な言葉にする仕方を教えてくれる教室は学校の内外に存在するかもしれないが、そもそもそうした形式言語が表現する「実」への感受性を微細に洗練させていくための、こうした一人称的な風景の多元的な差異を既存のコミュニティでの常識的な感性とされたものとの分散的差異に惰性的に還元せず、感性的かつ知的に、創造的な現実性を通じて受けとめることを学ぶことを学習目標にしている場所はそう思い浮かばない。であればこそグリーンは、学校教育（schooling）を越えた教育（education）として、あらゆる人にこのアート教育による美的教育を促そうとしていたのではないだろうか（cf. Greene, 1978/2018, p.1）。

ともあれ、本書と『青いギターの変奏曲』で晩年の想像力概念を編み上げるにあたって、彼女が参照しているアート作品とその作品との出会いによって彼女が経験した美的経験は数え上げればきりがないためここでは割愛するが、この概念はおそらく彼女にとって目新しい概念ではなく、本書第八章「学ぶために書くということ」で彼女が告げているように、その研究者としてのキャリアを歩む以前から、育児をし、家事を行い、夫の仕事を手伝うなか米国史を主題にした長編小説を書き上げようとするあいだに訪れた突然の衝撃（shock）がその四〇年の蓄積と活動と昇華を経てようやく一つの「声」になったものと解されるべきだろう。

私の人生において、周囲から私を規定してくる、条件づけてくる、（時折）操作してくる力との弁証法的な関係性と私が捉えたもののなかで私自身を認識することは、きわめて重要なことであり続けている。そうした力のいくつかは私の歴史と私のジェンダーに関係づけられているもの、またいくつかは社会的で政治的な環境のなかに内在しているものであった。私がとても頻繁に、そうした力について伝えたいと心を動かされるのは、私の自由が隠され、卑下され、干渉されるときなのである。私の受ける衝撃は、私が選択する（そして行為する）空間が狭められていると感じるときにやってくることがとても多い。だが書くことによって、これらの制約から新たなオルタナティブを見つけ、名づけることで、自分自身に可能性を開いていくことができる。これこそが、私の考える学びのあるべき姿なのだ。（本書八章より引用）

そう、彼女の想像力概念は、単に伝統的な哲学概念を他分野であるアートと教育と社会変化を横断するものとして彫琢させたものではなく、いわんや特定の哲学的、思想的な巨人の肩に乗って現代社会を（まるで自分がその世界を神の視点から分析し微塵も影響を被っていないものと前提して）快刀乱麻を断つように断罪するために転用した結果、得られたものでもない。彼女自身の生活世界のなかで訪れ続けていた、自身の自由を狭めてくる多種多様な力による衝撃を自身の言葉で、知覚で、行為で受けとめる詩的で社会的な力が——まさに彼女自身の美的リテラシーの絶えざる洗練によって——長い時間をかけて発揮され続けた果てに結実した一つの結晶体と解されるべきものである。そして自然界の結晶体が、大気にも大河にも溶けきれなくなった固体の互いに密に結びつこうとする力によって生成していくように、その結晶は彼女の著作を介して、社会課題を抱えた地域での社会変化に寄与するアート教育団体への寄付・支援等を行う財団の設立を軸に、彼女の訴えたアート的―美的教育を具現化していく動きとして社会へと拡がっていったのである。真正の運動体がそうであるように、この動きは創始者の死後も続くものとなった。

これも稀有なことと思われるが、彼女の著作のいくつかは彼女の死を迎える二〇一四年の近傍で、実践家や研究者たちによる新たな序論・序文を付され再版されている。たとえば二〇〇七年再版となった『公立学校と私的なビジョン』には六〇年代より人種や社会環境にかかわらず、すべての子どもたちを勇気づける教育方法と学校制度の改革を推進してきたオープン・クラスルームの教育者ハーバート・コール（Kohl, H.）による序文。二〇一八年再版の『学びの風景』にはフェミニスト的カリキュラムの理論化を推進し、共同研究や学校改革における表象の問題、特に自伝的、伝記的な形式での教師のアイデンティティの構築を探求してきたコロンビア大学ティーチャーズ・カレッジの英語学名誉教授であるジャネット・L・ミラー（Miller, J. L.）による序論。また同年再版の『自由の弁証法』にはニューヨーク市立大学大学院センターにて批判的心理学、女性学、社会福祉学、アメリカ研究、都市教育学を教える特別教授であり、人種的・教育的正義を求める運動と協力して設計された大学とコミュニティの研究スペースであるパブリック・サイエンス・プロジェクトの創設メンバーでもあるミシェル・ファイン（Fine, M.）による序論と、教育を何らかの静的な本質を持つものとしてでなく「教育すること（educating）」というプロセスのなかで生じる「出来事（event）」として概念化するプロセス教育哲学を呈示した、コーネル大学名誉教授でありプロセス哲学学会理事であるD・ボブ・ゴーウィン（Gowin, D. B.）による序文が付されている。それぞれグリーンの必死の声が、同世代の、また若い世代の誰にどのように届いたのかを窺い知ることのできる名文となっているが、特に『自由の弁証法』に付された、「マキシンを知らない若者たちのために」と書かれたファインの序論は、本書の序論として執筆されていてもおかしくないほどに彼女の著作がつねに現代性を持っているということを想起せずにはおかないものとなっている。

彼女との記憶のなかで思い出せる限り、一九三〇年代後半からこれまでマキシン・グリーンが憂いてきたことといえば確実に、私たちが皆ファシズムの只中で眠りこけていて、しかもそこから目覚めるのが遅すぎたということでした。

だから彼女はあなたに向けて、一九八八年にある本を書きました。皆さんの幾人かはまだ生まれる前のことでしょうが、その本は進行形で続く教育的な自由（educational freedom）への奮闘の最中において、抵抗と想像（resistance and imagination）とが必要になるということについて書かれたものでした。あなたの生涯に繰り返し何度も訪れるあの嵐のなかを進む、あなたの備えとするように、傘とスカーフ、お昼ご飯とティッシュ、そして友人と、『自由の弁証法』をコピーしたものをあなたに送り届けたかのようで、彼女はこの文章が、次の政治的な危機を生き抜くために、呆然として麻痺しないために、あなたにとって必要になるだろうということを知っていたのではないかと思うのです。彼女が現在の政治的な状況を予想していたかのようでもあって、私はこの彼女の言葉

が三十年も前に書かれていたということが恐ろしいくらいなのです。(Greene, 1988/2018, p.viii)

三　生活世界に響く声——本書を読むにあたって

最後に、本書を読むにあたって、わが国での複数の現実性に沿っていくつかの補助線を引いておきたい。というのも本書をいわゆる教育哲学の著作として読むとすると、特定の思想や主義を打ち出すものが哲学であり、旧来の思想や主義を新たな時代の思想や主義が塗り替えていくものが哲学史あるいは思想史だと理解している人ほど読み進めるのに困難、というよりも、あまりにも分岐しすぎた裏路地をすたすたと進む現地の案内人に連れ去られていくような困惑を覚える可能性が高いと考えられるためだ。彼女は自身が博士課程で研究した一八世紀自然主義、人文主義に限らず、現象学、実存主義、プラグマティズム、フェミニズム、マルクス主義、新マルクス主義、政治理論、批評理論、分析哲学、分析美学に加えて、教育学、人類学、社会学、認知科学などを含めた人文社会学・人間科学で蓄積されてきた主張や洞察を、現実の教育課題や社会課題ごとに的確に、かつ縦横無尽に行き来しながら賦活し続けていく。この問題ごとに思想と知識を横断・統合していく拡張的な総合性は彼女の初期の論考から続いている特徴の一つと言えるが、本書においてはその拡張性が一層緻密に、かつ多岐にわたっているのである。さらにその思想の自在な賦活の端々に、英米文学にとどまらない世界文学に親しんできた彼女による、詩、散文、戯曲、小説、批評、ルポルタージュ、コラムまでを視野に含めた文芸作品の沃野と、主に欧米の画家への言及が多いとはいえ世界各地の彫刻家、音楽家、舞踏家、写真家、映画監督、現代美術家、また名は残されていないが確実に地域に息づいてきた伝統芸能、アメリカの日常だけでなく世界中の日常に普及しているハリウッド映画やテレビ番組のシリーズもの、そしてアンダーグラウンドで展開されるヒップホップや街中の壁に描かれるライティングといったカウンターカルチャーにまで至る、一つのカテゴリーになど収まりえない多元的なアーティストたちによる作品群への注意深い鑑賞眼の拡がりを前にしたとき、一つの専門分野のなかでアカデミックな訓練を受けた読者ほど呆然と立ち尽くしてしまいそうになることだろう。誰あろう、訳者自身がそのような茫漠とした沃野に直面したのであって、この彼女の膨大な引用の宛先にまで歩いていくだけでも一苦労であったことをここに正直に吐露せざるをえない。

にもかかわらず本書が国や時代を越えて、多くの教師志望者、教師、教師教育者、アーティスト、アート・エデュケーター、そして教育哲学者を励ますという大事をなすことができているのはきっと、この地上にいまだないものを想像し続ける想像力の回復を訴え続けてきたその声がそうした数多の引用の横糸を編み上げる色とりどりの縦糸として通っているのを、耳にし、触れ、なぞり、目にすることができるほど鮮烈であったからではないかと、一人の訳者として実感している次第である。そのテキスタイルは全三部からなるが、それぞれの章はもともと目的も異なるいくつかの書きもの――学会誌への論文、会合への寄稿文など――であったから、それらを初出の際の文章から幾らか書き換えて相互参照しうる文章へと彼女が編集していくプロセスを想像することもまた、楽しいものであった。その編集が単なる表面的で折衷的なパッチワークにとどまるのではなく、またすでに彼女の心中に描かれたユートピア的な社会設計の説得力を高めるために用いられるのではなく、彼女がその人生で遭遇してきた数多くの劣悪な現実性に応答するために用いられているのだと気づくまでに、恥ずかしながら訳者は五年の歳月を費やした。グリーンを研究すると決めて、彼女の論文の年月ごとの流れをシートに整理し、先行研究も踏まえて読みの切り口にあたりをつけて臨んだものの、冒頭に告げたような裏路地と沃野に早々に出くわし、彼女の主要著作を読み進めるたびこれらは何と形容すればよい著作なのかと頭を悩ませた。

その困惑に光を灯してくれたのは、悩みあぐねた私を見かねた妻がある日紹介してくれた、作家堀江敏幸の『郊外へ』（一九九五）という著作に収められていた散文と、本書の第十四章「多元的な声と多元的な現実性」との共鳴とも言える声の関係性であった。堀江はその散文のなかで、フランスはパリ「郊外」（バンリュー）——首都パリを取り囲む城壁の「外側」、すなわち王による『布告』（バン）が届かない城壁の外『一里』（リュー）ほどの範囲を意味することば」（堀江、一九九五、一五頁）——に住まう人々の声に、フランス郊外をまなざしていく詩人や作家、写真家の声といった間接的な「クッションボール」（一八六頁）を介して遭遇していく。

特に郊外の公共団地に住む生粋のパリ郊外人の生徒たちや、アルジェリアでの紛争から逃れてきた移民の生徒たちの通う「さまざまな問題を抱えたパリ郊外の学校」に招かれた作家フランソワ・ボン

(Bon, F.) による、「小論文のような論理的言説の習得ではなく、自由な発想にもとづく固有の声を響かせるための鍛錬の場」（九五頁）での一幕を描いた『灰色の血――ラ・クルヌーヴでのエクリチュールのアトリエ』（一九九二）と同名の散文「灰色の血」で挙げられた生徒たちの声は、訳者にとって二重の意味でこの本書への読みを促してくれた。生徒たちはボンから「発想の手掛かりとして、手渡された何人かの作家の文章」を補助線に書き進めていくのだが、アウシュヴィッツで母親と親族を亡くしたジョルジュ・ペレック (Perec, G.) の「冒頭から巻末まで、おなじ書き出しの文章が箴言のようにならべられた」著名な作品である『ぼくは覚えている』（一九七八）は、「それまで何をどう書いていいものかわからず途方に暮れていた彼らに、形式、内容の両面で、絶大な影響を及ぼした」（九七頁）。

「郊外は忘却の場、忘れられた場所だ」と、じぶんの口から言わざるをえない、ニュアンスを欠いた起伏のない日々を忘却から救う手だてがそこに示唆されたのである。故国を去ってフランスに来た者たちは、ペレックに学んでこう書いた。「黒い森をほとんど裸で駆け抜けたことをぼくは覚えている」、「穴のあいた青いサンダルを私は覚えている」、「すでに母のお腹にあったあの太陽をぼくは覚えている。生まれつきぼくの肌は焼けているのだ」。（九七―九八頁）

ペレックの「封印されていた思い出を、あってはならない思い出を、あるはずのない思い出までをもときに生々しく現前させる」箴言とならんで生徒たちの「自己表現欲を煽る引き金」となったのは、「ペレックの肉親を追いやった狂気に対して、いかなる思考経路をたどったにせよ支持を表明した激越なパンフレットの作者」と堀江が形容したように、戦前反ユダヤ主義を標榜していた作家ルイ＝フェルディナン・セリーヌ（Céline, L.-F.）『夜の果てへの旅』（一九三二）の、「哀れなパリ郊外、みなが靴底をぬぐい、唾をはき、通りすぎていくだけの、都市の前におかれた靴ぬぐい、いったい誰がこの哀れな郊外を思ってくれるのか。誰もいやしない」という書き出しから始まる序文であった（九八－九九頁）。この文章から生徒たちは、以下のような文章を書き出していく。

「唾、犬の糞、小便、暗くて、醜い、これがラ・クルヌーヴ」、「私は交差点の真ん中にいるような気がする、郊外の交差点、《六本道》の交差点、この界隈に生活らしきものを与えるために、偽の植物を植えなければならない交差点に」、「私が住んでいる建物は赤い、四階建てだ。窓からはことまったくおなじ建物が見える、階の数も窓の数もおなじ建物が」、「私は銀河のなかの小さな星、決して輝くことのない星」、「楽しげな老人たちが好きだ、じぶんが悲しい若者だから」。彼女たちを抑圧しているのは、「泣いている子どものような、現実」であり、夢も希望もなく、老人を羨むほどに意気の低下した、およそ絶望的な世界なのだ。行きづまりだの惨状だのといった表現ではまだ弱い。彼らの否定の姿勢はさらに強固で、根が深い。（九九頁）

そして本書の第十四章で、グリーンはニューヨーク市という有数の巨大都市に内在している郊外、高い貧困率と犯罪率で知られたブロンクス区から、THE METの愛称で知られるメトロポリタン美術館とその別館、西欧中世の美術が白亜の殿堂のように展示されたクロイスターズを訪れたアフリカ系アメリカ人の若者の声に遭遇した際の衝撃、それによる目覚めと省察を展開している。その若者の声は非常に端的なものながら、「灰色の血」の若者たちの声と重なり合い響き合うもののように思われる。そしてその直截的な声を受けとめようとする、グリーンの一人の人間としての声のありようは、堀江のそれと共鳴しうるもののようにも感じられるのである。

私たちが価値あるものとして扱ってきたもの、当たり前だと思ってきたものが、予測しえない方法で挑戦を受けるかもしれない。私たちは、自分たちが道の途上で立ち止まっていることに気づかされる——時には疑問に思い、時には抗議し、怒りや軽蔑をぶつけ、時には後退して、自分自身の考え方について考えるために。ニューヨーク市の美術館・博物館に関するリサーチプロジェクトを終えたばかりの高校生のグループと会ったときにも、私は思わずその途上で立ち止まってしまったのだった。ブロンクス出身のアフリカ系アメリカ人のティーンエイジャーが突然、「レイディ、クロイスターズに行ったことはあるかい？」と尋ねてきたのである。私はきちんと（というより、えらぶって）「もちろん」とつぶやくように答えた。「クロイスターズのことを教えてあげましょう、レイディ」と彼は言った。「クロイスターズなんて糞だ」。私の最初の反応は衝撃で、きっと怒りの色合いもあったことだろう。クロイスターズは中世の憧れと信仰の頂点であり、私が長いあいだ私のものとしてきたその種の美の体現そのものだった。私が次に考えたのは、クロイスターズがその少年の興味を引くと考える理由はないということだった。彼にとって白いユニコーンは何だったのだろう。鉄の鎧を着た中世の男は、円形に植えられた宝石のような花は、ゴシック・アートそのものは何だったのだろう。私が三番目に考えたのは、彼がクロイスターズを評価することが本当に重要なことなのか、そしてそれはなぜなのか、また誰にとってなのかということだった。クロイスターズにアクセスしやすくするために何かできないか、彼と何かを共有することで、彼が私の世界の光り輝く控室に入るのを手助けできないか、主流の知識ある人々からなる社会の成員としての証のようなものを提供できないか。ただ、私は認めなければならないのだけれど、もし私がどんなことに関心があるかと彼に尋ねて、仮に彼が耳を傾けてくれるなら、彼の世界をなすものが——イメージ、動き、音、物語などが——そこにはあったはずだという思いが、あとになって私の心を打ったのだった。ただ、その一方で彼は抵抗し拒否していたし、なんのために彼がそうしていたのかも私には定かでなく、彼が頭のなかでオルタナティブな可能性を考えていたのかどうかもわからない。

もしそうだったとすれば（そう思いたいけれども）、彼は支配的な社会の排除の力を象徴するものとしてクロイスターズに出会っていたのかもしれない。もしそれが真相だったとしたら、そのような象徴的なイメージが、自分が排除され、差別され、辱めを受けていると感じる人の意識によってどのように媒介されるかを理解するということは、非常に重要なことになる。（本書十四章より引

用）

そうしてグリーンはその若者が、若者自身を現実社会で抑圧しているはずの「成功した男性のイメージ」――わが国で言えば、一部の企業家、事業家、研究者、思想家、官僚、政治家の振る舞いを真似て、その男性を中心にした狭隘なコミュニティに依存してしまう人々のことを想起されたい――を理想的な自我として若者が内面化しながら、ソープオペラなどのメディア空間で慣れ親しんだ「言葉の宇宙」を抱いて自分の言葉を紡いでいたことを振り返りつつ、彼がそうした男性成功者のエゴイスティックなイメージから自由になり、若者自身の「真に生きている世界」で彼自身が配慮している音・イメージ・身体の動きといった複数の知覚的言語によって、本心から取り組むことができて、恥ずかしさも覚えないような「世界の解読」の仕方へと解放することはいかにして可能だろうかと、一人の教師として自らに問うているのである。この若者への教育的なまなざしとしか形容しようのない彼女のアプローチが、パウロ・フレイレの提起した反貧困学習のアート教育的変奏であることは、フレイレとグリーンがともに同士として認め合い励まし合っていたという思想史的事実からも伺えるものだけれど、訳者にとってはこれまで外在的であった、思想史的に整理される出来事として受け取られていたその知識が、訳者自身の真に生きている生活世界に響いていた声と反響しあったとき、じつに不思議な経験をしたのである。

本書を訳出する企画が立ち上がる以前、厳密にはグリーン研究に着手して三年目の頃、この箇所を読み返した折に訳者に訪れたのは「灰色の血」で生徒たちが書き記した郊外の現実性と、「多元的な声」で若者がグリーンに告げた美術館なるものへの苛立ちを私は覚えているという、じつに主観的で身体的な気づき、あるいはグリーン風に言い換えるなら、目覚めであった。郊外の公共団地に生まれ育った私の見つめていた風景、首都東京と近しくありながらその灰色のコンクリートの住居に埋め込まれている抑圧は、いわゆるベッドタウン化、ドーナツ化現象などという人口の量的推移をしか目に入れない管理主義的な瞳にはおそらく不可視なままに留まってしまう類のものであるどころか、その抑圧を生きているはずの当人にすら無意識のレベルに留まるものであって、訳者自身本書との出会いなくしてその抑圧から目覚めることができたかどうか甚だ心許ないほどなのである。

確かに都内に交通網でつながっている首都圏の郊外都市といえば通勤・通学の便はよいし、郊外都市相互のつながりのなかで多様な産業を営むことも育むこともできれば、国立規模の図書館や美術館、博物館に、映画館やコンサート・ホールといった主要都市特有の文化圏を外食の物価も住居の地価も桁上がりの都下に住まずして安価な交通網のおかげで享受することもできる。しかしその郊外的な暮らしの典型的な文脈から逸脱した人間、つまり通勤するでも通学するでもなく、産業の営みにも育みにも無縁で、高尚で学術的な都市の文化圏にも、どこか牧歌的ながら閉鎖的な郊外の文化圏にも馴染めず内側から閉め出されている人間には、ただただ自分にとって親しむことのできない、居場所のない空間が拡がっているのである。個人の属性への無関心ゆえの薄氷のような自由を謳歌する都下でもなく、かといって何らかの属性を咎めるような視点のない自然があるかというとそうでもないのに、人知れず個人の属性を見定める匿名のまなざしが拡がり続ける人為的な空間だけが取り残されているのだ。いま振り返れば、なぜ教科書に掲載されている項目について書き記したり口頭で意見を陳述したりできるかどうかだけで設備の整った高等教育機関への入学が許可され、企業体への入職による経済的に安定した職能共同体へのゲートが、あるいは上階層に上昇するエレベーターの扉が開かれてしまうのかという問いにもならない苛立ちに躓いたまま、都市的に虚飾をまとう生活にも郊外的に虚飾に憧れる生活にも違和感を覚え、それらとは違う生き方はないものかと探しあぐねた結果、学校にも行かず都市を、郊外を、その安価な交通網に揺られ揺蕩っていた高校時代の「おれ」の声が、また都内の高等教育機関へと歩を進め学会等へ参加するたびに自身の生活圏と縁遠い中・上流階級出身の人々に囲まれてはその日常生活の違いに驚き、地元に戻ればもはや自分たちとは違う文化圏にいるものとして顔馴染みの人々からやや壁を築かれつつ、公共団地の家賃の値上がりを憂いていた隣人の急逝にも直面しながら、次世代の知識基盤社会の教育のための研究を進めていくことの意義について懊悩していた院生時代の「ぼく」の声が、「灰色の血」と「多元的な声」に響き続けている若者たちの声と、その声を受けとめた自身の声によって丁寧に応答していく堀江とグリーンの声によって呼び覚まされたのである。

そう、私は覚えている。その隣人の住んでいた部屋から私の部屋に薄い壁一枚を隔ててよく夜中にベースの爪弾く音が流れてきたことを、あるとき誤って投函されていた年賀状から彼に音楽活動を続けてほしいとのメッセージが書かれていたことを、彼の知的障害の弟と認知症を患うようになった老いた母がそれぞれ施設に入所したためか一層の孤立感をその低い電子音に感じるようになったことを覚えている。その頃ちょうど孤独死の目立ち始めたこの公共団地への施策として地域社会福祉士による訪問サービスが行われ、隣室のこちらにも彼の様子について尋ねられるようになり、緩やかに行政サービスの恩恵を受けられるかと思っていた矢先に家賃の値上げを一方的に告げる回覧板が届き、私自身憤りながら彼に手渡した際に「むかしは二万円くらいだったんだけどね」と心細そうに告げてくれたことを覚えている。そしてそのやりとりをした数週間後、勤務時間も勤務先もわからない近くて遠い存在であった彼の住んでいた一室にたち込めた、肌と鼻の粘膜を瞬間的に覆うあの異様で不快な質感の、糞尿のそれとも違う刺激臭を覚えている。白い作業服を身に纏った清掃業者が作業しているその時間にたまたま居合わせ、何が起きているかを判断することもできず、急いで自室に駆け込んでドアを閉めた自分の姿を覚えている。その後、その異臭が腐臭であったことを知って愕然とした私の姿も。そんな出来事に遭遇していながら同じ棟の人間たちですらどうすることもできず、彼と同様に一人、また一人と亡くなっていく隣人たちを見送ることしかできずに、老朽化していく団地から職場へと向かい首都の玄関マットとしての役目を日々果たし生活の糧を得ることに手一杯のこちらをよそに、廃業の結果次々にたたまれていく個人商店の跡地に建造されていった高級マンションに移住してきた人々を新たな住人として遇することに、市はその行政サービスの重心を次第に切り替えていったことも。

他者の声とともに呼び覚まされたかつての自分の声が、郊外／首都をめぐる地域共同体、社会階層、経済資本・社会文化資本の力学のなかで周縁化されていた複数の現実性の実在とその構造に気づかせ、現在の訳者に自身の声を受けとめさせてくれたのだ。

グリーンが目掛けているのはそんな、主観的で実存的な生を生きている人間の、自身の周囲に拡がる異質な社会文化的な環境から不意に訪れる衝撃によって、読者一人ひとりが自他の声を受けとめるための力を——アートも、教育も、社会変化も、自身の主観性が生涯をかけても生きることのできない、他者の生きてきた複数の現実性（realities）との出会いによって可能になるのだとする強烈な意志をもって——涵養するということなのではないだろうか。

そんな仮説が立ってからのちグリーン研究はゆっくりと進み始め、ありがたくもこの仮説に立った拙稿が長らく個人的に憧憬の念を抱いていた学会誌での掲載に至り、若手奨励のための賞をも受賞することができたことを、単なる奇縁とすることも訳者には烏滸がましいように感じられる。この生きる時代も地域も異なる不可思議な声の順次的な連鎖と時間的遅延を伴った共鳴、いわば声の反響によってかつての心身が受け取っていた意味とは異なる意味を新たに受け取り続けることで、「私自身」が変容していくという経験を、おそらくはグリーンも体験していたのではないだろうか。彼女の「哲学する」という決意に満ちた動詞が、ジェンダー的に中立な普遍的論理と解されてきた「普通の哲学（philosphy-as-usual）」の男性中心主義・異性愛中心主義を、自身の女性としての、母親としての、アートの愛好者としての、アクティビストとしての、白人中流階級のアメリカ人としての、レズビアン女性の友人としての声によって批判しながら、結婚、出産、離婚、再婚、大学院進学、二度目の出産、大学への入職や学会での理事就任をめぐる女性差別への抵抗、そして娘の、父の、母の、夫の、三番目の妹の、弟の逝去などを経て固有名であるはずの姓も含め変容してきた自己、「プロセスのなかにいる私自身（myself-in-process）」を自覚していくことと不可分であったと述懐する彼女の言葉を読むたびに（Greene and Griffith, 2003/2008, pp.73-75）、そう感じさせられるのである。

＊

八〇歳近い高齢を迎えようとしていた彼女の晩年の講演「情熱的な思考」において、グリーンは「私は誰なのでしょう?（who am I?）」――私がしてきたことの意味は何だったのでしょう、私の仕事はどんな意味を持っていたのでしょうと、その講演に押し寄せた百名近くの多様な背景を持つ人々、遙かな過去から残存し続けているさまざまな問題の実在を自覚している人々に向かって、少しの自己憐憫もない真摯な態度で尋ね、こう応えている――「私とは、私の途上にいるものなのです（I am what I am not yet.）」（Piner, 1998/2010, p.1）。彼女はあるべきものが存在せず、ありうるものを構想する可能性すら意識に昇らない「声の喪失（speechlessness）」に陥った状況、いや、「沈黙（silence）」状況に埋め込まれた自己と社会を、厳しく見つめていた（Greene, 1988/2018, p.2）。ゆえに先の言葉は、彼女にとってそうした状況を生き続けてきた「私自身の内側に、まだするべきことがある」という呼び声のあることを告げるものと見なければならない（Hancock, 2001）。

私たちはそれが切実な問題であればあるほど、切実すぎて口にすることができなくなる。ゆえに「生活者たちは、沈黙している」（上間、二〇二〇、二三八頁）。琉球大学で邦人男性から、また米国軍人から性被害に遭い、若年出産女性という言葉でカテゴライズされてきた沖縄の少女たちのインタビュー調査を続けてきた教育学者の上間陽子は、彼女の娘と沖縄は普天間基地の近くに暮らしながら、米軍基地を本土に押しつけられ、性暴力の常態化する構造に埋め込まれた沖縄の状況についてそう告げている。そして調査を続けている上間自身もまた、本土にいる人間とのあいだで突如訪れた衝撃的な「沈黙」を経験している。

東京の大学で自身が指導を受けていた教員の、沖縄の女子小学生が米兵に強姦されたことへの抗議集会の知らせを受けての「行けばよかった」「怒りのパワーを感じにその会場にいたかった」という言葉に、「あの子の身体の温かさと沖縄の過去の事件を重ね合わせながら、引き裂かれるような思いでいる沖縄のひとびとの沈黙と、たったいま私が聞いた言葉はなんと遠く離れているのだろう」と「強い怒り」を感じ、怒りのゆえに「びっくりして黙り込んだ」という（二三四頁）。その沈黙は、しかし無言なのではない。

それから折に触れて、あのとき私は何と言えばよかったのかと考えた。私がいうべきだった言葉は、ならば、あなたの暮らす東京で抗議集会をやれ、である。沖縄に基地を押しつけているのは誰なのか。三人の米兵に強姦された女の子に詫びなくてはならない加害者の一人は誰なのか。

沖縄の怒りに癒され、自分の生活圏を見返すことなく言葉を発すること自体が、日本と沖縄の関係を表していると私は彼にいうべきだった。言わなかったから、その言葉は私のなかに沈んだ。その言葉は、いまも私のなかに残っている。（二三四―二三五頁）

無自覚な黙殺によって声の失われた状況を生きる人間の内側に残り続けている言葉は、どこに行けばいいのだろう、どんな行き場があるだろう。その意味を誤解せずに理解を持って聴いてくれる友人や家族も、調査してくれる研究者も、取材してくれるジャーナリストもいないとなれば、どこに。さらにはそうして沈黙させられ、自身の内側に沈殿していくほかない現実性の知覚を表す言葉にもイメージにも知識にも触れたことすらなければ、訳者自身がそうであったように、一層その現実性は本人にも気づきえないものとなっていくことだろう。文芸の言葉を使用することをグリーンが選択した戦略の意義については先述したが、ここでもう一度思い出してほしい。文芸の言葉は、書き手によって書かれたすべて嘘でしかない虚構の骨組みを介して、読み手に自身の経験してきた多様な現実性の肉づけを促すことによって成立するものであった。これは言い換えれば、読み手の内側で沈黙させられてきた現実性を表す言葉を、イメージを、読み手の読むことのできる言葉で書かれた虚構の骨組みを通じて、書き手が渡すことができる可能性が開かれるということなのである。市井の人々が打ち砕くことのできない「アカデミーという私的な世界」にのみ通じる「秘密のコード」ではなくて、「人々に語りかける言語が欲しかったのです」と告げる（Hancock, 2001）、数多くの著作の並ぶ本棚で書籍を見繕いタイプライターの前に腰掛けて言葉を打ち始める自身の姿にボイスオーバーで重なるグリーンの声は、官僚的あるいは学術的な文書の世界が「公」なのではなく――それは権威的な立場にいる人間の「私的なビジョン」でしかない――人々（people）のいる世界こそ公共圏（public sphere）なのだという深い自覚を示唆するものとなっていることが理解できるはずだ。

官僚的、学術的な言語が専門的な読解と記述の様式を持つために獲得しているパスワードのような強固な保存性と伝達性は確かにメリットでもある。しかし、本書でも引用されている第二世代の黒人神学者コーネル・ウェストによる、マルクス主義を援用した抑圧と神学をめぐる議論の土台を築いた、その一世代上の黒人解放の神学者ジェイムズ・コーンが、白人中心の「学問の世界」に出会い「英語をもっと勉強しなさい」と言われ、「南部の黒人の話し言葉を、文法的に『正しい』標準英語へと矯正」され、「白人のように書けるようになってはじめて、彼は学位を与えられ、大学教員の職を得た」ものの、同時代の黒人解放運動に対して何ら主張をもつことができず、いわば「学位の代わりに声を失う」ことになったということ、そして読み書きすら禁止された存在であったという背景から「教育への渇望」を抱き、文字を書き読むことができるということが「自由の条件」とすら見えていたかもしれない南部の黒人たちにとって「その抑圧の構造を正当化するための手段こそ、文字という道具であり、神学という学問」だったという彼の生きた現実の複数性を思うとき（榎本、二〇二二、一二三―一二四頁）、官僚的、学術的な言語は決して政治的に中立で透明なエクリチュールなどではなく、その言語の強固性によって人々をさらに周縁化させる政治的な装置でもあるということを私たちは深く自覚しておかなければならない。
文字と体系的な学知がもたらす周縁化を、自身の声の喪失を通じて経験しながら、コーンは書くことを辞めなかった。アーカンソーやデトロイト、シカゴにいる素晴らしい説教者の説教と歌手の歌を聞いてきた黒人たちが「自分の経験として読み、聞けるようなものが書き」たいと望んで実践した戦略は（コーン、二〇二一、九七頁）、グリーンのそれと見事に響き合うもののように思われる。

私は神学校時代に学んだすべてのことを利用した。（……）しかしそれは彼らの真理ではなく私の真理を主張するためであり、そのためにあらゆる方法で彼らを捻り、その言葉を裏返した。私は書くことを愛していた。書くことで私は神学的に解放されたのだ。踊ったり歌ったりはできないが、それでも自分の言葉で踊っているような気持ちになり、力強い音色で歌っているように感じた。そのリズムは唯一無二で、他のどの神学とも違う。解放の意味は、私が書く方法として選んだ黒人のスタイルにこそあったのだ。私は感じるままに筆を進めた。（二〇九頁）

『想像力をときはなつ』という本書のタイトルを見たとき、おそらく多くの人が想像力という哲学的概念の方を重視することだろう。しかし訳業を終えてみて感じることの一つには、いわゆる「解放」を意味する哲学的だが学術的な用語（emancipation, liberation）を、いかに多くの人々に身体感覚を持って届けるかという文学的かつ哲学的な思考による教育的自由への導きとして、彼女は日常遣いのリリーシング（releasing）という言葉——身体をゆるめ、呼吸を取り戻し、言葉を救い出し、人を許し、壁を打ち破り、公共空間へと、大気へとときはなっていくイメージとともにある言葉——を詩的に、社会的な意識を持って、政治的な判断のもとに選択したのではないかということである。そしてこうした言葉の選択一つにも本書で繰り返し現れる、幅広く目覚めていること（wide-awakeness）という彼女自身が大切にしてきた想像的な認知能力が発揮されていると実感している。

この概念は元々の援用元である現象学的社会学者アルフレッド・シュッツの、労働＝仕事（working）の世界という公共的な現実性のなかで展開されていく、独特な、自然法則とは言い難い社会文化的な因果の連鎖について幅広く自覚していることという男性的な用法に比べて、グリーンのそれはまさにフェミニスト教育哲学的に変奏されている。つまり、公共的な労働の現実性と見做されてきた男性中心の労働＝仕事の世界から私的な家事労働に従事する女性の生活世界が労働＝仕事と見做されず排除されてきたように、世界を動かす至高の現実性と位置づけられた労働＝仕事の世界から排除され続けている人々の周縁化された現実性を生きる人々の生活世界を、一人称的にも二人称的にも三人称的にも認識しようと試み、あらゆる人の解放を目掛ける概念へと鋳造されているのである。

先に具体的なエピソードで述べてきたように、男性のプロテスタント信徒からなる、論理を重視する硬質かつ冷たい文体で論考を書く論理実証主義的な哲学者たちからなるボーイズ・クラブのなかでは、女性でありユダヤ系であり、アートを重視する文芸的な文体で論考を書く実存主義哲学者であるグリーンは、二重にも三重にも四重にも周縁化されてきた（Greene, 1991, p.321）。だからこそ彼女は、彼女自身幼少期から大切にしてきた西欧美術の展示を見た若者から「糞だ」と侮蔑的な言葉を投げかけられても、周縁性のいわば多重化を不当にも引き受けさせられている人間の一人称的な風景で沈黙させられてきた、非形式的で不定形の声へと文芸的思考を介して耳を傾けながら、なぜその人間がそうした風景のなかに追いやられてしまっているのかと二人称での想像的な対話を試み、そうした他者と自分自身をともに状況づけている周縁化をもたらす生活世界の構造を、現象学的社会学者のように、省察的な教師として徹底的に分析しようとしてきたのである。

よってその幅広く目覚めている意識は、労働＝仕事の世界から排除されているマイノリティの他者の境遇を憐憫や同情をもって知りそれと比べれば格段に生きやすい自己の境遇を思って癒されることでもなければ、グローバルに展開する地政学的で経済的な勢力図に対して広く深い教養と造詣を持つことでもない。人々のアイデンティティも自身のアイデンティティも、さらに言えばどれほど民主的なコミュニティも、まさにニューヨーク市のひっきりなしに車の行き交う交差点の只中を一人歩むときのように、階層も人種も信仰もルーツも性も文化も異なる人々の視線に遭遇し続ける公共圏のなかで、新たに出会う異質な他者の声に呼びかけられ不意に立ち止まらざるをえない偶発的な衝撃に出会い、つねに予測しえないかたちで変容し続ける多元的な世界を見据え、永遠に「途上」にとどまる自身のアイデンティティを他者のために、他者とともに変容させていく可能性に開かれ続けていく他者への意志とすら呼ぶことのできるものなのだ。

そしてこの、自身のアイデンティティの保存のために周囲の環境を自律的に御そうとする超越論的自己のカプセルのなかで完結するものとしてではない、超越論的な他者とともに間主観的に構成され続ける生活世界の地平で絶えず更新され続けるものとして自己意識を経験していく、まるでフッサールの倫理学のような現象学的なまなざしを学ぶということが「教育」なのであると語る彼女の言葉を聴くとき、私たちは哲学することが教育することと同義であるような未聞の教育哲学を彼女が切り拓いてきたのだということに気づかざるをえない（吉川、二〇一一参照）。

教育とは、他の人々とともにあなたの人生に意味をつくり上げる一つの方法（a way of making meaning in your life with other people）なのです。そして教育とは、他者とのつながりなしにはあなたが一つのアイデンティティも創り上げることはできないことについて学ぶということなのです。アイデンティティとは他者のために、他者とともに（for others, with others）存在することに関係しているものなのであって、単なる自律的な自己ではないのですから。（Hancock, 2001）

グリーンにとって人生の意味とは何かという実存的な問いは、社会生活上の欲求充足の可能性をめぐる功利的な問いでもなければ、孤独と絶望の末に自身を含めた人類や果ては生命すべての誕生と死の無意味を真理として押しつけていくような悲観的な問いでもなく、ましてやこれまで労働＝仕事の世界から女性やマイノリティを排除することで財や権力を世俗的に享受しておきながら、加齢と老いによって次第にその世界から排除されていく「中年の危機」を憂いて反動的に哲学的、形而上的、美的なものを求めるエゴイスティックな問いでもない（Vandenberg, 1992, pp.101-102）。むしろそれは、制御不可能な悲劇が訪れる不条理——生老病死——が人間の条件として存在する、私と他者がともに生き続けるこの生活世界に、私たちはどのような意味をつくり上げることができるのだろうかという実践的で制作的な問いなのである。

　そしてその問いは、教師になるということは一つの実存的な選択であり、教えるということは無知な存在に意味を与えるのではなく、多彩な身体を持つ人々が世界を探索し、意味を探し求めること（search）ができるようにすることなのだと壇上で教師や教員志望の学生に訴えてきた彼女が、その生涯をかけて探究してきた教育学的な問いなのではないかと、訳者には感じられるのである。

　いくつもの管につながれながら、講師になった彼女の長く暮らしたマンハッタン区は五番街の自室で病の床についていた最晩年のグリーンが、そこにいないはずの一人娘のリンダと会話しつつ、居合わせたファインらとともに『連帯よ、永遠なれ』を歌い上げていたように、いままさに実在する他者とともに、またこの世界に確実に実在した他者とともに、この生きられた世界で他者といかにあるべきなのかを最後まで問い、他者とかかわり、その生活世界に意味をつくろうとし続けた彼女の人生に触れられる人が、一人でも多くこの国に生まれてくれることへの祈りを以て、本書の解説を閉じることにしたい。

参考文献

【著作・論考】

Greene, M. (1957). "THE USES OF LITERATURE," *Educational Theory,* 7: 143-149.

Greene, M. (1963). "Imaginary gardens with real toads in them: The literary experience and educational philosophy," In *Proceedings of the 19th annual meeting of the Philosophy of Education Society* (pp. 170-192). Lawrence: University of Kansas.

Greene, M. (1971). "Curriculum and Consciousness," *Teachers College Record*, 73(2), 253-270.

Greene, M. (1973). *Teacher as Stranger. Educational Philosophy for the Modern Age*. Belmont CA: Wadsworth Publishing.

Greene, M. (1978/2018). *Landscapes of Learning*. New York: Teachers College Press.

Greene, M. (1987). "Creating, Experiencing, Sense-Making: Art Worlds in Schools", *The Journal of Aesthetic Education*. Vol. 21, No.4, Winter. 11-23.

Greene, M. (1988/2018). *The Dialectic of Freedom*. New York: Teachers College Press.

Greene, M. (1991). "A response to Beck, Giarelli/Chambliss, Leach, Tozer and Macmillan," *Educational Theory*, 41, 3, 321–324.

Greene, M. (1997). "Exclusions and Awakenings," In A. Neumann and P. Peterson (Eds.). *Learning from Our Lives: Women, Research and Autobiography in Education*. (pp. 18-35). New York: Teachers College Press.

Greene, M. (1998/2010). An Autobiographical Remembrance. In W. F. Pinar (Ed.). *The Passionate Mind of Maxine Greene: 'I Am···Not Yet'*. (pp.9-11). Routledge.

Greene, M. (2001). *Variations on a Blue Guitar. The Lincoln Center Institute Lectures on Aesthetic Education.*

New York: Teacher College Press.

Greene, M. & Griffith, M. (2003/2008). Feminism, philosophy, and education: Imagining public spaces. In N. Blake, P. Smeyers, R. Smith, & P. Standish (Eds.), *The Blackwell Guide to the Philosophy of Education* (pp. 73–92). Blackwell.

Ayers, William C. & Miller Janet N. (1997) *A Light in Dark Times: Maxine Greene and the Unfinished Conversation*, New York, NY: Teachers College Press.

Baldacchino, J. (2009). *Education beyond Education: Self and the Imaginary in Maxine Greene's Philosophy*. Peter Lang Publishing.

Gulla, Amanda Nicole. "Aesthetic Inquiry: Teaching Under the Influence of Maxine Greene," *The High School Journal*, vol. 101, no. 2, 2018, (pp. 108–15.) *JSTOR*, https://www.jstor.org/stable/90024234. Accessed 16 Aug. 2024.

Kohli, W. (1998/2010). "A Siuated Philosopher," In Piner. W. F. (Ed.). *The Passionate Mind of Maxine Greene: 'I Am···Not Yet'*. (pp.179-188). Routledge.

Lake, R. (2010). (Ed.). *Dear Maxine: Letters from the Unfinished Conversation with Maxine Greene*. New York, NY: Teachers College Press.

Pinar. W. F.(1998/2010). (Ed.). *The Passionate Mind of Maxine Greene: 'I Am···Not Yet'*. Routledge.

Pinar. W. F.(1998/2010). "Introduction," In Piner. W. F. (Ed.). *The Passionate Mind of Maxine Greene: 'I Am···Not Yet'*. (pp.1-7). Routledge.

Vandenberg, D. (1992). "Metaphysics, Dialectical Materialism, Maxine Greene, and Education." *Phenomenology + Pedagogy*, Volume 10. 107-124.

Goodman, N. (1976). *Language of Art.* Indianapolis: Hacket.
Schutz, A. (1971). "On Multiple Realities," *Collected Papers I.* (pp. 207-259). Hague: Martinus NijHoff.（渡部光・那須壽・西原和久訳「多元的現実性について」『アルフレッドシュッツ著作集　第二巻　社会的現実の問題Ⅱ』マルジュ社、九一‐八〇頁、一九八五年）
Cone, J.H. (2018). *Said I wasn't gonna tell nobody: the making of a Black theologian.* Orbis Book.（榎本空訳『誰にも言わないと言ったけれど――黒人神学と私』新教出版社、二〇二二年）
Bon, F. (1992). *Sang gris: Un atelier d'écriture à La Courneuve.* Paris: Verdier.

上間陽子『海をあげる』筑摩書房、二〇二〇年。

榎本空『それで君の声はどこにあるんだ？　――黒人神学から学んだこと』岩波書店、二〇二二年。

古井由吉『招魂としての表現』福武書店、一九九二年。

堀江敏幸『郊外へ』白水社、一九九五年。

吉川孝『フッサールの倫理学――生き方の探究』知泉書館、二〇一一年。

【記事】
Teachers College (2024). "Janet Miller"（https://www.tc.columbia.edu/faculty/jm1397/ アクセス日：二〇二四年八月一六日）
Teachers College (2001). "Maxine Greene: Exclusions and Awakenings"（https://www.tc.columbia.edu/articles/2001/june/maxine-greene-exclusions-and-awakenings/ アクセス日：二〇二四年八月一六日）
Teachers College (2002). "Orville N. Greene Dies at Age 88"（https://www.tc.columbia.edu/articles/1997/october/orville-n-greene-dies-at-age-88/ アクセス日：二〇二四年八月一六日）
Teachers College (2014) "Maxine Greene, TC's Great Philosopher, Dies at 96."（https://www.tc.columbia.edu/

articles/2014/may/maxine-greene-tcs-great-philosopher-dies-at-96/　アクセス日：二〇二四年八月一六日）
“Kohl , Herbert R.” *Scribner Encyclopedia of American Lives, Thematic Series: The 1960s*. Encyclopedia.net.（https://www.encyclopedia.com/humanities/encyclopedias-almanacs-transcripts-and-maps/kohl-herbert-r アクセス日：二〇二四年八月一六日）
CUNY Graduate Center (2024). “Michelle Fine”（https://www.gc.cuny.edu/people/michelle-fine アクセス日：二〇二四年八月一六日）Hancock Productions (1997-2023). “Exclusions and Awakenings: The Life of Maxine Greene”（https://hancockproductions.com/maxine-greene/ アクセス日：二〇二四年八月一六日）
New York Times (2014). “Maxine Greene, 96, Dies; Education Theorist Saw Arts as Essential.”（https://www.nytimes.com/2014/06/05/nyregion/maxine-greene-teacher-and-educational-theorist-dies-at-96.html?_r=1　アクセス日：二〇二四年八月一六日）

【映像作品】
Hancock, M. (2001). *Exclusions and Awakenings: The Life of Maxine Greene*. Hancock Production.

監訳者あとがき

上野　正道

二〇二四年四月、ニューヨークにあるコロンビア大学では、イスラエルによるパレスチナ自治区ガザ地区への攻撃に対する米国政府や大学のイスラエル支援に抗議する学生の大規模なデモが行われた。その連帯を示す抗議の声は、SNSや動画サイトを通じて瞬く間に全米各地の、ひいてはヨーロッパやオセアニア、アジアなどの大学へと広く波及していった。イスラエルとイスラム組織ハマスとの戦闘が緊迫した状況を迎えるなか、コロンビア大学では、学生がテントを設置して抗議を続ける一方、大学当局は四月二九日に「退去しない学生は停学処分にする」と通告、それに反発する一部の学生が、かつてベトナム戦争に反対する激しい抗議活動が展開された象徴的な建物ハミルトン・ホールに侵入し占拠した。三〇日夜、大学はニューヨーク市警に要請して、警官隊が窓から建物に突入し、デモ参加者の強制排除に乗り出し、一〇〇人以上が逮捕される事態に発展した。

若い世代に抗議への意思と活動が燎原の火のごとく広がるのを前に、政府や各大学は、停学や逮捕を含む強硬な手段を講じることに踏み切った。このことが全米を揺るがした背景には、親パレスチナの行動はユダヤ人に対する敵意や憎悪を増長する反ユダヤ主義の問題にかかわるという見方もあり、複雑化した事態のなかで、分断と対立がさらに深まることにつながった。学年末のコロンビア大学で、当初、五月に予定されていた全学の卒業式も中止になった。

コロンビア大学を発端に各地に抗議の声が拡大したのとちょうど同じ時期に、私は同大学のティーチャーズ・カレッジに客員研究員として滞在していた。ティーチャーズ・カレッジは大学のメインキャンパスとは通りを挟んで離れていることから、授業や学生生活はほぼ通常どおり継続され、一見すると平穏な雰囲気を醸し出してはいたものの、大学の厳戒態勢の警備のなかで、連日、抗議活動が繰り広げられ、上空に旋回し続ける何機ものヘリコプターのもとで世界各国のメディアによって報道された一連の経緯を、固唾を呑んで見守るしかなかった。強制排除後にはすっかり人影のなくなった静寂な大学キャンパスで、多くの学生も教授スタッフもこの間の事態にただただ心を痛めていた。

印象的だったのは、大学キャンパスでデモ参加者の強制排除が実施された翌日に催されたティーチャーズ・カレッジのアーツ&ヒューマニティーズ専攻の学年末の送迎会で、重苦しい雰囲気が漂うなか、パトリシア・マルティネス・アルバレズ（Álvarez, P. M.）専攻長が、マキシン・グリーンの想像力の思想に触れて、そこから変化を起こすことの意味を問いかける挨拶の言葉を紡ぎ出したことだった。グリーンの思想は、暴力や差別のない世界への想像を巡らせ、現在の状況を超えて変化を求める確かな思いと祈りを共有する多くの人たちの支えとなっている。

本書は、Maxine Greene, *Releasing the Imagination: Essays on Education, the Arts, and Social*

Change（John Wiley & Sons, Inc., 1995）の翻訳である。日本語訳での出版に際し、タイトルを『想像力をときはなつ――教育とアートが社会を変える』にした。著者のマキシン・グリーン（一九一七－二〇一四）は、コロンビア大学のティーチャーズ・カレッジで教育哲学、社会理論、美学のコースを担当する教授と、教育基礎論を教えるウィリアム・F・ラッセル講座教授職（一九二七年から四七年までティーチャーズ・カレッジの学長を務めたラッセルの名前に因んで開設された講座の教授職）を務めた。本書の原著は、刊行からすでに三〇年を経過しているが、彼女の思想的な影響力はいまなお非常に大きい。本書は、ヘブライ語、スペイン語、中国語、韓国語の翻訳がすでに出版され、フランス語での出版も予定されているように国際的に高く評価され、教育やアートにかかわる多くの研究者や実践者を魅了し続けている。

グリーンの教育哲学の研究の原動力になっているのは、彼女の人生の軌跡と無関係ではない。彼女は、一九一七年にニューヨークのブルックリンで四人兄弟姉妹の長女として生まれた。グリーンが生まれ育った家庭は、彼女に学問や教育を率先して勧めるような家ではなく、むしろ当時の女性に期待された社会的な役割を受け入れることを求めがちだったが、彼女は、幼い頃よりアートや文学のおもしろさに目覚め、執筆への強い憧れを抱くようになっていった。そして、女性の大学進学率がまだ一〇パーセント台前半だった時代に、コロンビア大学のバーナード・カレッジで文学士を取得した後、社会人と育児を経験してからニューヨーク大学の大学院に進学し、一九五五年に博士の学位を取得した。

その後、グリーンは、ニューヨーク大学、モントクレア州立大学、ニューヨーク市立大学ブルックリン・カレッジで教え、一九六五年にコロンビア大学ティーチャーズ・カレッジの教授に就任した。だが、当時、男性が圧倒的に支配的だった学術界において、大学でも学会でも多くのジェンダー差別と不平等に直面した。彼女が所属するはずの哲学と社会科学学科では、それまで女性の教員がいなかったことから、男性教授陣の反対に遭遇し、英語学科の所属になった。彼女の研究もまた、当初、「あまりに文芸的で」、「あまりに女性的である」と非難されたが、数年後には哲学と社会科学学科の教員に加わることができた（Phillips, 2014, pp.355-357；The Maxine Greene Institute）。

彼女は、教育哲学分野の女性研究者のパイオニアであり、一九八一年にアメリカ教育学会（American Educational Research Association）で最初の女性会長に選出されただけでなく、教育哲学会（Philosophy of Education Society）やアメリカ教育研究学会（American Educational Studies Association）などでも会長を務めた。彼女は、リーハイ大学、ホフストラ大学、コロラド大学デンバー校、インディアナ大学、ゴダード・カレッジ、バンク・ストリート・カレッジ、ナザレ・カレッジ、マギル大学、カレッジ・ミゼリコルディア、ビンガムトン大学から名誉博士の学位も授与されている。

さらに、一九七六年からマンハッタンのアッパー・ウェスト・サイドのメトロポリタン歌劇場などがあるリンカーン・センターで教育におけるアートのためのインスティテュート（Lincoln Center Institute for the Arts in Education）のレジデンス哲学者として「美的教育」の講座を引き受け、三〇年にもわたり主に教師を対象とした多くの企画やワークショップを手掛けた。また、社会的想像力・

アート・教育のためのマキシン・グリーン財団（Maxine Greene Foundation for Social Imagination, the Arts & Education）や美的教育と社会的想像力のためのマキシン・グリーン・センター（Maxine Greene Center for Aesthetic Education and Social Imagination）を設立して、教育とアートを通して社会を変えるという、本書のテーマに通底する実践に着手した。彼女が一貫して主張し実践したのは、教師には「哲学」が必要だということであった。

二〇一四年五月二九日に九十六歳で逝去したときには、『ニューヨークタイムズ』紙は、「過去五〇年間で、もっとも重要な教育哲学者の一人」であると評し（New York Times, 2014）、コロンビア大学のティーチャーズ・カレッジのスーザン・ファーマン（Fuhrman, S.）学長（当時）は、「私たちの使命と仕事において、最高かつもっとも重要なものすべてを体現する並外れた知性と精神を失いました。私たち一人ひとりが、どのように反応するかに目覚めさせる手段としてアートを捉えるマキシンの素晴らしいビジョンは、彼女の最大の遺産として存続するでしょう」と述べている（Teachers College, 2014）。

グリーンは、主にアメリカのプラグマティズムの哲学と、ヨーロッパ大陸の実存主義の哲学から大きな影響を受けた。とりわけ、彼女が示唆を受けたのは、ジョン・デューイ、パウロ・フレイレ、アルフレッド・シュッツ、ハンナ・アレント、ジャン＝ポール・サルトル、シモーヌ・ド・ボーヴォワール、アルベール・カミュ、モーリス・メルロ＝ポンティらの思想である。実際、グリーンは、二〇世紀前半に、彼女と同じコロンビア大学ティーチャーズ・カレッジの教授を務めた進歩主義的な教育学者、デューイの知的・精神的な後継者としてみなされることも多い。

デューイの民主主義と教育の思想や、アートと美的経験の思想は、アートを教育に取り入れることで、子どもたちの想像力や表現力を育み、既存の社会の変化や課題の解決を担う民主的なコミュニティの考え方に示唆を与え、サルトルの実存主義の思想は、教師や教育実践者に必要なのは、私たちが生きている所与の現実をそのままあるべき現実として受容し再生産することではなく、その世界を問い直し、検証する批判的意識を形成する「哲学」であるということを教え、フレイレによる「対話型教育」や「被抑圧者」の解放の議論は、人種、民族、宗教、言語、階層、障害、ジェンダー、セクシュアリティなどで抑圧された立場やマイノリティの子どもたちが、何気ない日常の場面でさらされる差別や偏見を通して、自らの「声」を奪われ、主流の文化から無自覚的に排除され、周縁化される状況に対して気づきをもたらす教育への視線を提供している（グリーンの実存主義や「声の多元性」の思想については、桐田、二〇二三、五五一―五六二頁を参照）。多様な子どもたちの失われた「声」を取り戻し、抑圧からの解放を導くのに、世間に浸透する常識や自明性を疑い、それとは異なるオルタナティブな世界への想像や探求を可能にするアートの役割はきわめて重要である。

こうしたグリーンの思想の通奏低音になっているのは、彼女の「美的教育」にかかわる見方であり、私たちの日常生活の経験に深く根を張ったアートの捉え方である。それは、アートの生きた経験を通して、私たちが差別や偏見、抑圧、不寛容を超えて、異なる他者とともによりよく生き、より民主的で公正な社会を実現することを探る主張につながっている。彼女において「美的」や「アート」と言われるものは、文学や音楽、演劇、絵画、工芸、写真、彫刻、建築、映画など、「芸術」のうちの何か特定の一つのジャンルを指しているのではない。それはまた、劇場やオペラハウス、美術館、博物館といった、芸術作品の展示や演奏にかかわる何か特定の場所だけを意味しているのでもない。「美的教育」というのも、しばしば誤解されるような、学校の音楽教師や美術教師だけのものでもなければ、学校のカリキュラムにおける「音楽」「美術」「書道」「工芸」「文学国語」といった特定の教科に限定されたものでもない。

さらに、彼女の議論は、しばしば二項対立的に捉えられるような「高級芸術」対「大衆芸術」、あるいは「ハイカルチャー」対「ポピュラー・カルチャー」という観点を採用することを拒否する。「アート」は、いわゆる「高級芸術」や「純粋芸術」に分類されるアカデミックな「芸術」だけを意味するのではない。むしろ、ポップミュージックやジャズ、ロック、ヒップホップ、ダンス、アニメ、マンガ、大衆小説、詩、ポップアート、パフォーマンスアート、グラフィティ・アート、アウトサイダー・アート、ファッション、アートフィルム、ゲーム、ソーシャルメディアをはじめ、さまざまなジャンルの多様性を含んで成立している。イメージ、身体、わざ、音響、造形、メディア、空間など、アートを通してあらゆるものが自己と世界を媒介する。グリーンがしばしば「アート」を複数形で「アーツ（the arts）」と呼んでいるのは、あらゆる形式やジャンルの違いを超えて、それらの根底にある、私たちが生きることにかかわるすべての美的な経験を念頭においていることに由来している。

グリーンがコロンビア大学やリンカーン・センターでの講義やワークショップで教師や教育実践者

に向けて繰り返し語ったのは、学校が画一的に管理された教師と教科書主導の環境から抜け出し、学びが子どもたち自身の躍動した生活と意味のあるつながりをもち、教師も子どももともに瑞々しい生きた経験にもとづいて、世界に広く目を向けることであり、それによって、さまざまな社会的文脈で変化が必要なときに行動することができるようにすることだった。『見知らぬ人としての教師』のなかで、グリーンは、日常の現実を「見知らぬ人」の視線から観察することを教師に求めている。それは、教師が学校の教室から離れて、自分が住んでいる世界に疑問をもち、好奇心旺盛に不思議そうに眺めることである。彼女は、「それはどこか別の場所に長期間滞在したあとに、自分の家に帰るようなもの」(Greene, 1973, p.37)であり、「実存的な教師は生徒の異質な自由とともに、自分自身の自由に向き合わなければなりません」(p.287)と述べている。

教育において大切なのは、教師も子どもも「なぜ?(Why?)」という疑問に真摯に向き合うことであり、真の学びというのは私たちが本当の意味で自由で、飛躍し、真正な問いを発することができるようにするときに生じるものである。グリーンは、つねに自分自身に質問を投げかけ、自分がしたことの意味とは何かを問い続けることを自ら実践してきた(Ayers & Miller, 1997)。想像力は、普段の生活で「当たり前」とされるものをいったん疑ったり、ありふれたことがらやものごとを違った見方で捉えたりすることを可能にする。彼女が「美的教育」の哲学を強調するのは、私たちが躍動感にみちた実存的な生のなかで新たな意味の探求を始め、未知の世界への変化を生じさせる可能性を開くことができるように、私たち自身の目覚めと教育の変革を求めるからである。彼女はそれが民主的なコミュニティと公共圏を形成すると考えている。こうしたグリーンの思想は、当時のニューヨークやアメリカという社会的文脈をはるかに超えて世界的に注目され、今日においても傑出した魅力と輝きを放ち続けている。

翻訳のプロセスでは、それぞれ訳者の分担のもとで訳出を進めるとともに、定期的に研究会を開催し、相互に確認や調整を行った。研究会では、毎回、教育とアートについて示唆にあふれたディスカッションが展開され、互いに触発し合う素敵な時間を共有することができた。二〇二四年五月には、訳者の近藤真子さんと私で、リンカーン・センターでマキシン・グリーン・インスティテュートを訪問して、代表のホリー・フェアバンク（Fairbank, H.）さんから話を聞き、センターを案内していただくこともできた。また、コロンビア大学ティーチャーズ・カレッジのデイヴィッド・ハンセン（Hansen, D.）教授、メーガン・ラバティ（Laverty, M.）教授、サラ・ハードマン（Hardman, S.）講師にも大変お世話になった。また、コロンビア大学ティーチャーズ・カレッジでのグリーンの元指導生であるランドール・アルサップ（Allsup, R. E.）同大学教授、現在、ニューヨーク市立大学に勤めるジエイソン・ノーブル（Noble, J.）助教にも、グリーンの資料を貸していただくなど貴重なお力添えをいただいた。厚くお礼申し上げたい。

社会に深刻な分断や対立、格差、不寛容が生じ、教育においてソーシャル・ジャスティスや公正性が問われるなかで、アートによって想像力をときはなち、現在の状況を超えた変化を可能にする力を育むことがますます重要になっている。グリーンは、教師たちに「哲学する」ことの大切さを伝え、社会のなかのさまざまな課題や困難を乗り越える方途を示してきた。幾多の苦難にみちたこの世界のなかで、アートと教育に何ができるのか。本書が、困難だが、教育にとってきわめて重要かつ本質的なテーマに関して、私たちに未知の世界の可能性への想像を促し、新たな問いに対する幅広い目覚めとその実現の回路を開くことに少しでも資することがあれば幸いである。

最後に、本書の刊行に際して、勁草書房の藤尾やしおさんには丁寧できめ細かな助言やサポートをいただいた。心より感謝申し上げたい。

参考文献

Ayers, William C. & Miller Janet N. (1997) A Light in Dark Times: Maxine Greene and the Unfinished Conversation, New York, NY: Teachers College Press.

Greene, Maxine (1973) Teacher as Stranger: Educational Philosophy for the Modern Age)』(Belmont, CA: Wadsworth Publishing. 1973.

桐田敬介 (2023)「声の多元性、複数の現実性、その衝撃——マキシン・グリーンの文芸的アプローチとアーツ・セントラリティをめぐって」『教育学研究』第90巻第4号.

New York Times (2014) "Maxine Greene, 96, Dies; Education Theorist Saw Arts as Essential." (https://www.nytimes.com/2014/06/05/nyregion/maxine-greene-teacher-and-educational-theorist-dies-at-96.html?_r=1 ア

クセス日：二〇二四年五月一〇日）
Phillips, Denis Charles (2014) Encyclopedia of Educational Theory and Philosophy, Los Angels: SAGE.
Teachers College (2014) "Maxine Greene, TC's Great Philosopher, Dies at 96." (https://www.tc.columbia.edu/articles/2014/may/maxine-greene-tcs-great-philosopher-dies-at-96/　アクセス日：二〇二四年五月一〇日）
The Maxine Greene Institute, "About Maxine Greene." (https://maxinegreene.org/about/maxine-greene　アクセス日：二〇二四年五月一〇日）

著者・監訳者・訳者略歴

【著者】

マキシン・グリーン（Maxine Greene, 1917-2014）

コロンビア大学ティーチャーズ・カレッジの哲学・教育学教授，教育基礎論のウィリアム・F・ラッセル講座教授職（名誉教授）を歴任し，同大学で教育哲学，社会理論，美学を教えた．バーナード・カレッジで学士号（1938年），10年間の仕事と子育ての後，ニューヨーク大学で修士号（1949年）と博士号（1955年）を取得．1967年には教育哲学会の初の女性会長を務め，1981年にはアメリカ教育研究学会の初の女性会長に就任した．主な著作に *Teacher as Stranger: Educational Philosophy for the Modern Age*（Wadsworth Publishing Company, 1973），*Landscapes of Learning*（Teachers College Press, 1978/2018），*The Dialectic of Freedom*（Teachers College Press, 1988/2018）*Variations on a Blue Guitar*（Teachers College Press, 2001）．

【監訳者】

上野 正道（うえの まさみち）［監訳者あとがき］

東京大学大学院教育学研究科博士課程修了．博士（教育学）

現在：上智大学総合人間科学部教授

主著：『学校の公共性と民主主義――デューイの美的経験論へ』（東京大学出版会，2010年），『民主主義への教育――学びのシニシズムを超えて』（東京大学出版会，2013年），『ジョン・デューイ――民主主義と教育の哲学』（岩波書店，2022年）*Philosophy of Education in Dialogue between East and West: Japanese Insights and Perspectives*（編著，Routledge, 2023, 本書はPhilosophy of Education Society of AustralasiaのBook Award 2024を受賞）

【訳者略歴】（五十音順）

桐田 敬介（きりた けいすけ）［序文，第一章，第四章，第七章，第十一章，第十四章　訳者解説　第一章注１～第十二章注５，９～15，17～18，20～21，24，第十三章注１～３，５，７，12～13，第十四章注１～５］

上智大学大学院総合人間科学研究科博士後期課程単位取得満期退学

現在：武蔵野学院大学国際コミュニケーション学部国際コミュニケーション学科助教（講師）

主著・主論文：「声の多元性，複数の現実性，その衝撃――マキシン・グリーンの文芸的アプローチとアーツ・セントラリティをめぐって」『教育学研究』第90巻４号（2023年），Understanding the Creativity of Bricolage in Zoukei-Asobi *The Palgrave Handbook of Global Arts Education*（Palgrave Macmillan, 2017）

近藤 真子（こんどう しんこ）［第二章，第三章，第八章，第十章，第十二章，第十三章，第十二章注６～８，16，19，22～23，第十三章注４，６，８～11］

オークランド大学博士課程修了．博士（音楽教育学）Ph.D. in Music Education

現在：文教大学教育学部准教授

主著・主論文：Musical communication in scaffolding music learning: Blossoming young learner's expressive agency *Research Studies in Music Education, vol. 42, 3, 2020,* Learner Agency in Musical Creative Process and Learning, *Creativity in Music Education: Creativity in the 21st Century*（共著，Springer, 2019），『ピアノアドヴェンチャー』シリーズ（導入書～レベル４-５,コード＆スケールブック１，２，３）（翻訳，全音楽譜出版，2018-2025年）

園部 友里恵（そのべ ゆりえ）［第五章，第六章，第九章］
東京大学大学院教育学研究科博士課程修了．博士（教育学）
現在：三重大学大学院教育学研究科教職実践高度化専攻准教授
主著・主論文：『インプロがひらく〈老い〉の創造性――「くるる即興劇団」の実践』（新曜社，2021年），『インプロ教育の探究――学校教育とインプロの二項対立を超えて』（共編著，新曜社，2024年），「インプロ上演形式『ザ・ベクデルテスト』における男性演者の『恐れ』とは何か？――『弱さ』と『加害者性』のはざまで」『教育学研究』第89巻4号（2022年）

人名索引

ア　行

アイヒマン, アドルフ Eichmann, A.　134, 240, 382
アジェンデ, イザベル Allende, I.　260, 285
アッカー, キャシー Acker, K.　55, 64
アトウッド, マーガレット Atwood, M.　176, 196
アドルノ, T. W. Adorno, T. W.　114, 355, 356
アマード, ジョルジェ Amado, J.　335, 342
アレント, ハンナ Arendt, H.　11, 44, 78, 80, 86, 87, 94, 112, 118, 135, 136, 154, 225, 239, 240, 242, 243, 324, 339, 361, 382, 425
アンザルドゥア, グロリア Anzaldua, G.　314
アンジェロウ, マヤ Angelou, M.　176, 195
アンセス, ジャクリーン Ancess, J.　24
イーザー, ヴォルフガング Iser, W.　180, 181
イフェロス, オスカー Hijuelos, O.　298
ヴァルドマン, ダイアン Waldman, D.　273
ヴァン・ゴッホ, フィンセント van Gogh, V.　102, 249, 347
ヴィーゼル, エリ Wiesel, E.　154, 188, 198
ウィギントン, エリオット Wigginton, E.　22
ウィリアムズ, W. C. Williams, W. C.　303, 317
ウィルソン, ロバート Wilson, R.　272, 286
ウェスト, コーネル West, C.　302, 307, 315, 411
ヴェルディ, ジョゼッペ Verdi, G.　7
ウェルティ, ユードラ Welty, E.　200, 206
ウォーカー, アリス Walker, A.　50, 61, 95, 159, 165, 303, 317
ウォーノック, メアリー Warnock, M.　26, 34, 45, 46, 71, 173, 265
ウォルツァー, マイケル Walzer, M.　122
ヴォルテール Voltaire　354
ヴォルフ, クリスタ Wolf, C.　222, 231, 243, 245, 246
ウルフ, ヴァージニア Woolf, V.　9, 13, 46, 53, 73, 95, 9, 141, 159, 160, 175, 180, 184, 195, 203, 209
ウンガー, R. M. Unger, R. M.　290
エイリー, アルビン Ailey, A.　260, 284, 285
エウリピデス Euripides　243, 254
エーコ, ウンベルト Eco, U.　90, 219, 231, 237, 240, 242
エマーソン, R. W. Emerson, R. W.　223, 302, 315
エリオット, ジョージ Eliot, G.　7, 12, 118, 153, 179, 197
エリオット, T. S. Eliot, T. S.　205, 207, 302

エリスン，ラルフ Ellison, R. 75, 76, 86, 155, 177, 222, 223, 252, 295, 297, 302
エルモア，R. F. Elmore, R. F. 22
オウィディウス Ovid 303, 316
オークショット，マイケル Oakeshott, M. 292
オキーフ，ジョージア O'Keeffe, G. 57, 65
オコナー，フラナリー O'Connor, F. 303, 316
オジック，シンシア Ozick, C. 74, 86, 185
オルコット，L・M. Alcott, L. M. 171, 194
オルセン，ティリー Olsen, T. 154, 160, 163, 176, 204, 298

カ 行

ガードナー，ハワード Gardner, H. 22
カールニイ，リチャード Kearney, R. 253
カーロ，フリーダ Kahlo, F. 7, 13
カサット，メアリー Cassatt, M. 249
カスピット，ドナルド Kuspit, D. 271
ガダマー，H.-G. Gadamer, H.-G. 107, 214, 231
カトゥルス Catullus 303, 317
カミュ，アルベルト Camus, A. 10, 11, 47, 96, 157, 212, 241, 243, 343, 379, 382, 425
カミングス，e. e. Cummings, e. e. 303, 317
ギアツ，クリフォード Geertz, C. 132, 292, 336, 343
キャロル，ルイス Carroll, L. 171
キルケゴール，セーレン Kierkegaard, S. 1, 115, 355, 379
ギルマン，C. P. Gilman, C. P. 175, 176, 195, 270
ギルモア，ジョン Gilmour, J. 191, 198
キング ジュニア，M. L. King, M. L., Jr. 79, 190, 195
キングストン，M. H. Kingston, M. H. 299, 304, 314
キングズリー，チャールズ Kingsley, C. 171
キンケイド，ジャメイカ Kincaid, J. 261, 285, 298, 304, 314
グアレ，ジョン Guare, J. 272, 286
グッドマン，ネルソン Goodman, N. 118, 190, 191, 391
クラーク，マーサ Clarke, M. 272, 286
グラス，フィリップ Glass, P. 272, 286
グラハム，マーサ Graham, M. 7, 12, 235, 252
クリフ，ミシェル Cliff, M. 299, 314
クリフォード，ジェイムズ Clifford, J. 293
クリンチー，ブライス Clinchy, B. 142, 162
グレアム，ケネス Grahame, K. 171
クレイン，ハート Crane, H. 265
クンデラ，ミラン Kundera, M. 115, 213, 328, 329
ゲイツ ジュニア，H. L. Gates, H. L., Jr. 291, 292, 302, 315
ケージ，ジョン Cage, J. 72, 85
ゴーディマー，ナディーン Gordimer, N. 188, 197
ゴールドバーガー，ナンシー Goldberger, N. 142, 162
コゾル，ジョナサン Kozol, J. 31, 233
ゴヤ，F. J. デ Goya, F. J. de 54, 63, 264, 286

ゴルツ，アンドレ Gorz, A.　356
コンスタブル，ジョン Constable, J.　52, 61
コンドルセ，マリー Condorcet, M.　354
コンラッド，ジョセフ Conrad, J.　91, 114, 174, 175, 185, 195, 389

サ　行

サイード，E. W. Said, E. W.　226
サイザー，テオドア Sizer, T.　22, 32
サルトル，J.-P. Sartre, J.-P.　8, 87, 94, 96, 99, 100, 115, 117, 146, 147, 180, 187, 188, 200, 217, 227, 228, 249, 250, 280, 374, 379, 382, 384, 388, 425, 426
サロート，ナタリー Sarraute, N.　150, 163
シェイクスピア，ウィリアム Shakespeare, W.　63, 115, 179, 197, 316, 369
ジェイムズ，ウィリアム James, W.　125, 141, 161
ジェイムズ，ヘンリー James, H.　130, 179, 197
ジェファーソン，トマス Jefferson, T.　206
シェリー，メアリー Shelley, M.　302, 316
ジェリコー，テオドール Géricault, T.　54, 63
シェリング，F. W. J.フォン Schelling, F. W. J. von　355
シャール，ルネ Char, R.　3, 11
シャルダン，J. B. S. Chardin, J. B. S.　52, 61
シャンゲ，ヌトザケ Shange, N.　9, 14, 95, 105
シュッツ，アルフレッド Schutz, A.　13, 34, 49, 60, 99, 117, 118, 161, 193, 196, 364, 374, 413, 425
シュリフト，A. D. Schrift, A. D.　4
シュレジンジャー ジュニア，A. M. Schlesinger, A. M.　16, 293
ジョイス，ジェイムズ Joyce, J.　217, 262
蔣介石 Chiang Kai-shek　156
ショーネシー，M, P. Shaughnessy, M. P.　210, 230
ショーン，ドナルド Schön, D. A.　24
ショパン，ケイト Chopin, K.　175, 195
シローネ，イニャツィオ Silone, I.　130, 139
スコールズ，ロバート Scholes, R.　219, 231
スタインベック，ジョン Steinbeck, J.　68
スティーヴンズ，ウォレス Stevens, W.　27, 34, 39, 44, 169, 214, 265-267, 384
スティンプソン，C. R. Stimpson, C. R.　226, 232, 332
ステラ，ジョセフ Stella, J.　57, 65
ストラヴィンスキー，イーゴリ Stravinsky, I.　136, 260
スピーゲルマン，アート Spiegelman, A.　299, 315
スミス，B. H. Smith, B. H.　217
スミス，ベッシー Smith, B.　303, 316
スミッソン，ロバート Smithson, R.　11
スルバラン，フランシスコ・ド Zurbarán, F. de　54, 63
スローン，ジョン Sloan, J.　57, 65
セザンヌ，ポール Cézanne, P.　102, 214, 248, 249, 262
セラーノ，アンドレス Serrano, A.　138, 275, 287, 288

タ 行

ダーリン-ハモンド, リンダ. Darling-Hammond, L.　22, 24
タイラー, アン Tyler, A.　326, 341
タルール, ジル Tarule, J.　142, 162
タン, エイミ Tan, A.　304, 317
ダントー, A. C. Danto, A. C.　186, 258, 284
チャップリン, チャーリー Chaplin, C.　70
ディキンソン, エミリー Dickinson, E.　44, 60, 280
ディケンズ, チャールズ Dickens, C.　270
テイラー, チャールズ Taylor, C.　11, 33, 143, 205, 253, 307
デューイ, ジョン Dewey, J.　21, 28, 31, 37, 42-44, 59, 68, 115, 120, 125, 127, 128, 132, 145, 168, 180, 190, 198, 239, 240, 242, 275, 279, 290, 294, 315, 330, 333, 337, 360, 363, 380, 425, 426
デュボイス, W. E. B. Du Bois, W. E. B.　125, 139
デリーロ, ドン DeLillo, D.　88, 89, 113, 325
テンプル, シャーリー Temple, S.　154, 163, 224, 235
トウェイン, マーク Twain, M.　223
ドゥスーザ, ディネシュ D'Sousa, D.　294
トゥルース, ソジャーナ Truth, S.　303, 316
トーマス, クラレンス Thomas, C.　74, 86
トクヴィル, アレクシ・ド Tocqueville, A. de　127, 310
ドクトロウ, E. L. Doctorow, E. L.　296, 297
ドストエフスキー, フョードル Dostoyevsky, F.　223, 270, 302, 379
ドノヒュー, デニス Donoghue, D.　55, 64, 255, 256, 279, 284
ドビュッシー, クロード Debussy, C.　61, 214
トマス, ルイス Thomas, L.　337
ドラクロワ, フェルディナン Delacroix, F.　249, 370
トレヴェリヤン, G. M. Trevelyan, G. M.　95

ナ 行

ニーチェ, フリードリヒ Nietzsche, F.　123, 379, 390
ニュートン, アイザック Newton, I.　54
ノートン, E. H. Norton, E. H.　329
ノディングズ, ネル Noddings, N.　32

ハ 行

パーシー, ウォーカー Percy, W.　25, 33, 48, 173
バージャー, ジョン Berger, J.　192, 276, 277
ハーシュ ジュニア, E・D. Hirsch, E. D., Jr.　30, 293
ハーストン, Z. N. Hurston, Z. N.　164, 303
ハーバーマス, ユルゲン Habermas, J.　90, 358, 359
バーリアント, アーノルド Berleant, A.　248, 249, 254
ハーンスタイン, R・J. Herrnstein, R. J.　69
ハイデガー, マルティン Heidegger, M.　13, 33, 87, 117, 138, 230, 256, 284, 379

ハヴェル, ヴァーツラフ Hável, V. 80, 86
ハクスリー, オルダス Huxley, A. 323, 341
バスティアン, アン Bastian, A. 359, 360
パスモア, ジョン Passmore, J. 26, 33
パトナム, ヒラリー Putnam, H. 217
バフチン, M. M. Bakhtin, M. M. 31, 123
バランシン, ジョージ Balanchine, G. 243, 254
バリー, ジェームズ Barrie, J. 171
バルコン, ウィリアム Balcon, W. 272, 286
バルト, ロラン Barthes, R. 147, 219, 232
バルトーク, ベーラ Bartók, B. 262
ハワード, V. R. Howard, V. R. 332
ピアシー, マージ Peircy, M. 176, 195
ピーターズ, R. S. Peters, R. S. 333, 334
ピカソ, パブロ Picasso, P. 54, 63, 191, 234, 243, 249, 253, 263
ビショップ, エリザベス Bishop, E. 102, 148, 163, 169, 201, 220, 221, 269, 374
ヒューズ, ロバート Hughes, R. 31, 294
ヒューム, デイビッド Hume, D. 125, 354
ヒル, アニタ Hill, A. 74, 75, 86
ファイニンガー, リオネル Feininger, L. 64, 65
ファイン, ミシェル Fine, M. 210, 230, 394, 395, 416
プイグ, マヌエル Puig, M. 335, 342
フィッシャー, M・M・J. Fischer, M. M.J. 306, 317
フィッツジェラルド, F. S. Fitzgerald, F. S. 68, 130
フィンリー, カレン Finley, K. 210, 229, 275, 287, 288
フーコー, ミシェル Foucault, M. 33, 97, 98, 107, 208, 257, 349, 350, 356
ブーバー, マルティン Buber, M. 215, 216
フエンテス, カルロス Fuentes, C. 335, 342
フォークナー, ウィリアム Faulkner, W. 177, 197, 274, 287, 302
フォックス＝ジェノベーゼ, エリザベス Fox-Genovese, E. 226, 232
フッサール, エトムント Husserl, E. 65, 114, 115, 118, 161, 364, 415
ブラック, ジョルジュ Braque, G. 14, 263, 282
プラトン Plato 124, 217, 387
フランク, アンネ Frank, A. 188
フリーマン, ジュディ Freeman, J. 234
ブルーナー, ジェローム Bruner, J. 215, 344
ブルーム, アラン Bloom, A. 346
ブルーム, ハロルド Bloom, H. 212
ブルックス, グウェンドリン Brooks, G. 303, 316
ブルデュー, ピエール Bourdieu, P. 109, 117
ブレイク, ウィリアム Blake, W. 55, 63, 125, 149, 171, 194, 354, 355
フレイレ, パウロ Freire, P. 12, 49, 52, 61, 94, 120, 132, 220, 305, 307, 351, 403, 425, 426
プレット, リチャード Pratte, R. 293
フレノー, フィリップ Freneau, P. 202, 206
ブレヒト, ベルトルト Brecht, B. 87

フロイト, ジークムント Freud, S.　100, 201
フローベール, ギュスターヴ Flaubert, G.　214, 302
フロスト, ロバート Frost, R.　144, 162, 282
ベイヤー, L. E. Beyer, L. E.　23
ペイリー, グレイス Paley, G.　160, 165
ヘーゲル, G. W. F. Hegel, G. W. F.　355, 380
ベーコン, フランシス Bacon, F.　125
ベートーヴェン, ルードヴィヒ・フォン Beethoven, L. von　261
ヘミングウェイ, アーネスト Hemingway, E.　302
ベラスケス, ディエゴ Velázquez, D.　54, 63, 264, 278, 286
ヘリング, キース Haring, K.　261
ヘルムズ, ジェシー Helms, J.　124, 138, 294
ベレンキー, マリー Belenky, M.　142, 162
ベローズ, ジョージ Bellow, G.　57, 65
ベンヤミン, ヴァルター Benjamin, W.　276, 356
ボイス, ヨーゼフ Beuys, J.　272, 286
ホイットマン, ウォルト Whitman, W.　294, 295, 310, 313
ホーソーン, ナサニエル Hawthorne, N.　171, 172, 194, 347, 389
ボードレール, C. P. Baudelaire, C. P.　214
ホートン, マイルズ Horton, M.　122, 138, 285
ボールドウィン, ジェームズ Baldwin, J.　155, 302
ホッパー, エドワード Hopper, E.　57, 65, 249, 262, 264
ホメロス Homer　63, 302
ポラコウ, ヴァレリー Polakow, V.　67
ホルクハイマー, マックス Horkheimer, M.　114, 355
ホルツァー, ジェニー Holzer, J.　272, 273, 287
ボルヘス, J. L. Borges, J. L.　335, 342

マ　行

マーシャル, ポール Marshall, P.　298, 314
マーティン, J. R. Martin, J. R.　33
マーラー, グスタフ Mahler, G.　136, 243, 254, 261, 285
マインホフ, ウルリケ Meinhof, U.　270, 271
マセド, ドナルド Macedo, D.　305, 351, 352
マッキンタイア, アラスデア MacIntyre, A.　205, 207, 307
マティス, アンリ Matisse, H.　122, 191
マディソン, G. B. Madison, G. B.　77, 86
マルクーゼ, ハーバート Marcuse, H.　58, 65, 123, 188, 189, 258, 263
マルクス, カール Marx, K.　115, 125
マルケス, G・C. Márquez, G. C.　261, 285, 335, 342
マルコム X Malcolm X　190, 195
マルロー, アンドレ Malraux, A.　156-158, 164
マレー, チャールズ Murray, C.　69
マン, トーマス Mann, T.　17, 31, 151
ミード, G. H. Mead, G. H.　363
ミル, J. S. Mill, J. S.　71
ムカジー, バラティ Mukherjee, B.　304

ムリーリョ, B. E. Murillo, B. E.　7, 13
メイプルソープ, ロバート Mapplethorpe, R.　138, 275, 287, 288
メイラー, ノーマン Mailer, N.　165
メルヴィル, ハーマン Melville, H.　34, 102, 129, 146, 174, 214, 301, 302, 313
メルロ＝ポンティ, モーリス Merleau-Ponty, M.　51, 86, 102, 105, 106, 115-119, 141, 162, 184, 204, 209, 218, 281, 286, 425
モーツァルト, W. A. Mozart, W. A.　136
モネ, クロード Monet, C.　263, 264, 266, 278
モリスン, トニ Morrison, T.　7, 12, 54, 62, 76, 102, 136, 137, 146, 164, 176, 188, 223, 225, 226, 235, 260, 272, 274, 300-302, 305, 345, 374
モンテスキュー, シャルル Montesquieu, C.　354

ラ　行

ライシュ, ロバート Reich, R.　67
ライス, エルマー Rice, E.　70, 85
ライト, リチャード Wright, R.　163, 304
ラシュディ, サルマン Rushdie, S.　134
ラッシュ, クリストファー Lasch, C.　326, 341
ラファエロ Raphael　249
リー, スパイク Lee, S.　189
リオタール, J.-F. Lyotard, J.-F.　252, 317
リストン, D. P. Liston, D. P.　23
リヒター, ゲルハルト Richter, G.　270-272
リルケ, R. M. Rilke, R. M.　29, 34, 371, 376
ル・グイン, U. K. Le Guin, U. K.　346
ルヴェルチュール, トゥサン Toussaint L'Ouverture, P.F.D.　10, 14, 95
ルーカイザー, ミュリエル Rukeyser, M.　251, 254, 303, 312, 316
ルーズベルト, テオドア Roosevelt, T.　296, 314
ルソー, J.-J.Rousseau, J.-J.　354, 388
レイリス, ミシェル Leiris, M.　234
レヴァトフ, デニーズ Levertov, D.　56-58, 64, 65
レーヴィ, プリーモ Levi, P.　179, 188, 196
レンブラント Rembrandt　337
ローティ, リチャード Rorty, R.　116, 133, 134, 311, 357
ロールズ, ジョン Rawls, J.　360
ロック, アラン Locke, A.　302, 315
ロック, ジョン Locke, J.　54
ロッシーニ, G・A. Rossini, G. A.　347

ワ　行

ワーズワス, ウィリアム Wordsworth, W.　71, 102, 298, 304

事項索引

ア行

アート Arts
──からのパースペクティブ　6-9, 169-194, 269
──とエージェンシーの感覚　282-284
──と開放性のために教えるということ　208-229
──と想像力　167-284
──と多文化主義　54-57
──における開かれたカノン　258-261
──における参加　234-236, 238-241, 246-251, 278-281
──のアクセシビリティ　275-280
──の関連性　258-259, 280-283
──の機能　56-60, 72-73, 81-84, 189-190, 251-252, 255-258, 270-273
──の周縁性　54-55, 255-256
──の受容可能性　273-275
──の側面　167-284
──への入り込み　261-265, 278-281, *383*
書くことにおける──　199-206
カリキュラムにおける──　53-60, 168-194
経験としての──　144-161
知る方法としての──　280-283
テキストと余白のための──　255-284
美的教育と──　256-284
あいだにあるもの
──を創り上げる　135
子どもの──　78
アイロンのイメージ　154-156
アクティブ・ラーニング
──と学校再編　27-28
──と参加する出会い　250-252
──と省察的に教えること　23-24
──と始まり　42-46, 48-49
──と文学　181-182
──の関心事　8-11
アフロセントリスム
──と複数主義　301-305
暗黒の地のイメージ　91-92
異言語混交（ヘテログロシア）　21, 111, 176, 344, 346
意識 Consciousness
──と教えること　70-72, 107-108
──と想像力　50-53
──と知覚　105-108
──と複数主義　363
合理性の──　102-105
より高い（高次の）──　120-122
映画 Film
カリキュラムにおける──　188-191
教えること・教授 Teaching
──と意識　71-72, 107-108
──と統合性　50-53
──によって開かれる力　25-27
解釈的な──　110-113
開放性のための──　208-229
協同的な探求としての──　46-49
落ちること Falling
──についての子ども時代の知覚　148-151, 160-161, 221-222

重さのイメージ　328-331

カ行

カーニバルのイメージ　123-124
絵画 Paintings
　——と意味　191-194
書くこと・執筆 Writing
　——と意味がわかること　199-204
　——と隠された沈黙　204-205
　——における対話　217-229
　——における弁証法的な関係性　202-203
学習・学ぶこと Learning
　——によって開かれる力　25-28
　協同的な探求としての——　45-49
　コモンラーニングと多様性　318-340
価値・価値観 Values
　——についてのシニシズム　234-237, 328-331
学校再編 School restructuring
　——とアクティブ・ラーニング　15-16
　——と変化　37-38
　——と教師の協働　21-25
カリキュラム Curriculum
　——におけるアート　46-60, 168-194
　——におけるビジュアル・アート　187-194
　——における書くこと　199-206
　——における文学　169-189
　——の問題　168-170
　——へのアプローチ　181-186, 335-336
　——への懸念　21-25
　創発的な——　335-339
教育 Education
　アートにおける——　255-284
　——とコミュニティ　66-85
　——と機械としての人間　69-72
　——と子ども時代の記憶　140-161
　——と社会のビジョン　119-138
　——におけるオルタナティブ　36-60
　——における排除と拒絶　209-211
　——における不平等　37-39, 69-72, 209-211, 353-355
　——における問題　318-323, 331-334
　——についての要求　324-331
　——のための教育学　87-113
　——の改革　21-25, 27-28, 37-38
　——の観点 ⇒教師教育も参照のこと　17-20
　——の原理　310-312
　——の国家目標　36-37, 234-238
　——の実存的な文脈　233-234
　——の目的　44-47, 337-340
　——への可能性を創り出す　15-161
　——への文脈　16-30, 233-236
　美的——　257-284, *383-385, 387, 394, 424-428*
　忘れやすさに関する——　141-143
教育学 Pedagogy
　新たな教育学への抵抗　97-99
　解放の——　256-257
　変容的な——　99-102
教育学を発見するイメージ　87-113
共感 Empathy
　——と想像力　3-6, 59-60
教師 Teachers
　——とアート　193-194
　——と学校再編　21-25
　——と社会的な現実性　334-335
　——と弁証法的な関係性　100-103
　——のための原理　84-85, 129-134
　——のための想像力　72-77

――の観点　19-23
――の声　319-321, 345-349
省察的な――　23-24, 127-128, 261-263, 322-323
教師教育 Teacher education
――における文学　185-186
――における方向性　352-363
――への懸念・関心事　1-6
雲
有害な雲のイメージ　88, 93, 325-326
暗い時代のイメージ　87
クロイスターズ　348
――への抵抗　348-349
言語 Language
思慮深い――　241-244
文化的言説における――　208-229
権力関係 Power relationship　97, 107-108, 209-210, 256-258, 349-352
公民主義
――と複数主義　293
声 Voices
子どもたちの――　131-134, 348-349, 351-353
教師たちの――　319-321, 345-349
多元的な――　343-363
ゴール2000――アメリカ教育法 Goals 2000: The Educate America Act　36, 233-236, 245-247, 318
子ども Children
カテゴリー化する――　66-70, 81-82
――とエージェンシーの感覚　282-284
――のあいだにあるもの　77-78
――のためのコミュニティと学校　66-85
――の記憶　140-161
――の声　131-134, 347-348, 350-352
――の喪失　136-138, 233-236
――の知覚　102-106
――への自己発見　330-333
――への責任　81-84
――への多元的な現実性　108-112, 154-158, 179-184, 246-251, 310-311
資源としての――　66-67, 236-237, 352-353
疎外された――　104-105
コミュニティ Community
――からの不在　294-300
――と個人主義　310-311, 362-363
――と社会変化　290-364
――と想像力　10-11, 66-85, 289-363
――と複数主義　290-312
――における主体としての自己　134-137
――における多元性　293-296
――における超越　79
――における連帯　122-123
――の開かれた感覚　225-226
――の原理　128-129, 310-311, 363
――の側面　66-85
――の達成　77-83
思いやりのある――　77
規範的な――　83-84
慈悲深い――　67
幅広く目覚めた――　282
批評的な――　363
民主的な――　67-70, 78, 126-129, 309-310, *372, 377, 388, 414, 426, 428*

サ行

再考された啓蒙　355-359
細部 Details
つながりのある――　178-180
自己省察 Self-reflection　357-359
社会変化 Social change

——とコミュニティ　289-363
——と複数主義　290-312
——におけるスタンダードと多様性　318-340
——への多元的な声と現実性　343-363
自由 Freedom
——の概念　360
達成された——　330-332
生涯にわたる学習への動機づけ →アクティブ・ラーニングも参照　126
女性 Women
泣く——　233-236, 243, 244-245
——の文脈　42, 45, 74-75
——の周縁性　216-217
——の知る方法　352, 363
——の知覚　158-160, 171-177
黙殺された——　298-299
スタンダード Standards
——とビジョン　337-340
——と平等　359
——の問題　318-340
生徒・学生 ⇒子ども を参照
生の躍動 Dance of life
——と社会のビジョン　119-138
——の概念　122
全米芸術基金　218, 294
想像力 Imagination
アートと——　167-284
——とコミュニティ　9-11, 66-85, 289-363
——とナラティブ　1-11
——と意識　50-53
——と気づき　71-73
——と共感　4-7, 59-60
——と教育の可能性　15-161
——と経験　265-270
——と選択　244-245
——と打破　36-60
——と追求　25-29
——と統合性　53-54, 76-77, 185-186
——と文学　144-160
——と目覚め　54-55
——と倫理的な問題　70-71, 83-85
——の欠如　74-76
——の中心性　76-77, 265-268, 344-347
——への入口　29-30
ユートピア的な——　8-9
教師のための——　72-77
思慮深い——　239-243
詩的な——　6-8
社会的——　8
多文化的な——　75-76
直観的な——　44-47
門扉としての——　40-44
相対主義 Relativism
——と複数主義　292-294

タ行

対話 Dialogues
——と希望　48-51
——と共有された信念　82-84
——と創発的な文化　107-110
——と理解　358-359
ユートピア的な思考への——　8-9
相互依存についての——　329-331
拡張する——　135-136
教育者のあいだの——　319-320
多元的な——　29-30
読むことと書くことにおける——　217-229
複数主義と——　292-293
変容的なものとしての——　186-191
卓越性 Excellence
多元的なかたちの——　333-335, 340

他者 Others
──の認識　4-8, 27-30
多文化主義 Multiculturalism
──とアート　54-57
──と想像力　76
多様性の問題　318-340
チェコスロバキア
──の社会のビジョン　126
知覚 Perceptions ⇒パースペクティブを参照
中国の社会のビジョン　134
中国上海クーデター（四・一二事件）156-158
超越 Transcendence
コミュニティにおける──　79
──のイメージ　95
追求 Quest
──と想像力　25-28
ナラティブにおける──　143-161, 204-205
確実性の──　37
省察的な──　40-44
善の──　1
哲学的な──　124-125
抵抗 Resistance
──と弁証法　211-214, 217-219
──の闘士　3
科学技術的なコミュニケーションに対する──　236-239
新たな教育学への──　97-99
クロイスターズへの──　348-350
正常化に対する──　256-259
哲学 Philosophy
──と解放するエネルギー　124-128
社会批評としての──　119-123
ドイツの社会のビジョン　125, 357
統合性 Wholeness
──と教えること　51-54
──と想像力　53-54, 76-77, 185-186
──と知覚　141-142
図書館のイメージ　88-92, 95

ナ行

ナショナル・ライティング・プロジェクト　99, 204-206
ナラティブ Narratives
──とメタナラティブ　356-359
──と意味がわかること　306-309, 344-345
──によって創り上げられたアイデンティティ　214-217
創り出す──　1-11
争いあう──　3-6
荷車のイメージ　152
ニューヨーク市立大学（CUNY）
──でのアカデミック・ライティング　210

ハ行

パースペクティブ Perspectives
アートからの──　6-9, 169-194, 269
──と改められた規範　358-359
──と子ども時代の記憶　140-161
──と統合性　141-142
──における分裂　328-331
──の一次性　140-143
根拠づけられた──　119-121, 143-144, 193-194
多元的な──　108-112, 154-158, 179-184, 246-251, 310-311
バーナード・カレッジ
──で歴史を専攻したこと　201-204
ハーバード大学
──プロジェクト・ゼロ　22
ハンガリーの社会のビジョン　357

ビジョン Vision
偶発的な――、あるいはそれ自体で実在する世界　39-43, 46-47
――とスタンダード　337-340
社会の――　119-138
大きく見る、小さく見る――　17-21, 29-30
美的経験
――における参加　238-239, 246-249, 260-263
比喩 Metaphor
――と意味　185-186, 268-279
評価 Assessment
真正の――　24
――とスタンダード　318-340
不安のイメージ　98-102, 148-151
複数主義 Pluralism
――と文化的背景　303-307
――における緊張関係　300-302
――における潜在的な可能性　310-312
――の側面　290-312
文化 Culture
――と複数主義　303-306
――によって定義されるリテラシー　209-211, 226-229
――の影の側面　129-132
創発する――　107-110
文学 Literature
カリキュラムにおける――　169-189
――とコモンラーニング　324-331
――と想像力　145-161
――と理解　344-347
――における対話　217-229
教師教育における――　184-186
変容的なものとしての――　186-189
ペストのイメージ　96-97
ポーランドの社会のビジョン　126

マ行

見知らぬ人のイメージ　172-174
結びつきのイメージ　93-97
メリトクラシー
――と多元的な現実性　358-361

ラ行

離脱のイメージ　325-328
リテラシー Literacy
ダンサーの――　333
科学的な――　321-323, 325
希望への――　48-51
文化的に定義された――　209-212, 226-229
倫理的な問題
――と想像力　71-72, 136-138
ローカルな知と即時性　130-134

ワ行

笑いと社会のビジョン　122-123

【注記】　原著での索引は、特定の語が記載されている頁についての索引であると同時に、その事項がグリーンにとって主題あるいはトピックとして意識されていた頁についての索引にもなっている。たとえば、「複数主義」の索引頁はその語句の記載のない頁もまた含むものとなっている。本訳書では、グリーンの意思を尊重して、この原著の索引をそのまま訳出することとした。なお、斜体は本訳書の注・解説・あとがきの頁を示している。

参考文献

Adorno, T. *Minima Moralia: Reflections from a Damaged Life*. London: New Left Books, 1974.（Th. W. アドルノ『ミニマ・モラリア〈新訳版〉――傷ついた生活裡の省察』三光長治訳、法政大学出版局、2009 年）

Allende, I. *Eva Luna*. New York: Bantam Books, 1989.（イサベル・アジェンデ『エバ・ルーナ』木村榮一・新谷美紀子訳、白水社、2022 年）

Anzaldua, G. *Borderlands/La Frontera: The New Mestiza*. San Francisco: Spinsters/Aunt Lute, 1987.

Arendt, H. *The Human Condition*. Chicago: University of Chicago Press, 1958.（ハンナ・アレント『人間の条件』志水速雄訳、筑摩書房、1994 年。ハンナ・アレント『人間の条件』牧野雅彦訳、講談社、2023 年）

Arendt, H. *Between Past and Future*. New York: Viking Penguin, 1961.（ハンナ・アーレント『過去と未来の間』引田隆也・齋藤純一訳、みすず書房、1994 年）

Arendt, H. *Men in Dark Times*. Orlando, Fla.: Harcourt, 1968.（ハンナ・アレント『暗い時代の人々』阿部斉訳、筑摩書房、2005 年）

Arendt, H. *Crises of the Republic*. New York: Harvest Books, 1972.（ハンナ・アーレント『暴力について』高野フミ訳、みすず書房、1973 年。ハンナ・アーレント『暴力について　共和国の危機』山田正行訳、みすず書房、2000 年）

Arendt, H. *Thinking*, Vol. 1. Orlando, Fla.: Harcourt, 1978.（ハンナ・アーレント『精神の生活（上）』佐藤和夫訳、岩波書店、2015 年）

Bakhtin, M. M. *The Dialogic Imagination*. Austin: University of Texas Press, 1981.

Bakhtin, M. M. *Problems of Dostoevsky's Poetics*. Minneapolis: University of Minnesota Press, 1984.（ミハイル・バフチン『ドストエフスキーの詩学』望月哲男・鈴木淳一訳、筑摩書房、1995 年）

Barthes, R. *The Pleasure of the Text*. (R. Miller, trans.) New York: Hill & Wang, 1975.（ロラン・バルト『テクストの快楽』沢崎浩平訳、み

すず書房、1977 年。ロラン・バルト『テクストの楽しみ』鈴村和成訳、みすず書房、2017 年）

Bastian, A., and others. *Choosing Equality*. Philadelphia: Temple University Press, 1986.

Belenky, M., Clinchy, B., Goldberger, N., and Tarule, J. *Women's Ways of Knowing*. New York: Basic Books, 1986.

Benjamin, W. *Illuminations*. New York: Schocken Books, 1978. (Originally published 1955.)（ヴァルター・ベンヤミン『ボードレール　他五篇　ベンヤミンの仕事 2』野村修訳、岩波書店、1994 年。ヴァルター・ベンヤミン『ベンヤミン・アンソロジー』山口裕之訳、河出書房、2011 年）

Benjamin, W. "Theologico-Political Fragment." In *Reflections*. New York: Harvest Books, 1979. (Originally published 1955.)（ヴァルター・ベンヤミン『ベンヤミン・アンソロジー』山口裕之訳、河出書房、2011 年）

Berger, J. *Ways of Seeing*. New York: Viking Penguin, 1984.（ジョン・バージャー『イメージ——視覚とメディア』伊藤俊治訳、筑摩書房、2013 年）

Berleant, A. *Art and Engagement*. Philadelphia: Temple University Press, 1991.

Beyer, L. E., and Liston, D. P. "Discourse or Moral Action? A Critique of Postmodernism." *Educational Theory*, Fall 1992, 42(4).

Bishop, E. "At the Fishhouses." In *The Complete Poems, 1927–1979*. New York: Farrar, Straus & Giroux, 1983. (Originally published 1955.)（エリザベス・ビショップ『世界現代詩文庫 32　エリザベス・ビショップ詩集』小口未散編・訳、土曜美術社出版販売、2001 年）

Bishop, E. "In the Waiting Room." In *The Complete Poems, 1927–1979*. New York: Farrar, Straus & Giroux, 1983. (Originally published 1975.)（エリザベス・ビショップ『世界現代詩文庫 32　エリザベス・ビショップ詩集』小口未散編・訳、土曜美術社出版販売、2001 年）

Bishop, E. "Night City." In *The Complete Poems, 1927–1979*. New York: Far- rar, Straus & Giroux, 1983. (Originally published 1976.)（エリ

ザベス・ビショップ『世界現代詩文庫32　エリザベス・ビショップ詩集』小口未散編・訳、土曜美術社出版販売、2001年）
Blake, W. "The Ecchoing Green." In J. Bronowski (ed.), *William Blake*. Harmondsworth, England: Penguin, 1958. (Originally published 1789.)（ウィリアム・ブレイク『ブレイク詩集――無心の歌、経験の歌、天国と地獄の結婚』土居光昭訳、平凡社、1995年。ウィリアム・ブレイク『無心の歌、有心の歌――ブレイク詩集』寿岳文章訳、角川書店、1999年。ウィリアム・ブレイク『対訳　ブレイク詩集　イギリス詩人選（4）』松島正一訳、岩波書店、2004年）
Blake, W. "London." In J. Bronowski (ed.), *William Blake*. Harmondsworth, England: Penguin, 1958. (Originally published 1793.)（ウィリアム・ブレイク『ブレイク詩集――無心の歌、経験の歌、天国と地獄の結婚』土居光昭訳、平凡社、1995年。ウィリアム・ブレイク『無心の歌、有心の歌――ブレイク詩集』寿岳文章訳、角川書店、1999年。ウィリアム・ブレイク『対訳　ブレイク詩集　イギリス詩人選（4）』松島正一訳、岩波書店、2004年）
Bloom, A. *The Closing of the American Mind*. New York: Simon & Schuster, 1987.（アラン・ブルーム『アメリカン・マインドの終焉【新装版】　文化と教育の危機』菅野盾樹訳、みすず書房、2016年）
Bloom, H. *The Western Canon: The Books and Schools of the Ages*. Orlando, Fla.: Harcourt Brace Jovanovich, 1994.
Bourdieu, P. *Outline of a Theory of Practice*. Cambridge: Cambridge University Press, 1977.（ピエール・ブルデュー『実践理性――行動の理論について』加藤晴久［ほか］訳、藤原書店、2007年）
Bruner, J. *Actual Minds, Possible Worlds*. Cambridge, Mass.: Harvard University Press, 1986.（ジェローム・ブルーナー『可能世界の心理』田中一彦訳、みすず書房、1998年）
Buber, M. *Between Man and Man*. (R. G. Smits, trans.) Boston: Beacon Press, 1957.（マルティン・ブーバー『我と汝・対話』植田重雄訳、岩波書店、1979年。マルティン・ブーバー『我と汝』野口啓祐訳、講談社、2021年）
Camus, A. *The Plague*. (S. Gilbert, trans.) New York: Knopf, 1948.（アルベール・カミュ『ペスト』宮崎嶺雄訳、新潮社、1969年。アルベール・カミュ『ペスト』三野博司訳、岩波書店、2021年。アルベ

ール・カミュ『ペスト』中条省平訳、光文社、2021年）

Camus, A. *The Myth of Sisyphus*. (J. O'Brien, trans.) New York: Knopf, 1955.（アルベール・カミュ『シーシュポスの神話』清水徹訳、新潮社、1982年）

Cliff, M. "A Journey into Speech." In A. Simonson and S. Walker (eds.), *The Greywolf Annual*, Vol. 5: *Multicultural Literacy*. St. Paul, Minn.: Greywolf Press, 1988.

Clifford, J. *The Predicament of Culture*. Cambridge, Mass.: Harvard University Press, 1988.（ジェイムズ・クリフォード『文化の窮状――二十世紀の民族誌学、文学、芸術』太田好信・慶田勝彦・清水展・浜本満・古谷嘉章・星埜守之訳、人文書院、2003年）

Conrad, J. *Heart of Darkness*. In *Great Works of Joseph Conrad*. New York: HarperCollins, 1967. (Originally published 1902.)（J・コンラッド『闇の奥』中野好夫訳、岩波書店、1958年。ジョセフ・コンラッド『闇の奥』藤永茂訳、三交社、2006年。ジョゼフ・コンラッド『闇の奥』黒原敏行訳、光文社、2009年。ジョゼフ・コンラッド『闇の奥』高見浩訳、新潮社、2022年）

Conrad, J. Preface to *The Nigger of the Narcissus*. In *Great Works of Joseph Conrad*. New York: HarperCollins, 1967. (Originally published 1898.)（ジョゼフ・コンラッド『世界文学大系50――コンラッド』高見幸郎訳、筑摩書房、1975年）

Crane, H. *Poetry*, Oct. 1926.（ハート・クレイン『ハート・クレイン詩集――書簡散文選集』東雄一郎訳、南雲堂、1994年）

Danto, A. C. *The Transfiguration of the Commonplace*. Cambridge, Mass.: Harvard University Press, 1981.（アーサー・C・ダントー『ありふれたものの変容――芸術の哲学』松尾大訳、慶應義塾大学出版会、2017年）

Danto, A. C. "Philosophy as/and/of Literature." In J. Rajchman and C. West (eds.), *Post-Analytic Philosophy*. New York: Columbia University Press, 1985.（アーサー C. ダント『物語としての歴史――歴史の分析哲学』河本英夫訳、国文社、1989年）

Darling-Hammond, L. "Educational Indicators and Enlightened Policy." *Educational Policy*, 1992, *6*(3), 235–265.

Darling-Hammond, L., and Ancess, J. "Authentic Assessment and School

Development." In J. B. Baron and D. P. Wolf (eds.), *National Society for the Study of Education Ninety-Third Yearbook.* Chicago: University of Chicago Press, 1993.

DeLillo, D. *White Noise.* New York: Viking Penguin, 1985.（ドン・デリーロ『ホワイト・ノイズ』森川展男訳、集英社、1993年。ドン・デリーロ『ホワイトノイズ』都甲幸治・日吉信貴訳、水声社、2022年）

Dewey, J. *Democracy and Education.* New York: Macmillan, 1916.（ジョン・デューイ『民主主義と教育（上）（下）』松野安男訳、岩波書店、1975年。ジョン・デューイ『デューイ＝ミード著作集9　民主主義と教育』河村望訳、人間の科学社、2000年）

Dewey, J. *The Quest for Certainty.* London: Allen & Unwin, 1929.（ジョン・デュウィー『確実性の探究』植田清次訳、春秋社、1950年。ジョン・デューイ『デューイ＝ミード著作集5　確実性の探求』河村望訳、人間の科学社、1996年。ジョン・デューイ『デューイ著作集6哲学4　確実性の探求――知識と行為の関係についての研究』田中智志総監修・解題、加賀裕郎訳、東京大学出版会、2018年）

Dewey, J. *Philosophy and Civilization.* New York: Minton, Balch, 1931.

Dewey, J. *Art as Experience.* New York: Minton, Balch, 1934.（J・デューイ『芸術論――経験としての芸術』鈴木康司訳、春秋社、1969年。ジョン・デューイ『デューイ＝ミード著作集12　経験としての芸術』河村望訳、人間の科学社、2003年。ジョン・デューイ『経験としての芸術』栗田修訳、晃洋書房、2010年）

Dewey, J. *The Public and Its Problems.* Athens, Ohio: Swallow Press, 1954. (Originally published 1927.)（ジョン・デューイ『現代政治の基礎――公衆とその諸問題』阿部斉訳、みすず書房、1969年。ジョン・デューイ『公衆とその諸問題』植木豊訳、ハーベスト社、2010年。ジョン・デューイ『公衆とその諸問題』阿部齊訳、筑摩書房、2014年）

Dickinson, E. "The Gleam of an Heroic Act." In T. H. Johnson (ed.), *The Complete Poems.* Boston: Little, Brown, 1960. (Written 1887; originally published 1914.)（エミリ・ディキンスン『自然と愛と孤独と――エミリ・ディキンスン詩集』中島完訳、国土社、1989年。

エミリー・ディキンスン『エミリー・ディキンスン詩集』新倉俊一訳、思潮社、1993 年。E・ディキンソン『対訳　ディキンソン詩集　アメリカ詩人選（3)』亀井俊介訳、岩波書店、1998 年）

Doctorow, E. L. *Ragtime*. New York: Random House, 1975.（E・L・ドクトロウ『ラグタイム』邦高忠二訳、早川書房、1998 年）

Donoghue, D. *The Arts Without Mystery*. Boston: Little, Brown, 1983.

Dostoyevsky, F. *The Brothers Karamazov*. (C. Garnett, trans.) New York: Modern Library, 1945. (Originally published 1880.)（ドストエーフスキイ『カラマーゾフの兄弟（1）（2）（3）（4）』米川正夫訳、岩波書店、1927-1928 年。ドストエフスキー『カラマーゾフの兄弟（上）（中）（下）』原卓也訳、新潮社、1978 年。ドストエフスキー『カラマーゾフの兄弟（1）（2）（3）（4）（5）』亀山郁夫訳、光文社、2006-2007 年）

D'Sousa, D. *Illiberal Education: The Politics of Race and Sex on Campus*. New York: Free Press, 1991.

Du Bois, W.E.B. *The Souls of Black Folk*. New York: New American Library, 1982. (Originally published 1903.)（W. E. B. デュボイス『黒人のたましい』黄寅秀訳、岩波書店、1992 年）

Eco, U. *The Name of the Rose*. (W. Weaver, trans.) Orlando, Fla.: Harcourt, 1983.（ウンベルト・エーコ『薔薇の名前（上）（下)』河島英昭訳、東京創元社、1990 年）

Eco, U. *The Open Work*. (A. Cocogni, trans.) Cambridge, Mass.: Harvard University Press, 1984.（ウンベルト・エーコ『開かれた作品　新装版』篠原資明・和田忠彦訳、青土社、2002 年）

Eliot, G. *Middlemarch*. Harmondsworth, England: Penguin, 1964. (Originally published 1871–1872.)（ジョージ・エリオット『ミドルマーチ（一）（二）（三）（四）』工藤好美・淀川郁子訳、講談社、1998 年。ジョージ・エリオット『ミドルマーチ（1）（2）（3）（4）』廣野由美子訳、光文社、2019-2021 年）

Eliot, T. S. *Four Quartets* ("East Coker"). In *The Complete Poems and Plays*. Orlando, Fla.: Harcourt, 1958. (Originally published 1943.)（T. S. エリオット『四つの四重奏』森山泰夫訳、大修館書店、1980 年。T. S. エリオット『四つの四重奏』岩崎宗治訳、岩波書店、2011 年）

Ellison, R. *Invisible Man*. New York: Signet Books, 1952.（ラルフ・エリスン『見えない人間（上）（下）』松本昇訳、白水社、2020 年）
Ellison, R. *Shadow and Act*. New York: Signet Books, 1964.（ラルフ・エリスン『影と行為』行方均・松本昇・松本一裕・山嵜文男訳、南雲堂フェニックス、2009 年）
Elmore, R. F., and Associates. *Restructuring Schools: The Next Generation of Educational Reform*. San Francisco: Jossey-Bass, 1990.
Faulkner, W. *The Sound and the Fury*. New York: Modern Library, 1946.（フォークナー『新版フォークナー全集 5　響きと怒り』尾上政次訳、冨山房、1996 年。ウィリアム・フォークナー『響きと怒り』高橋正雄訳、講談社、1997 年。フォークナー『響きと怒り（上）（下）』平石貴樹・新納卓也訳、岩波書店、2007 年。ウィリアム・フォークナー『響きと怒り』桐山大介訳、河出書房新社、2024 年）
Fine, M. "Silence in Public Schools." *Language Arts*, 1987, *64*(2), 157–174.
Fischer, M.M.J. "Ethnicity and the Post-Modern Arts of Memory." In J. Clifford and G. E. Marcus (eds.), *Writing Culture*. Berkeley: University of California Press, 1986.
Fitzgerald, F. S. *The Great Gatsby*. New York: Simon & Schuster, 1991. (Originally published 1925.)（フィッツジェラルド『グレート・ギャツビー』野崎孝訳、新潮社、1974 年。スコット・フィッツジェラルド『グレート・ギャツビー』村上春樹訳、中央公論新社、2006 年。フィッツジェラルド『グレート・ギャツビー』小川高義訳、光文社、2009 年。F・スコット・フィッツジェラルド『華麗なるギャツビー』橋本福夫訳、早川書房、2013 年。F・スコット・フィッツジェラルド『偉大なるギャツビー』野崎孝訳、岩波書店、2013 年。フィッツジェラルド『グレート・ギャツビー』大貫三郎訳、角川書店、2022 年）
Foucault, M. *The Archaeology of Knowledge and the Discourse on Language*. (A. M. Sheridan Smith, trans.) New York: Pantheon Books, 1972.（ミシェル・フーコー『知の考古学』中村雄二郎訳、河出書房新社、2006 年。ミシェル・フーコー『知の考古学』慎改康之訳、河出書房新社、2012 年）

Foucault, M. *The Order of Things*. New York: Vintage Books, 1973.
Foucault, M. "Intellectuals and Power." In D. F. Bouchard (ed.), *Language, Counter-Memory, Practice* (D. F. Bouchard and S. Simon, trans.). Ithaca, N.Y.: Cornell University Press, 1977.（ミシェル・フーコー『言語表現の秩序』中村雄二郎訳、河出書房新社、1995 年。ミシェル・フーコー『言説の領界』慎改康之訳、河出書房新社、2014 年）

Foucault, M. *Power/Knowledge*. (C. Gordon, L. Marshall, J. Mepham, and K. Sop, trans.) New York: Pantheon Books, 1980.

Foucault, M. "The Subject and Power." (M. Foucault and L. Sawyer, trans.) Afterword to H. L. Dreyfus and P. Rabinos, *Michel Foucault: Beyond Structuralism and Hermeneutics*. Chicago: University of Chicago Press, 1982.（H・L・ドレイファス&P・ラビノウ『ミシェル・フーコー――構造主義と解釈学を超えて』井上克人訳、筑摩書房、1996 年）

Foucault, M. "The Means of Correct Training." (R. Howard, trans.) In P. Rabinow (ed.), *The Foucault Reader*. New York: Pantheon Books, 1984a.（ミシェル・フーコー『ミシェル・フーコー思考集成　5――権力　処罰』蓮實重彦・渡辺守章監修、筑摩書房、2002 年）

Foucault, M. "Polemics, Politics, and Problemizations: An Interview." (L. Davis, trans.) In P. Rabinow (ed.), *The Foucault Reader*. New York: Pantheon Books, 1984b.（ミシェル・フーコー『ミシェル・フーコー思考集成　10――倫理　道徳　啓蒙』蓮實重彦・渡辺守章監修、筑摩書房、2002 年）

Fox-Genovese, E. "The Claims of a Common Culture: Gender, Race, Class, and the Canon." *Salmagundi*, Fall 1986, 72.

Freeman, J. *Picasso and the Weeping Women*. Los Angeles: Los Angeles Museum of Art, 1994.（ジュディ・フリーマン『ピカソと泣く女――マリー＝テレーズ・ワルテルとドラ・マールの時代』福のり子訳、淡交社、1995 年）

Freire, P. *Pedagogy of the Oppressed*. (M. B. Ramos, trans.) New York: Herder & Herder, 1970.（パウロ・フレイレ『被抑圧者の教育学 』小沢有作訳、亜紀書房、1979 年。パウロ・フレイレ『被抑圧者の教育学』三砂ちづる訳、亜紀書房、2018 年）

Freire, P. "The Importance of the Act of Reading." In P. Freire and D. Macedo, *Literacy: Reading the Word and the World*. South Hadley, Mass.: Bergin & Garvey, 1987.

Freire, P., and Macedo, D. *Literacy: Reading the Word and the World*. South Hadley, Mass.: Bergin & Garvey, 1987.

Freud, S. *Civilization and Its Discontents*. New York: Hogarth Press, 1953.（フロイト『幻想の未来／文化への不満』中山元訳、光文社、2007 年）

Frost, R. "The Road Not Taken." In E. C. Latham and L. Thompson (eds.), *Robert Frost: Poetry and Prose*. New York: Holt, 1972. (Originally published 1916.)（ロバート・フロスト『対訳　フロスト詩集――アメリカ詩人選（4）』川本皓嗣編、岩波書店、2018 年）

Gadamer, H.-G. "Hermeneutics and Social Science." *Cultural Hermeneutics*, 1975, 2.

Gadamer, H.-G. *Philosophical Hermeneutics*. Berkeley: University of California Press, 1976.（ハンス＝ゲオルク・ガダマー『哲学・芸術・言語――真理と方法のための小論集』斎藤博・近藤重明・玉井治訳、未來社、2001 年）

Gardner, H. *Frames of Mind: The Theory of Multiple Intelligences*. New York: Basic Books, 1983.

Gates, H. L., Jr. "Goodbye, Columbus? Notes on the Culture of Criticism." *American Literary History*, Summer 1991, *3*(4), 711–727.

Gates, H. L., Jr. *Loose Canons: Notes on the Culture Wars*. New York: Oxford University Press, 1992.

Geertz, C. *Local Knowledge*. New York: Basic Books, 1983.（クリフォード・ギアーツ『ローカル・ノレッジ――解釈人類学論集』梶原景昭[ほか]訳、岩波書店、1999 年）

Gilmour, J. *Picturing the World*. Albany: State University of New York Press, 1986.

Goodman, N. *Languages of Art*. Indianapolis: Hackett, 1976.（ネルソン・グッドマン『芸術の言語』戸澤義夫・松永伸司訳、慶應義塾大学出版会、2017 年）

Gorz, A. *Ecology as Politics*. Boston: South End Press, 1980.（アンドレ・

ゴルツ『エコロジスト宣言』高橋武智訳、緑風出版、1980年）
Habermas, J. *Knowledge and Human Interests*. Boston: Beacon Press, 1971.（ユルゲン・ハーバーマス『認識と関心』奥山次良・渡辺祐邦・八木橋貢訳、未来社、2001年）
Habermas, J. *Theory of Communicative Action*. Boston: Beacon Press, 1984.（J. ハーバーマス『コミュニケーション的行為の理論（上）（中）（下）』河上倫逸・平井俊彦訳、未来社、1985-1987年）
Habermas, J. "Philosophy as Stand-In and Interpreter." In K. Baynes, J. Bohman, and T. McCarthy (eds.), *After Philosophy: End or Transformation?* Cambridge, Mass.: MIT Press, 1987.
Hável, V. *Letters to Olga*. (P. Wilson, trans.) New York: Holt, 1983.（ヴァーツラフ・ハヴェル『プラハ獄中記——妻オルガへの手紙』飯島周訳、恒文社、1995年）
Hawthorne, N. *The Scarlet Letter*. New York: Viking Penguin, 1969. (Originally published 1850.)（N. ホーソーン『緋文字』八木敏雄訳、岩波書店、1992年）
Heidegger, M. *Being and Time*. (J. McQuarrie and E. Robinson, trans.) New York: HarperCollins, 1962.（マルティン・ハイデッガー『存在と時間（上）（下）』細谷貞雄訳、筑摩書房、1994年。ハイデガー『存在と時間（Ⅰ）（Ⅱ）（Ⅲ）』原佑・渡邊二郎訳、中央公論新社、2003年。ハイデガー『存在と時間（一）（二）（三）（四）』熊野純彦訳、岩波書店、2012-2013年。マルティン・ハイデガー『存在と時間』高田珠樹訳、作品社、2013年。M. ハイデガー『存在と時間（上）（下）新装版』松尾啓吉訳、勁草書房、2015年。ハイデガー『存在と時間（1）（2）（3）（4）（5）（6）（7）（8）』中山元訳、光文社、2015-2020年。）
Heidegger, M. *What Is Called Thinking?* (J. C. Gray, trans.) New York: HarperCollins, 1968.（マルティン・ハイデッガー『思惟とは何の謂いか』四日谷敬子・ハルトムート ブフナー訳、東京大学出版会、2021年）
Heidegger, M. *Poetry, Language, and Thought*. New York: HarperCollins, 1971.（マルティン・ハイデッガー『芸術作品の根源』関口浩訳、平凡社、2008年。マルティン・ハイデッガー『ハイデッガーの建築論——建てる・住まう・考える』中村貴志訳、中

央公論美術出版、2008年。『哲学者の語る建築――ハイデガー、オルテガ、ペゲラー、アドルノ』伊藤哲夫・水田一征訳、中央公論美術出版、2008年。マルティン・ハイデガー『技術とは何だろうか 三つの講演』森一郎編・訳、講談社、2019年。)

Hijuelos, O. *The Mambo Kings Sing Songs of Love*. New York: Farrar, Straus & Giroux, 1989.（オスカー・イフェロス『マンボ・キングズ、愛のうたを歌う（上）（下）』古賀林幸訳、中央公論新社、1992年）

Hirsch, E. D., Jr. *Cultural Literacy*. Boston: Houghton Mifflin, 1987.（E. D.ハーシュ『教養が、国をつくる――アメリカ建て直し教育論』中村保男訳、TBSブリタニカ、1989年）

Horkheimer, M., and Adorno, T. W. *Dialectic of Enlightenment*. New York: Seabury Press, 1972.（M.ホルクハイマー・T.W.アドルノ『啓蒙の弁証法――哲学的断想』徳永恂訳、岩波書店、2007年）

Howard, V. R. *Artistry: The Work of Artists*. Indianapolis: Hackett, 1982.

Hughes, R. "Art, Morality, and Mapplethorpe." *New York Review of Books*, Apr. 23, 1992, p. 21.

Husserl, E. *Ideas*. (R. B. Gibson, trans.) New York: Collier/Macmillan, 1962.（E.フッサール『イデーン――純粋現象学と現象学的哲学のための諸構想 (1-1)』渡辺二郎訳、みすず書房、1979年。E.フッサール『イデーン――純粋現象学と現象学的哲学のための諸構想 (1-2)』渡辺二郎訳、みすず書房、1984年。E.フッサール『イデーン――純粋現象学と現象学的哲学のための諸構想〈2 - 1〉第2巻 構成についての現象学的諸研究』立松弘孝・別所良美訳、みすず書房、2001年。E.フッサール『イデーン――純粋現象学と現象学的哲学のための諸構想〈2 - 2〉第2巻 構成についての現象学的諸研究』立松弘孝・榊原哲也訳、みすず書房、2009年）

Huxley, A. *Brave New World*. New York: HarperCollins, 1950. (Originally published 1932.)（オルダス・ハクスリー『すばらしい新世界』黒原敏行訳、光文社、2013年）

Iser, W. *The Act of Reading*. Baltimore: Johns Hopkins University Press, 1980.（W. イーザー『行為としての読書――美的作用の理論』轡田収訳、岩波書店、1998年）

James, H. *The Portrait of a Lady*. New York: Viking Penguin, 1984.

(Originally published 1881.)（ヘンリー・ジェイムズ『ある婦人の肖像（上）（下）』行方昭夫訳、岩波書店、1996 年）
James, W. "The Dilemmas of Determinism." In *The Will to Believe and Other Essays*. New York: Holt, 1912. (Originally published 1897.)
James, W. *Principles of Psychology*. 2 vols. New York: Dover Books, 1950. (Originally published in 1890.)（W・ジェームズ『心理学（上）（下）』今田寛訳、岩波書店、1992 年）
Kearney, R. *The Wake of Imagination*. Minneapolis: University of Minnesota Press, 1988.
Kierkegaard, S. "Stages on Life's Way." In R. Bretall (ed. and trans.), *Kierkegaard*. Princeton, N.J.: Princeton University Press, 1940.（セーレン・キルケゴール『キルケゴール著作集 12 ——人生行路の諸段階　数人の筆者による研究』佐藤晃一訳、白水社、2022 年）
Kincaid, J. *Lucy*. New York: Farrar, Straus & Giroux, 1990.（ジャメイカ・キンケイド『ルーシー』風呂本惇子訳、学芸書林、1993 年）
Kingston, M. H. *China Men*. New York: Vintage International Books, 1989.（マキシーン・ホン・キングストン『チャイナ・メン』藤本和子訳、新潮社、2016 年）
Kozol, J. *Savage Inequalities*. New York: Crown, 1991.
Kundera, M. *The Unbearable Lightness of Being*. (M. H. Heim, trans.) New York: HarperCollins, 1984.（ミラン・クンデラ『存在の耐えられない軽さ』千野栄一訳、集英社、1998 年。クンデラ『存在の耐えられない軽さ』西永良成訳、河出書房新社、2008 年）
Kuspit, D. *The Aesthetic Dimension*. Boston: Beacon Press, 1990.
Lasch, C. *The Minimal Self*. New York: Norton, 1984.（クリストファー・ラッシュ『ミニマルセルフ——生きにくい時代の精神的サバイバル』石川弘義・岩佐祥子・山根三沙訳、時事通信社、1986 年）
Le Guin, U. K. *Dancing at the Edge of the World*. New York: Grove Press, 1989.（アーシュラ・K. ル＝グウィン『世界の果てでダンス 新装版』篠目清美訳、白水社、2006 年）
Leiris, M. "Faire-part." In E. C. Oppler (ed.), *Picasso's Guernica*. New York: Norton, 1988.
Levertov, D. *Oblique Prayer*. New York: New Directions Press, 1984.
Levi, P. *The Drowned and the Saved*. (R. Rosenthal, trans.) New York:

Summit Books, 1988.（プリーモ・レーヴィ『溺れるものと救われるもの』竹山博英訳、朝日新聞出版、2019 年）
Lyotard, J.-F. "The Post-Modern Condition." In K. Baynes, J. Bohman, and T. McCarthy (eds.), *After Philosophy: End or Transformation?* Cambridge, Mass.: MIT Press, 1987.（ジャン・フランソワ・リオタール『ポスト・モダンの条件――知・社会・言語ゲーム（叢書言語の政治 1）』小林康夫訳、水声社、1989 年）
MacIntyre, A. *After Virtue*. Notre Dame, Ind.: Notre Dame University Press, 1981.（アラスデア・マッキンタイア『美徳なき時代　新装版』篠﨑榮訳、みすず書房、2021 年）
Madison, G. B. *The Hermeneutics of Postmodernity*. Indianapolis: University of Indiana Press, 1988.
Malraux, A. *Man's Fate*. (H. M. Chevalier, trans.) New York: Modern Library, 1936.（アンドレ・マルロー『人間の条件』小松清・新庄嘉章訳、新潮社、1978 年）
Mann, T. *Tonio Kröger*. In J. W. Angell (ed. and trans.), *The Thomas Mann Reader*. New York: Knopf, 1950. (Originally published 1903.)（トーマス・マン『トニオ・クレーガー　ヴェニスに死す』高橋義孝訳、新潮社、1967 年。トーマス・マン『トニオ・クレーガー　ヴェニスに死す』野島正城訳、講談社、1971 年。トオマス・マン『トニオ・クレエゲル』実吉捷郎訳、岩波書店、2003 年。トーマス・マン『トニオ・クレーガー他一篇』平野 卿子訳、河出書房新社、2011 年。マン『トニオ・クレーガー』浅井晶子訳、光文社、2018 年）
Mann, T. *Confessions of Felix Krull, Confidence Man*. (D. Lindley, trans.) New York: Signet Books, 1955.（マン『詐欺師フェーリクス・クルルの告白（上）（下）』岸美光訳、光文社、2013 年）
Marcuse, H. *Negations*. Boston: Beacon Press, 1968.
Marcuse, H. *The Aesthetic Dimension*. Boston: Beacon Press, 1977.（ヘルベルト・マルクーゼ『美的次元』生松敬三訳、河出書房新社、1981 年）
Márquez, G. C. *One Hundred Years of Solitude*. Translated by Gregory Rabassa. New York: HarperCollins, 1970.（ガブリエル・ガルシア＝マルケス『百年の孤独』鼓直訳、新潮社、2024 年）

Márquez, G. C. *Love in the Time of Cholera.* (E. Grossman, trans.) New York: Knopf, 1988.（ガブリエル・ガルシア＝マルケス『コレラの時代の愛』木村榮一訳、新潮社、2006 年）

Marshall, P. *Brown Girl, Brownstones.* New York: Feminist Press, 1981. (Originally published 1959.)

Martin, J. R. *The Schoolhome.* Cambridge, Mass.: Harvard University Press, 1992.（ジェーン・R. マーティン『スクールホーム――〈ケア〉する学校 』生田久美子訳、東京大学出版会、2007 年）

Marx, K. *The Communist Manifesto.* In E. Burns (ed. and trans.), *Handbook of Marxism.* New York: International Publishers, 1935. (Originally published 1848.)（カール・マルクス『共産党宣言』幸徳秋水・堺利彦訳、解放文庫、1904 年。カール・マルクス、フリードリヒ・エンゲルス『共産党宣言』大内兵衛・向坂逸郎訳、岩波書店、1951 年。カール・マルクス『共産主義者宣言』金塚貞文訳、太田出版、1993 年。マルクス／エンゲルス『共産党宣言／共産主義の諸原理』服部文男訳、新日本出版社、1998 年。カール・マルクス、フリードリヒ・エンゲルス『共産党宣言 マルクス・フォー・ビギナー 1 』村田陽一訳、大月書店、2009 年。『マルクス・コレクション　II――ドイツ・イデオロギー（抄）　哲学の貧困　コミュニスト宣言』今村仁司・三島憲一・鈴木直・塚原史・麻生博之訳、筑摩書房、2008 年。カール・マルクス『新装版 新訳 共産党宣言』的場昭弘訳、作品社、2018 年。マルクス、エンゲルス『共産党宣言』森田成也訳、光文社、2020 年。）

Melville, H. *Moby Dick.* Berkeley: University of California Press, 1981. (Originally published 1851.)（ハーマン・メルヴィル『白鯨〔上〕〔下〕』田中西二郎訳、新潮社、1952 年。メルヴィル『白鯨』宮西豊逸訳、三笠書房、1956 年。メルヴィル『白鯨』野崎孝訳、中央公論社、1994 年。ハーマン・メルヴィル『白鯨　モービィ・ディック　上・下』千石英世訳、講談社、2000 年。メルヴィル『白鯨（上）（中）（下）』八木敏雄 訳、岩波書店、2004 年。メルヴィル『白鯨　上・下』富田彬訳、角川書店、2015 年）

Melville, H. "Bartleby the Scrivener." In *"Billy Budd, Sailor" and Other Stories by Herman Melville.* New York: Bantam Books, 1986. (Originally published 1853.)（メルヴィル『書記バートルビー/漂流

船』牧野有通訳、光文社、2015年。ジョルジョ・アガンベン『バートルビー（新装版）』高桑和巳、月曜社、2023年）
Merleau-Ponty, M. *The Primacy of Perception*. Evanston, Ill.: Northwestern University Press, 1964a.（モーリス・メルロ＝ポンティ『眼と精神』滝浦静雄・木田元訳、みすず書房、1966年）
Merleau-Ponty, M. *Sense and Non-Sense*. (H. L. Dreyfus and P. A. Dreyfus, trans.) Evanston, Ill.: Northwestern University Press, 1964b. (Originally published 1948.)（モーリス・メルロ＝ポンティ『意味と無意味』滝浦静雄・粟津則雄・木田元・海老坂武訳、みすず書房、1983年）
Merleau-Ponty, M. *Phenomenology of Perception*. (C. Smits, trans.) New York: Humanities Press, 1967. (Originally published 1962.)（モーリス・メルロ＝ポンティ『知覚の現象学』中島盛夫訳、法政大学出版局、1982年）
Merleau-Ponty, M. *The Structure of Behavior*. Boston: Beacon Press, 1967.（M.メルロ＝ポンティ『行動の構造　上・下』滝浦静雄・木田元訳、みすず書房、2014年）
Morrison, T. *The Bluest Eye*. New York: Bantam Books, 1970.（トニ・モリスン『青い眼がほしい』吉田廸子訳、集英社、1998年。トニ・モリスン『青い眼がほしい』大社淑子訳、早川書房、2001年）
Morrison, T. *Sula*. New York: Bantam Books, 1975.（トニ・モリスン『スーラ』大社淑子訳、早川書房、2022年）
Morrison, T. *Beloved*. New York: Knopf, 1987.（トニ・モリスン『ビラヴド』大社淑子訳、集英社、1998年。トニ・モリスン『ビラヴド』吉田廸子訳、早川書房、2009年）
Morrison, T. *Playing in the Dark: Whiteness and the Literary Imagination*. Cambridge, Mass.: Harvard University Press, 1992.（トニ・モリスン『暗闇に戯れて――白さと文学的想像力』都甲幸治訳、岩波書店、2023年）
"The Moving Image." *Daedalus*, Fall 1985.
Mukherjee, B. *Jasmine*. New York: Grove Weidenfeld, 1989.
Murray, C., and Herrnstein, R. J. *The Bell Curve*. New York: Free Press, 1994.
Nietzsche, F. *Thus Spake Zarathustra*. In W. Kaufmann (ed. and trans.),

The Portable Nietzsche. New York: Viking Penguin, 1958. (Originally published 1883–1892).（フリードリッヒ・ニーチェ『ツァラトゥストラ（上）（下）』吉沢伝三郎訳、筑摩書房、1993年。ニーチェ『ツァラトゥストラはこう言った』氷上英広訳、岩波書店、1995年。フリードリヒ・W. ニーチェ『ツァラトゥストラかく語りき』佐々木中訳、河出書房新社、2015年。フリードリヒ・ニーチェ『ツァラトゥストラはこう言った』森一郎訳、講談社、2023年。）

Noddings, N. *The Challenge to Care in Schools*. New York: Teachers College Press, 1992.（ネル・ノディングズ『学校におけるケアの挑戦――もう一つの教育を求めて』佐藤学訳、ゆみる出版、2007年）

Norton, E. H. "What the Democrats Should Do Next." *New York Times*, Nov. 27, 1985, p. A23.

Oakeshott, M. *Rationalism in Politics and Other Essays*. London: Methuen, 1962.（マイケル・オークショット『増補版　政治における合理主義』嶋津 格・森村進・名和田是彦・玉木秀敏・田島正樹訳、勁草書房、2013年）

Olsen, T. "I Stand Here Ironing." In *Tell Me a Riddle*. New York: Dell, 1961.（フラナリー・オコナー、ボビー・アン・メイスン他『母娘短編小説集』利根川真紀訳、平凡社、2024年）

Olsen, T. *Silences*. New York: Dell/Delacorte, 1978.

Ozick, C. *Metaphor and Memory*. New York: Knopf, 1989.

Paley, G. "Ruthie and Edie." In *Later the Same Day*. New York: Viking Penguin, 1986.（グレイス・ペイリー『その日の後刻に』村上春樹訳、文藝春秋、2020年）

Passmore, J. *The Philosophy of Teaching*. Cambridge, Mass.: Harvard University Press, 1980.（ジョン・パスモア『教えることの哲学』小澤喬訳、春風社、2017年）

Percy, W. *The Moviegoer*. New York: Knopf, 1979.（ウォーカー・パーシー『映画狂時代』土井仁訳、大阪教育図書、2007年）

Peters, R. S. "Education and Human Development." In R. F. Dearden, P. H. Hirst, and R. S. Peters (eds.), *Education and Reason*. London: Routledge, 1975.

Polakow, V. *Lives on the Edge: Single Mothers and Their Children in*

the Other America. Chicago: University of Chicago Press, 1993.
Pratte, R. *The Civic Imperative*. New York: Teachers College Press, 1988.
Putnam, H. "After Empiricism." In J. Rajchman and C. West (eds.), *Post-Analytic Philosophy*. New York: Columbia University Press, 1985.
Rawls, J. *A Theory of Justice*. Cambridge, Mass.: Harvard University Press, 1972.（ジョン・ロールズ『正義論』川本隆史・福間聡・神島裕子訳、紀伊國屋書店、2010年）
Reich, R. *Tales of a New America*. New York: Random House, 1987.（ロバート・B・ライシュ『新アメリカ物語――レーガン以後を読む』大沢雄三訳、東京新聞出版部、1988年）
Rilke, R. M. *Possibility of Being: A Selection of Poems*. (J. B. Leishman, trans.) New York: New Directions, 1977. (Originally published 1905.)（リルケ『リルケ詩集』富士川英郎訳、筑摩書房、1963年）
Rorty, R. *Philosophy and the Mirror of Nature*. Princeton, N.J.: Princeton Uni- versity Press, 1979.（リチャード・ローティ『哲学と自然の鏡』伊藤春樹・野家伸也・野家啓一・須藤訓任・柴田正良訳、産業図書、1993年）
Rorty, R. "Solidarity or Objectivity?" In *Objectivity, Relativism, and Truth*. Cambridge: Cambridge University Press, 1991.
Rukeyser, M. *The Book of the Dead*. New York: Covici-Friede, 1938.
Rukeyser, M. "Tenth Elegy: Elegy in Joy." In *Out of Silence: Selected Poems*. Evanston, Ill.: TriQuarterly Books, 1992. (Originally published 1949.)
Said, E. W. "Opponents, Audiences, Constituencies, and Community." In H. Foster (ed.), *The Anti-Aesthetic*. Port Townsend, Wash.: Bay Press, 1983.（ハル・フォスター『反美学』室井尚・吉岡洋訳、勁草書房、1987年）
Sarraute, N. *Childhood*. New York: Braziller, 1984.（ナタリー・サロート『子供時代』湯原かの子訳、幻戯書房、2020年）
Sartre, J.-P. *Existentialism*. (B. Frechtman, trans.) New York: Philosophical Library, 1947.（J-P・サルトル『実存主義とは何か』伊吹武彦・海老坂武・石崎晴己訳、人文書院、1996年）
Sartre, J.-P. *Literature and Existentialism*. (B. Frechtman, trans.)

Secaucus, N.J.: Citadel Press, 1949.（J－P・サルトル『文学とは何か』加藤周一・海老坂武・白井健三郎訳、人文書院、1998 年）

Sartre, J.-P. *Being and Nothingness.* (H. Barnes, trans.) New York: Philosophical Library, 1956.（ジャン＝ポール・サルトル『存在と無――現象学的存在論の試み（1）（2）（3）』松浪信三郎訳、筑摩書房、2007-2008 年）

Sartre, J.-P. *Nausea.* (L. Alexander, trans.) New York: New Directions Press, 1959.（J－P・サルトル『嘔吐』鈴木道彦訳、人文書院、2021 年）

Sartre, J.-P. *Search for a Method.* New York: Knopf, 1963.（サルトル『サルトル全集 25　方法の問題』平井啓之訳、人文書院、1962 年）

Schlesinger, A. M., Jr. *The Disuniting of America: Reflections on a Multicultural Society.* New York: Norton, 1992.（アーサー・シュレージンガー Jr.『アメリカの分裂――多元文化社会についての所見』都留重人監訳、岩波書店、1992 年）

Scholes, R. *Protocols of Reading.* New Haven, Conn.: Yale University Press, 1989.（ロバート・スコールズ『読みのプロトコル』高井宏子訳、岩波書店、1991 年。）

Schön, D. A. *The Reflective Practitioner.* New York: Basic Books, 1983.（ドナルド・ショーン『専門家の知恵――反省的実践家は行為しながら考える』佐藤学・秋田喜代美訳、ゆみる出版、2001 年）

Schrift, A. D. "The Becoming Post-Modern of Philosophy." In G. Shapiro (ed.), *After the Future.* Albany: State University of New York Press, 1990.

Schutz, A. *Collected Papers,* Vol. 2: *Studies in Social Theory.* The Hague: Nijhoff, 1964a.（アルフレッド・シュッツ『アルフレッドシュッツ著作集　第三巻　社会理論の研究Ⅰ』『アルフレッドシュッツ著作集　第四巻　社会理論の研究Ⅱ』渡部光・那須壽・西原和久訳、マルジュ社、1991 年）

Schutz, A. "Making Music Together." In *Collected Papers,* Vol. 2: *Studies in Social Theory.* The Hague: Nijhoff, 1964b.（アルフレッド・シュッツ『アルフレッドシュッツ著作集　第三巻　社会理論の研究Ⅰ』『アルフレッドシュッツ著作集　第四巻　社会理論の研究Ⅱ』渡部光・那須壽・西原和久訳、マルジュ社、1991 年）

Schutz, A. *Collected Papers*, Vol. 1: *The Problem of Social Reality*. 2d ed. The Hague: Nijhoff, 1967.（アルフレッド・シュッツ『アルフレッドシュッツ著作集　第一巻　社会的現実の問題Ⅰ』『アルフレッドシュッツ著作集　第二巻　社会的現実の問題Ⅱ』渡部光・那須壽・西原和久訳、マルジュ社、1985 年）

Shange, N. *For Colored Girls Who Have Considered Suicide, When the Rainbow Is Enuf*. New York: Macmillan, 1977.（ヌトザケ・シャンゲ『死ぬことを考えた黒い女たちのために　女たちの同時代　北米黒人女性作家選 3』藤本和子訳、朝日新聞社、1982 年）

Shaughnessy, M. P. *Errors and Expectations*. New York: Oxford University Press, 1977.

Silone, I. *Bread and Wine*. New York: HarperCollins, 1937.（イニャツィオ・シローネ『葡萄酒とパン』斎藤ゆかり訳、白水社、2000 年）

Sizer, T. *Horace's School: Redesigning the American High School*. Boston: Houghton Mifflin, 1992.

Smith, B. H. *Contingencies of Value*. Cambridge, Mass.: Harvard University Press, 1988.

Smithson, R. *The Writings of Robert Smithson: Essays with Illustrations*. (N. Holt, ed.) New York: New York University Press, 1979.

Spiegelman, A. *Maus II*. New York: Pantheon Books, 1991.（アート・スピーゲルマン『完全版 マウス――アウシュヴィッツを生きのびた父親の物語』小野耕世訳、パンローリング、2020 年）

Steinbeck, J. *Grapes of Wrath*. New York: Viking Penguin, 1976. (Originally published 1939.)（スタインベック『怒りの葡萄（上）（下）』大久保康雄訳、新潮社、1967 年）

Stevens, W. "The Man with the Blue Guitar." In *The Collected Poems of Wallace Stevens*. New York: Knopf, 1964. (Originally published 1937.)

Stevens, W. "Six Significant Landscapes." In *The Collected Poems of Wallace Stevens*. New York: Knopf, 1964. (Originally published 1916.)

Stevens, W. *The Necessary Angel*. New York: Vintage Books, 1965.
Stimpson, C. R. *The Humanities and the Idea of Excellence*. New York: American Council of Learned Societies, 1984.

Stimpson, C. R. *Where the Meanings Are: Feminism and Cultural Spaces*. New York: Routledge, 1989.

"Talk of the Town." *New Yorker*, Aug. 14, 1989, p. 23.

Tan, A. *The Joy Luck Club*. New York: Putnam, 1989.（エィミ・タン『ジョイ・ラック・クラブ』小沢瑞穂訳、角川書店、1992年。エィミ・タン『ジョイ・ラック・クラブ』小沢瑞穂訳、ソニー・ミュージックソリューションズ、2005年）

Taylor, C. *Sources of the Self*. Cambridge, Mass.: Harvard University Press, 1989.（チャールズ・テイラー『自我の源泉――近代的アイデンティティの形成』下川潔・桜井徹・田中智彦訳、名古屋大学出版会、2010年）

Tocqueville, A. de. *Democracy in America*, Vol. 1. New York: Vintage Books, 1945. (Originally published 1835.)（トクヴィル『アメリカのデモクラシー』松本礼二訳、岩波書店、2015年）

Tyler, A. *The Accidental Tourist*. New York: Knopf, 1985.（アン・タイラー『アクシデンタル・ツーリスト』田口俊樹訳、早川書房、1989年）

Unger, R. M. *Passion: An Essay on Personality*. New York: Free Press, 1984.

Waldman, D. *Jane Holzer*. New York: Abrams, 1989.

Walker, A. *The Color Purple*. New York: Washington Square Press, 1982.（アリス・ウォーカー『カラーパープル』柳沢由実子訳、集英社、1986年）

Walker, A. *In Search of Our Mothers' Gardens*. Orlando, Fla.: Harcourt, 1983.（アリス・ウォーカー『母の庭をさがして (アメリカ・コラムニスト全集 5 アリス・ウォーカー集 1)』荒このみ訳、東京書籍、1992年）

Walzer, M. *Interpretation and Social Criticism*. Cambridge, Mass.: Harvard University Press, 1987. （マイケル・ウォルツァー『解釈としての社会批判――暮らしに根ざした批判の流儀』大川正彦・川本隆史訳、風行社、1996年）

Warnock, M. *Imagination*. Berkeley: University of California Press, 1978.（メアリー・ウォーノック『想像力――「最高に高揚した気分にある理性」の思想史』高谷景一訳、法政大学出版局、2020年）

Welty, E. *One Writer's Beginnings*. Cambridge, Mass.: Harvard University Press, 1984.

West, C. "Black Culture and Postmodernism." In B. Kruger and P. Mariani (eds.), *Remaking History*. Port Townsend, Wash.: Bay Press, 1989.

Whitman, W. "Song of Myself." In *Leaves of Grass*. New York: Aventine Press, 1931. (Originally published 1855.)（ホイットマン『ぼく自身の歌』岩城久哲訳、大学書林、1984 年）

Wigginton, E. *The Foxfire Books*. New York: Doubleday, 1972.（エリオット・ウィギントンと生徒たち『フォックスファイアクリスマス』片岡しのぶ訳、ぶんか社、1992 年）

Wolf, C. *Cassandra*. (J. V. Heurck, trans.) New York: Farrar, Straus & Giroux, 1984.

Wolf, C. *Accident: A Day's News*. (H. Schwarzbauer and R. Fakrorian, trans.) New York: Farrar, Straus & Giroux, 1989.（クリスタ・ヴォルフ『チェルノブイリ原発事故』保坂一夫訳、恒文社、1997 年）

Woolf, V. *A Room of One's Own*. Orlando, Fla.: Harcourt, 1957. (Originally published 1929.)（ヴァージニア・ウルフ『自分だけの部屋――ヴァージニア・ウルフコレクション』川本静子訳、みすず書房、1999 年。ヴァージニア・ウルフ『自分ひとりの部屋』片山亜紀訳、平凡社、2015 年）

Woolf, V. *To the Lighthouse*. London: Everyman's Library, 1962. (Originally published 1927.)（ヴァージニア・ウルフ『燈台へ』中村佐喜子訳、新潮社、1956 年。ヴァージニア・ウルフ『灯台へ』御輿哲也訳、岩波書店、2004 年。ヴァージニア・ウルフ『灯台へ』鴻巣友季子訳、新潮社、2024 年）

Woolf, V. *Three Guineas*. New York: Harvest Books, 1966. (Originally published 1938.)（ヴァージニア・ウルフ『三ギニー――戦争と女性ヴァージニア・ウルフコレクション』片山亜紀訳、みすず書房、2006 年。ヴァージニア・ウルフ『三ギニー』片山亜紀訳、平凡社、2017 年。）

Woolf, V. *Moments of Being: Unpublished Autobiographical Writings*. (J. Schulkind, ed.) Orlando, Fla.: Harcourt, 1976.（ヴァージニア・ウルフ『存在の瞬間　回想記』出渕敬子・塚野千晶訳、みすず書房、

1983年）
Wright, R. *Native Son*. New York: HarperCollins, 1940.（リチャード・ライト『ネイティヴ・サン――アメリカの息子』上岡伸雄訳、新潮社、2022年）

想像力をときはなつ
アートと教育が社会を変える

2025年2月20日　第1版第1刷発行

著　者　マキシン・グリーン
監訳者　上　野　正　道
訳　者　桐　田　敬　介
近　藤　真　子
園　部　友　里　恵
発行者　井　村　寿　人

発行所　株式会社　勁《けい》　草《そう》　書　房
112-0005　東京都文京区水道2-1-1　振替　00150-2-175253
（編集）電話　03-3815-5277／FAX　03-3814-6968
（営業）電話　03-3814-6861／FAX　03-3814-6854
堀内印刷所・松岳社

ISBN978-4-326-29939-3　Printed in Japan